기업경영의 이해

함용석 · 권오영 · 황규진 · 이성구 · 이윤숙 · 강동창

신영사

머리말

사람들은 일상을 영위하기 위하여 기업과 밀접한 관계를 맺으며 살아가고 있다. 기업에서 판매하는 제품과 서비스를 소비하지 않고 살 수 있는 이가 없고, 기업에 고용되어 일을 하며 생계를 꾸리기도 하고, 기업에 투자하여 이익을 얻기도 한다. 어떤 이들은 스티브 잡스 혹은 일론 머스크와 같이 혁신적인 기업을 창업하여 기업가가 되기도 한다. 현대를 살아가는 사람들의 삶에 기업이 미치는 영향은 대단히 크며 기업이 없는 사회는 생각할 수도 없는 세상에 살고 있다. 이에 경영이란 무엇인지, 기업이란 무엇인지를 이해하는 것은 비단 경영학을 전공하는 학생들에게만 필요한 전공지식이 아닌 현대를 살아가는 사람들의 필수지식이라 볼 수 있겠다.

여러 학기 동안 경영학원론을 강의하며 여러 아쉬움이 있었다. 첫째, 기업이란 무엇인지에 관한 고찰이 부족하다는 것, 둘째, 기업의 기능적 역할만 강조하여, 창업에서부터 성장 및 쇠퇴의 시간적 변화 모습을 담지 못하고 있다는 것, 셋째, 기업의 생로병사와 밀접한 관련이 있는 기업환경과 경영전략의 관계가 유기적으로 드러나지 않는다는 것, 넷째, 기업경영의 거시적/종적 관점인 기업경영순환과정과 미시적/횡적 관점인 기업의 각 기능(재무, 마케팅, 생산 등)이 어떻게 연결되고 있는지가 드러나지 않는다는 것이다.

이러한 아쉬움을 보완하고자 본 책을 아래와 같은 의도를 가지고 집필하였다.

첫째, 기업과 사회의 관계를 고찰하였다. 최근 사회에 대한 기업의 영향력이 나날이 높아지고 있다. 이에 기업이 개인과 사회에 어떠한 영향을 미치고 어떻게 연관되어 있는지를 상세히 고찰하고자 하였다. 이를 통하여 학생들이 구체적인 기업경영을 이해하기에 앞서 기업과 국가, 기업과 개인의 유기적 관계를 생각해 보게 하였다.

둘째, 기업의 생로병사를 다루었다. 기업도 개인의 삶과 같이 탄생과 성장을 거쳐 죽음에 이르는 과정을 겪고 있다. 그러나 기존의 경영학원론에서는 이러한 시간적 변화에 대한 부분을 간과하는 경향이 있었다. 이는 기존의 경영학이 주로 각 기능이 분화된 어느 정도 규모가 있는 기업들의 경영활동에 초점을 두었기 때문으로 사료된다. 최근 기존 대기업들의 일자리 창출이 둔화되며 창업이 사회적 관심을 받고 장려되고 있다. 창업기업들이 여러 성장통과 어려움을 극복하며 성장하는 과정에서 많은 일자리를 창출하고 경제를 활성화시키기 때문이다. 이러한 사회적 맥락에서 미래의 기업가가 될 학생들에게 창업기업의 경영과 성장을 다루는 것이 필요하다고 생각된다.

셋째, 기업환경과 경영전략에 관하여 비교적 자세히 다루었다. 사회환경과 기술 등이 급격히 변화하고, 기업간에 경쟁이 치열해지며 기업의 생존이 어느 때보다 어려운 상황이다. 빠르게 변화하는 환경에 성공적으로 대응하기 위해서 기업전략이 어느 때보다 중요한 시대이다. 전략이란 부족한 자원으로 시장에서 경쟁자보다 성공할 수 있도록 하는 기업의 또 다른 중요 자원이며 역량이다. 본 책에서는 기업경영에 있어서 전략의 중요성을 강조하고 기업전략의 역할과 종류에 관하여 상세하게 고찰하였다.

넷째, 기업경영의 핵심개념인 기업경영순환과정이 생산, 재무, 인사, 마케팅 등 각 기능별 역할과 어떻게 연계되어 있는지 고찰하였다. 기업경영순환과정은 추상적 개념으로 계획, 조직, 지휘, 통제의 4가지 단계를 의미한다. 이러한 순환적인 일이 기업경영에서 일어나고 있으나 기업의 각 기능별 수준에서 어떻게 이루어지고 있는지 이를 연결하기가 쉽지 않다. 경영순환과정과 기업의 각 기능별 업무영역이 어떻게 유기적으로 연결되는지를 알려줌으로써 기업이 수행하는 구체적인 업무와 기업의 목표를 이루기 위해 지속적으로 이루어지는 업무관리과정을 학생들이 입체적으로 이해할 수 있도록 구성하였다.

다섯째, 기업의 주요 기능들의 역할에 관하여 상세하게 다루었다. 경영학원론을 학습한 학생들은 마케팅, 회계, 재무, 생산, 인사 등 각 분야에 관하여 심화학습으로 넘어가도록 대학의 커리큘럼이 구성되어 있다. 심화학습 전 각 기능들이 어떤 업무를 수행하는지 알 수 있도록 하였다. 특히, 생산, 마케팅, 재무는 기업경영의 핵심 영역으로 자세히 다루고자 하였다.

마지막으로 제Ⅳ부에서는 최근 경영에서 중요한 이슈에 관하여 정리하였다. 최근 4차 산업혁명으로 넘어가며 AI와 빅데이터가 화두이다. 특히, 경영에서는 빅데이터의 활용이 큰 이슈로 부각되고 있는데, 이러한 빅데이터가 가져올 경영의 변화에 관하여 다루었다. 이를 통하여 미래 경영의 변화에 관하여 학생들이 대비하고 생각해 볼 수 있도록 구성하였다.

본 책에서는 기업경영에 관한 기초적이고 핵심적인 부분들을 담고자 하였다. 또한, 경영이란 입체적인 행위를 지면에 담으면서 생기는 파편적이고 부분적인 모습을 유기적으로 연결하여 학생들이 기업경영을 총체적으로 이해할 수 있도록 구성하였다. 이에 기업의 생로병사, 기업경영순환과정 및 기업의 기능적 분업 측면 등을 모두 담고자 하였다. 아무쪼록 본 책이 기업경영을 이해하고자 하는 모든 독자들에게 작은 도움이라도 되길 바란다.

끝으로, 본 책이 나오기까지 최선을 다해 애써주신 도서출판 (주)신영사 임직원분들께 진심으로 감사드린다.

2022년 1월

저자 일동

차례

PART I 기업과 사회

제 1 장 기업과 경영

제 2 장 기업의 탄생, 성장과 퇴출

PART Ⅱ 기업전략과 경영

제 3 장 경영전략

제 5 장 지휘(리더십)

제 6 장 조직화

PART Ⅲ 기업의 세부활동

제 7 장 제품과 서비스 생산운영

제 8 장 마케팅과 고객만족

제 9 장 자금조달과 관리

PART

I

기업과 사회

CHAPTER

1 기업과 경영

기업 떠난 자리, 도시가 사라진다

"군산엔 산부인과와 전문의들이 별로 없어요."

전북 군산에 사업장을 둔 한 기업인이 최근 들려준 말이다. "앰뷸런스와 간호사를 상주시키고 있지만 늘 불안해요. 화상을 입은 환자가 생기면 치료를 위해 인근 대도시까지 한 시간가량 이동해야 합니다." 그의 토로는 이어졌다. "가뜩이나 지역경제가 좋지 않은데 금요일 오후만 되면 주말을 보내러 서울로 올라가는 사람들이 많아 시내가 텅 빈 것 같아요. 이러다 도시가 사라지는 게 아닐까 하는 생각마저 들 정도예요." 한국GM과 현대중공업의 조업 중단 여파가 군산경제에 상상 이상의 충격을 주고 있다. 한국GM 군산공장이 지난 5월 폐쇄되면서 협력업체들의 30%가 도산했다. 지난해 7월 문을 닫은 현대중공업의 협력사는 대부분 폐업했다. 1996년 가동을 시작한 한국GM 군산공장은 연간 1만2,000여 명을 상시 고용하며 전북 수출의 30%, 군산 수출의 50%, 지역 고용의 20%가량을 책임져 왔다. 이 공장에서 일하던 1만5,000여 명 중 1만3,000여 명이 일자리를 잃었다. 6월말 기준 군산 인구는 27만3,700명으로 1월에 비해 3,628명 줄었다. 경제가 무너지자 사람들이 도시를 떠나고 있다.

'부 · 울 · 경(부산 · 울산 · 경남)'의 사정도 별반 다르지 않다. 지난 20일 '2018 부산-한경위크' 행사에서 만난 부산 · 경남지역 기업인들은 절절한 어려움을 쏟아내느라 시간이 모자랄 정도였다. 한 기업인은 "배철수 차가 안 팔린다"는 말로 지역경제의 어려움을 표현했다. 조선과 철강, 수송(해운 · 물류)에 이어 자동차산업까지 어려워지면서 지역협력업체들이 고사 위기에 처했다는 얘기다. 사정이 이렇다 보니 지방자치단체마다 대기업 투자를 유치하기 위해 안간힘을 쓰고 있다. 주요 대기업에는 군산에 투자하거나 유휴설비 등을 인수해 달라는 직 · 간접적인 '요청'이 끊이지 않는다는 후문이다. 완성차 공장 설립을 추진중인 광주광역시는 현대자동차를 끌어들이느라 총력전을 펴고 있다. 구미시는 삼성전자가 휴대폰 부품공장 이전에 나서자 범시민운동본부를 발족해 반대운동에 들어가는 등 '삼성 잡기'에 비상이 걸렸다. 지자체들이 앞다퉈 기업에 러브콜을 보내는 이유는 삼성전자와 SK하이닉스 사례를 보면 쉽게 이해가 간다. 두 회사가 올해 각사 공장이 있는 지자체에 납부한 법인지방소득세(2017년 실적분)는 1조원을 웃돌았다. 삼성전자가 화성, 수원, 평택, 용인(기흥) 등 4곳에 낸 소득세는 8,405억원이다. SK하이닉스는 이천에 1,903억원의 세금을 냈다.

기업이 도시는 물론 한 국가의 흥망성쇠를 좌우하는 시대다. 기업의 성장은 세수 증대 외에 일자리 창출, 인구 유입, 경제력 향상 등 전방위적으로 영향을 미친다. 기업이 떠나고 도시가 죽으면 국가도 위험해질 수밖에 없다.

(한국경제, 2018.10.1)

제1절 기업이란?

1 기업의 개념

만일 기업이 없다면 어떤 일이 벌어질까? 기업이 제품을 만들어 시장에 내놓지 않는다면 소비자는 필요로 하는 제품을 쉽게 얻을 수 없어 삶의 편의성이 제한될 것이다. 예를 들어 사람들이 자급자족을 하며 산다면, 스스로 농사를 짓고 옷을 만드는 등 자신의 기본적인 의식주를 스스로 해결하겠지만, 시간과 기술적 한계로 다양한 상품이나 서비스를 이용할 수 없기 때문에 불편한 삶을 살 수밖에 없다. 개인이 필요로 하는 상품이나 서비스를 기업이 대량으로 만들어 시장에서 교환을 하게 되면서 사람들은 더 많은 것을 누리며 편리한 삶을 살 수 있게 되었다. 기업은 분업과 협업을 통해서 사람들이 필요로 하는 다양한 제품과 서비스를 경제적으로 생산하여 사람들에게 공급함으로써 사람들의 삶을 편리하게 만든 인류의 탁월한 발명품이다.

기업이란 무엇일까? 이 질문에 답은 기업의 다양한 역할만큼 사람마다 다

〈표 1-1〉 한국 최고경영자들이 바라본 기업에 관한 견해

1. 돈을 버는 곳
2. 이윤을 극대화하는 기관
3. 최소의 자원으로 최대 효과를 추구하는 수단
4. 여러 자원을 조합해서 새로운 상품을 생산하는 곳
5. 자아실현 수단
6. 스트레스와 보람을 주는 곳
7. 공동목적을 추구하는 곳
8. 구성원의 능력을 개발시키는 곳
9. 사회가 필요로 하는 것을 제공해 주는 곳
10. 국력의 기본
11. 정부에 세금을 내는 기관
12. 고용기회를 창출하는 곳
13. 새로운 기술의 산실
14. 국가경제발전의 주춧돌
15. 인간생활을 윤택하게 해주는 곳

출처 : 조동성, 「21세기를 위한 경영학」, p.41의 표를 수정하여 인용

양한 견해를 가진다. 〈표 1-1〉은 기업이란 무엇인가 혹은 어떤 일을 수행하는가에 대한 경영자들의 견해를 나열해 놓은 표이다.

이 표를 살펴보면 기업을 보는 견해는 크게 기업의 관점, 개인적 관점, 사회적 관점으로 구분할 수 있음을 알 수 있다. 기업의 관점은 기업이라는 조직의 목표와 그 목표를 달성하기 위하여 기업이 수행하는 과업들에 관한 내용을 포함하고 있다. 기업은 이윤을 추구하는 조직이며 이윤을 얻기 위하여 다양한 제품이나 서비스를 생산하여 고객들에게 판매하는 일을 수행한다. 두 번째 개인적 관점은 경영활동의 주체인 개인들이 기업활동을 통해 얻을 수 있는 효용을 주로 다룬다. 기업은 개인의 삶의 터전이다. 기업은 일자리를 제공하고 사람들은 직업을 통해 자아실현을 하고 사람들과 사회적 상호작용을 하며 살아간다. 마지막은 사회적 관점으로 기업활동이 창출하는 다양한 사회적 파급효과를 제시한다. 기업은 사회(개인과 정부)가 필요로 하는 제품/서비스를 제공하고, 국가의 국력을 대표하며, 사회적으로 고용과 부를 창출하고, 세금을 통해 정부 재정에 큰 기여를 하기도 한다.

〈표 1-2〉는 기업의 역할을 체계적으로 정리하여 제시한다. 정리하면, 기업이란 영리를 추구하는 조직으로 자원을 투입하고 변환과정을 거쳐서 제품이나 서비스를 생산하고 이를 소비자에게 판매하는 일을 수행한다. 기업의 이윤추

〈표 1-2〉
기업을 보는 관점 구분

구 분	기업을 보는 견해
기업의 관점	1. 돈을 버는 곳 2. 이윤을 극대화하는 기관 3. 최소의 자원으로 최대 효과를 추구하는 수단 4. 여러 자원을 조합해서 새로운 상품을 생산하는 곳
개인적 관점	5. 자아실현 수단 6. 스트레스와 보람을 주는 곳 7. 공동목적을 추구하는 곳 8. 구성원의 능력을 개발시키는 곳
사회적 관점	9. 사회가 필요로 하는 것을 제공해 주는 곳 10. 국력의 기본 11. 정부에 세금을 내는 기관 12. 고용기회를 창출하는 곳 13. 새로운 기술의 산실 14. 국가경제발전의 주춧돌 15. 인간생활을 윤택하게 해주는 곳

구 동기와 활동은 고용창출, 삶의 편리성 증대, 국가 부의 창출 등과 같은 파급효과를 창출하여 궁극적으로 사회발전에 기여한다.

[그림 1-1]은 국민경제에 있어 기업의 중요한 역할을 보여주고 있다. 기업은 소비자·기업·정부 등과 함께 국민경제주체이다. 소비자는 경제활동에서 상품과 서비스를 구입하여 사용하는 동시에 노동·자금·원료 등 생산요소를 제공한다. 기업은 가계와 정부가 제공한 생산요소를 이용해서 상품이나 서비스를 생산하여 시장을 통해 공급한다. 정부는 기업으로부터 상품과 서비스를 구입하기도 하고 직접 생산하기도 한다. 정부는 직접적인 경제활동보다는 시장에서 거래질서와 규칙을 확립하고 이를 지키지 않는 거래자를 처벌하는 역할을 수행한다.

기업의 관점에서 정리하자면, 기업은 소비자에게는 생활의 편리성을 제고하는 상품과 서비스를 제공하고, 투자자에게는 투자에 대한 보상을 지급하며, 채권자에게는 이자를 지불한다. 개인에게는 일자리를 제공하고, 정부에는 세금을 내며, 원료나 중간재 공급자들에게는 안정적인 판매처를 제공한다. 기업은 국민경제주체로 다양한 역할을 수행하고 있다.

[그림 1-1]
국민경제와 기업

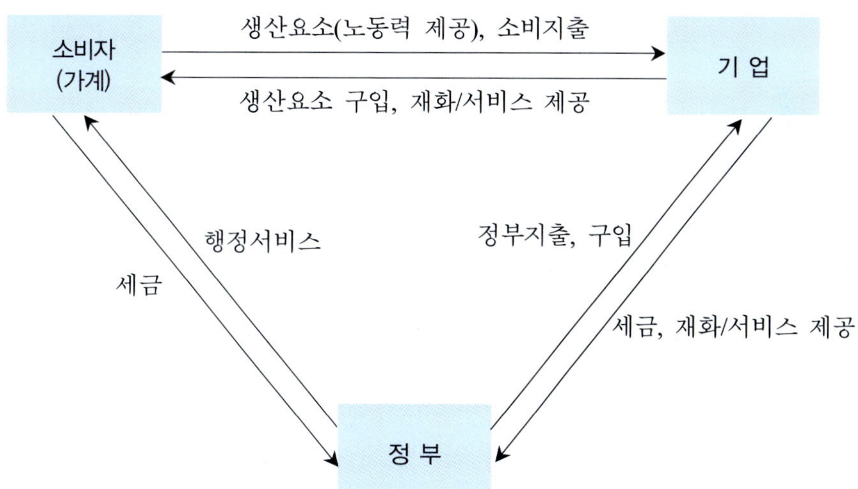

출처 : 장영광 · 정기만, 「생활 속의 경영학」, p.36의 그림을 수정하여 인용

2 기업경영 관점의 변화

기업은 이윤을 얻기 위하여 제품이나 서비스를 개발, 생산하여 고객에게 판매하는 일을 수행한다. 이러한 기업의 근본적 활동은 변화가 없지만 시대환경 변화에 따라 기업성패에 영향을 주는 주요 요인들은 지속적으로 변화해 왔다. 이에 따라 기업을 보는 주요 관점도 진화하였다.

1) 생산중심적 관점

기업은 사회가 필요로 하는 재화나 용역을 경제적으로 생산하여 공급한다. 기업은 자원을 효율적/창의적으로 활용하여 사회에 필요한 가치와 효용을 창출하는 생산기능을 담당하고 그 대가로 이윤을 얻는다. 산업혁명 이후부터 1910년초까지 수요가 공급을 초과하는 시장에서 기업경영의 핵심은 대량생산을 통한 효율적 생산관리에 있었다. 이러한 환경하에 기업들은 생산을 효율적으로 운영하여 수익을 내는 제조중심 경영관점으로 기업을 경영하였고 이에 과학적 관리법, 컨베이어 벨트 등 생산운영관리 경영기업이 발달하였다.

2) 마케팅중심적 관점

기업이 효율적으로 재화를 생산하였다 하더라도 이를 구입하는 고객이 없으면 기업은 존립할 수 없다. 기업은 자신들이 만든 상품과 고객의 화폐를 교환하여 수익을 얻고 이를 다시 투자하여 기업활동을 지속적으로 수행할 수 있다. 기업들의 생산기술 발달로 기업간 경쟁이 심화되고 공급이 수요를 초과하며 기업들은 생존을 위해 시장에서 팔리는 물건을 만들어야 하는 상황에 직면하게 되었다. 이러한 경영환경의 변화는 필연적으로 기업경영에 있어 마케팅이 중요해져 마케팅 분야의 발전을 가져오게 되었다. 피터 드러커는 기업의 역할은 고객을 창출하는 것이라고 언급하고 있는데, 이 관점은 경영의 패러다임이 제조중심에서 마케팅 개념 중심으로 변화하였음을 의미한다.

3) 인간중심의 관점

기존의 경영학에서는 사람을 기업활동을 위한 자원 중 하나로 간주하였다. 즉, 물자와 함께 사람을 비용으로 인식하였으나 정보화 사회의 도입과 맞물려 사람은 단순히 건물이나 공장과 같은 자산과 달리 더 큰 가치를 창출한다는 인식이 보편화되었다. 인간의 창조적 두뇌활동은 기업의 다른 자원보다 훨씬 값어치 있는 자원으로 기업의 부가가치 창출 및 시장에서의 성공에 큰 영향을 미친다. 이에 현대의 기업들은 우수한 인력을 채용하고 종업원의 능력을 개발하여 지속적으로 기업의 가치를 높이고자 노력하고 있다.

4) 사회구성원으로 책임을 강조하는 관점

경제 및 사회에 있어 기업의 영향력이 강화되며 최근에는 기업이 사회적 문제 해결의 주체로 간주되고 있다. 기업은 사람들에게 일자리를 제공하고 정부에 막대한 세금을 낸다. 또한 근로자, 소비자 등과 같이 이해관계자 집단과의 이해관계를 조정하고 사회의 요구에 반응한다. 최근 기업경영에 있어 기업을 인간생활의 질적 향상과 바람직한 문화 형성에 기여하고, 환경문제, 성 및 인종차별 등 사회문제 해결에 적극 참여하는 등 사회적 책임의 주체로 보는 경향이 강조되고 있다. 이에 최근 기업들은 기업활동을 하며 법령과 윤리를 준수하고, 기업의 이해관계자의 요구에 적절히 대응함으로써 사회에 긍정적 영향을 미치는 책임 있는 활동을 하는 등 기업의 사회적 책임을 경영활동에 적극 반영하고 있다.

제2절 기업의 형태

기업의 형태란 상품을 생산 및 판매하는 독립적 행위 주체로서 그 기업이 목적을 달성하기 위하여 취하고 있는 법률적 형태 구분을 말한다. 주로 출자와 이에 따르는 책임부담의 관계에 따라 기업의 형태가 구분된다. [그림 1-2]는 기업형태를 세분화하여 제시하고 있다.

[그림 1-2]
기업형태의 구분

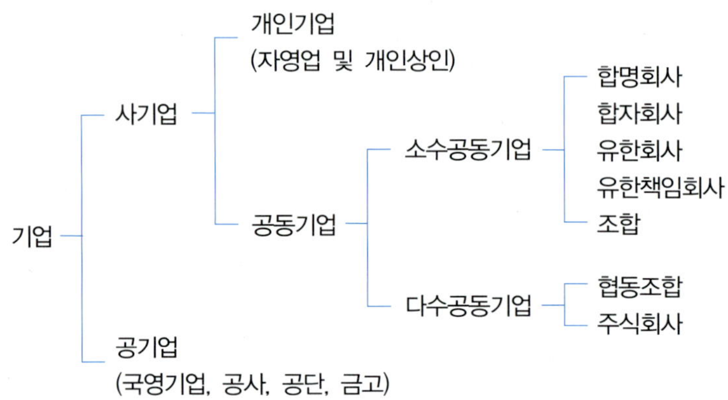

1 사기업

1) 개인기업

개인기업은 소유자가 출자와 경영을 동시에 하는 기업형태로 가장 보편적인 형태의 기업이라고 볼 수 있다. 소유주는 기업조직의 모든 영업활동을 관리하고 통제하며 거기에서 발생하는 결과에 대하여 책임을 진다. 한국의 대다수 자영업은 개인기업 형태이다. 개인기업의 장점은 소유자 개인이 출자하고 경영하므로 경영의사결정에 빠르고 유연하다는 것이다. 또한 기업설립 절차가 간단하다. 하지만 자금조달의 원천이 제한되어 있고 기업이 실패할 경우 기업주 개인이 무한책임을 지므로 사업의 계속이 어려운 경우가 발생할 수 있다. 소자본으로 소규모 기업에 적합하나 큰 기업에는 부적합하다.

2) 공동회사

공동회사는 개인기업과 달리 출자자와 경영자가 한 사람이 아닌 여러 사람이 공동으로 출자하여 운영한다. 출자자의 수에 따라 소수공동기업과 다수공동기업으로 구분된다. 소수공동기업에는 합명회사, 합자회사, 유한회사, 유한책임회사, 조합 등이 있고 다수공동기업에는 협동조합과 주식회사가 있다.

(1) 합명회사

합명회사는 2인 이상이 출자하여 경영과 채무 등을 무한책임지는 기업형태이다. 사원들은 회사의 업무를 집행하고 회사를 대표하는 권한을 가지며 채무에 대하여 무한책임을 진다. 합명회사는 일반적으로 가족적 · 인적 결합의 특성이 강한 전형적인 인적회사이다. 인적 신뢰관계가 있는 소수의 인원으로 구성되는 공동기업에 적합한 회사이다.

(2) 합자회사

합자회사는 2인 이상의 무한책임사원과 유한책임사원으로 구성된다. 무한책임사원은 재산, 노무, 신용 중 어느 것이든 출자할 수 있고 회사의 경영에서 각자가 업무집행의 권리와 의무를 가질 뿐 아니라 회사 채무에 관하여 직접 회사채권자에게 무한연대의 책임을 진다. 이에 비해 유한책임사원은 재산출자만 허용되어 회사의 업무집행이나 대표행위를 하지 못하지만, 일정한 범위 내에서의 감시권을 가지고 있고 직접 회사채권자에 대하여 출자한 가액을 한도로 채무변제의 책임을 진다. 무한책임사원이 있는 점은 합명회사와 동일하나 유한책임사원이 있는 점이 합명회사와 다르다. 합자회사는 이원적 조직을 가지는 점에 특색이 있으나, 개인적 신뢰를 기초로 하는 공동기업이라는 점에서 합명회사와 유사한 기업형태로 볼 수 있다.

(3) 유한회사

회사에 투자한 사원들이 출자액에 한하여 책임을 지는 회사를 말한다. 소규모의 주식회사라고 할 수 있다. 유한회사는 합명회사와 주식회사의 장점을 절충한 형태로 볼 수 있다. 설립이 용이하고, 설립비용이 소액이며, 주식회사보다도 조직이 간단하고, 공개의무가 없다. 유한회사의 기관으로는 이사 · 감사 · 사원총회가 있다. 보통 이사는 사원 자신이 된다. 이사의 권리와 의무는 주식회사의 중역과 유사하다. 감사는 임의기관이기 때문에 절대성을 갖지 못한다. 사원총회는 최고의 의사결정기관으로서 주식회사의 주주총회와 같은 것이고 결의권의 행사는 인원수에 의하는 것이 아니라 소유지분에 의거하여 행사된다.

(4) 유한책임회사

유한책임회사는 유한회사나 주식회사와 같이 출자자들이 출자액에 한하여만 책임을 진다. 유한회사와 주식회사는 이사나 감사를 의무적으로 선임하도록 되어 있으나 유한책임회사는 이사, 감사를 의무적으로 선임하지 않아도 된다. 즉, 회사의 설립, 운영에 있어서 유한회사, 주식회사보다 훨씬 더 자유롭다. 유한회사와 주식회사는 소유와 경영이 분리되어 있지만, 유한책임회사는 소유와 경영이 분리되지 않는다. 유한책임회사를 구성하는 사원들이 모두 지분을 가지고 경영에 참여한다. 소액창업, 청년창업, 벤처회사에 적합한 기업형태로, 가장 최근에 도입된 기업형태이다.

(5) 조합(익명조합/민법상의 조합)

익명상의 조합은 무한책임을 지는 영업자와 유한책임을 지는 익명의 조합원으로 구성되는 조합을 의미한다. 외견상 익명조합은 단독기업이나 합명회사처럼 보이기도 한다. 민법상의 조합은 2인 이상이 상호 출자하여 공동사업을 경영하기로 약정하는 것으로 효력을 발휘하는 기업형태이다. 이때 조합원들은 모두 업무집행을 담당하고 무한책임을 진다. 민법상의 조합은 법인이 아니라는 점에서 익명조합과 구분된다.

(6) 주식회사

주식회사는 현대 사회에서 가장 대표적인 기업형태라고 할 수 있다. 사원인 주주의 출자로 이루어지며, 권리 · 의무의 단위인 주식으로 나눠진 일정한 자본금을 갖는다. 모든 주주는 그 주식의 인수가액을 한도로 하는 출자의무를 가지지만 회사 채무에 아무런 책임을 지지 않는다. 주식회사의 근본적 특색은 자본금과 주식과 주주의 유한책임에 있다고 할 수 있다. 주식회사의 대표적인 특징은 다음과 같다.

첫째, 주식회사는 자본을 모두 증권화한다.

둘째, 주식회사에서 사원(주주 및 출자자)은 자신의 투자액 한도 내에서 책임을 진다.

셋째, 주식회사는 소유와 경영이 분리될 수 있다.

(7) 협동조합

경제적으로 약소한 처지에 있는 농민이나 중·소 상공업자, 일반 소비자들이 상부상조의 정신으로 경제적 이익을 추구하기 위하여, 물자 등의 구매·생산·판매·소비 등의 일부 또는 전부를 협동으로 영위하는 조직단체이다. 새마을금고, 한살림, 농협, 신협 등이 협동조합의 대표적인 예이다.

2 공기업

공기업은 국가나 지방자치단체 및 공공단체가 공익을 목적으로 출자하고 경영을 책임지는 기업형태이다. 공기업의 직접적인 목적은 이윤이 아니라 공공의 재화 및 서비스를 제공하는 데 있다. 공기업은 영리를 목적으로 하지 않지만, 필요한 비용은 그 사업의 수입에서 충당해야 한다는 원칙을 따른다. 공기업의 형태에는, 국가 또는 공공단체의 행정조직에 편입되어 행정관청의 일부로서 운용되는 국영공기업과, 법인기업으로서의 형식적 독립성을 지니는 법인공기업이 있다. 최근에는 공기업의 관료화나 행정관청의 재정적 부담의 확대를 피하기 위하여 법인공기업형태가 많아져 가고 있다. 공기업은 ① 국가나 지방자치단체의 재정수입 조달의 수단이 되고, ② 공익성·공공성이 강한 거액의 고정자본이 소요되는 독점적 사업분야를 주로 담당하며, ③ 투자액이 거액이면서도 이익을 기대할 수 없는 분야를 담당한다. ④ 사회정책적인 목적의 사업(예를 들면 실업대책 등)도 실시한다. 철도, 지하철, 전기 등 사기업이 담당할 수 없는 분야를 담당한다. 공기업은 공익성을 추구하되 다른 한편으로는 관료주의와 비능률을 피하기 위해 독립된 기업으로서 운영된다.[1)]

---

1) 출처 : 공기업[public enterprise, 公企業](두산백과)

제3절 경영이란?

인간은 사회적 동물로 가족, 학교, 직장, 친목 모임 등 다양한 조직에 속해서 살아간다. 조직이란 특정 역할과 기능을 수행하는 협동체계로 볼 수 있다. 조직의 주요 특징은 조직이 추구하는 목표가 있다는 점이다. 조직구성원들은 조직의 목표를 달성하기 위하여 노력하며 이 과정을 통해 조직에 대한 소속감을 느낀다. 〈표 1-3〉은 주요 경제주체들의 조직의 목적을 제시하고 있는데, 주체별·조직별로 목적이 상이함을 알 수 있다. 두 번째로 조직이 가지는 특성은 위계구조가 있다는 것이다. 예를 들면 기업도 하나의 조직으로 기업의 경우 일반적으로 대표이사, 부사장, 상무, 전무, 부장, 과장, 대리, 사원 등과 같은 관리 조직구조가 있다. 각 위계단계별 직책을 맡고 있는 사람은 조직의 목표를 달성하는 데 필요한 권한과 의무, 책임이 주어진다. 셋째, 조직은 조직 운영을 위한 규정이나 규칙이 있다. 이 규정에는 조직의 목표, 위계구조 및 조직의 운영방침과 방향 등의 세부적인 내용이 담긴다. 공식적 조직일수록 규정의 내용이 체계적이고 자세하다. 동호회와 정부 조직을 비교해 보면 개인들의 동호회보다 정부조직의 규정이 더 체계적이고 자세할 것이다. 마지막으로 조직의 목표가 지속적으로 달성되어야 조직이 유지된다. 기업의 경우 이윤창출이 그 목적으로, 이윤창출이 제대로 되지 않는다면 기업이 존속될 수 없다. 또한 조직의 목표가 일회성이라면 조직은 목표 달성 후 해체하게 된다. 이러한 대표적인 조직이 기업 내 프로젝트 조직이다.

조직은 조직의 목표를 달성하기 위하여 지속적으로 계획을 세우고 실행

〈표 1-3〉
조직에 따른 목표 구분

조 직		목 적
정부		공공의 목적 달성
기업	공기업	공공성, 수익성, 안정성
	영리기업	수익성, 안정성, 성장성
	비영리기업	특정 목적의 달성, 공공재의 효율적 분배 및 조달
가계		수입지출의 균형 장기적 안정 및 성장을 위한 저축 등

출처 : 조동성, 「21세기를 위한 경영학」, p.67의 표를 수정하여 인용

하며 그 결과를 평가하는데, 이러한 일련의 활동이 경영이다. 즉, 경영이란 모든 조직의 목표 달성에 필요한 제반 활동, 과정 및 수단 등을 일컫는 보편적 개념이다. 기업도 국민경제의 한 축을 담당하는 주요 조직이다. 또한 기업은 영리를 목적으로 한다. 이에 기업도 수익 및 매출 극대화를 위해 계획을 세우고 조직을 구성하여 과업을 수행하며 결과를 평가하는 일련의 활동을 지속적으로 수행하는데, 이를 기업경영이라고 한다.

1 경영의 주요 요소

1) 목적

모든 조직은 조직의 존재 이유에 관한 목적이 있다. 기업은 이윤을 추구하는 조직으로 이윤추구는 기업 존립의 기초가 된다. 현실에서 기업들은 '세계제일'이나 '고객만족 극대화' 등을 목적으로 한다고 명시하기도 하는데, 기업의 이러한 목적은 최고경영자의 경영철학이 담겨 있으며 이를 통해 이윤을 얻겠다는 의미로 이해할 수 있다.

2) 인적자원 : 사람

현대 경영에 있어 인적자원은 가장 중요한 자원이다. 기업의 전략을 수립하고 실행하며 관리하는 주체는 사람이다. 전 세계 유수의 기업들은 우수한 인재를 채용하기 위하여 많은 노력을 하고 있으며 채용 후에도 지속적인 교육을 통해 인적자원을 개발하여 기업의 경쟁력을 높이고자 한다. 한편 최고경영자는 전 조직원의 능력을 극대화하고, 사업을 조정하며 시장상황을 정확히 파악하여 미래를 예측한다. 이를 기반으로, 최고경영자는 기업의 중대한 의사결정을 한다. 이와 같이 기업의 성패에 있어 가장 중요한 역할을 하는 최고경영자도 기업의 중요한 인적자원 중의 하나이다.

3) 물적자원 및 자본

기업을 운영하기 위해서는 다양한 자원이 필요하다. 사무실, 창고, 공장, 매장 등의 물리적 시설과 설비가 필요하고 물건을 생산하기 위한 원자재 구입 및 직원 채용 등을 위한 자본이 필요하다. 또한 기업을 운영하고 확장하는 데 지속적으로 자본이 필요하므로, 이에 기업은 은행 대출, 투자자 유치 및 기업공개(IPO) 등 다양한 방법을 통해 필요자금을 유치한다.

4) 전략과 정보

사람과 자본을 준비하였으면 이를 결합하여 경영목적을 달성하기 위한 계획의 수립과 실행이 필요하다. 전략은 기업 내의 모든 자원을 경영목적 달성을 위하여 조직화하고 이를 실행에 옮기는 것을 말한다. 자원이 풍부하다 하더라도 전략이 부재하거나 잘못된 전략을 수립하고 실행한다면 기업은 시장에서 실패하고 도태된다. 반대로 자원이 부족하다 할지라도 전략을 잘 수립하고 실행한다면 기업은 경쟁에서 승리하여 지속적으로 성장한다. 한편 전략적 의사결정에는 정보가 필요하다. 정보는 의사결정에 도움을 주기 위한 자료를 의미하는데, 정확하고 충분한 정보 없이는 적합한 의사결정을 내리기가 힘들다. 이에 기업들은 각종 방법을 동원하여 시장, 경쟁자, 회사 내부 등의 정보를 얻는데 총력을 기울이고 있다. 전략과 정보는 현대 기업경영에 있어 핵심적인 요소이다.

2 경영활동의 내용과 과정

1) 경영의 순환과정 : 과정적/동태적 관점

경영은 조직의 목적을 달성하기 위한 지속적인 활동이나 과정을 의미한다. 기업들은 목적 달성을 위해 계획하고 실행하며 평가하고 이를 피드백하는 과정을 끊임없이 수행하게 된다. 이를 기업경영의 순환과정, PDS 사이클이라고 한다.

[그림 1-3]
경영의 순환과정

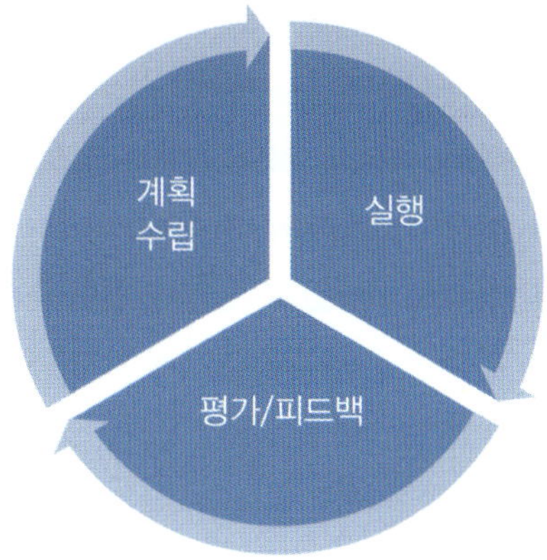

(1) 계획수립

계획수립은 조직의 목적을 결정하고 그것을 달성하기 위한 방법을 수립하는 것이다. 구체적으로 계획수립은 조직의 미래 상황을 예측하고 미래 환경변화에 대응하기 위한 대안들을 분석하여 가장 좋은 실행방안들을 선택하는 것이다. 목적 달성을 위한 실행방안들을 원활히 수행하기 위해 조직은 조직구조를 변경하거나 구조를 새로 설계한다. 과업을 결정하며 과업에 따라 사람과 자원을 할당하는 작업까지 계획수립과정에 포함된다.

(2) 실행

계획수립 후 경영계획의 다음 단계는 실행이다. 실행에서는 조직의 목적을 달성하기 위하여 리더십이 중요한 역할을 한다. 리더는 구성원들에게 동기부여하고 업무를 효율적으로 지휘하여 과업을 성공적으로 수행하게 한다.

(3) 평가와 피드백

기업경영활동은 연속적으로 이루어진다. 이에 기업의 성과를 지속적으로 향상시키기 위해서는 각 업무의 표준작업을 설정하고 진척도를 파악하며 필요한 수정을 해야 한다. 이 과정에서는 원래의 목적과 실제 성과를 비교하여 무엇이 잘못되었는지 그리고 무엇을 개선시켜야 하는지 고려한다. 이러한 평가는 다음 계획에 반영되는데, 이를 피드백이라고 한다. 계획수립과 실행 후 기업은 평가와 피드백을 통해 성과를 향상시킨다.

이러한 계획수립, 실행, 평가/피드백의 3단계 순환과정을 발전시켜 경영에서는 계획수립, 조직화, 지휘, 통제의 4단계 순환과정으로 변환하여 활용하기도 한다. 4단계 경영순환과정은 계획을 수립하고, 계획을 실천하기 위한 조직을 갖추며, 리더의 지휘에 따라 실제적인 과업을 수행하고, 계획된 대로 과업이 수행될 수 있도록 통제활동을 수행하고 이를 다시 계획에 피드백하는 연속적 과정으로 본다. 3단계 경영순환과정과의 차이는 4단계에서는 실행부분이 '계획화'와 '지휘' 활동으로 구분된다는 것이다.

2) 경영의 영역 : 기능적/정태적 관점

기업의 목적은 이윤추구에 있고, 이를 이루기 위하여 재화와 용역을 배분하고 생산하며 판매하는 일련의 활동을 지속적으로 수행한다. 이에 기업은 자금, 물자, 인재, 정보, 기술, 시장 등의 경영에 필요한 자원을 지속적으로 배분하고 관리한다. 자금의 운용을 자금관리, 물자의 관리를 구매관리, 생산활동을 관리하는 것을 생산운영관리, 인재를 관리하는 것을 인사관리라 하여 기업의 특정 기능을 수행하게 된다. 전통적으로 기업이 수행하는 다양한 활동의 기능별 구분은 아래와 같다.

① 인적자원관리 : 직원의 채용, 교육, 배치, 평가
② 생산운영관리 : 제품/서비스를 생산하기 위해 필요한 자재, 설비, 공정 등을 관리
③ 마케팅관리 : 제품이나 서비스의 홍보, 판매
④ 재무관리 : 자금의 조달 및 운용
⑤ 회계 : 기업활동을 수치로 요약 및 정리
⑥ 경영정보시스템 : 경영의사결정을 돕기 위하여 구축된 정보시스템

3 기업경영이란?

기업활동은 필연적으로 경영을 수행하지만, 기업경영을 이해하기 위해서는 경영과 기업을 구분해야 한다. 첫째, 기업은 목표를 설정하는데 기업경영은 그 목적을 실현하기 위한 방법론으로 볼 수 있다. 둘째, 기업은 소유단위이지만 경영은 일을 수행하는 과업단위로 볼 수 있다. 셋째, 기업은 수익성과 이윤을 추구하지만, 경영은 생산성과 효율성을 추구한다.

경영의 순환과정은 계획-실행-평가 또는 계획수립-조직화-지휘-통제의 과정을 거친다. 이러한 순환과정은 무엇을 대상으로 이루어지는 것일까? 그것은 바로 조직의 목표를 달성하기 위해 수행해야 할 구체적인 과업 또는 업무이다. 이러한 구체적인 과업 또는 업무는 우리가 앞서 언급한 기업의 각 기능의 영역이라고 볼 수 있다. 즉, 기업은 이윤창출을 위해 제품이나 서비스를 생산하여 고객에게 판매하는 일을 수행하는데, 이를 효과적으로 수행하기 위해 재무, 인사, 생산관리, 마케팅, MIS 등 다양한 기능영역의 과업을 관리해야 하는 것이다. 기업은 일시적인 프로젝트 조직과 달리 생산-판매의 사이클을 반복적으로 수행하며 생존과 성장을 하고자 한다.

또한, 기업은 사회적 존재로 외부환경의 영향을 받는다. 경쟁의 심화, 기술의 진부화, 고객/시장의 트렌드 변화 등의 외부환경은 지속적으로 기업의 생존을 위협하고 있다. 환경의 변화에 적응하지 못한 기업은 시장에서 사라진다. 삼성, 엘지, 구글, 애플 등과 같은 대기업은 외부환경의 변화에 잘 대처하여 지속적으로 성장하였지만, 이 기업들 또한 미래에 환경 변화에 대응하지 못하면 시장에서 사라져 갈 것이다. 기업경영이라는 것은 환경의 위협과 기회

[그림 1-4]
기업경영의 개념

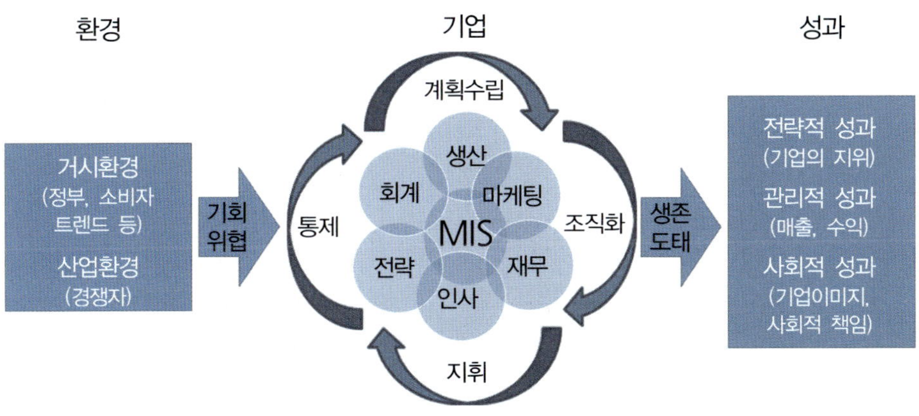

로부터 전략을 수립하고, 기업이 자원을 활용하고 기업 내부의 여러 기능들을 관리하여 성과를 도출하는 일련의 과정이라고 볼 수 있다. 이러한 과정이 유기적으로 잘 이루어질 때 기업은 지속적으로 성장하고 그렇지 못한 기업은 도태되어 사라진다. [그림 1-4]는 기업경영활동을 거시적으로 도식화해서 보여주고 있다. 본서에서는 [그림 1-4]에 언급된 요소들을 하나하나 학습해 갈 예정이다.

요약 •••

학습목표 1 사회에서 기업이 하는 역할에 대해 이해한다.

◎ 기업의 목표와 기업의 사회적 파급력에 대해 설명하시오.

기업의 목표는 이윤추구이며 이를 위한 상품 및 서비스를 생산·판매하는 일을 수행하는데, 사회 속에서 개인들과 국가 및 다른 경제주체들과 상호작용하며 개인의 자아실현 수단이 되고 사회 및 경제 발전 등 다양한 파급효과를 창출하고 있음을 알 수 있다. 이에 기업은 현대를 사는 우리에게 매우 중요한 역할을 하는 조직임을 알 수 있다.

◎ 기업을 보는 다양한 관점은?

기업을 보는 관점은 생산중심적 관점, 마케팅중심적 관점, 인간중심의 관점, 사회구성원으로 책임을 강조하는 관점 등이 있고, 이는 시대에 따라 변화하고 있다.

학습목표 2 기업의 형태에 대해 설명할 수 있다.

◎ 개인기업의 주요 특징은?

개인기업은 개인이 소유하고 모든 출자가 개인에 의하여 이루어진다. 소유주는 기업조직의 모든 영업활동을 관리/통제하며 거기에서 발생하는 결과에 대하여 책임을 진다. 대다수의 기업형태가 개인기업의 형태인데, 이는 경영의사결정의 유연성 내지는 기동성이 있고 다른 기업형태에 비하여 설립 수단 및 서류 작업이 간단하다는 장점이 있다. 하지만 자금조달의 원천이 제한되어 있고 기업이 실패할 경우 기업주 개인이 무한책임을 지므로 사업의 지속이 어려운 경우가 발생할 수 있다. 소자본으로 소규모 기업에 적합하나 대규모화된 기업에는 부적합하다.

◎ 주식회사의 특징을 설명하시오.

주식회사는 현대 사회에서 가장 대표적인 기업형태라고 할 수 있다. 사원인 주주의 출자로 이루어지며, 권리·의무의 단위인 주식으로 나눠진 일정한 자본금을 갖는다. 모든 주주는 그 주식의 인수가액을 한도로 하는 출자의무를 부담할 뿐 회사 채무에 아무런 책임도 지지 않는다. 따라서 주식회사의 대표적인 특성은 자본금, 주식과 주주의 유한책임에 있다고 할 수 있다. 주식회사의 대표적인 특징은 ① 주식회사는 자본을 모두 증권화하고, ② 주식회사에서 사원(주주 및 출자자)은 자신의 투자액 한도 내에서 책임을 지며, ③ 주식회사는 소유와 경영이 분리될 수 있다는 것이다.

학습목표 3 경영의 순환과정에 대해 이해한다.

○ PDS 사이클이란?

경영은 조직의 목적을 달성하기 위한 활동이나 과정을 의미한다. 이에 기업들의 경영은 순환적 관점에서 계획하고 실행하며 평가하고 이를 피드백하는 과정이 지속적으로 이루어진다. 이를 경영의 순환과정, PDS 사이클이라고 한다.

○ 기업경영 순환의 4단계란?

기업경영의 4단계 순환과정에서는 계획을 수립하고, 계획을 실천하기 위한 조직을 갖추며, 리더의 지휘에 따라 실제적인 과업을 수행하고, 계획된 대로 과업이 수행될 수 있도록 통제활동을 수행하고 이를 다시 계획에 피드백하는 일련의 연속적 과정으로 본다. 3단계 경영순환과정과 비교하여 달라진 점은 PDS 사이클의 실행 단계가 '계획화'와 '지휘' 활동으로 구분되어 제시된다는 것이다.

학습목표 4 기업경영에 대해 이해한다.

○ 기업경영이란 무엇인가?

경영의 순환과정은 계획-실행-평가 또는 계획수립-조직화-지휘-통제의 과정을 의미한다. 이러한 순환과정은 무엇을 대상으로 이루어지는 것일까? 그것은 바로 조직의 목표를 달성하기 위하여 수행해야 할 구체적인 과업 또는 업무이다. 결국 기업경영이라는 것은 환경의 위협과 기회로부터 전략을 수립하고, 기업이 자원을 활용, 관리, 창출하여 성과를 창출하는 일련의 과정이라고 볼 수 있다.

생각해 볼 문제

1. 기업과 개인, 그리고 사회의 관계에 관하여 자유롭게 토론하시오.
2. 기업을 보는 관점이 지속적으로 다양해지는 이유에 관하여 설명하시오.
3. 개인기업과 주식회사의 차이를 논의해 보시오.
4. 기업경영이란 무엇인지 자유롭게 토론하시오.

CHAPTER

2

기업의 탄생, 성장과 퇴출

장수기업은 좋은 것인가?

일본의 오래된 장수기업은 유명하다. 578년에 창업한 곤고구미(金剛組)를 비롯해 1000년 이상 된 기업이 스무 개에 이른다. 많은 사람들은 "한국도 일본의 장수기업을 본받아야 한다"라고 말한다. 한국 기업은 눈앞의 이익만 쫓다 보니 장수기업이 없다. 한국에서도 장수기업이 많이 나와야 한다. 그러나 과연 그럴까? 장수기업이 많은 것은 절대 좋은 게 아니다.

세상에는 공짜가 없는 법이다. 장수기업은 '성장'을 '포기'한 대가로 '장수'를 얻었다. 세계에서 가장 오래된 호텔로 꼽히는 니시야마온센케이운칸(Nishiyama Onsen Keiunkan)을 예로 들어보자. 위키피디아(goo.gl/6zyowB)에 따르면 이 호텔은 705년에 설립돼 1310년이 넘는 역사를 자랑하지만 방은 37개에 불과하다. 코트라(KOTRA) 조사에 따르면 100년 이상 된 일본 장수기업 중 81.6%는 연간 매출규모가 10억 엔 미만이며 41.6%는 1억 엔 미만이다. 이 같은 소규모는 일본 장수기업인들의 경영철학과도 맞닿아 있다. 오사카 상인들은 예부터 "장사와 병풍은 지나치게 크게 벌이면 넘어지기 쉽다"라는 생각을 갖고 있다고 한다. 가늘고 길게 가는 게 장수기업의 비결 중 하나다.

그렇다면 왜 기업이 성장해 규모를 키우면 사망 확률이 높아지는 것일까? 규모의 경제효과는 사라지고 혁신이 어려워지기 때문이다. 신생기업은 성장하고 덩치가 커지면서 평균비용이 줄어든다. 자동차를 100대 생산할 때보다는 1,000대 생산할 때 대당 평균비용이 떨어지는 것과 같은 이치다. 이 같은 규모의 경제효과 덕분에 기업이 성장해 규모가 커지면 이익도 커진다. 그러나 기업규모가 공룡처럼 커지면 얘기가 달라진다. 사람들은 이곳저곳 부서로 나뉜다. 서로 담을 쌓는다. 부서장들은 자기만의 왕국을 건설한다. 타 부서와 협력하고 소통하지 않으려 한다. 관료주의와 계층제도 독을 내뿜는다. 규정과 절차에 얽매인다. 새로운 아이디어가 나와도 실행이 늦어진다. 직급이 낮은 직원의 아이디어는 아무리 좋아도 무시된다. 상사의 터무니없는 결정이 채택된다. 혁신에 대한 저항도 커진다.

계층제 사다리의 높은 곳에 앉아 있는 이들은 혁신을 싫어하는 경향이 있다. 자기에게 손해라고 여긴다. 혁신은 파괴적 속성을 갖고 있기 때문이다. 기존의 스킬과 경험, 직무 역량은 낡고 불필요해진다. 그 같은 역량을 토대로 높은 자리에 오른 이들은 온갖 핑계를 대며 혁신에 저항한다. 그 결과로, 큰 기업은 변화에 대한 적응력이 떨어진다. 성장이 정체되거나 후퇴한다. 비록 계속 성장하더라도 성장률이 경제 전체의 성장률에는 미치지 못한다. 국가경제가 10% 성장할 때 2~3% 성장하는 식이다. 시간이 흐를수록 변화에 적응한 혁신기업에 밀리게 된다. 결국 다른 기업에 인수합병되거나 아예 문을 닫게 된다.

반면 성장을 포기한 대가로 '장수'를 얻은 기업은 다르다. 이들의 타깃은 고도로 전문화된 틈새시장이다. '소수의 단골 고객'에게 고도의 장인 정신을 발휘해 최고의 제품과 서비스를 제공한다. 혁신보다는 지속적인 개선을 중시한다. 그래도 생존에는 별지장이 없다. 틈새시장이 타깃이기에 변화의 파고가 크지 않기 때문이다. 몸집이 작기 때문에 변화에 대한 적응도 쉽다. 시장에서 오래 살아남는다. 그러나 '틈새시장'은 말 그대로 '틈새'일 뿐이다. 전체 시장의 극히 일부다. 덩치를 키우지 않고, 그 틈새에 100년, 200년 머무르는 행태는 소수 일부 기업에 적용될 뿐이다. 만약 다수 기업이 그 같은 방식으로 운영된다면 우리 경제는 지속가능할 수가 없다. 경제는 성장을 먹고 산다. 작년보다는 올해 더 많이 성장해야 하고, 내년에는 올해보다 더 큰 규모로 성장해야 한다. 그렇게 하지 않으면 성장률은 하락한다. 예를 들어 올해 경제규모가 100인데 해마다 3만큼 일정하게 성장한다고 해보자. 첫해 성장률은 3%(=3/100)다. 그러나 이듬해는 성장률이 2.9%(=3/103)로 하락한다. 그다음 해에는 2.8%(=3/106), 그다음 해에는 2.7%(=3/109)라는 식으로 성장률이 계속 떨어진다. 이렇게 되면 경제는 활력을 잃는다. 수요는 줄고 물가는 하락한다. 경제는 장기 불황에 빠지고 모두가 고통을 입는다. 다수 기업이 성장을 거부하고 오래 사는 게 목표가 되면 경제는 망한다. 다행히도 다수 기업은 성장을 갈망한다. 태어나서 성장하고 덩치를 키운다. 그러다 어느덧 경쟁력을 잃고 신생기업에 시장을 내주고 소멸을 맞이한다.

경제 생태계에는 개별 기업의 이 같은 '탄생→성장→소멸'의 메커니즘이 '장수'보다 훨씬 바람직하다. 그 과정에서 계속된 혁신을 경험하기 때문이다. 변화에 적응 못하고 낡은 비즈니스 모델에 집착하는 기존 기업은 변화에 적응한 혁신으로 무장한 새로운 기업에 밀려난다. 그새 기업이 성장해 공룡이 되면 역시 새로운 혁신기업에 밀려난다. 경제 생태계 안에서 개별 기업은 생성과 소멸을 반복하지만 생태계 자체는 계속된 혁신으로 더욱 건강해진다. 혁신을 동력으로 계속 성장한다. 결국 중요한 건 신생기업이 계속 나올 수 있고, 이들이 기존 대기업을 무너뜨릴 수 있는 생태계의 규칙을 만드는 것이다.

언젠가는 삼성전자도 사라질 것이다. 삼성전자 같은 손꼽히는 글로벌 대기업이 장수할 것이라고 기대하는 것 자체가 오산이다. 기업도 늙으면 죽기 마련이다. 중요한 건 삼성전자를 대체할 혁신기업들이 계속해서 나올 수 있느냐는 것이다.

(한국경제, 2018.10.1)

제 1 절 창업과 기업가 정신

1 창업과 경제

모든 사람은 일정한 나이가 되면 부모로부터 경제적인 독립을 해야만 한다. 경제적 독립을 얻을 수 있는 방법은 크게 두 가지이다. 하나는 기업에 취업하는 것이고 다른 하나는 스스로 창업가가 되는 것이다. 취업은 기업가에게 고용되어 일을 하며 매달 일정한 금액의 급여를 받고 기업에서 제공하는 유급휴가 및 각종 복지혜택을 누리는 것으로 대부분의 사람들이 경제적 독립을 이루기 위해 택하는 방법이다. 두 번째 방법인 창업은 기업가가 되어 위험을 감당하며 기업을 운영하는 것으로 성공시 많은 경제적 이득을 얻을 수 있는 방법이다. 경제적 자유를 얻는 두 가지 방법 중 대다수의 사람은 창업보다 고용을 선택한다. 고용은 안정적이지만 창업은 실패에 대한 리스크가 크기 때문이다. 실제로 창업한 기업의 대다수는 창업 후 얼마 지나지 않아 시장에서 사라진다. 하지만 창업기업 중 일부 기업들은 생존하고 성장하여 기업가는 큰 부와 명예를 얻고, 안정적 고용을 원하는 이들에게 일자리를 제공하며 국가의 경제성장에 기여한다. 이에 창업도 국가경제에 중요한 역할을 한다.

국가의 부는 토지(자원), 노동(노동력), 자본, 기업가 정신 및 지식의 다섯 가지 생산요소에 의하여 창출된다. 하지만 아프리카 및 중남미 지역과 같이 토지 및 노동 등의 자원이 풍부하다 하더라도 여전히 가난한 나라도 많은 반면 우리나라와 같이 자원이 절대적으로 부족하지만 경제적 성취를 이룬 나라들도 많다. 이는 자원의 풍요로움이 국가의 부를 결정짓는 요인이 아니라는 것을 보여준다. 국가의 경제 성장을 이루는 것은 기업가 정신과 이를 효율적으로 사용할 수 있는 지식의 결합으로 생겨난 기업들의 탄생과 성장에 의해서이다. 기업가들은 지식을 활용하여 창업하고 기업을 운영하며 성장시키는데, 이러한 기업들이 많이 생겨나야 국가의 경제력이 제고된다는 것이다. 즉, 국가의 부는 기업가 정신과 지식 및 자원의 결합에 의한 창업의 활성화에 달려 있다. 현대 사회는 지식중심 사회로 급격하게 변화되고 있고 새로운 지식을 활용한 창업기업들이 빠르게 나타나 기존의 기업들을 대체하고 있다.

2 기업가 정신의 의의와 개념

기업가 정신은 기업가 고유의 가치관 내지는 기업가적 태도를 의미한다. 구체적으로 기업가가 위험을 감수하며 도전적으로 새로운 기술과 혁신을 도모하여 기업의 성장과 사회적 가치를 창출하려는 진취적인 태도를 나타낸다. 혁신, 성장, 창의성, 위험추구, 특이함, 적극적 행동 등이 기업가 정신의 특성으로 제시되고 있다. 현대적 의미에서 기업가 정신은 위험과 불확실성하에서 창조성을 발휘하여 생산성을 향상시키고 신제품과 서비스를 통해 경제적 가치를 창출하며 사회를 이롭게 하는 정신을 의미한다.

기업가들의 혁신은 주로 새로운 상품의 개발, 새로운 생산방식의 도입, 새로운 시장의 개척, 새로운 공급원 창출 및 도입, 새로운 산업조직 도입 등을 통해 이루어진다. 슘페터는 기업가란 혁신 기능을 수행하는 사람으로, 이들의 기업가 정신을 경제개발을 이끄는 원동력으로 보기도 하였다. 기업가는 경제적 수준과 교육수준 등의 사회적 배경이 높은 편으로, 혁신을 창출할 수 있는 능력과 지식을 보유하고 있다. 더불어 성취욕구, 자유의지, 위험감수 경향 등이 일반인에 비하여 높게 나타난다고 한다.

기업가 정신을 가진 사람들의 일반적 특성은 자발성, 높은 열정, 실행력, 불확실성을 견디는 인내심 등으로 묘사되곤 한다. 기업가 정신은 꼭 창업가가 아니라 할지라도 자신의 분야에서 새로운 도전을 하고 혁신을 이끌어내는 사람들이 일반적으로 보유하고 있는 개인적 특성으로 볼 수 있다.

3 창업동기와 인센티브

창업은 기업을 조직하여 경영활동을 수행하는 것을 의미한다. 새로운 상품 및 기존 상품과 차별화되는 서비스를 개발하여 이를 상업화할 목적으로 기업을 설립하여 경영하는 활동을 의미한다. 하지만 창업기업의 경영활동은 기존 기업의 경영활동과 비교할 때 의사결정의 불확실성, 자원의 부족으로 인한 전략적 자원 투입의 필요성이 높고, 모험적 속성이 강하며, 성공에 대한 불확실성이 높다. 이에 대부분의 사람들은 창업보다는 기존 기업에 고용되고자 하는 경향이 높다. 그럼에도 불구하고 일부 사람들은 창업을 선택한다.

그렇다면 어떤 상황에서 창업이 활발하게 일어날까? 창업은 창업욕구와 인센티브가 만나서 이루어진다. 사람들이 창업을 하고자 하는 동기는 ① 경제적 동기, ② 개인적 동기, ③ 사회적 동기로 구분된다. 경제적 동기는 가장 중요한 동기로 창업을 하여 많은 경제적 부를 얻고자 하는 것으로 대다수의 창업이 이러한 이유로 일어난다. 개인적 동기는 자아실현 동기로 볼 수 있는데, 자신의 능력과 지식을 활용하여 기업을 운영하여 성취감을 얻고자 하는 것으로 볼 수 있다. 또한 사회적 동기는 자신이 직접 사업을 운영하여 사회적 책임을 구현하고자 하는 것으로, 사회적 기업은 주로 이러한 동기로 시작된다.

그러나 이러한 창업동기들을 가지고 있는 모든 사람들이 창업을 하는 것은 아니다. 실질적인 창업은 창업욕구와 창업 인센티브가 만나서 이루어진다. 창업 인센티브란 신생기업들이 비즈니스를 할 수 있는 유리한 환경여건 등을 의미한다. 즉, 동기가 있다 하더라도 창업에 유리한 환경이나 여건이 구축되지 않으면 창업이 활발하지 않다. 또한 일반적으로 기업가적 마인드가 부족하다 하더라도 창업가가 처한 환경여건이 유리할 때 창업이 활발하게 일어나기도 한다. 이러한 유리한 여건으로 '지식조건', '혁신원천', '시장조건', '산업구조', '기술패러다임의 변화' 등을 들 수 있다.

1) 지식조건

생산공정이 복잡하고 전문적인 지식이 필요한 산업의 경우 신생기업이 진입하기 힘들다. 예를 들어 자동차산업은 생산공정이 복잡하고 관리해야 하는 부품의 수가 매우 많아 신생기업이 진입하기 어렵다. 하지만 의류산업의 경우 상대적으로 공정이 간단하여 신생기업의 진출이 자동차산업에 비해 훨씬 용이하다. 이에 자동차산업보다 의류산업에 훨씬 많은 창업이 이루어지고 있다.

2) 혁신원천

신제품, 신공정이 개발되는 데 있어 혁신의 원천이 내부의 공급사슬에 존재하는 경우보다 외부에서 발생하는 경우가 창업에 유리하다. 예를 들어 자동차산업의 혁신은 주로 완성품 업체와 부품 업체 내부 및 이들의 가치사슬상에서 발생하기 때문에 새로운 공정 및 제품을 가진 신생기업이 출현하기 어렵다. 반면에 제약산업의 경우 대학과 공공연구소 등에서 새로운 지식의 연구활동이 활발한데 이러한 외부의 지식들이 혁신의 원천이 된다. 이에 제약산업에서는 신생 벤처 및 바이오 기업들이 많이 출현한다.

3) 시장조건

시장조건도 신생기업 발생에 영향을 끼친다. 신생기업 발생에 유리한 조건이란 빠르게 수요가 증가하는 시장, 그리고 세분화가 활발하게 일어나고 있는 시장 등이 신생기업 진입에 유리하다. 또한 창업은 시장 조성이 되기 시작할 때가 유리한데, 시장 초기에는 소수의 경쟁업체들이 시장에서 사업을 영위하고 있고 아직 표준화 및 지배적 디자인이 결정되기 전이기 때문이다.

4) 산업구조

자동차, 항공기 등 자본집약적 산업은 초기에 대규모의 투자가 필요하기 때문에 신생기업이 진출하기가 어렵다. 하지만 자동차, 항공기 제조와 같은 산업은 완성품 제조에 있어 엄청난 수의 부품 및 기술을 활용하고 이에 많은 부품업체, 공급업체들과 거래를 한다. 이와 같이 파생성이 높은 분야의 산업구조에서 완성품 메이커로 시장에 진출하기는 어렵지만 부품이나 특정 기술을 제공하는 공급업체로 다양한 창업의 기회가 만들어질 수 있다.

5) 기술패러다임의 변화

기술이 발전하며 새로운 기술로 대체될 때 신생기업들은 사업의 기회를 포착할 수 있다. 예를 들어 코닥은 필름제조 회사로 필름 산업에 주도적인 기업이었지만 카메라 기술이 디지털로 변환되고 올림푸스 등의 디지털카메라 업체들이 성장함에 따라 코닥은 몰락하였다. 이러한 기술패러다임의 변화 시점에 신생기업들이 산업의 패권을 잡을 수 있는 기회로 작용하기 때문에 창업이 활발하게 일어난다.

4 창업의 주요 요소

창업의 주요 요소는 창업가(기업가), 창업 아이디어, 자원이다.

1) 기업가

기업가는 기업을 설립하여 운영하는 사람을 일컫는다. 기업가는 창업기업의 출자자로 기업의 위험을 감수하고 동시에 기업 내 경영관리를 직접 수행하며 각종 기업활동에 대하여 책임을 진다. 기업가는 출자자인 자본가의 성향과 경영자라는 특성, 두 가지 성격을 동시에 가지고 있다. 기업가는 모험 지향적이고 열정적이며 계획된 위험을 감당한다고 알려져 있다.

〈표 2-1〉
기업가와 경영자의 특성 구분

구 분	기업가	경영자
개인적 특성	헌신적 태도 강한 지구력 강한 개성 독립성 위험감수 윤리	전문성 목표설정 능력 자신감 결단력 신중한 위험감수
역할 및 직무	신념 및 가치가 중요 희생정신 기업제일주의 팀 구축자 장시간 근무	조직의 가치/지위 보장에 관심 위험회피 관리기술 중시 현상유지 및 능률 지향적

출처 : 김문중 외, 「경영학원론」, p.132 표 수정하여 인용

2) 아이디어

창업을 위한 구체적인 아이디어는 창업을 통하여 어떠한 제품이나 시비스를 고객에게 제공할 것인가에 대한 비즈니스 모델을 의미한다. 창업 아이디어는 충분한 시장수요를 가지고 있어야 하고 제공하고자 하는 제품이나 서비스가 고객들이 가격 대비 더 큰 효용가치가 있어야 한다. 기능, 용도, 간편성, 경제성 등에 있어 경쟁제품보다 차별화된 강점을 가지고 있어야 한다.

3) 자원

창업자원은 창업 아이디어를 구체적인 상품이나 서비스로 변환하는 데 필요한 자본, 기술, 기계 또는 설비, 재료 및 부품, 건물, 인력 등을 말한다. 기업을 운영하기 위해서는 이러한 자원을 확보하는 것이 중요하다. 하지만 창업기업들은 기존 기업 대비 자원보유 측면에 있어 부족함이 크다. 이에 벤처 캐피털을 통한 자금조달이 기업 운영에 있어 매우 중요한 역할을 한다. 또한 우수한 인력자원을 유치하는 것도 기업의 성공에 있어 매우 중요한 요인이다.

5 창업전략

창업의 형태는 크게 신설기업 창업, 기존 기업 인수, 프랜차이즈 등의 세 가지 형태로 구분될 수 있다.

1) 신설창업

신설창업은 기업가가 새로운 기업을 설립하는 것으로 기업인수 및 프랜차이즈에 비하여 제품, 서비스, 입지, 설비, 공급자와의 관계 등의 의사결정에 있어 자유롭다. 반면에 자금조달 및 시장에서의 신용확보 및 마케팅 활동 등을 수행하기 어려우며 경영활동을 효율적으로 수행할 조직 및 자원을 확보하기 어렵다. 우리가 일반적으로 창업이라고 하면 신설기업으로 창업하는 것을 일컫는다.

2) 기업인수

기업인수는 타 기업의 사업을 인수하여 사업을 시작하는 것이다. 이러한 경우 기존 기업이 확보해 놓은 생산설비, 시장에서의 신용, 공급자 관계 및 기존 기업이 가지고 있는 다양한 지식과 조직구조, 자원 등을 활용하여 비교적 쉽게 신시장에 진입할 수 있는 장점이 있다. 반면에 기존 인수기업이 가지고 있는 단점도 인수하게 될 수 있어 인수기업 평가에 있어 세심함과 신중함이 필요하다. 일반적으로 대기업이 신사업 혹은 신시장에 진출할 때 많이 사용하는 방법이다.

3) 프랜차이즈

프랜차이즈는 본사와 가맹점 간 계약을 통하여 가맹점은 수익의 일부를 본사에게 제공하는 대신 본사로부터 본사의 자산인 상표 이미지, 기업 인지도, 업무 절차 및 관리 방법 등의 전문성을 활용하는 창업방법이다. 가맹점은 본사의 도움을 받을 수 있기 때문에 창업시 신생기업이 가지는 불리함을 극복하고 실패에 대한 위험을 줄일 수 있는 장점이 있다. 반면에 본사가 가맹점 기업가의 재량권 및 독립적 의사결정권 등을 제한할 수 있어 본점에 종속될 수 있다는 단점이 있다. 또한 본사에 내는 로열티 등의 부담이 있다. 최근 대다수의 자영업 창업은 프랜차이즈 형태로 이루어진다.

제2절 기업의 성장

한국에서 본격적으로 기업활동이 시작된 것은 1945년 해방 이후이다. 해방 이후 지금까지 우리나라에서는 수많은 기업들이 창업하여 기업활동을 하였지만 지금까지 명맥을 유지하는 기업은 많지 않다. 많은 기업들이 망해 시장에서 사라졌다. 특히, IMF 시기에 구제금융 위기를 겪으며 일시에 많은 기업들이 시장에서 사라지기도 하였다. 반면에 엘지, 삼성 등과 같은 대기업들은 지속적인 다각화를 통하여 현재 전자, 화학, 보험, 반도체 등 다양한 산업에 계열사를 거느린 글로벌 기업으로 성장하였다.

기업의 성장단계는 유년기, 성장기, 성숙기로 구분할 수 있는데, 각 단계별로 기업은 상이한 성장통을 겪는다. 이 중에 가장 힘든 시기는 유년기에서 성장기로 진입하는 시기이다. 실제로 한국 중소기업의 절반 이상은 10년 미만의 기업들이고 신생기업들이 10년 이상 생존하는 확률은 25%에 불과하다. 즉, 창업 10년 후 창업기업 4곳 가운데 한 곳만이 살아남고 3곳은 망해서 사라지는 것이다. 이 시기를 지나는 많은 기업이 시장에서 사라져가지만, 생존한 기업들은 성장하여 일자리와 부를 창출한다.

1 기업성장의 의의

창업기업이 중소기업에서 중견기업으로 그리고 중견기업에서 대기업 및 글로벌 기업으로 성장하는 과정에서 기업들은 어려움에 직면하고, 이러한 과정 속에서 어려움을 극복하지 못한 많은 기업들은 시장에서 사라져 간다. 기업의 성장은 일정 기간 내에 매출액, 영업이익, 순이익, 자본금, 자산 총액, 종업원 수, 시장점유율 등과 같은 성장지표가 증가함을 의미한다. 기업의 성장은 크게 두 가지로 구분된다. 첫 번째는 탁월한 경영관리 능력으로 자력 성장하는 경우이고 두 번째는 유도 성장으로 외부환경의 변화가 기업에게 유리하게 작용하며 기업이 성장하는 경우이다. 예를 들면 코로나라는 예기치 못한 환경의 변화는 대부분의 기업에게 위기이겠지만 마스크 생산회사, 온라인 쇼핑몰, 반도체 생산 회사, 바이오 회사에게는 사업 성장의 큰 기회가 된다.

탁월한 경영관리능력으로 성장하는 기업들의 특징은 다음과 같다. 첫째, 성장산업에 속해 있고 경영관리가 효율적으로 이루어지고 있다. 둘째, 좋은 인재를 확보·유지·개발하고 있고 이들의 조직에 대한 헌신과 창의력이 높다. 셋째, 과학적인 조사 연구를 바탕으로 마케팅 활동을 수행하며 시너지 효과를 갖는 제품의 다각화와 다양화 및 소비자 시장을 중시한다. 넷째, 재무관리 면에서 이익금의 적정유보 등을 통하여 건전한 재무구조를 유지하고 효율적인 자본조달을 하고 있다. 다섯째, 생산관리 면에서 혁신을 지향하고 기술개발을 중시하며 동종 제품과 관련 제품 분야의 생산업체와의 협력 및 결합이 잘 이루어져 있다(공급사슬관리 역량). 마지막으로, 기업활동의 국제화를 도모하여 해외의 직간접 투자 및 기술제휴 등을 활발하게 전개하고 있다.

기업 생태계란 창업이 일어나고, 기업이 성장하고 쇠퇴하고 퇴출되는 과정들이 일어나는 환경 조건으로 볼 수 있다. 좋은 기업 생태계란 창업이 활발하게 일어나고 역량을 갖춘 신생기업들이 생태계 안에서 안정적으로 성장하며, 한계에 봉착한 기업들이 자연스럽게 퇴출되는 순환이 활발하게 일어나는 곳이다. 이런 생태계 안에서는 창업기업이 중소기업, 대기업으로 성장할 수 있는 경로들이 존재하고, 대기업과 중소기업 및 창업기업들이 경쟁하고 협력하며 공존할 때 나라의 경제가 안정적으로 발전할 것이다. 이에 국가에서는 특정 기업의 독주가 아닌 기업 생태계 안에서 기업의 창업과 기존 기업의 쇠퇴가 활발하게 일어나는 건전한 기업 생태계를 구축하는 것이 필요하다.

2 기업성장과정

1) 기업진화모델

창업 후 많은 기업들이 망해서 시장에서 사라져가지만 생존한 기업들은 기업경영방식을 환경에 적합하게 대응하며 성장한다. 이와 같이 기업의 성장과정을 ① 초기의 기업가적 기업, ② 조직과 체계를 갖춘 제도적 기업, ③ 동태적 기업의 3단계로 구분하여 설명한 모델이 기업진화모델이다.

(1) 기업가적 기업

창업가가 기업을 설립하여 운영하는 초기형태에 많이 나타나는 기업형태이다. 성장의 원천은 기업가의 역량과 비전 및 추진력 등에 있으며 목표 달성을 위하여 기업가는 열정적으로 기업을 관리하고 경영한다. 기업가 정신을 기반으로 하여 새로운 제품이나 서비스와 관련된 아이디어에 대한 기회를 포착하고 바로 실행하며 소수의 제품 및 서비스를 중심으로 성장한다. 그러나 기업의 규모가 커지면서 기업가가 관리할 수 있는 범위를 벗어나 비효율이 생겨나게 된다.

(2) 제도적 기업

초기의 기업가적 기업의 규모가 커지면 기업가의 능력만으로 기업을 운영하는 데 한계에 부딪히게 된다. 이에 체계적인 관리제도를 도입하는 것이 필요하다. 조직의 효율적·효과적 운영을 위해서는 예산, 직무기술서, 수요예측, 인사관리, 생산관리 등 과거의 전통 및 관행을 대체하여 조직의 질서와 규율을 유지하기 위한 여러 제도가 도입되고 사람들의 행위를 관리하기 위한 규칙 및 규범들이 정립된다. 이러한 기업을 제도적 기업이라고 한다.

(3) 동태적 기업

제도의 도입은 규모가 있는 조직의 효율적 운영 및 관리에 기여하지만 시간이 흐르며 낡은 제도는 조직 내에 기계적으로 작용하여 조직의 성장에 오히려 방해로 작용하기도 한다. 이러한 상황하에 제도가 기업의 목표를 이루는 데 도움을 주기보다 제도 내의 시스템 유지 그 자체가 목적이 되어버리는 주객전도 현상이 나타나기도 한다. 제도적 기업에서 기업이 다시 성장하기 위해서는 창조성과 활력을 회복하는 것이 필요하다. 이러한 단계의 기업을 동태적 기업이라고 한다. 이 단계에서도 체계적인 제도나 방법은 유지되거나 강화되지만 그렇지 않은 제도나 규범들은 조정되거나 사라진다. 살아남은 제도나 규범은 조직을 유지하며 창조성과 인간의 활력을 조성하는 수단이 된다.

2) 기업성장의 5단계 모델

기업성장의 5단계 모델은 대기업들의 성장과정을 설명하는 모델로, 기업의 성장을 세밀히 구분하여 설명하고 있다. 기업은 조직의 규모 및 업력이 높아지며 성장의 5단계를 겪게 되는데, 각 단계별 그 시기에 발생하는 성장의 동력과 성장 후 찾아오는 위기를 구분하여 조직의 성장을 설명하고 있다.

① 제1단계 : 기업가의 창조성에 의한 성장 후 조직의 규모가 커지며 기업가 리더십의 위기가 온다.
② 제2단계 : 기업가가 커진 조직을 효율적으로 운영하기 위해 새로운 관리기법, 조직구조, 제도 등을 도입하여 지휘/통제에 의한 성장 후에 자율성의 위기가 온다.
③ 제3단계 : 위임을 통하여 거대해진 기업을 관리하며 기업성장을 하다 보면 통제의 위기가 온다.
④ 제4단계 : 조정에 의한 성장 후에 형식주의(red tape)의 위기를 맞이한다.
⑤ 제5단계 : 협동에 의한 성장 후에 미지의 위기가 발생한다.

기업은 단계별로 진화/성장하는데 각 단계에 핵심적인 경영스타일이 있고, 각 변혁의 시기에는 반드시 해결해야 하는 경영상 문제가 있다. [그림 2-1]에서 제시된 각 단계는 모든 기업들이 거치는 것이 아니고 대다수의 기업들은 각 단계의 위기를 극복하지 못하고 시장에서 사라져가는 것이 현실이다. 〈표 2-2〉는 기업성장의 5단계에 따른 경영상의 특징을 단계별로 구분하여 정리제시하고 있다.

[그림 2-1]
기업성장의 5단계

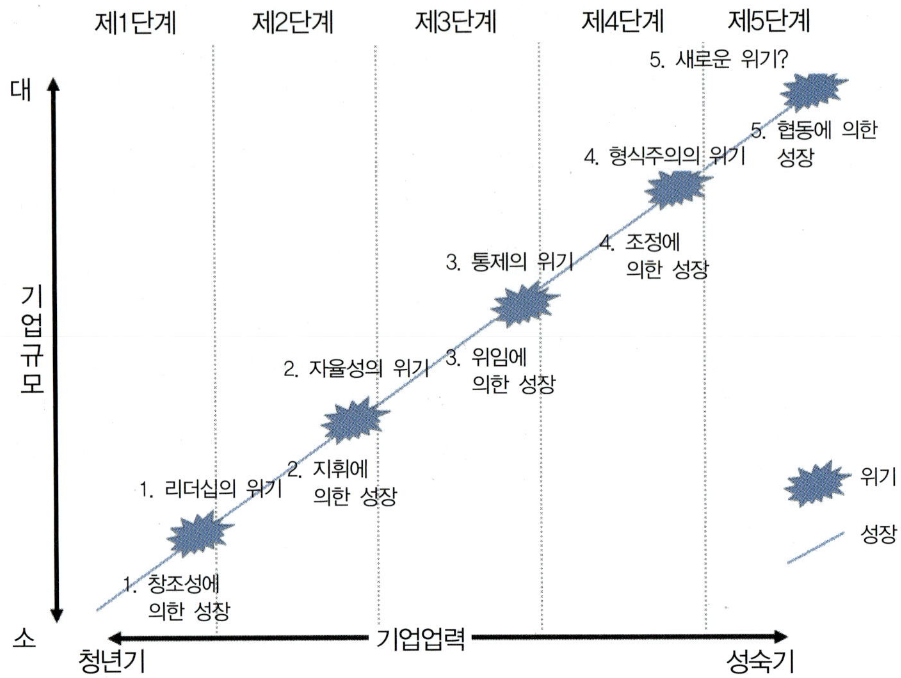

출처 : 김문중 외, 「경영학원론」, p.279 그림을 수정하여 인용

〈표 2-2〉
기업성장의 단계에 따른 경영상의 특징

구 분	제1단계	제2단계	제3단계	제4단계	제5단계
단계구분	창업기	발전기	신용확립기	급성장기	지도적 발전기
규모	영세기업	소기업	중기업	대기업	국제기업
경영 특성	1인 경영/ 강력한 리더십	파트너 협력 인간관계	조직적 관리	전략적 경영	국제적 경영
CEO의 역할	창의력	리더십	권한의 위양	조정능력	참가적 경영
조직구조	미분화	중앙집권적 기능별 조직	분권적 조직 사업부 제도	스태프의 강화 전략본부 제도	프로젝트팀, 행렬조직
경영관리상의 특성	악전고투	적극적 투자	내부자원 증가	계열화/ 다각화	집단적 경영
경영의 초점	제품생산 및 판매	경영활동의 효율성 확보, 품질개선, 원가절감 등	시장확대, 대량생산, 기업 내부 자원 증가	조직의 통합, 현대적 경영관리	혁신, 문제해결, 글로벌화
경영활동의 평가기준	고객의 반응	비용감소, 매출증대	이익의 극대화	투자효과의 극대화, 계획 및 결과의 비교분석	설정된 목표 달성
인센티브	CEO의 판단	인사고과제 활용	개인별/ 능력별 평가	종업원 지주제, 이익분배제	집단적 보상

출처 : 김문중 외, 「경영학원론」, p.280 그림을 수정하여 인용

3 기업성장전략

기업성장에 있어 중요한 전략은 한 우물만 파느냐 다양한 산업에 진출하느냐의 문제와, 소유와 경영을 분리할 것이냐 동시에 할 것이냐의 문제 그리고 마지막으로 혁신적인 제품을 시장에 출시하는 선도자가 될 것이냐 아니면 선도자를 빠르게 모방하는 전략으로 기업을 키울 것이냐의 세 가지 관점에서 고려해 볼 수 있다.

1) 집중화와 다각화

특정 산업에서만 경쟁하는 것은 집중화, 여러 산업에 다양한 사업부를 보유하는 것은 다각화이다. 신생기업들은 생존이 중요한 기업경영의 목표이고 이에 기업들은 생존을 위해 절대적으로 부족한 자원을 전략적으로 활용해야 한다. 유년기의 기업들에게 주로 나타나는 것은 제품 집중화인데, 이는 자원이 부족한 기업이 택할 수밖에 없는 전략으로 산업 틈새시장을 집중공략하는 전략이다. 이를 통해 생존에 성공하고 자원을 얻은 기업들은 성장을 위한 여러 전략적 선택을 하게 된다.

기업이 다각화하는 이유는 환경의 변화와 경쟁에 대응하여 기업 위험을 분산시키며 성장하기 위한 전략으로 볼 수 있다.

특정 산업에서만 사업을 영위하는 경우 성장에 한계가 있다. 지속적으로 성장하기 위해서는 신시장을 개척하고 여기에서 이윤을 얻는 것이 필요하기 때문에 다각화를 하게 된다. 기존 산업들이 기술발전 및 수요의 변화에 의해 쇠퇴하는 경우 기업들은 필연적으로 다각화하여 기업을 존속시키려 한다. 업종 변신에 대한 결정은 시대의 흐름을 인지하고 이에 대한 기업의 대처방안으로 볼 수 있다.

해방 직후 우리나라에 설립된 기업들은 한 우물 경영을 하는 경우들이 많았다. 이 당시 우리나라 자원이 부족했고 기업들은 다각화를 위한 풍부한 자원을 보유하지 못하였기 때문이다. 산업화에 따라 국가경제가 발전하며 삼성, 현대, 엘지 등 다양한 산업 분야에 계열사를 보유하고 사업을 운영하는 대기업들이 출현하였다. 이러한 대기업들은 규모도 크지만 다양한 산업에서 사업을 영위하고 있다.

2) 전문경영인체제와 오너 경영

창업시에 창업가는 소유와 경영을 동시에 수행하는데, 기업의 규모가 커지면 소유와 경영이 분리되는 경우가 많다. 기업이 주식시장에 상장하고 규모가 커질수록 창업가의 지분은 낮아지고 기업의 주인은 창업가가 아닌 주주들이 되므로 전문경영인들이 기업의 운영을 맡는 경우가 많다. 또한 기업의 규모가 커지면 관리역량이 더 중요해지므로 기업가 정신으로 초기기업을 경영하던 창업가의 역량이 큰 기업에 맞지 않게 된다. 이에 기업이 성장하며 기업들은 전문경영인체제로 전환되는 경우가 많다.

3) 혁신전략과 모방전략

기업성장에 있어 혁신적인 기술을 기반으로 한 새로운 시장을 개척하는 경우와 기존의 혁신자를 빠르게 모방하여 커지는 산업에 진입하여 경쟁하는 것의 두 가지 전략을 고려할 수 있다. 예를 들어 애플은 혁신기업으로 세계 최초로 스마트폰을 시장에 출시하였다. 반면 삼성은 제조역량과 공급사슬의 경쟁우위를 통하여 상대적으로 저렴한 가격과 뛰어난 품질로 스마트폰 시장에서 애플과 경쟁하고 있다. 기업마다 자신이 가진 역량이 다르며 이에 어떤 기업은 우수한 연구개발능력을 기반으로 하여 혁신전략을 구사하고 일부 기업들은 모방전략을 활용하여 기업을 지속적으로 성장시킨다.

4 기업양태의 변화

기업은 성장하면서 다른 기업과 서로 인수합병, 결합을 하는 등의 방법으로 기업양태가 변할 수 있다. 여기에서는 기업이 성장하며 일어날 수 있는 기업의 양태 변화 유형에 대해 살펴본다.

1) 인수합병

인수합병은 특정 기업이 타 기업을 인수 및 흡수하여 기존 두 개의 기업이 하나의 기업으로 일체화되는 것을 말한다. 인수합병은 기업이 외적으로 빠르게 성장하기 위하여 많이 사용된다. 합병을 통하여 기업들은 규모의 경제, 원가절감, 점유율 확대, 시너지 효과, 제품의 다양화, 신기술 획득, 신시장 획득, 위험분산 등의 이점을 얻을 수 있다. 합병은 거래형태에 의거하여 하나의 기업이 합병 후 법률적으로 사라져 다른 기업으로 흡수되는 흡수합병과 두 회사 모두 법적으로 소멸하고 새로운 기업을 설립하여 운영하는 신설합병으로 구분된다. 또한 경쟁자를 인수하는 것을 수평적 합병, 공급자나 소비자를 인수하는 것을 수직적 합병으로도 구분할 수 있다. 인수합병은 성장하는 기업에 있어서는 성장의 발판이 되지만 실패하는 기업에 있어서는 일종의 기업 퇴로로서 역할을 수행하기도 한다.

2) 기업분할

기업분할이란 인수합병(M&A)의 반대개념으로 기존 회사 사업부에 자본금과 부채를 나누어 준 후 새로운 기업을 만드는 것을 말한다. 기업분할에는 물적분할과 인적분할이 있다. 물적분할은 분리·신설된 법인 주식을 모회사가 전부 소유하지만 인적분할은 존속회사 주주들이 자기가 소유한 비율대로 신설법인 주식을 나눠 갖는다. 기업분할은 구조조정 외에 유망한 사업부나 모기업과는 사업 내용이 다른 사업부를 독립시켜 주력사업으로 육성할 수 있다는 장점 때문에 M&A와 함께 국내 기업들의 새로운 경영전략으로 자리 잡았다. 기업분할은 회사를 매각 또는 인수합병(M&A)하기에 유리하고 감자나 주식매수 부담이 없는 것도 경영진이나 대주주들에게 매력적으로 작용하고 있다.

3) 기업의 집단화

기업의 집단화는 일반적으로 카르텔(cartel), 트러스트(trust), 콘체른(Konzern)의 세 가지 형태로 구분된다.

(1) 카르텔

동종상품이나 상품군을 생산하는 기업들간의 수평적 결합을 의미한다. 기업연합이라고도 하며, 시장통제를 목적으로 동일 산업부문의 독립기업을 독점적으로 결합시키는 기업연합 형태를 말한다. 기업간의 경쟁으로 일어나는 기업의 불이익을 제거하고 시장을 독점하며 초과이윤을 획득하는 것을 목적으로 한다. 카르텔에 있어서 그 참가기업은 법률적으로는 물론 경제적으로도 독립성을 잃지 않고, 공동행위는 협약의 범위 내로만 한정되며, 그 이외에서는 자유로이 경쟁할 수가 있다. 카르텔의 성립 및 존속조건은 첫째, 참가기업이 비교적 소수일 것, 둘째, 참가기업의 경제력의 차가 적을 것, 셋째, 강력한 외부의 경쟁자가 존재하지 않을 것, 마지막으로, 생산되는 상품의 표준화가 용이할 것 등이다. 카르텔은 그 협약이 참가기업의 자유를 제한하는 정도가 높아짐에 따라 형식적으로는 트러스트에 근접해 간다. 가장 대표적인 것이 석유를 생산하는 나라들간의 국제 카르텔인 OPEC(석유수출국기구 : Organization of Petroleum Exporting Countries)로 석유 생산량을 조정하여 유가를 관리한다.

(2) 트러스트

시장을 지배할 목적으로 동종 혹은 이종 기업이 자본적 결합에 의해 완전히 하나의 기업이 된 형태이다. 기업합동이라고도 하며 법률상뿐만 아니라 경영상 내지 실질적으로 완전히 결합된 기업결합 형태이다. 일반적으로 거액의 자본을 고정설비에 투자하고 있는 기업의 경우에 이러한 형태가 많다. 트러스트는 독점의 가장 강력한 형태로서 기업결합목적이 이윤추구이건 또는 합리적인 능률화이건 가장 쉽게 그 목적을 달성할 수 있다. 트러스트의 종류에는 횡단적 트러스트와 종단적 트러스트의 두 가지가 있다. 전자는 단순 트러스트라고도 하며 동일기업만으로 결합된 것을 말한다. 후자는 고도 트러스트라고도 하며 상이한 업종이나 각 생산단계를 다각적으로 결합한 경우를 말한다.

(3) 콘체른

콘체른은 일반적으로 대기업이 자본지배를 목적으로 여러 산업에 속한 중소기업의 주식을 보유하거나 이들에게 자금을 대여하여 기업간에 금융적으로 결합한 형태이다. 콘체른은 금융적 방법에 의한 기업집중의 형태이며 독점의 최고 형태이다. 금융적 방법에는 자금 대출에 의한 것과 콘체른 구성기업의 주식보유(주식참여)에 의한 것이 있다. 일반적으로는 후자에 의한 기업집중 형태를 콘체른이라 부른다. 콘체른은 자본관계에 의하여 내면적으로 결합하여 사실상 거의 하나의 기업으로 간주할 수 있을 정도이지만 시장의 지배를 직접적인 목적으로 하지 않는 점에서 카르텔이나 트러스트와는 다르다. 콘체른에 있어서는 그 구성기업은 트러스트와 달라서 법적 독립성을 가지지만 그 독립성은 형식적이다. 콘체른에서는 기업의 지배는 이른바 참여에 의하여 이루어진다. 참여에는 주식의 매수, 사채의 인수 외에 신설한 자회사에 참여와 금융회사의 설립에 의한 참여가 있다. 자본의 집중, 독점의 형태는 카르텔에서 트러스트로, 또 콘체른으로 더욱 강력한 지배를 확립하기 위하여 단계적으로 발전한다고 할 수 있다. 그러나 카르텔이나 트러스트가 전부 콘체른에 흡수되는 것은 아니고 이들 독점의 형태는 항상 병행하여 존재하고 있다.

제3절 기업 실패와 도산

초창기 기업, 중견기업, 대기업 구별이 없이 기업의 전 성장 단계에 걸쳐 기업의 실패는 빈번하게 일어난다. 기업의 실패는 법적으로 기업도산이라고 하는데, 기업도산이란 기업이 지급불능 상태에 빠져 기업의 해산 절차를 밟는 상황을 의미한다. 기업이 환경에 적응하지 못하거나 기업운영을 위한 최소이익을 내지 못하거나(경제적 도산) 재무적으로 지급불능 상태에 빠진 경우(재무적 도산) 기업은 도산하게 된다.

1 기업도산의 과정

기업의 도산은 점진적으로 일어나고 복합적 요인에 의하여 발생한다. [그림 2-2]는 기업도산의 과정을 도식화하여 보여주고 있다.

[그림 2-2]
기업도산의 과정

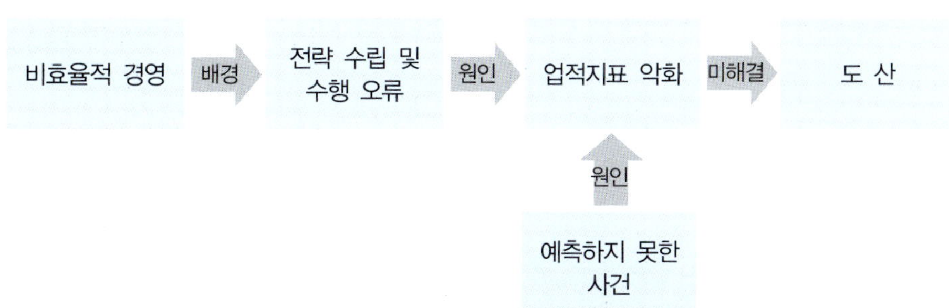

제1단계 : 비용이 수익보다 높은 경제적 실패가 발생한다.

제2단계 : 총자산이 부채보다 많지만 지급기한이 된 부채를 갚을 수 없는 상황이 벌어진다.

제3단계 : 총부채가 총자산보다 커지고 채무자가 법원에 파산을 신청하거나 혹은 채권자가 법원에 신청하여 기업이 도산 상태에 빠지게 된다.

부실기업은 시장에서 자연스럽게 도태되어야 하지만 우리나라 IMF 때와 같이 구조적 문제로 많은 기업들이 한꺼번에 도산하게 되면 높은 실업과 불경기 등으로 경제적·사회적으로 심각한 사회문제를 야기하게 된다. 2020년 코로나 사태에서도 한꺼번에 많은 중소기업의 도산을 막고자 국가에서 중소기업 및 자영업자들을 위한 긴급대출 및 여러 가지 지원책을 마련하는 것도 동일한 맥락에서 기업의 연쇄 도산을 통한 실업자 대량 양산 등의 심각한 사회문제를 막기 위해서라고 볼 수 있다.

요약

학습목표 1 기업가 정신과 창업의 관계를 이해한다.

◎ 창업에 있어 기업가 정신이 왜 중요한가?

현대적 의미에서 기업가 정신은 위험과 불확실성하에서 창조성을 발휘하여 생산성을 향상시키고 신제품 및 서비스를 만들어 경제적 가치를 창출하려는 정신을 의미한다. 기업가들의 혁신은 주로 새로운 상품의 개발, 새로운 생산방식의 도입, 새로운 시장의 개척, 새로운 공급원 창출 및 도입, 새로운 산업조직 도입 등을 들 수 있다. 슘페터는 기업가란 혁신 기능을 수행하는 사람으로, 기업가 정신을 경제개발을 이끄는 원동력으로 보기도 하였다. 즉, 기업가 정신을 가진 기업가들이 창업을 하고 기업활동을 통하여 경제개발 및 일자리를 창출하는 역할을 한다.

◎ 창업에 있어 중요한 자원이 무엇인지 설명하시오.

창업을 한다고 할 때 필요한 주요 요소는 창업가(기업가), 창업 아이디어, 창업에 필요한 자원 등이다. 창업기업은 기존에 설립된 기업과 달리 기업가 정신을 가진 기업가가 가장 중요한 자원이다.

◎ 창업전략 세 가지를 설명하시오.

창업은 단지 신생기업을 설립하는 방법 외에 다른 방식으로 기업가 정신을 발휘할 수 있다. 새롭게 사업을 할 수 있는 방법은 크게 신설기업 창업, 기존 기업 인수, 프랜차이즈 등의 세 가지 형태가 대표적이다.

학습목표 2 기업성장과정을 이해한다.

◎ 기업의 성장과정을 설명하는 기업진화모델의 3단계를 설명하시오.

기업의 성장과정을 초기의 기업가적 기업, 조직과 체계를 갖춘 제도적 기업, 동태적 기업의 3단계로 구분하여 설명한 모델이 기업진화모델이다.

◎ 기업이 성장하는 방식 중에 집중화와 다각화를 통한 성장의 차이를 설명하시오.

특정 산업에서만 경쟁하는 것은 집중화, 여러 산업에 다양한 사업부를 보유하는 것은 다각화이다. 기업이 다각화하는 이유는 환경의 변화 및 경쟁에 대응하여 기업 위험을 분산시키며 성장하기 위한 전략으로 볼 수 있다. 집중화는 주로 틈새시장을 공략하고 안정적이나 시장규모의 한계로 성장의 한계가 존재한다. 다각화는 삼성, 현대와 같이 우리나라 대기업들이 주로 취하는 전략으로 리스크가 크지만 성공시 지속적인 성장을 할 수 있는 장점이 있다.

학습목표 3 기업의 실패와 도산을 이해한다.

◎ 기업도산과정을 설명하시오.

첫 번째, 비용이 수익보다 높은 경제적 실패가 발생한다. 다음 단계로 총자산이 부채보다 많지만 현금유동성의 문제로 갚을 수 없는 상황이 벌어진다. 마지막으로 총부채가 총자산보다 커지고 채무자가 법원에 파산을 신청하거나 혹은 채권자가 법원에 신청하여 기업이 도산 상태에 빠지게 된다.

생각해 볼 문제

1. 한국의 대표적인 장수기업 사례를 찾아보고 이를 다른 학생과 공유해 보시오.
2. 삼성, 현대와 같은 대기업도 시작은 조그마한 창업기업으로부터 시작되었다. 이들 기업의 설립 및 성장과 창업가의 창업가 정신에 관하여 찾아보고 이를 다른 학생들과 공유해 보시오.
3. 성장전략 중 집중화와 다각화 전략이 무엇인지 설명하고 각 사례를 찾아보시오.
4. 한국기업 중 인수합병을 통해 성장한 기업의 사례를 찾아보고 이를 다른 학생들과 공유해 보시오.
5. 노키아, 기아자동차 등 한때 대기업으로 성장했던 기업들이 왜 시장에서 사라져갔는지 원인을 조사하고 이를 다른 학생들과 토론해 보시오.

PART

Ⅱ

기업전략과 경영

CHAPTER

3

경영전략

저가 항공의 혁신 – 사우스웨스트 항공

현재 세계 항공은 LCC 저가 항공사가 큰 비중을 차지하고 있다. 이런 저가 항공의 혁신을 처음 이끌어낸 것은 미국의 사우스웨스트 항공이다. 사우스웨스트 항공은 다른 항공사들보다 월등히 낮은 가격에 항공권을 팔아도 이익이 날 수 있는 구조를 만들었다.

비행기는 도착지에 착륙하면 손님들이 내리고 내부 청소를 한다. 기름을 넣고 정비를 하면서 그 다음 운항을 위한 손님을 태운다. 손님이 다 타면 다음 도시로 날아가고, 그 도시에서 손님이 내리면 다시 청소를 하고 정비를 한다. 이렇게 손님이 내린 후 청소를 하고 정비를 하는 데 보통 45분 정도가 걸린다. 사우스웨스트 항공은 이 내부 청소와 정비 시간을 10분으로 줄이기로 했다. 비행 정비 시간을 줄이면, 비행 운항 횟수가 증가되어 그만큼 수익이 증가된다.

그런데 어떻게 하면 비행기 청소, 정비 시간을 45분에서 10분으로 줄일 수 있나? 더 빨리 청소하려고 열심히 노력하면 45분에서 5분, 10분은 줄일 수 있다. 하지만 45분에서 10분으로 줄이는 것은 정상적인 방법으로는 불가능하다. 사우스웨스트 항공에서는 스튜어디스, 조종사 등도 같이 청소를 했다. 모든 회사 관계자가 같이 청소를 하니 10분 만에 청소를 마칠 수 있었다.

그런데 모든 관계자가 청소를 하니, 비행기 외부에서 고객들에게 서비스할 직원이 없게 되었다. 항공사에서는 직원들이 고객들에게 티켓팅을 해주고, 짐을 받아서 처리해주고, 예약자리를 봐주는 등의 일을 한다. 그런데 이렇게 서비스를 해주다보니 직원들을 청소하는 데 동원할 수가 없다. 그리고 고객들에게 티켓팅을 하고 예약을 하고 자리배치를 해주다보니 시간이 오래 걸린다. 10분 만에 청소를 끝내면 바로 손님을 태우고 출발해야 하는데, 손님들을 예약자리에 앉히다보니 이륙 시간이 늘어난다. 그래서 사우스웨스트 항공은 이런 모든 고객서비스를 없앴다. 자리 예약을 받지 않고 선착순으로 자리에 앉게 했다. 무료로 화물을 실어주는 것도 없애고 화물을 맡기려면 추가 요금을 내게 했다. 화물을 챙겨주는 직원이 거의 없어도 되었다.

비행기 정비도 시간이 오래 걸리는 일이다. 그런데 항공사에서 비행기 정비가 복잡한 것은 비행기 종류가 많기 때문이다. 보잉747 같은 대형 항공기, 보잉777 같은 중형 항공기, 보잉737 같은 소형 항공기 등이 모두 정비 방법이 다르다. 사우스웨스트 항공은 보잉737만 사용했다. 모든 비행기의 정비 방법이 같았고, 정비사들은 다른 항공사보다 훨씬 빠른 시간 내에 정비를 마칠 수 있었다.

사우스웨스트 항공은 그동안 항공사들이 고객들에게 제공하던 서비스를 거의 없앴다. 그런 서비스들이 사라지는 대신 고객들은 더 낮은 가격의 항공권을 얻었다. 사우스웨스트 항공의 비행기는 다른 항공사 비행기보다 하루 1.5배를 더 운항할 수 있었고, 기존 항공사 비행기 값보다 30% 낮은 가격으로도 운항이 가능했다. 서비스를 원하는 고객은 기존 대형 항공사, 낮은 가격을 원하는 사람은 사우스웨스트. 이렇게 고객들은 나뉘었고 자기 기호에 맞는 선택을 할 수 있게 된다. 사우스웨스트 항공의 저가항공 모델은 세계로 퍼져나갔고, 지금은 대형 항공사들을 위협할 정도로 자라났다.

제 1 절 전략의 의의

1 전략의 개념

전략(Strategy)은 원래 군사 용어이다. 군대는 전쟁에서 승리를 목적으로 한다. 이 전쟁에서 승리하기 위한 기본적 전쟁 계획이 전략이라 할 수 있다.

한국전쟁을 보자. 북한군이 남한까지 쳐들어와서 낙동강에서 전선이 마련되어 있다. 이때 어떻게 하면 전쟁에서 승리할 수 있을까? 낙동강 전선에서 본격적인 반격을 하면서 국토 수복을 할 것인가, 아니면 낙동강에서 일단 후퇴하고 부산 가까운 지역에서 반격을 할 것인가. 인천 등지로 상륙작전을 감행하여 북한군의 보급을 끊어 물러나게 할 것인가. 이런 결정이 바로 전략이다.

전략과 대응되는 개념으로 전술이 있다. 이 당시 한국과 미국은 인천상륙작전을 감행하기로 했다. 그러면 인천상륙작전을 성공시키기 위해서는 어떻게 해야 할까? 군대를 몇만 명을 동원해야 하며, 무기는 어떤 것을 배에 실어야 할까. 인천은 조석간만의 차이가 굉장히 큰 지역이다. 어느 날 몇 시에 전함이 인천 앞바다에 도착해야 할까. 이런 식의 결정이 전술이다.

전술도 중요하기는 하지만, 전쟁의 승패를 결정짓는 것은 전술보다는 전략이다. 전략이 우수하면 전술에서 다소 차질이 있다 하더라도 전쟁의 승패 자체에는 큰 영향을 미치지 않는다. 인천상륙작전의 경우 전술에 차질이 발생해 일주일 정도 늦게 상륙했다 해도, 전쟁의 방향에는 큰 영향이 없다. 하지만 전략이 잘못된 경우, 아무리 전술이 잘 짜여지고 병사들이 열심히 싸운다 해도 전쟁에서의 승리를 예상하기 힘들다. 한국전쟁 당시 낙동강에서 본격적으로 반격하는 것을 기본적 전략으로 했다고 하자. 그러면 지금 우리가 알고 있는 한국전쟁과는 전혀 다른 전쟁 양상이 될 것이다.

이러한 전략 개념이 경영학에 도입되었고, 최근에는 군사상에서보다 경영상에서 전략에 대한 논의가 더 이루어지고 있다. 전략은 기업의 기본적인 사업 방향이다. 어떤 사업을 할 것인가. 사업을 확장해야 하는가 철수해야 하는가. 싸고 저렴하게 팔까 아니면 고급으로 만들어서 비싸게 팔까 등에 대한 의사결정이다. 일단 이 전략적 의사결정이 제대로 되어야 한다. 내가 아무리 열심히 사업을 한다 해도, 편의점이 이미 들어선 곳 옆집에 편의점을 새로 만든다면 절대로 적정 이윤을 얻을 수 없다.

2 전략 개념의 5P

전략의 세부 개념에 대해서 민츠버그(Henry Mintzberg)는 다섯 가지 측면에서 설명하였다. 계획(Plan), 행위 유형(Pattern), 위치(Position), 관점(Perspective), 전술(Ploy)의 다섯 가지인데, 이 단어들이 모두 P로 시작하기에 전략의 5P라고 한다.

1) 계획(Plan)으로서의 전략

전략은 기본 계획, 장기적 계획, 종합적 계획의 성격을 가진다. 목적이 무엇이고, 그 목적을 달성하기 위해서 어떻게 하겠다는 계획이다. 세부적인 사항에 대한 계획은 아니고, 미래의 청사진, 향후 기본적 방향 등을 정한 계획으로서의 성격을 가진다.

이런 기본 계획, 종합적 계획하에 세부적인 계획이 만들어진다. 취업을 위해 외국어 시험 성적이 필요하다고 하면 영어 시험을 볼지, 일본어 JLPT 시험을 볼지, 중국어 HSK 시험을 볼지, 그리고 영어 시험을 본다면 토익 시험을 볼지, 토플을 볼지, TEPS를 볼지를 결정하는 것이 전략이다. 그리고 여기에서 몇 점, 어느 등급을 받아야 할지를 정하고, 이를 위해서 학원을 다닐지, 인강을 들을지, 독학을 할지, 스터디 모임을 만들지 등도 전략적 수준에서의 계획이다.

2) 행위 유형(Pattern)으로서의 전략

전력은 행위 유형을 결정한다. 앞에서 학원을 다닐지, 스터디 모임을 만들지를 결정한다면, 그 이후에 이 학생이 어떤 생활을 할지는 저절로 정해진다. 기업의 전략이 정해지면 그 기업이 어떤 식으로 행동할지도 마찬가지로 유추할 수 있다. 신상품을 개발하기로 했다면 연구개발에 힘쓸 것이고, 기존 제품을 저렴하게 제공하기로 했다면 내부 운영구조를 바꾸려고 노력할 것이다. 전략적 결정은 그 이후의 행위 패턴을 결정한다.

3) 위치(Position)로서의 전략

전략은 그 당사자가 생각하는 자기 위치를 드러내준다. 영어를 공부하기로 했다면 이 사람은 스스로 영어가 부족하다고 생각하는 사람이다. 영어 중에서도 리스닝 공부에 초점을 맞춘다면, 이 사람은 다른 부문보다 리스닝 실력이 떨어지는 사람이다.

시장점유율 1위를 목적으로 한다면 현재 1위가 아니며, 시장에서 아주 뒤떨어지지는 않고 상위 업체에 해당하는 기업이다. 전략을 보면 현재 당사자가 스스로를 어떻게 생각하고 있는지, 그리고 앞으로 어디로 이동하려고 하는지를 알 수 있다.

4) 관점(Perspective)으로서의 전략

전략을 보면 그 당사자의 관점을 알 수 있다. 취업 외국어를 공부할 때 중국어를 선택한다면, 그 사람은 중국에 대해 긍정적으로 보는 사람이다. 중국과의 사업에서 좋은 기회가 올 것으로 생각하는 것이며, 중국 경제의 성장, 한국과 중국의 관계가 긍정적으로 될 것이라고 보고 있다. 이에 대하여 베트남어를 선택한다면, 베트남이 앞으로 크게 성장할 것이고 한국과 베트남 사이의 관계가 증진될 것이라고 보고 있다는 뜻이다. 전략은 당사자가 사업을 보는 시각, 관점 등을 드러내준다.

5) 전술(Ploy)로서의 전략

전략은 전술로서 기능하기도 한다. 새로 만들어지는 상가 건물에 약국을 내기로 했다고 하자. 이것은 기본적으로 전략적인 결정이다. 그런데 상가 건물이 새로 들어서면 많은 사람들이 약국을 내려고 생각한다. 하지만 한 상가건물에 약국이 몇 개나 들어설 수는 없다. 누가 먼저 약국을 내면, 다른 사람들은 그 건물에 또 약국을 내려 하지 않는다.

내가 약국을 내려고 하는 것은 전략적 의사결정이다. 그런데 그 전략적 의사결정에 의해서 자연적으로 경쟁자들이 사업을 포기한다. 전술적인 효과를 발생시키는 것이다.

현재 사업에 대규모 투자를 하는 것은 전략적 결정이다. 그런데 이 결정에 의해서 상대 기업은 경쟁 심화를 염려해서 투자 축소 등을 고려할 수 있다. 전략이 전술로서도 기능한다. 전술로서의 전략은 전략의 이런 측면을 설명한다.

제2절 주요 전략 유형

1 마이클 포터의 본원적 전략

1) 의의

마이클 포터는 전략의 일반적 모델로 본원적 전략을 제시하였다. 어떤 산업이나 사업에서도 모두 적용될 수 있는 주요 전략이라는 의미에서 본원적 전략(Generic Competitive strategy)이다. 본원적 전략은 경쟁우위를 어디에 두느냐에 따라 원가우위 전략과 차별화 전략으로 구분되며, 기업이 고려하는 경쟁범위가 얼마나 넓은가에 따라 넓은 범위와 세분화된 범위로 구분된다.

마이클 포터의 본원적 전략은 다음 그림의 형태를 가진다.

[그림 3-1] 마이클 포터의 본원적 전략

		경쟁우위	
		원가우위	차별화우위
경쟁범위	넓은 범위	원가우위 전략	차별화 전략
	세분화된 범위	집중화 전략 원가집중화	차별적 집중화

2) 내용

(1) 원가우위 전략(Cost leadership strategy)

치킨집을 새로 개점한다고 하자. 치킨집을 새로 내고자 하는 사람들은 기존 치킨집과 똑같은 치킨을 만들어 팔려고 생각하면서 가게를 내지는 않는다. 무언가 현재 있는 치킨집과 다른 점이 있어야 한다. 이때 가장 일반적으로 사용하는 전략이 '보다 싼' 치킨을 만들어 파는 것이다. 기존 가게들에서 파는 것보다 싸게 판다는 것을 포인트로 둔 전략으로, 이것을 원가우위 전략이라 한다.

기존과 똑같은 품질의 상품을 보다 싸게 팔 수 있으면 분명히 고객을 끌어들일 수 있다. 가장 쉽게 접근할 수 있고, 가장 일반적인 전략이라 할 수 있다. 월마트 같은 대형 할인점이 크게 발전한 것도 이런 원가우위 전략 때문이었고, 온라인 쇼핑몰의 발전도 오프라인 쇼핑에서보다 싸다는 점이 부각되었기 때문이다.

원가우위 전략의 문제는, 원가우위를 유지하는 것이 용이하지 않다는 점이다. 상대 기업들이 폭리를 취하고 있다면, 자기 기업은 적정 이윤만 얻으면서도 싼 가격에 상품을 제공할 수 있다. 그런데 상대 기업이 적정 이윤만 얻고 있는 상태라면, 거기서 더 낮은 가격을 설정하기가 쉽지 않다. 품질을 유지하면서 낮은 가격을 설정할 수 있기 위해서는 무언가 생산과정에서 혁신이 있어야 한다. 그런 혁신이 없이 낮은 가격을 매기면서 적정 이윤을 얻으려면 그만큼 판매량이 많아야 한다. 보다 많은 광고, 홍보도 필요하다.

또 저렴한 가격 전략은 누구나 쉽게 생각하는 전략 방법이기 때문에, 이 전략으로 시장에 진입하려는 경쟁자는 항상 존재한다. 계속 경쟁자들보다 낮은 가격을 유지해야 하는데, 이를 위해서는 계속해서 원가절감 노력을 해야 한다. 쉽게 접근할 수는 있지만, 사실 끊임없는 많은 노력이 필요한 전략이다.

(2) 차별화 전략(Differentiation strategy)

일반 사람들이 치킨집을 새로 낼 때 생각하는 전략은 주로 두 가지이다. 하나는 주변 가게들보다 더 싸게 파는 것, 아니면 주변 가게들보다 더 맛있는 치킨을 만들어 파는 것이다. 주변 치킨집과 다른 맛을 내는 치킨집을 만들고자 하는 것, 기존 제품과 무언가 다른 제품을 만들어 제공하는 것이 차별화 전략이다.

차별화 전략을 사용할 때는 가격을 낮출 필요가 없다. 오히려 기존 가게들보다 더 높은 가격을 매길 수도 있다. 차별화된 제품을 제공한다면, 소비자들은 더 높은 가격을 지불해서라도 해당 제품을 소비하고자 한다.

차별화 전략의 문제점은, 고객들의 취향에 맞으면서 기존 상품과 다른 것을 만들어내기가 쉽지 않다는 점이다. 기존 제품과 다른 제품을 만드는 것은 어렵지 않다. 아이스크림의 경우, 복숭아맛, 호두맛, 잣맛, 밤맛, 앵두맛, 살구맛, 고구마맛, 감자맛, 옥수수맛, 송이버섯맛, 표고버섯맛, 소고기맛, 닭고기맛, 짠맛, 매운맛, 김치맛, 동치미맛 등등 얼마든지 기존 제품과 차별화된 아이스크림을 만들어낼 수 있다. 문제는 그런 아이스크림들을 고객이 과연 좋아하고 사먹을 것인가의 문제이다. 기존 제품과 다르다는 것만으로는 차별화 전략이 될 수 없다. 기존 제품과 다르면서 고객들이 찾을 때 차별화 전략이 된다. 처음에 호기심으로 고객이 찾을 수는 있지만, 고객이 지속적으로 찾는 차별화된 상품을 찾아내는 것은 그렇게 용이하지 않다.

반드시 상품 자체만이 아니라 서비스 측면에서 차별화를 할 수도 있다. 매장 인테리어가 기존 기업들과 다르다거나, 애프터서비스가 더 낫다거나, 고객 응대가 다르다거나 하는 것도 차별화의 일종이다.

(3) 집중화 전략(Focus strategy)

집중화 전략은 모든 사람들을 대상으로 하지 않고, 특정 일부의 사람들만을 대상으로 사업을 영위하는 경우이다. 의류의 경우, 일반 의류 회사는 보통 사람들이 일상적으로 입는 옷을 만들어 판매한다. 유니클로 등 일반적으로 알려진 의류 회사는 이렇게 일반인을 대상으로 하는 회사이다.

집중화 전략은 일반인을 대상으로 하는 것이 아니라, 특정 기호, 특성을 가진 사람들을 대상으로 한다. 일반인이 아니라 등산객만을 대상으로 옷을 만든다거나, 수영복만을 만든다거나 하는 식이다. 등산객을 대상으로 한다고 해도, 그중에서 고산 등반을 위한 의류만을 만든다거나, 수영복의 경우도 선수용 수영복을 만드는 등 그 안에서 다시 시장을 세분해서 집중화가 이루어질 수 있다. 이런 집중화 전략에서는 일반인을 대상으로 하는 것처럼 많은 양을 판매할 수 없다. 하지만 각각의 제품에 대해 높은 가격을 매길 수 있다. 용도가 특수하기 때문에, 가격이 높아도 시장에서는 수요가 존재한다.

집중화 전략을 사용하는 경우, 일반인들은 해당 제품과 기업을 잘 알지 못한다. 하지만 해당 분야에서는 인지도가 있어야 한다. 소위 전문가들 사이에서 인정될 수 있는 품질의 제품을 만들어내야지만 생존이 가능하다.

마이클 포터는 집중화 전략 내에서 다시 원가집중화와 차별적 집중화를 구분하였다. 원가집중화는 차별화된 시장 내에서 보다 싼 가격의 제품을 제공하는 것이며, 차별적 집중화는 차별화된 시장 내에서도 보다 세분화된 시장에 초점을 맞춘다. 전문 등산화 중에서 가격이 낮은 등산화를 제공하는 경우 원가집중화이며, 등산화 중에서도 암벽등반에 특화된 등산화 등을 제공하는 것이 차별적 집중화이다.

2 기타 주요 전략

1) 단순화 전략 vs 다각화 전략

단순화 전략과 다각화 전략은 레스토랑의 경우 메뉴를 한 가지만 둘 것인가, 여러 메뉴를 운영할 것인가와 같은 전략 선택이다. 제품이 한 가지만 있는 경우 그 하나의 제품에 경쟁 제품이 나타난다거나 하면 기업의 경쟁력 자체에 문제가 발생할 수 있다. 여러 제품을 만들면, 어느 한두 제품에서 문제가 생기더라도 전체 기업은 큰 문제 없이 운영될 수 있다. 제품만이 아니라, 시장의 경우에도 어느 한 나라에서만 판매하는 것보다 국제적으로 판매할 경우 더 나을 수 있다. 소위 제품 구성, 시장 판매처에서 다양한 포트폴리오를 구성하는 것이 다각화 전략이다.

이렇게 보면 다각화 전략이 더 나은 것 같지만, 실제 세계 많은 유명 기업들은 다양한 상품군을 만드는 기업보다는 몇몇 제품에 특화된 기업들이다. 수익이 나지 않는 여러 가지 품목을 만드는 것보다, 자기가 정말로 잘할 수 있는 몇몇 상품에 집중하는 것이 더 나을 수 있다. 몇몇 제품에 특화된 단순화 전략으로 나갈 것인가, 여러 제품군을 갖춘 다각화 전략으로 나갈 것인가는 기업의 발전 단계에 따라 계속해서 의사결정을 요구한다.

2) 고유화 전략 vs 현지화 전략

고유화 전략과 현지화 전략은 주로 다른 지방이나 해외 진출의 경우에 중요한 전략 모형이다. 한국 기업이 동남아시아 기업에 진출했다고 하자. 그러면 회사 운영은 한국 모기업 운영 방식에 따라 할 것인가, 아니면 동남아시아 해당 국가의 운영 방식에 따라 할 것인가.

한국의 유명 레스토랑이 동남아시아에 진출할 때, 인테리어, 메뉴 등은 한국에서의 인테리어, 메뉴를 따를 것인가, 아니면 현지 식당들의 인테리어를 따라하고, 현지의 메뉴를 따를 것인가.

직원 채용 방식과 보수, 내부 운영 방식도 한국 방식으로 할 것인가, 현지 방식대로 할 것인가. 현지화를 한다면, 어느 정도까지 현지화를 하고 어느 정도까지 한국 방식을 고수할 것인가. 어떤 전략이 우월한가에 대한 정답은 없다. 기업에 따라, 어떤 제품을 생산하는가에 따라 다르다. 다른 지역에 진출한 경우 계속 제기되는 전략적 의사결정 사항이다.

3) 시장점유율 우선 vs 수익률 우선

기업 운영에 있어서 시장점유율을 우선시할 것인가, 수익률을 우선시할 것인가의 문제이다. 시장점유율 우선 전략은 지금 당장 이익이 적고 설사 손해가 난다 하더라도 일단 시장에서 높은 매출, 높은 시장점유율을 차지하는 것이 더 중요하다고 본다. 일단 시장에서 주도적 위치를 가지면, 그 이후에 손실은 보충할 수 있다. 하지만 일정 수준 이상의 시장점유율을 가지지 못하면 시장 자체에서 퇴출될 위험이 있다. 일단 시장에서 정착하는 것이 중요하다고 보고, 수익률과 관계없이 매출을 증가시키고자 하는 전략이다.

이에 대하여 수익률 우선 전략은 적정 이익률이 있는 경우에만 판매를 한다. 회사를 운영하는 목적은 이윤이고, 그 이윤 자체에 초점을 맞춘다. 이윤을 고려하지 않고 제품을 판매하면 매출은 증대되더라도 회사가 지속되기 어렵다. 좋은 기업은 매출이 큰 회사가 아니라 이익이 큰 회사이다. 매출 증가보다 이익 증가에 더 힘쓴다.

4) 신설 vs 인수합병

새로운 사업에 진출할 때 새로운 기업을 만들어서 시작하느냐, 기존 기업을 인수하느냐의 전략적 결정이다. 새로 기업을 만들면 기술개발도 처음부터 시작해야 하고, 사업 모델 구축, 시장 개발도 처음부터 해야 한다. 이 과정이 상당히 어렵다. 하지만 기존 기업을 인수하면 해당 사업에 쉽게 진출할 수 있다.

인수합병으로 사업에 진출하면 쉽게 시장에 진출할 수 있기는 하지만, 해당 기업의 기존 조직문화, 제품군이 지배적 위치를 차지한다. 자기 기업 고유의 문화, 주체성을 유지하기 어렵고, 기존 시장과 다른 완전히 새로운 서비스, 제품을 선보이기 어렵다. 자기만의 독특한 색깔을 유지하기 위해서는 직접 회사를 만들어서 시작하는 것이 낫다.

이런 인수합병과 관련된 전략은 기존 시장에서 어떤 식으로 시장점유율을 높일 것인가에 대한 방법과도 연결된다. 시장점유율을 올리기 위해서는 자기 기업의 매출을 지속적으로 올리는 방법도 있지만, 다른 경쟁기업을 인수하는 방법도 있다. 경쟁기업의 인수합병이 안정적으로 자기 기업의 시장점유율을 올릴 수 있는 방법이다. 하지만 인수합병 후에 상대 기업을 정말로 자기 기업으로 동화시킬 수 있는지 여부가 문제된다.

제 3 절 주요 전략 모델

1 가치사슬 분석

1) 의의

기업이 제품을 생산할 때는 먼저 외부로부터 자원이 투입되어야 한다. 외부로부터 원료를 공급받아 이 원료를 가공하여 제품을 만든다. 그리고 그 제품을 외부에 판매한다. 이런 과정에서 가치가 창출된다.

이를 순서대로 표시하면 자원 투입-자원 운영-제품 생산-판매-사후 서비스의 순서를 거친다. 이것이 가치사슬(Value chain)이다. 기업의 활동을 제품의 운행 순서대로 정리한 것이다.

이러한 제품 생산 활동 외에 제품 생산과 직접적으로 관련이 없는 기업활동도 있다. 기획 업무, 인사 업무, 재무 업무 등이다. 이런 업무들은 직접 제품 생산에 기여하지는 않지만, 간접적으로 제품 생산 활동에 기여한다.

마이클 포터는 기획, 재무, 인사, 법무 등의 기업활동을 지원적 활동(Support activities)이라고 하고, 원료 구입, 제품 생산, 판매 등의 기업활동을 본원적 활동(Primary activities)으로 구분하였다. 이런 기업활동들에 의해서 기업의

[그림 3-2]
마이클 포터의
가치사슬 모형

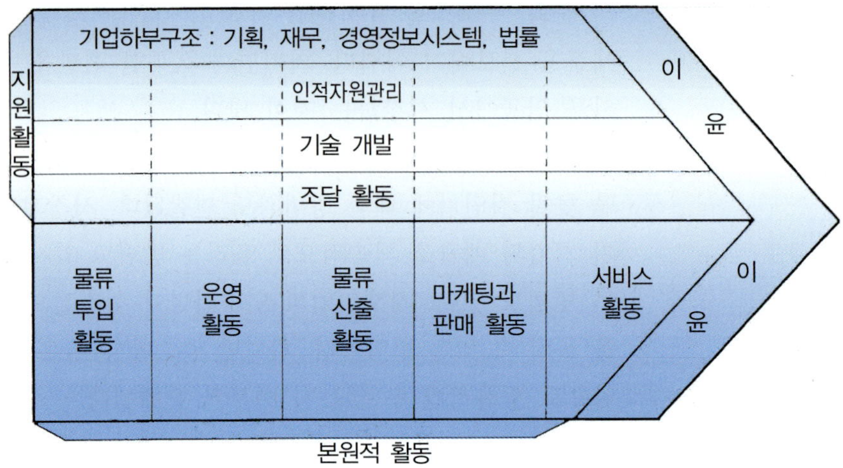

자료 : Michael A. Hitt, J. Stewart Black, & Lyman W. Porter, Management, Prentice-Hall, 2005, p.206.

가치, 이윤이 창출된다. 이 가치사슬 모형을 그림으로 표시하면 [그림 3-2]와 같다.

2) 가치사슬 모형의 내용

어떤 기업이 현재 상태보다 더 발전하고자 한다고 하자. 그러면 어떻게 하면 기업이 한 단계 앞으로 나아갈 수 있을까? 무조건 더 열심히 하자는 것은 전략적인 해답이 될 수 없다. 생산을 더 할 수 있게 공장을 더 늘리자는 것도 전략적인 대답이 아니다. 전략적 접근이 되기 위해서는 현재의 장점과 단점을 제대로 파악하고 단점을 보완하는 의사결정이 되어야 한다. 그러한 전략적 의사결정의 틀을 제공하는 것이 가치사슬 모형이다.

현재 한 기업이 1만개의 제품을 생산한다고 하자. 1만개 생산 체제를 갖추고 있지만, 각 가치사슬 단계를 점검하면 보통 각 단계마다 생산가능 용량에 차이가 난다. 공장은 2만개를 생산할 수 있는 장비를 갖추고 있다. 그런데 원료를 1만개 분량밖에 구할 수 없기 때문에 1만개만 생산하고 있을 수 있다.

이때 2만개 제품을 생산하고자 한다면 공장을 더 지을 필요가 없다. 장비를 더 구할 필요도 없다. 이때는 원료를 어떻게 더 많이 구할 수 있느냐가 회사를 한 단계 더 발전시킬 수 있는 주요 과제가 된다.

원료를 2만개 분량을 구하는 것은 문제가 아닌데 판매처를 구하지 못해 1

만개만 판매하고 있을 수도 있다. 2만개의 제품을 충분히 만들 수 있지만, 판매할 곳을 찾지 못해 1만개만 생산하고 있는 경우이다. 이때는 원료 공급, 생산 과정을 아무리 원활하게 한다고 해도 생산량이 증가할 수 없다. 마케팅과 판매 활동을 증가시키는 것이 초점이다.

여러 고리가 연결된 사슬은 가장 약한 고리에 의해 전체 강도가 정해진다. 다른 고리들이 아무리 튼튼하다 하더라도, 어느 한 고리가 약하면 그 고리가 버틸 수 있는 무게만큼만 사슬은 기능할 수 있다. 기업의 활동도 마찬가지이다. 가치사슬 중에서 가장 약한 부분에 의해 기업의 생산능력이 정해진다. 10만개를 생산할 수 있는 공장을 가지고 있고, 10만개를 판매할 수 있는 능력이 있어도, 1만개 부품만 구할 수 있다면 전체 생산량, 판매량은 1만개이다.

지원 분야도 마찬가지이다. 아무리 생산을 잘할 수 있어도 인력을 제대로 보충하지 못하면 원래 능력대로 생산할 수 없다. 다른 부분이 아무리 잘 운영되어도, 재무 부문이 약해 직원들에게 월급이 제대로 지불되지 않는다면 회사는 제대로 운영될 수 없다.

가치사슬 모형은 회사의 각 부분을 세부적으로 검토하고, 어느 부분 때문에 회사가 더 성장할 수 없는지, 어느 부분 때문에 현재 회사의 능력이 정해지는지를 분석하게 한다. 회사를 보다 발전시키기 위해서는 회사 전체를 모두 향상시키려 할 필요는 없다. 현재 가치사슬 부분에서 약한 고리를 발견하고, 그 약한 고리 부분만을 보강하면 된다. 그러면 전체적으로 보다 강한 사슬이 만들어진다.

가치사슬 모형을 적용하면 어느 한 고리의 보강만으로 회사 전체의 경쟁력이 증가한다. 보다 전략적으로 접근하는 것으로, 최소한의 비용으로 최대의 효과를 얻을 수 있다.

2 마이클 포터의 경쟁 모형

1) 의의

마이클 포터의 경쟁 모형은 어떤 산업이 경쟁력이 있는지에 대해 설명하고자 하는 모델이다. 기업이 새로운 산업에 진출하려 할 때 그 사업에서 과연 경쟁력이 있을지, 어떤 기업의 현재 사업 모델이 앞으로도 계속해서 높은 수익을

[그림 3-3]
마이클 포터의 다섯 가지 영향요인 모델

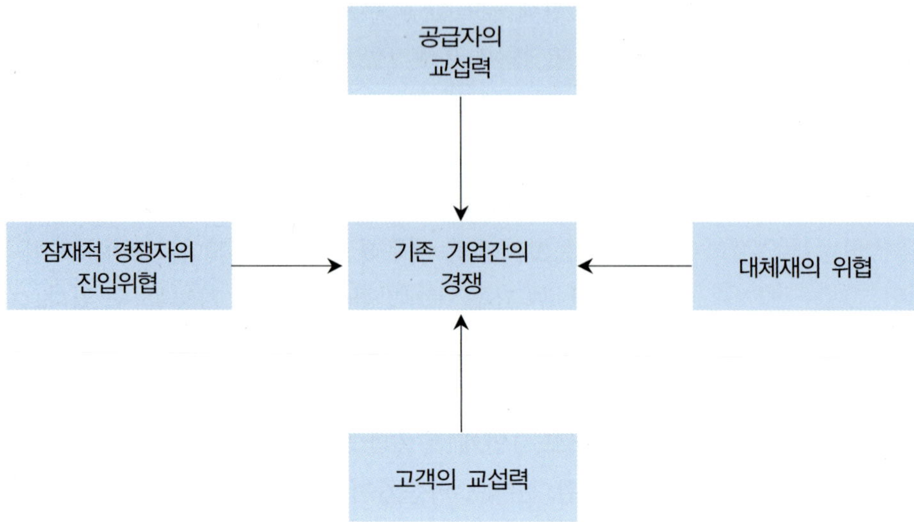

자료 : Michael E. Porter, "How Competitive Forces Shape Strategy," *Harvard Business Review*, 1979.

올릴 수 있는지 여부 등에 대한 판단 기준을 제공한다.

마이클 포터는 이러한 판단을 하기 위해 기업의 경쟁력에 영향을 미치는 요소가 무엇인지를 정리했다. 모두 5개의 요소를 제공하였는데 ① 잠재적 경쟁자의 진입위협, ② 기존 기업간의 경쟁, ③ 대체재의 위협, ④ 고객의 교섭력, ⑤ 공급자의 교섭력이다.

2) 내용

지금 어떤 기업이 잘나간다 하더라도, 이것이 단기간 반짝하고 사라질지, 아니면 장기적으로 계속해서 수익성이 높을지 판단할 필요가 있다. 지금 당장 수익성이 좋다고 하더라도 장기적으로 수익성이 낮아질 수밖에 없다면 정말로 좋은 사업 모델로 볼 수 없다. 기업의 경쟁력이 우수한가 여부를 판단하기 위해서는 장기적인 경쟁력을 보아야 하는데, 장기적인 경쟁력을 판단하기 위한 조건으로는 다음의 다섯 가지가 있다.

(1) 잠재적 경쟁자의 진입위협(Threat of new entrants)

해당 사업 모델의 경쟁력을 좌우하는 가장 중요한 요인은 다른 기업의 진입위협이 있는지 여부이다. 어떤 사업이 잘된다고 하면 다른 기업들도 그 사업에 뛰어든다. 여러 기업들이 사업에 참여하면 장기적으로 수익성이 낮아질 수밖에 없다.

어떤 동네에 치킨집이 하나 들어섰다고 하자. 이 치킨집은 그 동네에서 유명해지면서 큰돈을 번다. 그러면 이 치킨집은 훌륭한 기업이라 할 수 있을까? 지금 당장은 이 치킨집이 큰돈을 벌 수 있다. 하지만 이 동네에서 치킨집이 잘된다는 소문이 돌면 곧바로 다른 사람들이 치킨집을 만들기 시작한다. 치킨집은 누구나 만들 수 있다. 큰돈이 드는 것도 아니다. 곧 많은 치킨집이 들어서면서 처음 맛집이었던 치킨집은 곧 그저 그런 치킨집이 되어버린다.

지금 당장은 하나의 기업만 진출해서 성공적으로 운영된다고 해도, 이 사업이 잘되었을 때 다른 기업들이 쉽게 들어올 수 있는지 여부를 살펴보아야 한다. 다른 기업들이 쉽게 진입할 수 있다면, 이 기업의 경쟁력은 오래가지 못한다. 다른 기업들이 쉽게 진입할 수 없을 때 그 기업의 경쟁력이 오래갈 수 있다.

즉 경쟁력 있는 사업 모델을 만들기 위해서는 다른 기업들이 쉽게 접근할 수 없는 진입장벽이 있어야 한다. 특허권을 가지고 있거나, 높은 브랜드 힘을 가지고 있거나, 다른 업체에서 따라잡기 힘든 기술이 있거나, 사업비용이 많이 들어 다른 기업이 쉽게 진입할 수 없거나 하는 등의 진입장벽이 있을 때 좋은 사업 모델이 된다. 누구나 쉽게 진출할 수 있는 사업은 좋은 사업 모델이 될 수 없다.

(2) 기존 기업간의 경쟁(Rivalry among established firms)

기존 기업들간의 경쟁이 어떠한 수준인가는 해당 사업의 경쟁력이 큰 영향을 미친다. 독점 사업으로 경쟁자가 없다면 지속적으로 높은 수익을 올릴 수 있다. 경쟁자가 몇 개 없는 과점 시장인 경우에도 높은 수익을 계속해서 올릴 수 있다. 하지만 수많은 경쟁자가 진출해서 사업을 하고 있는 경우에는 높은 수익을 올리기 힘들다. 단기적으로 높은 수익을 올릴 수 있다 하더라도 곧바로 다른 경쟁자가 새로운 상품을 개발하고 시장에 출시한다. 가만히 있으면 곧바로 시장에서 퇴출당할 수 있다.

기존 기업간 경쟁이 심하지 않은 산업이라면 편안하게 사업을 해도 된다. 하지만 기존 기업간 경쟁이 심한 분야라면 계속해서 신제품을 개발하고 마케팅을 하는 등 노력을 해야 한다. 이런 노력을 계속하지 않으면 뒤처지고 경쟁력을 잃는다.

또 기존 산업에서 자기 기업이 어느 정도 위치를 차지하고 있느냐도 중요하다. 시장점유율이 높은 선도기업이라면 용이하게 수익을 올릴 수 있다. 하지만 산업에서 차지하는 비중이 낮거나 경쟁력이 낮은 회사에 속한다면 경쟁력에 한계가 있다.

기존 기업간 경쟁이 심한 부분에서는 지금 경쟁력이 높다고 하더라도 불안정적이다. 기존 기업간 경쟁이 심하지 않고, 상대 기업들의 경쟁력이 낮을 때 좋은 사업 모델이 된다.

(3) 대체재의 위협(Threat of substitute products or services)

기업이 제공하는 상품이나 서비스에 대해 대체재가 존재하는지, 아니면 대체재가 쉽게 존재할 수 없는지 여부도 기업 경쟁력 판단에 중요한 요소이다.

영화관산업의 경우, 현재 한국의 영화관에서 높은 점유율을 보이는 회사는 메가박스, CGV, 롯데시네마이다. 이 3사가 서로 경쟁을 한다. 앞에서 본 잠재적 경쟁자의 진입위협은, 영화관산업이 높은 수익을 올릴 때, 다른 회사가 영화관산업에 얼마나 쉽게 새로 진출할 수 있는지를 살펴본다. 기존 기업간의 경쟁에서는 이 3개사가 얼마나 심하게 경쟁하고 있는가를 살펴본다.

대체재의 위협은, 무언가 다른 상품이 개발되어서 영화관산업에 부정적인 영향을 미칠 가능성을 살펴본다. 넷플릭스는 영화관을 만들지는 않는다. 그런데 넷플릭스 서비스는 영화관산업에 커다란 영향을 미치고 있다. 사람들이 영화관을 가지 않도록 하는 무언가 다른 서비스가 대체재이다. 넷플릭스 서비스는 사람들이 영화관에 가는 발걸음을 줄일 수 있다. 스포츠, 게임 산업의 발달도 영화관 방문 빈도를 줄일 수 있다. 이렇게 다른 산업이면서 자기 산업에 영향을 미칠 수 있는 것이 대체재의 위협이다.

음식산업의 경우 대체재가 많은 대표적인 경우이다. 맛있는 치킨을 만드는 경우, 다른 치킨집만 경쟁자가 아니다. 맛있는 스파게티가 만들어져도 사람들은 치킨을 먹는 빈도를 줄인다. 햄버거 맛집이 나타나도 치킨 매출이 감소된다. 치킨집 중에서 유명한 치킨집이 된다고 해서 높은 수익이 보장되는 것이 아니다. 이런 대체재가 없을 때 좋은 사업 모델이 된다. 대체재의 위협은 산업의 경쟁력을 해당 산업만이 아니라 주변 산업도 같이 보아야 한다는 점을 시사한다.

(4) 고객의 교섭력(Bargaining power of customers)

기업은 고객에게 상품, 용역을 판매해서 이익을 얻는다. 따라서 고객이 어떤 타입이냐에 따라 기업의 경쟁력이 달라질 수 있다. 고객과 기업의 관계에서 고객의 힘이 훨씬 더 크면 기업은 높은 이익을 얻기 힘들다. 단기간에는 높은 이익을 얻더라도, 장기간 유지하기가 어렵다. 만약 고객보다 기업의 힘이 훨씬 더 크면 기업은 높은 이익을 장기적으로 유지할 수 있다.

고객이 기업에 대해 가격인하를 요구하고, 가격인하를 하지 않으면 바로 다른 기업으로 떠나가는 경우 고객의 힘이 강하다. 소비자 운동이 강하게 일어나고, 기업 제품의 품질, 서비스에 대해 요구 조건이 많을 때 고객의 힘이 강하다. 그런데 기업의 힘이 센 경우가 있다. 기업이 얼마의 가격을 책정하든 고객은 그 기업의 제품을 사용한다. 경쟁 제품이 없어서 그 기업 제품을 사용한다면 모르겠지만, 경쟁 기업 제품이 있음에도 해당 기업의 제품을 주로 이용하려 한다. 고객의 가격, 품질 요구를 제대로 수용하지 않아도 그 기업을 떠나지 않는다. 이런 경우는 고객의 교섭력이 낮고, 기업의 교섭력이 큰 경우이다. 대표적인 경우는 애플 매니아들이다. 애플 매니아들은 애플 제품의 가격이 높아도 큰 불평하지 않고 애플 제품을 구매한다. 제품 품질에 문제가 있더라도 애플 제품을 계속 사용한다. 고객의 교섭력이 낮은 경우이다.

고객의 기업에 대한 충성도, 상품에 대한 충성도가 높을 때 고객의 교섭력은 낮아진다. 이때 기업은 장기적으로 높은 경쟁력을 유지할 수 있다.

(5) 공급자의 교섭력(Bargaining power of suppliers)

기업은 자기 혼자만의 힘으로 제품을 생산하지 않는다. 부품, 중간제품 등을 공급하는 공급자들이 존재한다. 이때 공급자에는 두 가지 유형이 있다. 여러 공급자 중에서 그 공급자로부터 부품 등을 공급받을 특별한 이유는 없는 경우가 있다. 다른 공급자의 제품을 사용해도 별 상관이 없다. 현재 공급자 제품이 좋기는 하지만, 반드시 이 제품을 써야 한다거나 하는 것은 아니다. 현재 공급자를 언제든지 다른 공급자로 바꿀 수 있다. 이런 경우 공급자의 교섭력은 낮다. 공급자는 기업이 요구하는 조건 등을 만족시키려고 노력한다. 높은 가격을 부를 수도 없다.

이에 대하여 그 공급자의 부품이 반드시 필요한 경우가 있다. 다른 공급자가 없거나, 다른 공급자가 있더라도 제품 품질 등이 문제가 있는 경우이다. 이때는 해당 공급자가 부품 등을 공급하지 않으면 자기 기업의 생산에 차질이 생긴다. 다른 공급자로 바꿔 탈 수도 없다. 이때는 공급자의 교섭력이 크다. 공급자가 원하는 가격대로 지불해야 하며, 그만큼 기업의 이익은 감소한다.

공급자의 교섭력이 낮을 때 기업은 장기적 경쟁력을 유지하기 쉽다. 공급자의 교섭력이 높으면, 외면적으로는 기업의 경쟁력이 높은 것 같아도, 실제 이익은 공급자가 가져가게 된다.

3 BCG 매트릭스

1) 의의

마이클 포터의 경쟁 모형은 어떤 산업, 기업이 장기적으로 경쟁력이 있는가 없는가를 판단하는 기준이다. 그런데 기업 중에는 한 가지 사업만 하는 것이 아니라 여러 가지 사업을 하는 경우가 있다. 이때 기업은 여러 가지 사업 중에서 어떤 사업에 더 자원을 집중할지, 어떤 사업을 접어야 하는지 등에 대해 전략적 결정을 해야 한다. 또는 새로운 사업에 진출할지에 대해 고려하는 경우도 있다. 새로운 사업에 진출해야 할까 말아야 할까, 새로운 사업에 진출한다면 어떤 사업에 진출해야 할까, 또 새로운 사업에 진출한다면 기존 사업은 어떻게 처리해야 할까 등에 대한 의사결정이 필요하다.

여기에 대한 전략적 지침을 줄 수 있는 대표적인 전략 모델이 BCG 매트릭스 모델이다. BCG는 보스턴 컨설팅 그룹(Boston Consulting Group)의 약자이다. 세계에는 유수한 컨설팅 기업들이 있다. 이 컨설팅 기업들은 일반 기업들에 대해 여러 자문 활동, 컨설팅 활동을 수행하면서 수익을 얻는다. 컨설팅 기업들은 자체적으로 자문을 할 수 있는 방법, 틀을 보유하고 있는데, 보스턴 컨설팅 그룹이 사용한 의사결정 모델이 바로 이 BCG 매트릭스였다. 컨설팅 회사가 사용하던 의사결정 모델이 외부에 알려지면서 일반적인 전략 모형이 되었다.

2) 내용

BCG 매트릭스 모형은 먼저 해당 산업의 시장성장률과, 그 기업이 시장에서 차지하고 있는 점유율을 기준으로 어떤 사업을 수행해야 할지, 어떤 사업을 버려야 할지를 선택하도록 한다. 이때 고 시장성장률-저 시장점유율, 고 시장성장률-고 시장점유율, 저 시장성장률-고 시장점유율, 저 시장성장률-저 시장점유율의 네 가지 매트릭스를 구할 수 있다.

(1) 별(Star)

별, 스타는 시장성장률이 높으면서 그 시장에서 자기 기업의 시장점유율이 높은 분야이다. 해당 산업이 사회적으로 높은 관심을 가지고 크게 성장한다. 미래에 대해서도 높은 기대를 가지고 있다. 그런데 자기 기업이 여기에서 높은 시장점유율을 가지고 있는 경우이다. 사회적으로 주목의 대상이 되고, 앞으로의 발전성도 높다. 모든 기업은 이런 사업을 하고 싶어 한다. 사람들이 이상적으로 생각하는 사업 분야이다.

스타에 해당되는 경우, 해당 기업은 이 부문에 대한 투자를 늘려야 한다. 성장하는 산업에는 여러 경쟁자들이 몰려든다. 지금 자기 기업의 시장점유율이 높다고 해도, 다른 기업들이 대거 진입해서 대규모 투자를 하면 언제 뒤쳐질지 모른다. 시장 우위를 계속 지키기 위해서는 다른 기업들보다 앞선 투자와 기술 개발이 요구된다.

이렇게 계속 많은 투자를 해야 하니 막상 수익성이 그리 높지는 못하다. 그러나 이 부문에서는 계속 투자를 하면서 시장 선두의 위치를 차지하려 노력해야 한다.

(2) 물음표(Question mark)

퀘션 마크는 시장이 크게 성장하기는 하는데, 자기 기업이 해당 분야에서 높은 시장점유율을 가지지는 못하는 경우이다. 시장은 유망하지만, 이 부문에서 자기 기업의 경쟁력은 높지 않다. 이런 경우에는 이 사업을 계속할지 접을지에 대해 많은 고민을 해야 한다. 그 분야에서 높은 경쟁력을 얻기 위해서 대규모 투자를 하고 노력을 할 것인가, 아니면 기업의 경쟁력이 없으니 포기하고 물러날 것인가. 해당 분야에서 높은 경쟁력을 가지고 있는 기업이라면 모르지만, 경쟁력이 낮은 상태에서 선두 기업들을 따라가려면 상당히 힘이 든다. 그러나 시장 자체가 크게 성장하고 있는데 그냥 물러서기도 어렵다.

이런 경우 BCG 모델은 지침을 내려주지는 못한다. 기업이 많은 고민을 하면서 의사결정을 해야 할 사항으로 본다. 어떻게 대응해야 할지 잘 모르기 때문에 물음표, 퀘션 마크이다.

(3) 현금 젖소(Cash cow)

한국어로 번역하면 현금 젖소이지만, 보통 캐시 카우라고 한다. 캐시 카우는 시장성장률은 낮지만, 자기 기업이 이 부문에서 높은 시장점유율을 가지고 있는 경우이다.

시장이 크게 성장하지 않고 정체되어 있다. 시장성장률이 높지 않으니 사회적으로 관심도가 떨어진다. 사람들도 주목하지 않고, 이 분야에 새로 투자하려는 기업도 없다. 양호하지 않은 시장상황인 것 같지만, 자기 기업이 여기에서 높은 시장점유율을 가지고 있다면 이야기가 달라진다. 안정적이면서도 높은 수익을 지속적으로 올릴 수 있다.

시장성장률이 높지 않으니 이 부문에 새로 투자하려는 기업이 없다. 새로운 경쟁자가 나올 가능성이 없다는 뜻이다. 기존 사업자들끼리 사업을 유지해 나갈 수 있다. 이 부문에서 자기 기업의 시장점유율이 높다면, 자기가 이 시장을 지배하고 있다는 뜻이다. 선두 기업이니 상품 가격도 이익이 충분히 나올 수 있을 정도로 부과할 수 있다. 경쟁이 심하다면 높은 가격을 부과하는 것은 불가능하다. 하지만 이 시장은 경쟁이 거의 없기 때문에 시장 지배력이 있는 회사는 높은 가격을 부과할 수 있다.

기업은 이 경우 높은 수익을 안정적으로 얻는다. 가장 이상적인 상태이다. 사람들은 성장하고 있는 기업에 관심을 가지고 초점을 맞추지만, 실제 망할 위험이 없이 안정적인 수입을 얻을 수 있는 것은 캐시 카우 분야이다. '스타' 부문에서 노력하는 회사들도 궁극적으로 캐시 카우를 지향한다. 스타 부문이라 하지만, 어느 정도 시간이 지나면 시장이 안정화된다. 그때 높은 시장점유율을 보유하고 안정적인 이익을 얻을 수 있게 하기 위해 지금 스타 부문에서 열심히 투자하고 노력하는 것이다. 즉, 모든 기업들이 궁극적으로 목표로 하는 것은 이 캐시 카우 부문이다.

캐시 카우에서 얻는 안정적인 이익을 기반으로, 앞으로 새로 대두할 스타 부문에 투자를 한다. 그리고 또 다른 캐시 카우를 만든다. 이것이 가장 이상적인 사업 형태이다.

(4) 개(Dog)

도그는 시장성장률이 낮으면서 자기 기업의 시장점유율도 낮은 상태이다. 이때 자기 기업은 시장에서 경쟁력이 없다. 시장이 계속 성장하면 앞으로 미래를 기대할 수 있지만, 시장도 성장하지 않는다. 이런 부문에서는 지금도 적정한 수익을 얻기 힘들고, 앞으로의 미래도 기대하기 어렵다. 더 노력해서 자기 기업의 시장점유율을 높이려 할 수도 있지만, 시장이 성장할 때는 시장점유율을 높이는 것이 가능하지만, 정체된 시장에서는 시장점유율을 높이는 것이 굉장히 어렵다. 정체된 시장에서는 자기 기업의 매출 증가는 상대 기업 매출의 감소를 의미한다. 상대 기업은 매출 유지를 위해 적극적으로 노력할 것이기 때문에 시장점유율을 빼앗는 것이 쉽지 않다(성장하는 시장에서는 자기 기업의 기업 매출이 크게 증대하더라도, 상대 기업 매출도 같이 증가한다. 자기 기업의 매출이 증가하는 한, 상대 기업을 크게 견제하려 하지 않는다).

이런 시장에서는 빨리 철수하는 것이 답이다. 지금 당장 적자가 나지 않고 어쨌든 회사 유지가 가능하다 하더라도 높은 수익은 불가능하고 앞으로의 미래도 좋지 않다. 기업은 단순히 유지만을 목적으로 해서는 안 된다. 이 시장에서 하루빨리 철수하고 다른 사업을 알아보아야 한다.

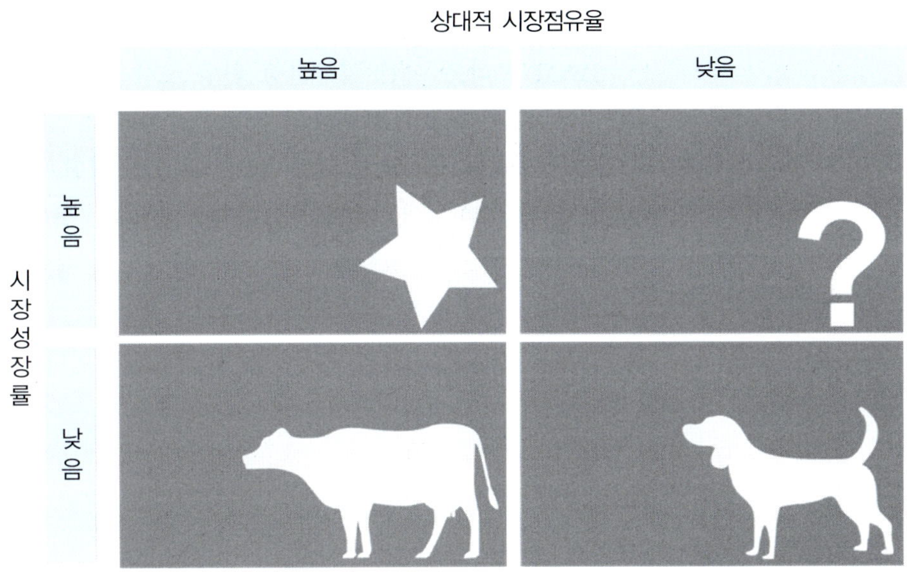

[그림 3-4] BCG 포트폴리오 매트릭스

4 SWOT 분석

1) 의의

SWOT 분석은 어떤 프로젝트를 수행하려고 할 때, 과연 해당 프로젝트를 해야 할지 말아야 할지, 그리고 수행한다면 어떤 전략을 가지고 수행해야 할지에 대한 방법론을 제시해 주는 전략 기법이다. 기업의 강점(Strength), 약점(Weakness), 환경의 기회(Opportunity)와 위협(Threat) 네 가지를 고려하도록 하고, 이 각각의 앞글자를 따서 SWOT 분석이라 부른다.

어떤 사업을 하고자 할 때 사람들은 해당 사업의 긍정적인 측면에만 초점을 두는 경향이 있다. 해당 사업을 긍정적으로 보는 사람들이 그 사업을 하고자 하는 것이고, 사업을 하고자 하면 해당 사업에 대해 긍정적인 측면만 보고 생각한다. 전체적으로 사업을 살펴보지 않고 일종의 편향을 가지고 해당 사업을 분석한다.

SWOT 분석은 이런 의사결정 편향 오류를 보완해 줄 수 있다. SWOT 분석을 실시하면 해당 프로젝트의 장점만이 아니라 단점도 의도적으로 찾게 한다. 또한 해당 프로젝트에 대한 외부 환경은 어떤가도 생각할 수 있게 한다. SWOP 분석은 위 BCG 분석처럼 어떻게 하라는 구체적인 지침을 내려주지는 않는다. 하지만 해당 프로젝트에 대해 여러모로 생각해 보게 하여 보다 적정한 전략적 의사결정을 하도록 지원한다.

SWOP 분석은 간단하면서도 유용성이 인정된다. 실제 의사결정에서 많이 사용되고 있는 의사결정 도구이다.

2) SWOT 분석의 주요 기준

SWOT 분석에서는 주요 전략을 고려할 때 살펴보아야 할 두 가지로 환경과 기업 역량을 제시한다. 환경은 기업의 외부적인 것이고, 기업 역량은 내부적인 것으로 전략적 결정을 위해서는 외부, 내부를 모두 같이 고려해야 한다는 것을 시사한다.

환경은 기회와 위험 두 가지 측면이 있다. 기업이 어떤 의사결정을 하려고 할 때는 사회 환경에 의해서 영향을 받는다. 그런데 이 사회 환경이 기업에 미치는 영향은 긍정적인 측면이 있고 부정적인 측면도 있다. 기업의 전략적 방향에 긍정적 영향을 미칠 수 있는 것이 기회, 부정적 영향을 미칠 수 있는 것이 위험이다.

환경이 아무리 좋다고 해도 기회만 있을 수는 없다. 반드시 위험적 요소도 존재한다. 경기가 대호황이라고 해도 기업에 좋기만 하지는 않다. 호황 때에는 이자율이 올라가 이자 부담이 증가되고, 근로자를 구하기가 점점 어려워진다. 불황이라서 기업 환경이 위험 상태라 하더라도 이때는 정부의 지원이 있고 임금 등이 인상되지 않는 등 긍정적인 요소들도 있다. 보통 사람들은 호황일 때는 긍정적인 것만 생각하고 불황일 때는 부정적인 것만 생각한다. SWOT 분석에서는 어떤 사회적 환경에서든 긍정적인 요소와 부정적인 요소를 같이 찾도록 하는 사고의 틀을 제시한다.

기업의 역량 측면에서는 어떤 기업도 잘하는 것이 있고 못하는 것이 있다. 강점과 약점이 있는 것이고, SWOT 분석에서는 그것을 객관적으로 스스로 평가하도록 한다. 우리 기업은 워낙 훌륭하기 때문에 약점 따위는 없다라고 해서는 안 된다. 아무리 훌륭한 기업이더라도, 아무리 위대한 사람이라 하더라도 약점은 있다. 삼성전자는 국내 최고의 기업이지만 반도체 재료, 장비의 많은 부분을 외국에 의존한다는 약점이 있다. 삼성 갤럭시가 뛰어나다고 하지만 고객 충성도 측면에서 애플에 미치지 못한다. 객관적으로 회사의 강점과 약점을 파악하도록 한다.

SWOT 분석에서는 먼저 이 환경에서의 기회와 위험, 기업의 강점과 약점 네 가지를 조사한다.

〈표 3-1〉
SWOT 분석 표

강점 (Strength)	약점 (Weakness)
기회 (Opportunity)	**위협 (Threat)**

3) SWOT 분석

환경의 기회와 위험, 기업의 강점과 약점 파악이 끝나면 여기에서부터 본격적인 SWOT 모형에서의 전략 탐색이 시작된다.

(1) 기회(Opportunity) – 강점(Strength)

환경적으로 긍정적인 부문에서 기업의 강점을 살리기 위해서는 어떤 전략이 필요할까? 기업의 강점을 활용해서 보다 나은 기업활동을 하기 위해서는 어떻게 하면 좋을까? 중국의 시장이 크게 성장하고 있는 환경에서 기업 내에 중국어를 잘하는 사람들이 많으면 중국에 진출하자는 의사결정이 나올 수도 있다. 취업 환경이 좋아지고 있는 상황에서 내가 프로그램을 잘 만든다면 프로그램 개발 회사를 중점으로 취업활동을 하자는 의사결정을 할 수 있다.

(2) 기회(Opportunity) – 약점(Weakness)

앞에서 기회-강점 부분을 이야기했지만, 사실 주변 환경이 좋고 기업의 역량이 강한 부분에 대해서는 특별히 분석을 할 필요는 없다. 새로운 사업에 들어가자는 의사결정을 할 때, 또는 무언가 새로운 일을 하고자 할 때는 보통 환경이 좋고 자기 역량이 좋다고 생각될 때이다. 기회-강점 분석은 SWOT 분석이라는 틀을 빌리지 않더라도, 많은 사람들이 자주 하는 의사결정 방식이다. 환경의 좋은 점만 보고, 자기가 거기에서 잘할 수 있다고 생각한다. 커피 시장이 굉장히 성장하고 있고(기회), 나는 커피를 좋아하고 잘 만드니(강점) 커피점을 만들자라는 식이다.

SWOT 분석이 의미를 가지는 부분은 기회-강점이 아닌 다른 부분이다. 사람들은 새로운 의사결정을 할 때 보통 기회-강점만 생각한다. 기회-강점 이외에 다른 부분들도 고려하도록 만드는 것이 SWOT 분석의 진정한 의미이다.

기회-약점 부분에서는 환경적으로는 긍정적이지만, 여기서 나의 약점이 어떤 식으로 작동할지를 예측하고, 이에 대처하기 위해서는 어떻게 하면 좋을지를 고민한다. 정답이 있는 것은 아니다. 다만 SWOT 분석에서는 현재 환경하에서 자신의 약점이 어떻게 영향을 미칠지, 여기에 어떻게 대처해야 할지를 미리 검토하게 한다. 커피 시장은 성장하고 있고 나는 커피를 잘 만든다. 하지만 커피점에는 다과도 필요하고 본인은 샌드위치, 빵은 잘 못 만드는 약점이 있다. 그러면 샌드위치는 잘 못 만드니 샌드위치는 상품에서 제외하자는 방안,

샌드위치는 다른 업체로부터 구매하자는 방안, 샌드위치 만드는 법을 배우자는 방안, 샌드위치를 잘 만드는 사람을 구하자는 방안, 샌드위치가 없이 커피만 팔아서는 이익이 될 수 없으니 커피점을 포기하는 방안 등이 제시될 수 있다. 이 중에서 어떤 방안을 선택할지는 본인의 선택이다. 하지만 최소한 커피 시장이 성장하고 나는 커피를 잘 만드는 커피점을 만들자는 식으로 단순히 의사결정을 하지는 않게 된다. 커피점을 개설하기로 계약을 다 한 다음에 그제야 샌드위치는 어떻게 할까를 떠올리는 것은 사전에 방지한다.

(3) 위협(Threat) – 강점(Strength)

위협-강점 부분에서는 환경의 부정적인 요소에 대해 자신의 강점을 이용해서 어떻게 대처할 수 있느냐를 고려한다. 환경이 부정적이라 해서 모든 것이 안 좋은 것만 있는 것은 아니다. 불황이라 많은 사람들이 실직을 하면 경제 전체적으로 안 좋은 것은 사실이지만, 이럴 때 게임 시장은 호황이 된다. 코로나 등이 발생하면 많은 기업들의 실적이 떨어지지만, 의학 진단기기 등의 시장은 호황이다. 개인이 취업을 못하면 분명 부정적인 환경이지만, 이때 자기개발을 할 수 있는 시간이 제공되는 기회도 된다.

부정적인 환경, 위협적인 환경하에서 어떻게 나의 강점을 이용해서 이점을 찾을 것인가를 고려하는 사고의 틀을 제시한다.

〈표 3-2〉
SWOT 분석 표 2

		내부적 환경	
		강점 (Strength)	약점 (Weakness)
외부적 환경	기회 (Opportunity)	SO전략	WO전략
	위협 (Threat)	ST전략	WT전략

(4) 위협(Threat) – 약점(Weakness)

환경이 부정적인 상황에서 자신의 약점으로 인하여 어떤 일이 벌어질 수 있는가를 고려한다. 그리고 이에 대응하기 위해서 어떤 조치가 필요한지를 준비한다.

커피 시장 경쟁이 격화되어서 수익성이 떨어지는 부정적인 환경하에서 나의 운용 자금이 부족한 약점이 있다고 하자. 그러면 위협-약점 부분에서는 앞으로 잘못하면 운용 자금이 떨어져 큰 어려움을 겪을 수 있다는 가능성이 제시된다. 비용을 지금부터 줄여나가야 한다거나, 다른 데서 자금을 융통해야 한다거나, 매출 증대 방안을 마련해야 한다거나 어떻게든 앞으로 예상되는 위기를 극복하기 위한 전략 방향을 미리 준비할 수 있다.

요약 •••

학습목표 1 경영전략의 개념에 대해 이해한다.

◎ 경영전략에서 전략의 개념은 무엇인가?

전략(Strategy)은 원래 군사 용어이다. 군대는 전쟁에서 승리를 목적으로 한다. 이 전쟁에서 승리하기 위한 기본적 전쟁 계획이 전략이라 할 수 있다. 이러한 전략 개념이 경영학에 도입되었고, 최근에는 군사상에서보다 경영상에서 전략에 대한 논의가 더 이루어지고 있다. 전략은 기업의 기본적인 사업 방향이다. 어떤 사업을 할 것인가, 사업을 확장해야 하는가 철수해야 하는가, 싸고 저렴하게 팔까 아니면 고급으로 만들어서 비싸게 팔까 등에 대한 의사결정이다.

◎ 경영전략에서 전략 개념의 5P는 무엇으로 구성되는가?

전략의 세부 개념에 대해서 민츠버그(Henry Mintzberg)는 다섯 가지 측면에서 설명하였다. 계획(Plan), 행위유형(Pattern), 위치(Position), 관점(Perspective), 전술(Ploy)의 다섯 가지인데, 이 단어들이 모두 P로 시작하기에 전략의 5P라고 한다.

① 계획(Plan)으로서의 전략
② 행위 유형(Pattern)으로서의 전략
③ 위치(Position)로서의 전략
④ 관점(Perspective)으로서의 전략
⑤ 전술(Ploy)로서의 전략

학습목표 2 주요 전략 유형에 대해 이해하고, 설명할 수 있다.

◎ 마이클 포터의 본원적 전략

마이클 포터는 전략의 일반적 모델로 본원적 전략을 제시하였다. 어떤 산업이나 사업에서도 모두 적용될 수 있는 주요 전략이라는 의미에서 본원적 전략(Generic Competitive strategy)이다. 본원적 전략은 경쟁우위를 어디에 두느냐에 따라 원가우위 전략과 차별화 전략으로 구분되며, 기업이 고려하는 경쟁범위가 얼마나 넓은가에 따라 넓은 범위와 세분화된 범위로 구분된다.

① 원가우위 전략(Cost leadership strategy) : 기존 가게들에서 파는 것보다 싸게 판다는 것을 포인트로 둔 전략
② 차별화 전략(Differentiation strategy) : 기존 제품과 무언가 다른 제품을 만들어 제공

③ 집중화 전략(Focus strategy) : 특정 일부의 사람들만을 대상으로 사업을 영위

◎ 단순화 전략 vs 다각화 전략

수익이 나지 않는 여러 가지 품목을 만드는 것보다, 자기가 정말로 잘할 수 있는 몇몇 상품에 집중하는 것을 단순화 전략이라 한다. 다각화 전략은 여러 제품을 만들어 어느 한두 제품에서 문제가 생기더라도 전체 기업은 큰 문제 없이 운영될 수 있도록 하는 전략으로, 제품 구성이나 시장 판매처에서 다양한 포트폴리오를 구성한다.

◎ 고유화 전략 vs 현지화 전략

고유화 전략과 현지화 전략은 주로 다른 지방이나 해외 진출의 경우에 중요한 전략 모형이다. 직원 채용 방식과 보수, 내부 운영 방식도 한국 방식으로 할 것인가, 현지 방식대로 할 것인가. 현지화를 한다면, 어느 정도까지 현지화를 하고 어느 정도까지 한국 방식을 고수할 것인가를 정하는 전략이다.

◎ 시장점유율 우선 vs 수익률 우선

시장점유율 우선 전략은 지금 당장 이익이 적고 설사 손해가 난다 하더라도 일단 시장에서 높은 매출, 높은 시장점유율을 차지하는 것이 더 중요하다고 본다. 일단 시장에서 정착하는 것이 중요하다고 보고, 수익률과 관계없이 매출을 증가시키고자 하는 전략이다. 수익률 우선 전략은 적정 이익률이 있는 경우에만 판매를 한다. 회사를 운영하는 목적은 이윤이고, 그 이윤 자체에 초점을 맞춘다. 매출 증가보다 이익 증가에 더 힘쓰는 전략이다.

◎ 신설 vs 인수합병

인수합병을 통해 쉽게 시장에 진출할 수 있기는 하지만, 해당 기업의 기존 조직문화, 제품군이 지배적 위치를 차지한다. 하지만 자기 기업 고유의 문화, 주체성을 유지하기 어렵고, 기존 시장과 다른 완전히 새로운 서비스, 제품을 선보이기 어렵다. 이러한 단점을 피하고, 자기만의 독특한 색깔을 유지하기 위해서는 직접 회사를 신설해 시작하는 것이 낫다.

학습목표 3 주요 전략 모델에 대해 이해하고, 설명할 수 있다.

◎ 마이클 포터의 가치사슬(Value chain) 모델

마이클 포터는 기획, 재무, 인사, 법무 등의 기업활동을 지원적 활동(Support activities)이라고 하고, 원료 구입, 제품 생산, 판매 등의 기업활동을 본원적 활동(Primary activities)으로 구분하였다. 가치사슬 모델은 회사의 각 부분을 세부적으로 검토하고, 어느 부분 때문에 회사가 더 성장할 수 없는지, 어느 부분 때문에 현재 회사의 능력이 정해지는지를 분석하게 한다. 현재 가치사슬 부분에서 약한 고리를 발견하고, 그 약한 고리 부분만을 보강해 전체적으로 보다 강한 사슬을 만든다. 가치사슬 모형을 적용하면 어느 한 고리의 보강만으로 회사 전체의 경쟁력이 증가한다. 보다 전략적으로 접근하는 것으로, 최소한의 비용으로 최대의 효과를 얻을 수 있다.

◎ 마이클 포터의 경쟁 모형

마이클 포터의 경쟁 모형은 어떤 산업이 경쟁력이 있는지에 대해 설명하고자 하는 모델이다. 기업이 새로운 산업에 진출하려 할 때 그 사업에서 과연 경쟁력이 있을지, 어떤 기업의 현재 사업 모델이 앞으로도 계속해서 높은 수익을 올릴 수 있는지 여부 등에 대한 판단 기준을 제공한다. 마이클 포터는 이러한 판단을 하기 위해 기업의 경쟁력에 영향을 미치는 요소가 무엇인지를 정리했다. 모두 5개의 요소를 제공하였는데 ① 잠재적 경쟁자의 진입위협, ② 기존 기업간의 경쟁, ③ 대체재의 위협, ④ 고객의 교섭력, ⑤ 공급자의 교섭력이다.

◎ BCG 매트릭스 모델

BCG 매트릭스 모형은 먼저 해당 산업의 시장성장률과, 그 기업이 시장에서 차지하고 있는 점유율을 기준으로 네 가지 매트릭스를 구성해 어떤 사업을 수행해야 할지, 어떤 사업을 버려야 할지를 선택하도록 한다.

① 별(Star) : 고 시장성장률-고 시장점유율
② 물음표(Question mark) : 고 시장성장률-저 시장점유율
③ 현금 젖소(Cash cow) : 저 시장성장률-고 시장점유율
④ 개(Dog) : 저 시장성장률-저 시장점유율

◎ SWOT 분석

SWOT 분석은 어떤 프로젝트를 수행하려고 할 때, 과연 해당 프로젝트를 해야 할지 말아야 할지, 그리고 수행한다면 어떤 전략을 가지고 수행해야 할지에 대한 방법론을 제시해 주는 전략 기법이다. 기업의 강점(Strength), 약점(Weakness), 환경의 기회(Opportunity)와 위협(Threat) 네 가지를 고려하도록 하고, 이 각각의 앞글자를 따서 SWOT 분석이라 부른다. SWOT 분석은 의사결정 편향 오류를 보완해 줄 수 있다. SWOT 분석을 실시하면 해당 프로젝트의 장점만이 아니라 단점도 의도적으로 찾게 한다. 또한 해당 프로젝트에 대한 외부환경은 어떤가도 생각할 수 있게 한다.

생각해 볼 문제

1. 경영전략에서 전략 개념의 5P를 설명해 보시오.
2. 본원적 전략, 단순화 전략, 다각화 전략 등 주요 전략 유형별 각 전략을 추구하는 대표적 기업의 예를 찾아보시오.
3. 가치사슬 모델, 경쟁 모형, BCG 매트릭스 모델 등 주요 전략 모델에 대해 설명해 보시오.
4. 우리나라의 산업(자동차산업, 전자산업 등)별 SWOT 분석을 해 보시오.

CHAPTER

4

조직목표관리(계획과 통제)

죠스떡볶이, K분식 진출 계획

죠스푸드 설립자이자 13년째 최고경영자(CEO)로 근무 중인 나상균 대표가 최근 매일경제와 만나 각 브랜드 생존 비결, 경영 철학, 향후 사업 계획 등에 대해 털어놨다. 먼저 나 대표가 꼽은 죠스푸드의 '신의 한 수'는 비대면 서비스를 확장한 것이다. 그는 "사실 튀김이 눅눅해지고 떡볶이가 퉁퉁 불까봐 배달을 지양했지만, 집에서 끼니를 해결하는 소비자들이 많아지면서 1~2년 전부터 콘셉트를 바꾸기 시작했다"며 "현재 대형 쇼핑몰, 고속도로 휴게소 등에 입점한 곳을 제외하고 나머지 점포 380곳(95%)에 배달 서비스를 도입했다"고 말했다.

나 대표 선택이 옳았다는 것은 수치로 증명된다. 코로나19로 집콕족이 늘면서 올 상반기 죠스떡볶이의 배달 매출은 100억원을 기록했다. 이는 전년 동기 대비 56% 증가한 수치다. 같은 기간 가맹점 한 곳당 배달 매출은 평균 5,800만원으로 53% 늘었다. 바르다 김선생의 전체 배달 매출은 112% 증가한 70억원을, 가맹점은 91% 늘어난 8,000만원을 기록했다.

나 대표는 "베트남 배달 시장이 작년 하반기부터 매월 10%씩 성장하고 있는 데다 스마트폰을 사용하는 밀레니얼 세대가 전체 인구 중 75%를 차지해 첫 해외 진출국으로 선택했다"며 "조금 느리지만 오래갈 수 있는 브랜드를 만드는 것이 목표"라고 말했다.

물론 모든 준비 과정이 순탄했던 것만은 아니다. 베트남 소비자들이 음식 맛보다는 가격에 민감하다고 오해한 것이 대표적이다.

나 대표는 "수개월에 걸친 사전 설문조사와 블라인드 테스트 등을 통해 현지인들이 끝까지 맛있게 먹을 수 있는 음식을 선호하고, 충분히 만족할 경우 더 비싼 값을 지불할 용의가 있다는 결론을 얻었다"며 "우리나라 못지않게 분해성이 높은 플라스틱 포장재, 종이 도시락 등 친환경적 요소를 고려한다는 사실도 알게 됐다"고 말했다.

현재 코로나19로 해외 출입국에 제한이 생기면서 사업 확장에 애를 먹고 있지만, 조만간 현지 법인을 설립하고 정식 매장을 열 계획이다. (후략)

(매일경제, 2020.8.23)

제 1 절 기업경영계획의 의의 및 종류

1 기업경영계획의 의의

계획은 조직이 지향하는 방향을 설정해 주고, 목표를 달성하는 과정에서 발생할 수 있는 낭비와 중복을 최소화할 수 있는 방안이다. 그리고 이러한 계획이 주어졌을 때 그에 대한 통제와 평가가 가능하다.

계획이 없다고 해서 목표 달성이 불가능한 것은 아니다. 예를 들어, 제주도로 여행을 가고자 할 때 계획이 없다고 해서 여행을 가지 못하는 것은 아니다. 그러나 숙소, 교통편, 교통 시간표, 관광지의 관람 시간, 식당의 휴무 여부를 사전에 인식하고 가는 여행과 아무 계획이 없는 상태에서 제주도로 여행을 간 것과는 그 이후의 여행 행태에서 많은 차이점을 보이게 된다. 사전에 계획을 하고 여행을 간 경우 시간 낭비를 감소시킬 수 있고, 보다 효율적으로 동선을 잡을 수 있다.

기업체는 조직운영에 많은 비용을 소모한다. 이때 낭비와 업무 중복을 감소시키는 것은 많은 자원을 절약할 수 있고, 생산성을 높여줄 수 있다. 기업체에서는 어떤 세부 사업을 수행할 경우에도 사전에 계획이 요구된다.

2 기업경영계획의 종류

1) 적용범위에 의한 구분

적용범위에 의한 계획의 구분은 계획이 조직의 어느 범위에서 적용되는가에 따른 구분이다. 적용범위에 의한 계획의 구분에는 전략적 계획(strategic plan)과 운영적 계획(operational plan)이 있다.

전략적 계획은 조직 전체에 적용되는 계획이다. 조직의 방향, 나아갈 길, 조직의 목표, 조직의 운영방법 등에 대한 사항이 계획된다. 전략적 계획은 주로 조직의 상층부에서 기획되고 결정되는데, 조직의 전반적인 목표 전략과 자원에 대한 사항이 포함된다.

운영적 계획은 전략적 계획을 달성할 수 있는 세부 방법 측면에 초점을 둔다. 전략적 계획이 목표라면 운영적 계획은 수단의 성격을 지닌다. 실제 조직을 운영하는 실무자 입장에서 어떻게 하면 전략을 달성할 수 있는가 하는 측면에서 만드는 세부 업무 계획이다.

전략적 계획이 조직의 상층부에서 만들어진다면 운영적 계획은 세부 사업 단위별로 만들어진다. 또한 운영적 계획은 전략적 계획보다 단기간의 시간을 대상으로 한다. 전략적 계획이 1년을 목표로 만들어진다면, 운영적 계획은 1년 목표를 달성하기 위한 분기 목표, 월간 목표, 주간 목표 등으로 이루어진다.

2) 기간에 의한 구분

기간에 의한 계획의 구분은 계획서가 고려하고 있는 기간이 어느 정도인가에 따른 구분이다. 보통 장기계획(long-term plans), 중기계획(intermediate-term plans), 단기계획(short-term plans)으로 구분된다.

장기, 중기, 단기의 시간 구분은 절대적인 것은 아니다. 따라서 각 조직에 따라서 장기계획, 단기계획이 포함하고 있는 시간은 차이가 있을 수 있다. 그리고 조직에 따라서뿐만 아니라 시대의 변화에 따라서도 장기, 단기의 구분은 차이가 있다. 과거에는 장기는 보통 10년 이상의 시간을 의미했다. 중기는 3~5년 정도, 그리고 단기는 보통 1년 정도의 시간을 의미했다. 하지만 현대 경영에서는 10년 이후의 경영 환경을 예측하는 것이 거의 불가능하다. 너무나도 급변하는 환경으로 인해 예측이 불확실해지고 이런 경우 10년의 장기계획은 실제적 의미가 없다. 따라서 최근에는 장기계획의 기간이 점차 감소하여 보통 3~5년 정도의 기간을 장기로 본다. 단기는 1년 내지 1년 이하의 기간을 대상으로 하는 계획을 지칭하며, 중기는 장기와 단기의 중간 시점이다. 하지만 이러한 기간 구분은 절대적인 것은 아니며, 사업의 성격, 조직체의 성격에 따라 차이가 있다. 환경예측이 가능한 영역에서는 10년 장기계획도 여전히 의미가 있을 수 있다.

3) 구체성 정도에 따른 구분

계획이 어느 정도 구체성을 지니고 있는가에 따라서 구체적 계획(specific plan)과 지침적 계획(directional plan)으로 구분할 수 있다.

구체적 계획은 명확한 목표가 있고 그 목표를 달성하기 위한 세부적인 방법과 절차가 구체적으로 규정된 계획이다. 그 내용에 애매모호함이 없어서 누구나 그 목표와 방법, 절차에 대해 분명히 인식할 수 있다. 이 경우 구체적 계획은 조직구성원들에게 자세한 행동지침으로서 기능할 수 있다.

지침적 계획은 그 내용이 구체적이지 않으며 단지 방향을 제시하는 수준의 계획이다. 서울에서 부산을 가는 계획의 경우, 구체적 계획은 모월 모일 몇 시 몇 분 KTX 기차를 타고 부산역에 언제 도착한다는 식으로 만들어진다면, 지침적 계획은 이번 주말에 부산에 간다라는 정도의 계획이다. 단지 방향, 전략에 대한 대략적인 사항만 정해지며 구체적인 세부 사항은 제외되어 있다.

일반적으로는 구체적 계획이 지침적 계획보다 우수한 계획으로 인식되겠지만 항상 그런 것은 아니다. 환경의 불확실성이 있는 경우, 변화가능성이 있는 경우에는 구체적 계획보다는 지침적 계획이 오히려 더 유용할 수 있다. 지침적 계획하에서는 구체적 계획에서보다 더 융통성 있고 신축성 있게 대처할 수 있다는 장점이 있다.

4) 이용빈도에 의한 구분

이용빈도에 의한 구분은 만들어진 계획을 어느 정도 빈도로 활용하느냐에 따른 구분이다. 만약 계획이 한 번만 활용된다면 1회성 계획(single-use plan)이며, 지속적으로 사용된다면 상시적 계획(standing plan)이다.

1회성 계획은 보통 특정한 업무나 특정한 상황에 대해서 만들어진 계획이다. 해당 특정 업무 상황에 대처하기 위해 만든 계획으로, 해당 업무 상황이 종료되면 다른 업무 부문에 적용될 가능성이 거의 없다. 상시적 계획은 일반적 업무에 대한 계획으로서 지속적으로 사용된다. 주로 반복적 업무에 대한 계획, 여러 상황에 적합성이 있는 계획이 상시적 계획으로서의 성질을 가진다.

제2절 계획수립 방법

1 예측

계획은 기본적으로 미래에 관한 것이다. 미래에 어떠한 상태가 될 것인가 하는 목적을 정하고, 그 미래의 상태를 달성하고자 하는 앞으로의 계획서이다. 계획은 미래를 그 기본적인 대상으로 하고 있으며, 따라서 계획에는 미래 예측이 반드시 포함되어 있다. 명시적으로 미래 예측을 표시하지 않고 미래에 대해서 논의하지 않는 경우도 있지만, 암묵적으로는 미래 예측이 포함되어 있다. 즉 계획에 있어서 미래 예측은 필수적인 요소에 해당한다.

미래 예측 기법은 크게 계량적 예측과 질적 예측으로 구분된다.

1) 계량적 예측

계량적 예측은 과거의 정량적 요소, 계량적 요소에 의해서 미래를 예측하고자 하는 방법이다. 계량적 예측은 과거의 수치를 기반으로 한 예측이라는 점에 그 특징이 있다.

가장 기본적인 계량적 예측방법은 시계열 분석방법과 회귀모델 방법이다. 시계열 분석은 과거의 자료를 분석하여 그 추세를 살펴보고, 그 추세가 앞으로도 계속될 것이라는 가정하에 미래를 예측하는 방법이다. 가장 일반적으로 사용되는 미래 예측방법 중에 하나이다. 시계열 분석은 계량적 예측 중에서 가장 손쉬운 방법이지만, 과거의 추세가 앞으로도 계속된다는 가정에 문제가 있다. 미래에는 과거에 존재하지 않았던 여러 가지 요인이 발생할 수 있는데, 만약 이와 같이 새로운 요소가 추가되면 미래 예측에는 오류가 발생한다. 과거의 추세가 약간만 변화하더라도 장기를 대상으로 하는 미래 계획치는 큰 차이가 발생할 수 있다.

회귀모델은 과거 추세가 나타나게 된 원인이 무엇인가를 파악하고, 그 원인 변수의 미래 예측을 통하여 미래 추세를 파악하고자 하는 것이다. 시계열 분석은 과거의 추세선을 기준으로 하지만, 회귀모델은 과거의 추세선이 나타나게 된 원인이 무엇인가를 파악한다. 그리고 그 원인이 앞으로 어떻게 변화할 것인가를 예측함으로써 전체 추세가 어떻게 변화할지를 예측한다.

회귀모델은 시계열 분석보다 더 엄밀한 미래 예측 기법이다. 하지만 과거 추세의 원인을 파악하는 것은 쉽지 않으며, 또한 그 원인 변수가 미래에 어떻게 변화할지를 파악하는 것도 어렵다는 점에 한계가 있다.

2) 질적 예측

질적 예측은 미래 예측을 위해서 전문가들의 의견을 수렴한다. 해당 분야에 대하여 통찰력이 있는 전문가들이 향후 미래에 대해서 지니고 있는 판단 등을 종합하여 미래에 대한 청사진을 그려낸다. 질적 예측은 개인의 판단을 위주로 하는 것으로 계량적 예측방법보다는 객관성이 떨어진다는 단점이 있다. 하지만 실제 미래 예측에서는 계량적 예측보다 질적 예측이 보다 더 통찰력을 지니는 경우도 많이 존재한다. 과거의 수치를 통한 것은 예측가능한 범위 내에서 결과를 도출할 수 있지만, 전문가에 의한 판단은 과거의 지식만으로는 예측이 힘든 혁신적인 변화를 예측할 수 있다는 장점이 있다.

2 벤치마킹

벤치마킹(benchmarking)은 최고의 실적을 보이는 경쟁자를 모방하는 기법이다. 최고의 실적을 보이는 경쟁기업은 자기 기업보다 효율적인 측면을 지니고 있다. 경쟁기업을 연구해서 자기 기업보다 더 생산성이 높은 이유가 무엇인지를 찾고, 그보다 효율적인 측면을 자기 기업에 도입하여 자신의 생산성을 높이도록 하는 것이 벤치마킹이다.

사실 벤치마킹은 가장 손쉬운 생산성 향상 기법 중 하나이다. 생산성 향상에서 가장 어려운 점은 자신의 문제점이 무엇인가를 파악하는 일이다. 그런데 벤치마킹에서는 다른 기업을 연구함으로써 자신의 문제점이 무엇인지를 쉽게 인식할 수 있다. 그리고 그에 대한 개선책으로 어떤 것이 있는지도 해답을 준다. 실제 많은 기업들은 명시적은 아니더라도 묵시적으로 항상 경쟁기업의 보다 우수한 점을 모방하고 경쟁 상품의 장점을 수용한다.

벤치마킹과 관련해서 계획은 다음과 같은 절차를 가진다.

① 벤치마킹을 위한 조직을 결성
② 벤치마킹을 할 경쟁기업을 결정
③ 경쟁기업에 대한 각종 자료수집
④ 경쟁기업과 자기 기업의 차이점 분석
⑤ 차이점을 극복하기 위한 세부 실행 계획 작성

단순히 경쟁기업의 장점만을 벤치마킹하는 것이 아니라, 경쟁기업의 혁신 과정, 계획 진행과정에 대해서도 벤치마킹이 가능하다.

3 계획과 예산의 연계

예산은 조직체 내에서 자금을 어떻게 지출할 것인가를 결정한 계획표이다. 조직의 계획은 반드시 이 자금 계획인 예산과 연계되어야 한다. 계획을 실제 집행할 때는 조직의 활동이 수반된다. 그리고 조직이 활동할 때에는 자금이 소요된다. 계획이 적절히 수행되기 위해서는 계획이 정한 시간에 자금이 적절히 공급되어야 하는데, 이 자금 공급과 관련된 계획서가 바로 예산이다. 즉 계획과 예산이 서로 연결될 때 계획은 실제 집행이 가능한 것이며, 예산이 뒷받쳐 주지 못하는 계획은 단순히 계획으로 남게 될 가능성이 크다.

사실 조직의 예산편성과정은 계획의 일환이다. 오히려 예산이 실제 자금 지출로 뒷받침되기 때문에 계획보다 예산이 구속력 강한 계획으로서 기능할 수 있다. 하지만 예산은 자금과 관련된 것으로 계획보다 보수적인 측면이 강하다. 계획은 보다 혁신적인 변화를 추구할 수 있지만 예산은 혁신성이 적다. 따라서 조직체에서는 계획을 우선시하고, 계획에 연계하여 예산을 결정하는 것이 보다 조직 발전에 적합한 방안이라 할 수 있다.

4 일정계획

실제 일반 조직원들이 활용하는 계획은 일정계획이다. 일정계획은 거의 모든 계획 내에서 활용되고 있는 것으로, 각 계획 내에서 구체적인 일정이 어떻게 되는가를 보다 쉽게 나타내 준다. 가장 대표적인 일정계획에는 간트 도표와 부하 도표가 있다.

1) 간트 도표

간트 도표(Gantt chart)는 1900년대 초반 테일러가 고안하고 간트가 발전시킨 일정계획표이다. 한 업무를 완성하기 위해 필요한 각 세부 활동을 기록하고, 그 세부 활동이 언제 이루어지는가를 표시한 것이다. 간트 도표를 보면 현재 전체 작업 중 어떤 단계에 와 있고, 어떤 작업이 이루어졌으며 현재 어떤 작업을 하고 있는가, 그리고 향후 어떤 작업이 필요한가를 한눈에 파악할 수 있다.

간트 도표는 현재 거의 모든 프로젝트, 사업 기획에서 활용되고 있다. 그 작성이 간단하고 간명함에도 불구하고 실제적인 많은 정보를 준다는 것이 간트 도표의 큰 장점이다.

[그림 4-1]
간트 도표

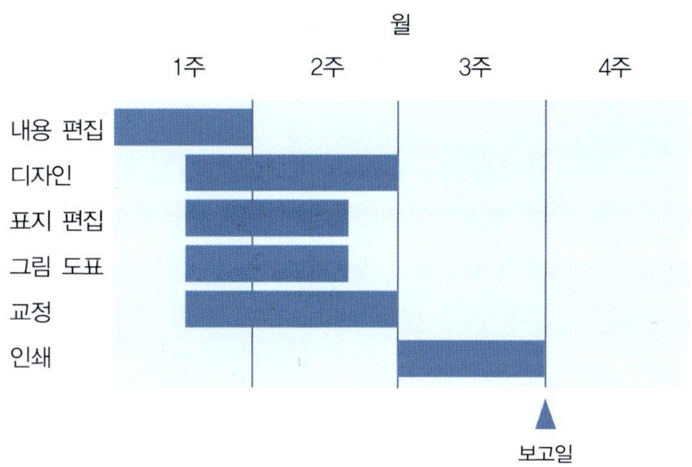

2) 부하 도표

간트 도표는 한 프로젝트 내에서의 여러 활동들을 기준으로 항목을 작성하였다. 이에 대하여 부하 도표(Load chart)에서는 활동이 아니라 각 활동주체들-작업자 및 작업팀을 기준으로 항목을 작성한 표이다. 간트 도표에서는 전체적인 업무 활동이 현재 어느 수준인가 하는 것을 파악한다. 이에 대하여 부하 도표에서는 각 작업자들을 기준으로 이전에 누가 일을 하였고, 현재 누가 일을 하고 있고, 앞으로 누가 작업할 것인가 하는 것이 나타난다. 각 작업자들이 누가

[그림 4-2]
부하 도표

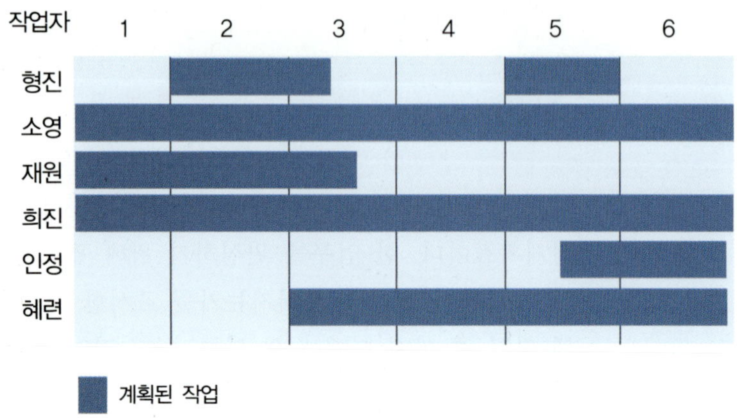

얼마만큼의 일을 하였는가, 현재 일을 하고 있는 사람이 누구이고, 누가 현재 맡은 업무가 없는가 하는 것을 쉽게 파악할 수 있다.

5 시나리오 계획

시나리오(scenario)는 미래에 발생할 가능성이 있는 것들이 발생하였을 때, 어떠한 결과가 나타날 것인가를 순서적으로 표시하여 미래를 계획하는 방안이다. 경제 환경으로 볼 때 향후 유가가 오를 수도 있고 오르지 않을 수도 있다. 그리고 조직 내에서의 노력에 따라 시장점유율이 높아질 수 있고 제자리일 수도 있다. 이 경우 향후 미래를 어떻게 예측하고 계획할 것인가의 문제가 있는데, 이때 시나리오 계획은 미래를 보다 합리적이면서 쉽게 예측해 주는 기법이다.

[그림 4-3]
시나리오 계획

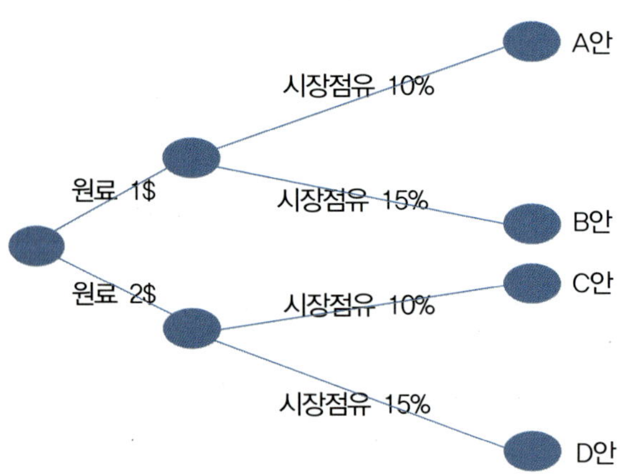

먼저 환경 요소로 유가가 오르는 경우와 오르지 않는 경우가 있다. 그리고 이 각각에서 시장점유율이 높아지는 경우와 높아지지 않는 경우 두 가지로 나누어진다. 이 발생 순서에 따라 각각의 경우를 표시하면 [그림 4-3]과 같다.

시나리오 계획은 각각의 사건이 나타날 확률을 안다면 미래를 예측하고 계획하는 데 있어서 위험성을 최대로 감소시킬 수 있다. 시나리오 계획은 불확실성이 있는 경우 복잡한 미래를 예측하는 데 유용한 방법이다. 하지만 시나리오 계획은 현재 예측가능한 것만을 대안으로 한다는 점에서 한계를 가진다. 사전에 예측하지 못한 사건이 발생했을 경우에는 전체 시나리오 계획이 무용지물이 된다는 단점이 있다.

제 3 절 경영계획에 의한 관리

1 경영계획 관리의 의의

경영계획 관리는 많은 주요한 관리활동을 체계적인 방법으로 통합하고, 조직과 개인의 목표를 효과적이고 효율적으로 달성하기 위하여 의도적으로 지향하는 종합적인 관리를 의미한다.

이와 같은 경영계획 관리의 의의는 인간의 행동과 동기유발의 철학에 근거를 두고 있으며, 성공의 관건은 모든 경영계층에서 조직의 목표를 개인의 목표로 전환시키는 능력에 달려 있다.

그런데 경영계획을 설정할 때, 다음과 같은 세 가지 목표가 규정되어야 성과를 거둘 수 있다.

① 계획의 명료성(goal clarity) : 분명하고 구체적인 계획이 작업자의 노력을 이끌어내는 데 필요하다. 즉, 그것은 생산량이나 화폐단위로 표시될 수 있다.

② 계획의 난이도(goal difficulty) : 적절한 숙련도가 어느 정도 요구되는 도전적인 계획이 너무 쉽거나 너무 어려운 계획보다 더 효과적이다.

③ 계획의 수용성(goal acceptance) : 계획이 유용하다고 인정되어야 한다.

이와 같이 양적으로 규정되어 명확하고 어느 정도 어려운 계획이 관리자와 종업원에 의하여 받아들여지면, 작업자는 보다 많은 노력을 기울이게 되어 높은 생산성을 이룬다. 이렇게 높은 성과를 가져오는 계획에 의한 관리는 계획의 활용에 역점을 둔 관리기법으로, 종업원들에게 보람 있고 흥미로운 직무를 제공하여 그들이 만족을 느끼도록 하는 데 목적이 있다.

2 경영계획 관리의 실행과정

경영계획 관리는 조직구성원들이 함께 기업의 경영계획을 설정하는 방법이다. 각 구성원은 상사의 도움을 받아 각자의 책임분야를 규정하고, 기대되는 결과를 분명히 명시하는 계획을 설정한다. 그리고 관련된 직원들은 관리의 지침과 조직의 성과측정을 개발한다. 그러므로 경영계획 관리는 ① 계획의 설정, ② 실행계획의 개발, ③ 정기적인 검토, ④ 성과의 평가 등 네 가지 기본과정을 거쳐 실현된다.

1) 계획의 설정

계획의 설정은 여러 단계를 거치게 된다. 먼저, 기업의 장기적 성공을 위해 중요하다고 생각되는 영역을 찾는다. 그것은 보통 시장상황, 생산성, 수익성, 사회적 책임 등이 된다. 이와 같이 주요 결과를 낳을 수 있는 영역은 다시 조직의 각 기능별 또는 각 단위별로 구체화된다.

그리고 이들 주요 분야들이 일단 명확히 열거되면, 각 영역에 대한 성과의 척도를 결정한다. 예컨대, 생산운영분야의 주요 성과는 어느 기간의 생산량에 의하여 측정되는 산출량이 될 수 있고, 또는 고정비와 변동비에 의하여 측정되는 생산원가도 될 수 있으며, 투자수익과 제품의 매출액에 의하여 측정되는 자원의 활용도 될 수 있다.

2) 실행계획의 개발

비록 계획이 계획수립과 그 밖의 주요 관리기능의 토대를 마련해 줄지라도, 그것은 목적의 방향을 제시하는 실행계획으로 전환되어야 한다. 먼저 실행계획을 개발하기 위하여 관리자는 요구되는 모든 활동을 규정하고, 이들을 단계별로 분할한다.

다음으로 관리자는 누가 활동에 대한 책임을 져야 하고, 어떤 자원이 필요하며, 어느 정도 기간이 요구되는가를 결정해야 한다. 그 과정은 모든 활동의 착수시기와 완료시기를 계획하고 설정할 수 있는 토대를 마련해 준다. 이러한 계획과정은 그것이 구체적인 목표를 달성하는 시기를 규정하게 되므로, '공격목표(targeting)'라고 흔히 일컫는다.

3) 정기적인 검토

경영계획 관리의 다음 단계는 정기적인 검토를 통하여 수행되는 활동을 점검하는 통제시스템을 설정하는 것이다. 그 목적은 관리자가 제시된 계획을 성취할 수 있는지의 여부와, 성취할 수 있다면 얼마나 효율적으로 달성할 수 있는지를 알아보는 것이다. 이 통제시스템은 표준에 대한 성과를 측정할 뿐만 아니라 조직구성원들에게 제시하여 계획에 대한 그들의 진척도를 알려주는 피드백(feedback)을 제공한다. 그리고 표준으로부터 크게 벗어난 편차는 평가와 수정을 위해 보고된다.

4) 성과의 평가

경영계획 관리의 마지막 과정은 수행된 업적을 매년 평가하는 것이다. 그러나 단편적인 프로젝트를 관리하는 경우에는 그 성과의 평가가 각 프로젝트의 완료시나 완료 전에 적절한 시간별로 시행될 수 있다. 연도별 평가는 결과(계획)에 초점을 맞추는데 기간별 평가와 유사하다. 중요한 차이는 연도별 평가가 경영계획 관리의 모든 면을 넓고 깊게 다루는 데 반하여, 기간별 평가는 대부분 상급자와 하급자 간에 개별적으로 시행된다. 그렇지만 연도별 검토는 모든 개별적인 공헌을 통합하여 조직을 복합체로 만든다.

3 경영계획 관리의 효과

비록 계획에 의한 관리가 현재 널리 이용되는 관리방법이기는 하지만, 그것의 효과는 때때로 의문시되고 있다. 그 이유는 흔히 잘못 실행을 하거나 또는 관리과정을 시스템으로 통합하지 않고, 어느 한 면에만 초점을 맞추는 기계적인 기법으로 적용하기 때문이다. 그러면 현실적인 시각에서 경영계획 관리의 장점과 단점을 분석해 보기로 한다.

1) 경영계획 관리의 장점

명확한 계획의 설정은 조직구성원들의 동기유발 측면에서 큰 이득을 가져온다는 사실이 많은 실험연구의 결과로 밝혀졌다. 그 밖에도 다음과 같은 장점들이 있다.

(1) 관리의 개선

결과지향적인 계획은 합리적으로 실행될 수 있다. 경영계획 관리는 관리자로 하여금 활동이나 과업을 단순히 계획하도록 하지 않고 결과를 위한 계획수립을 하도록 한다. 또한, 그것은 관리자로 하여금 그가 계획을 달성하는 방법과 그가 필요로 하는 인적·물적자원에 대해 생각하도록 한다.

(2) 명확히 분산된 조직

경영계획 관리는 관리자로 하여금 조직의 역할과 구조를 명확히 하도록 한다. 조직은 주요 결과를 가져오는 영역을 중심으로 구축되어야 한다. 경영계획 관리에 효과적으로 착수하는 기업들도 흔히 그들이 기대하는 결과에 따라서 권한을 위임해야 한다는 사실을 잊어버리는데, 경영계획 관리는 각 종업원들을 자신의 특정 과업에 대한 관리자로 만드는 것이다.

(3) 개인 참여와 책임이행

경영계획 관리는 조직구성원들로 하여금 각자 자기들의 목표 달성에 전념하도록 촉진시킨다. 그들은 더 이상 지시를 따르거나 명령과 결정을 기다리지 않고 명확히 규정된 목적을 가진 독자적인 의사결정자들이다. 그들은 그들의 계획을 설정하는 일에 참여하고, 계획수립에 자신의 생각을 개진할 수 있는 기회를 갖게 되며, 자유재량권을 알게 되고, 또한 목표를 달성할 수 있도록 상급자로부터 도움을 구할 수도 있다. 이것들이 곧 스스로 책임을 이행하는 데 기여하는 요소들이다.

(4) 효과적인 통제의 개발

경영계획 관리는 효과적인 통제를 개발하는 데도 도움을 준다. 원래 통제는 계획이 달성되었는지를 확인하기 위하여 결과를 측정하고, 계획으로부터 벗어난 편차를 수정하는 것이다. 즉, 통제기능에서 중요한 문제 가운데 하나는 지켜봐야 할 표적을 아는 것이다.

2) 경영계획 관리의 단점

경영계획 관리는 약간의 단점도 지니고 있다. 그런데 그 대부분이 경영계획 관리의 개념을 잘못 적용하는 데서 나타난다.

(1) 경영계획 관리의 철학을 납득시키지 못함

비록 경영계획 관리가 단순할지라도 그것을 실행하는 관리자들은 많은 것을 알고 있어야 한다. 그래서 그들은 부하직원들에게 그것이 무엇이며, 어떻게 작용하고, 왜 행해지며, 업적을 평가할 때 어떤 역할을 하는가? 그리고 함께 참여하면 어떻게 이득을 얻을 수 있는가?를 설명해야 한다.

(2) 계획설정자에게 지침을 주지 못함

다른 계획기능과 마찬가지로 계획을 설정할 사람이 필요한 지침을 제공받지 못하면, 경영계획 관리는 실행될 수 없다. 관리자는 기업의 계획이 무엇이며, 자신의 행위가 계획과 어떻게 조화를 이루는가를 알아야 한다. 기업의 계획이 애매하고, 비현실적이거나 또는 일관성이 없는 관리자에 맞추어 행동하기란 불가능하다. 그러므로 관리자는 계획의 전제조건과 기업의 주요 정책에 대해 알고 있어야 한다.

(3) 계획설정의 어려움

실행할 수 있는 적절한 계획을 설정하는 것이 쉽지가 않다. 그러므로 효과적으로 달성될 수 있는 계획은 ① 누가 봐도 명료해야 하고, ② 만만치 않으면서도 달성할 수 있어야 하며, ③ 기업 전체에 유용하다고 인정되는 것이라야 한다. 흔히 경영자들은 경제적 결과에 지나친 관심을 보임으로써 종업원으로 하여금 부도덕한 행동을 유발시킬 위험이 있는데, 경영자는 윤리적 행위를 강조하고 합리적인 계획설정에 동의해야 한다.

(4) 단기계획만을 강조

대부분의 경영계획 관리에서 경영자들은 1년 이상의 장기계획에는 관심을 두지 않고, 몇 개월(기껏해야 3~4개월) 이내의 단기계획에만 역점을 두고 있다. 이와 같이 장기계획을 희생시키고, 단기계획만을 강조할 위험이 있다. 물론 이것은 다른 단기계획처럼 현재의 계획이 장기계획에 기여하도록 설계되어야 한다는 사실로 정당화될 수도 있다.

(5) 탄력성의 결여

관리자들은 흔히 계획을 변경시키기를 주저한다. 비록 계획이 너무 자주 바뀌어서 잘 계획된 결과를 나타내지 못하면, 그것은 아무런 의미가 없다. 그렇다고 기업의 계획이 수정되고 계획과 방침이 변경됨으로 말미암아 시기에 적절하지 못한 계획을 관리자가 추구하기를 기대한다는 것은 더욱 어리석은 짓이다.

이 밖에도 계획을 실증할 수 있는 것으로 만들려는 열망 때문에 사람들은 지나치게 계량적인 계획을 강조하고 그것이 적합하지 못한 분야에서도 숫자를 사용하려는 경향이 있다. 문제는 계획의 설정보다는 관리의 묘에 더 많은 노력을 기울여야 할 것이다.

요약 •••

학습목표 1 기업경영계획의 중요성과 그 종류에 대해 설명할 수 있다.

◎ 기업경영계획은 비즈니스에서 어떠한 중요성을 가지는가?

기업은 수익 창출을 위한 계획뿐만 아니라, 이를 위한 원가 및 비용 요소의 통제 및 관리가 필요하다. 이를 위해서는 비즈니스를 시작할 때뿐만 아니라, 매년 혹은 매월 자원관리 등을 위한 기업경영계획이 필수적이다.

◎ 기업경영계획의 종류는 무엇인가?

기업경영계획의 종류는 그 구분 기준에 따라 다양하게 설정될 수 있다. 적용범위, 기간, 구체성 및 이용빈도 등에 따라 구분가능하다.

학습목표 2 기업경영계획을 수립하는 구체적인 방법론에 대해 이해한다.

◎ 기업경영계획을 수립하는 방법은 각각 무엇이며, 각각의 장단점은 무엇인가?

기업경영계획은 미래 예측에 대한 것이므로 현재 상황 및 예측의 대상에 따라 다양한 설정방법이 존재한다. 크게는 계량적 기법에 의한 경영계획 수립과 정성적 예측이 존재한다. 계량적 기법에 따른 경영계획 수립은 회귀모델 등 통계학적 접근법을 통해 구체적인 예상 결과를 도출해 내는 방식이다. 반면, 정성적 예측방법은 발생가능한 미래 사건에 대한 시나리오 및 일정계획 등을 설정하는 방법으로 계량적 접근으로 관리하기 어려운 사안에 보다 구체적인 계획설정이 가능하다.

학습목표 3 기업경영계획을 통한 비즈니스 관리의 필요성과 통제방법에 대해 설명할 수 있다.

◎ 수립된 경영계획은 어떻게 사후 관리되어야 하는가?

기업경영계획은 수립 후 사후적인 관리가 필연적으로 수반되어야 한다. 기업경영계획을 통해 주기적인 경영활동의 점검과 이를 통한 성과평가 및 피드백을 통한 조직의 동기부여가 가능하다. 계획은 지속적인 검토와 수정이 필요하며, 다음 기업경영계획 수립시 이에 대한 고려 및 반영이 필수적이다.

생각해 볼 문제

1 계획의 중요성을 시사하는 경영사례를 각자 찾아보시오.

2 계량적 계획수립의 장단점을 생각해 보고, 계량적 계획수립의 단점을 보완하기 위한 계획수립 기법을 설명하시오.

3 성과평가시 경영계획이 어떻게 사용가능한지 설명하고, 공정하고 합리적인 성과평가를 위해 경영계획 수립시 고려해야 할 점을 생각해 보시오.

4 자신의 학업계획을 간트 도표로 만들어 보시오.

5 자신이 관심을 가지고 있는 하나의 사업 모델을 정하여, 그 사업에 대한 사업계획서를 작성해 보시오.

CHAPTER

5

지휘(리더십)

애플사에 스티브 잡스가 돌아왔을 때

애플사는 전 세계에서 최초로 퍼스널 컴퓨터를 제작하고 상용화한 회사이다. 애플사는 그 당시까지 주류였던 중대형 컴퓨터시대를 개인용 컴퓨터의 시대로 변화시켰으며, 그 이후 마이크로소프트의 윈도우 운영체제 혁신, 인터넷 혁신의 기반을 제공하였다. 스티브 잡스는 이러한 애플사의 공동창업자로 CEO였다.

하지만 스티브 잡스는 애플 신화를 만들어낸 몇 년 후에 CEO 자리에서 쫓겨난다. 스티브 잡스는 그 편집증적 경향, 부하직원들에 대한 불공정한 대우, 자신의 이익을 챙기는 행태 등으로 인하여 많은 사람들의 신망을 잃었고, 따라서 자신이 만든 애플사에서 쫓겨나게 되었다.

스티브 잡스가 있었을 때부터 애플사는 하향곡선을 그리기 시작했다. 퍼스널 컴퓨터로 히트를 쳤지만, 그 이후 퍼스널 컴퓨터는 애플사의 맥이 아니라 마이크로소프트사의 윈도우를 위주로 개편된다. 소수 전문가를 위주로 하는 애플사는 점차 시장점유율이 감소되고 결국 회사의 위기가 닥쳐온다.

스티브 잡스는 이런 애플사의 위기상황에서 다시 CEO로 복귀한다. 스티브 잡스는 애플사에 복귀한 후 아이팟을 출시하여 일거에 애플사를 다시 세계적인 주목의 대상으로 만들어 놓았고, 이후 아이폰 등 기존의 개념을 바꾸는 새로운 제품들을 계속 출시하여 애플사를 부흥시켰다.

스티브 잡스는 퍼스널 컴퓨터 시대를 열고, 픽사 영화사를 통하여 애니메이션 분야에도 큰 기여를 했다. 그리고 애플사에 복귀하면서는 아이팟, 아이폰 등을 통하여 새로운 유행을 창출하였다. 이러한 공로로 스티브 잡스는 현 시대의 가장 유명한 CEO, 위대한 CEO로 추대되고 있다.

하지만 스티브 잡스가 원래 자기가 만든 애플사에서 쫓겨난 사례에서 볼 수 있듯이, 스티브 잡스가 부하들로부터 신망을 받는 리더는 아니었다. 성격이 좋은 것도 아니고 부하직원들을 돌보는 스타일도 아니다. 그 의사결정은 항상 독재적으로 민주적인 것도 아니었다. 개인적으로 볼 때 스티브 잡스는 좋은 사람, 좋은 상사라고 볼 수는 없다. 그러나 그럼에도 불구하고 어떻게 스티브 잡스는 세계적인 위대한 CEO라 불릴 수 있었을까. 좋은 리더가 되기 위해 필요한 자질은 무엇일까.

제 1 절 지휘의 의의와 중요성

1 지휘의 의의

지휘는 경영자가 조직목표를 달성하기 위하여 조직구성원들을 유도하고 이끄는 관리과정을 의미한다. 경영계획이 이루어지면 그 다음에 필요한 과정이 바로 계획을 현실화하는 리더의 지휘이다.

계획이 만들어졌다 하여 계획이 그대로 실행되는 것은 아니다. 조직원들이 그 계획대로 행동을 하고 결과를 이루어낼 때 계획은 계획으로서의 의미를 가진다. 하지만 조직원들이 계획대로 행동하고 결과를 이끌어내는 것은 자연적으로 이루어지는 것이 아니다. 경영자가 조직구성원들을 제대로 이끌 때 계획이 실행될 수 있다.

마찬가지로 회사 조직이 구성되었다 하여 조직이 바로 제 구실을 하는 것은 아니다. 회사에서는 각 구성원들에게 임무를 부여하지만, 임무를 부여한다고 해서 제대로 일을 하게 되는 것은 아니다. 리더의 지휘가 제대로 이루어져야 구성원들도 자기 임무에 따라 제대로 일을 할 수 있다. 즉 구성원들이 주어진 임무에 따라 얼마나 제대로 일하는가는 지휘의 영향을 받는다. 지휘는 조직구성원들을 어떻게 실제로 움직이게 하는가에 영향을 미치는 요소이다.

지휘에서 중요한 요소는 동기부여, 리더십, 의사소통 등이다. 여기서는 지휘에서 가장 중요한 동기부여와 리더십에 대해서 중점적으로 살펴본다.

2 지휘의 중요성

사실 모든 업무를 수행하는 가장 중요한 주체는 사람이다. 계획과 조직은 사람들이 행동하는 방향을 제시하고 구조화하는 것이며, 실제 성과는 그 계획과 조직 내에서 사람이 어떻게 움직이는가에 의해서 결정된다. 그리고 조직구성원이 어떻게 행동하는가는 지도자의 지휘에 영향을 받는다.

지도자의 지휘가 조직 전체에 얼마나 큰 영향을 미치는가는 역사적으로 많은 실례가 있다. 앞에서 사례로 살펴본 애플사의 경우에도, 더 이상 생존이 어려운 상태에 있던 애플사가 스티브 잡스의 CEO 복귀로 다시 세계적 기업으로 올라섰다. 임진왜란에서 연전연승을 거두던 조선 해군은 최고 사령관이 이순신에서 원균으로 바뀌면서 전멸을 한다. 그리고 이순신이 다시 복귀하면서 일본 해군에 대승을 거둔다. 이순신이 지휘한 조선 해군과 원균이 지휘한 조선 해군은 똑같은 해군이었다. 병사들은 같은 병사였고, 장수들도 같은 장수였다. 배도 같은 배였다. 달라진 것은 단지 지휘관뿐이었다. 그런데 이순신이 지휘한 해군은 연전연승이었고, 원균이 지휘한 해군은 거의 전멸을 했다. 이런 사례들은 지도자의 지휘가 조직의 다른 어떤 요소보다도 중요한 요인이라는 것을 말해준다. 같은 인적자원, 같은 도구, 같은 사업을 한다고 해도 리더가 누구냐에 따라 결과가 달라진다.

제2절 지휘의 주요 내용

1 동기부여

1) 동기부여의 의의

동기부여(motivation)는 어떤 사람이 어떤 행위를 수행하도록 이끄는 것, 행위를 유발시키도록 하는 것을 의미한다. 어떤 행위를 하고자 하는 의욕을 불러일으켜 업무를 보다 효율적으로 수행하도록 하는 과정이다.

동기부여에서는 어떻게 하면 구성원들이 보다 자발적으로, 열정적으로 일을 하게 하는가가 초점이 된다. 과거 노예제도하에서는 회초리와 채찍으로 노예들을 다루었다. 일을 하지 않으면 채찍질을 하는 등 벌칙을 줌으로써 일을 하게 하였다. 이러한 벌칙도 일종의 동기부여이다. 하지만 이런 식의 동기부여하에서 노예들은 억지로 일을 하는 것이며, 이렇게 억지로 일을 하는 상태에서는 업무의 효율성이 상당히 낮다. 구성원이 억지로 일을 하게 하는 것보다는 자발적으로 일을 하게 하는 것이 훨씬 더 효율성이 높다. 따라서 현대 경영에서의 동기부여 이론은 어떻게 하면 조직구성원들이 보다 자발적으로 일을 하게 하느냐가 주요한 초점이 된다.

2) 주요 동기부여 이론

(1) 매슬로우의 욕구단계 이론

동기부여 이론 중에서 가장 유명하고 대표적인 것은 매슬로우(Maslow)의 욕구단계 이론이다. 매슬로우는 모든 사람들이 지니고 있는 욕구로서 다음의 다섯 가지를 제시하였다.

① 생리적 욕구 : 인간의 가장 근원적인 욕구로서 의, 식, 주 등 인간의 육체적 삶을 유지하기 위해 필요한 욕구이다.

② 안전 욕구 : 육체적 안정과 정서적 안정을 추구하는 욕구이다. 생리적 욕구가 향후에도 계속 충족될 것이라는 보장을 요구하는 욕구이다.

③ 사회적 욕구 : 인간이 사회적으로 소속될 것을 요구하는 욕구이다. 인간은 사회적 존재이기 때문에 혼자서는 살 수 없다. 다른 사람에 대한 애정, 조직에의 소속감, 친구와의 우정 등에 대한 욕구이다.

④ 존중 욕구 : 다른 사람들로부터 존경을 받고자 하는 욕구이다. 자기가

[그림 5-1]
매슬로우의 욕구단계 이론

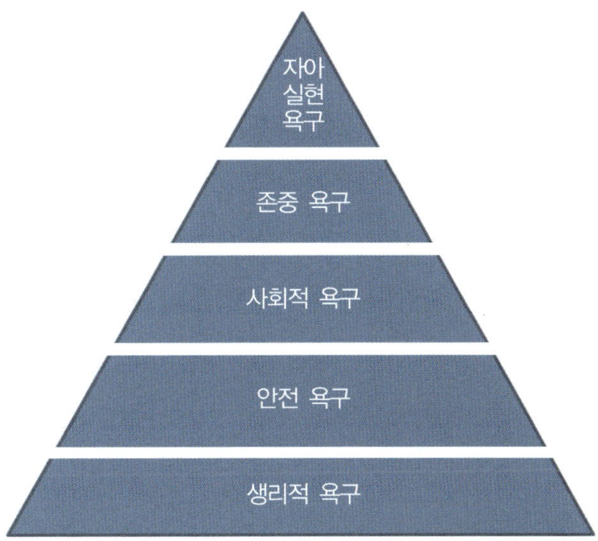

자료 : Debra L. Nelson & James C. Quick, *Organizational Behavior : Foundations, Realities, and Challenges*, 4th ed., Cincinnati, Ohio : South-Western, 2003.

다른 사람보다 좀 더 나은 사람, 높은 사람, 다른 사람들에게 영향을 미치는 존재가 되기를 원한다. 사회적 지위를 원하고, 다른 사람들의 인정이나 관심을 받기를 요구한다.

⑤ 자아실현 욕구 : 개인의 자아 성취를 요구하는 욕구이다. 가장 고차원적인 욕구로서 이 단계에서는 사회적 판단 기준에서 벗어나 자기 자신의 판단 기준에 의해서 자신의 행동을 평가한다. 다른 사람들이 나를 어떻게 생각하느냐는 중요하지 않고 자기 자신에게 집중한다. 자기 자신의 능력을 최고도로 발휘하고자 하는 욕구이다.

매슬로우의 욕구단계 이론의 가장 큰 특징은 각각의 욕구들이 단계를 지니고 있다는 점이다. 인간은 제일 처음에 생리적 욕구를 지닌다. 이 생리적 욕구가 모두 충족되면 안전 욕구를 지닌다. 그리고 이 안전 욕구가 충족되면 사회적 욕구를 지닌다. 즉 한 단계의 욕구가 충족되면 그 다음 단계의 욕구를 바라게 된다. 좀 더 위쪽으로 갈수록 개인의 욕구 수준은 높아진다. 인간은 한 단계 욕구가 충족되면 그 다음 단계로 발전을 한다. 인간은 점점 나아진다는 발전론을 기반으로 한다.

매슬로우의 욕구단계 이론에 의해서 동기부여를 한다면, 우선 그 사람이 현재 어떠한 욕구단계에 있는가를 파악해야 한다. 생리적 욕구가 부족한 사람들에게는 생리적 욕구를 충족시킬 수 있는 자원을 공급하면 보다 열심히 일하고자 하는 동기부여가 될 수 있다. 하지만 존중 욕구를 지니고 있는 사람에게 의식주를 공급하고자 하는 것은 동기부여가 될 수 없다. 존중 욕구를 지니고 있는 사람에게는 승진을 시켜주는 등 사회적 지위를 높여주는 것이 동기부여가 된다. 이런 식으로 각자의 욕구단계가 어떤 수준인지를 파악하고, 그에 맞추어 필요한 것을 주는 것이 동기부여의 방법이다.

매슬로우의 욕구단계 이론에는 다음과 같은 한계점이 있는 것으로 지적된다. 첫째, 매슬로우의 욕구단계 이론에 의하면 하나의 욕구가 충족되어야만 다음 욕구를 가진다고 보았는데, 실제 사람들 중에서는 두 가지 이상의 욕구를 동시에 지니고 있는 사람들이 존재한다. 또한 매슬로우의 욕구단계 이론에서는 하나의 욕구가 충족되면 자연적으로 그 다음 단계의 욕구를 지니게 된다고 하였지만, 많은 사람들은 하나의 욕구가 충족된다고 해서 그 다음 단계의 욕구를 자연적으로 지니게 되는 것은 아니었다.

이와 같이 매슬로우의 욕구단계 이론에는 한계점이 있지만, 최초로 정립된 동기부여 이론으로서 이 이후 개발된 많은 동기부여 이론의 기초를 제공하였다. 또한, 현재도 대중적으로 가장 널리 인용되는 동기부여 이론으로서 가치를 지니고 있다.

(2) 맥그리거의 X이론, Y이론

매슬로우의 욕구단계 이론과 더불어 가장 기본적인 동기부여 이론으로 맥그리거(McGregor)의 X, Y이론이 있다. 맥그리거는 인간 본성에 대한 두 가지 기본 가정을 통해서 X이론과 Y이론을 제안하였다.

기본적으로 X이론은 인간을 부정적으로 보고, Y이론은 인간을 긍정적으로 본다. X이론에서는 인간은 일하는 것을 싫어한다. 인간은 일하고자 하는 의욕이 없고 일하기를 싫어하며 책임을 지려고 하지 않는다. 그러면서 물질적 보상은 받고 싶어 한다. 이에 대하여 Y이론은 인간이 일을 좋아하고 스스로 책임을 지며 일하고자 하는 의욕이 있다고 본다. 물질적 보상보다는 정신적 보상을 더 추구한다.

X이론적인 인간에 대해 동기부여를 하기 위해서는 감시를 하고 통제를 해야 한다. 인간은 일을 싫어하기 때문에 감시, 통제를 하지 않으면 일을 하지 않는다. 옆에서 계속 일을 하도록 다그쳐야만 일을 한다. 그리고 일하는 것에 대한 대가로 물질적 보상을 해주어야 한다. 월급을 올려주거나 복지제도를 향상시키는 것이 동기부여가 될 수 있다.

하지만 Y이론적인 인간에게 동기부여를 하기 위해서는 감시와 통제는 좋은 방법이 될 수 없다. Y이론적 인간은 감시와 통제가 없어도 스스로 열심히 한다. 스스로 열심히 하는 사람에게 감시를 하는 것은 오히려 일하고자 하는 욕구를 떨어뜨릴 수 있다. Y이론에 해당하는 사람에게는 자율적으로 일을 할 수 있는 기반을 마련해 주는 것이 중요하다. 또한 Y이론적 인간에 대해서는 물질적 보상보다는 권한 확대 등이 보다 더 좋은 동기부여가 될 수 있다. 일을 보다 많이 맡기고, 책임을 부여하며, 업무의 자율성을 높여주는 것이 보다 열심히 일하게 할 수 있는 동기부여가 된다.

(3) 허즈버그의 2요인 이론

허즈버그(Herzberg)의 2요인 이론은 직무만족과 동기부여에 영향을 미치는 요인으로 동기요인(motivation factor)과 위생요인(hygiene factor) 두 가지를 구분한 것이다.

그동안은 직원들의 업무만족과 관련하여 불만족과 만족 두 가지로 구분하였다. 불만족한 경우에는 업무 생산성이 떨어지며, 만족한 경우에는 생산성이 높아진다. 따라서 직원의 불만족을 만족 상태로 바꾸어주면 조직의 생산성이 증가될 수 있다. 조직에서는 직원들이 불만족하는 요인들을 찾아서 만족할 수 있도록 변화시켜 주면 조직 생산성이 높아질 수 있다고 보았다.

이에 대하여 허즈버그는 불만족 요소들을 제거한다고 해서 만족도가 높아지는 것은 아니라는 것을 제시하였다. 그동안은 불만족의 반대는 만족이라고 보았지만, 허즈버그는 불만족의 반대는 불만족이 없는 것이며 만족은 아니라고 본다. 즉 불만족 요소를 제거하면 불만족이 없어지는 것이지, 만족도가 증가하는 것은 아니다. 마찬가지로 만족의 반대는 만족하지 않는 것이지 불만족이 아니다. 즉 허즈버그는 불만족 요인과 만족 요인은 서로 다르다고 본다. 조직 만족도를 높이기 위해서는 아무리 불만족 요인을 제거해도 소용없는 것이며, 만족 요인을 증가시켜야 한다. 허즈버그는 불만족에 영향을 미치는 요인을 위생요인, 만족에 영향을 미치는 요인을 동기요인으로 구분하였다.

[그림 5-2]
만족과 불만족의 상반된 견해

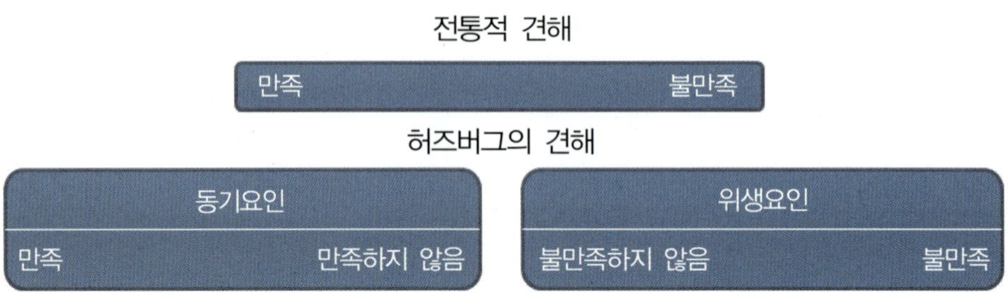

즉 허즈버그에 의하면 조직원들의 불만족을 제거하기 위해서는 위생요인들을 향상시켜야 한다. 하지만 위생요인들을 향상시킨다고 해서 조직 만족이 높아지지는 않는다. 조직 만족도를 높이기 위해서는 동기요인들을 향상시켜야 한다. 조직 내의 평화, 안정성을 높이기 위해서는 위생요인에 해당하는 불만족 요인들을 제거해야 한다. 하지만 조직의 생산성을 높이기 위해서는 동기요인에 해당하는 만족 요인들을 증가시켜야 한다.

위생요인, 즉 불만족 요인에는 임금, 복지제도, 지위, 감독, 작업환경 등이 있다. 그리고 동기요인, 즉 만족 요인에는 성취, 책임, 사회적 인정, 업무 자체의 성질 등이 있다. 위생요인은 주로 외부환경적 요소들이며, 동기요인은 개인 내부적인 요소들이라고 할 수 있다.

〈표 5-1〉 위생요인과 동기요인

동기요인		위생요인
• 성취 • 인정 • 일 자체 • 책임감 • 승진 • 성장		• 감독 • 회사 정책 • 감독자와의 관계 • 작업조건 • 임금 • 동료관계 • 개인생활 • 부하관계 • 지위 • 직장 안정
매우 만족	중립	매우 불만족

허즈버그의 2요인 이론은 한때 유행을 탔지만, 현재는 허즈버그의 2요인 이론은 맞지 않는 것으로 판단되고 있다. 허즈버그의 2요인 이론에서는 임금을 더 주는 것이 효율성 향상과는 상관없다고 하지만, 실제로는 효율성 향상에 영향을 미친다. 위생요인들도 생산성 증가에 영향을 미치는 것으로 조사되고 있어 허즈버그의 2요인 이론은 현실적으로 타당성이 낮다고 본다.

(4) 앨더퍼의 ERG 이론

앨더퍼(Alderper)의 ERG 이론은 매슬로우의 5단계 욕구 이론을 보다 현실성이 있도록 수정하여 제시한 이론이다. 매슬로우는 생리적 욕구, 안전 욕구, 사회적 욕구, 존중 욕구, 자아실현 욕구 등 5개 욕구를 논의하였다. 앨더퍼는 이 매슬로우의 다섯 가지 욕구를 존재 욕구, 관계 욕구, 성장 욕구의 세 가지로 간략화하였다. 존재 욕구(Existence need), 관계 욕구(Relatedness need), 성장 욕구(Growth need) 세 가지 욕구의 앞글자를 따서 ERG 욕구 이론이라 한다.

존재 욕구는 매슬로우의 생리적 욕구와 안전 욕구의 일부를 합한 것이다. 매슬로우의 안전 욕구는 육체적 안정과 정서적 안정의 두 가지 측면으로 구분되는데, 존재 욕구에는 이 두 가지 중 육체적 안정이 포함된다. 즉 앨더퍼의 존재 욕구는 매슬로우의 생리적 욕구와 안전 욕구 중 육체적 안정을 합한 욕구이다.

관계 욕구는 매슬로우의 욕구 중 사회적 욕구, 그리고 안전 욕구의 일부, 존중 욕구의 일부를 합한 것이다. 안전 욕구 중에서는 존재 욕구에서 제외된 정서적 안정 부문이 포함된다. 그리고 매슬로우의 존중 욕구에는 스스로 자존심을 가지고자 하는 내적인 존중 욕구와 다른 사람들의 인정을 받는 외적인 존중 욕구가 있는데, 이 중 외적인 존중 욕구가 앨더퍼의 관계 욕구에 포함된다.

성장 욕구는 매슬로우의 욕구 중 자아실현 욕구와 존중 욕구 중 일부에 해당한다. 존중 욕구 중 관계 욕구에 포함되지 않은 내적인 존중 욕구가 앨더퍼의 성장 욕구에 포함된다.

이와 같은 앨더퍼의 ERG 욕구와 매슬로우의 5단계 욕구를 비교하면 [그림 5-3]과 같다.

[그림 5-3]
매슬로우의 욕구단계 이론과 앨더퍼의 ERG 이론의 관계

욕구단계 이론	ERG 이론
자아실현 욕구	성장 욕구
존중 욕구	
사회적 욕구	관계 욕구
안전 욕구	
생리적 욕구	존재 욕구

자료 : Courtland L. Bovee et al., op. cit., p.446.

앨더퍼의 ERG 이론은 기본적으로 매슬로우의 5단계 이론에서 파생된 것이지만, 주요 차이점은 다음과 같다. 첫째, 매슬로우는 한 단계의 욕구가 충족되면 자연적으로 그 다음 단계의 욕구가 발생한다고 보았다. 하지만 앨더퍼는 하나의 욕구가 충족된다고 해서 당연히 그 다음 욕구가 생기는 것은 아니라고 본다. 욕구 발전이 없이 계속 그 단계에서의 욕구를 더 충족시키려고 노력하는 경우도 가능하다. 또한 욕구가 충족되지 못하면 오히려 욕구단계가 하락할 수도 있다. 매슬로우는 욕구 충족이 이루어지면 계단식으로 계속 상승하는 경향이 있다고 보았지만, 앨더퍼는 반드시 욕구상승이 이루어지는 것은 아니며, 욕구의 정체, 욕구의 퇴보도 가능하다고 본 것이 가장 큰 차이점 중 하나이다.

둘째, 매슬로우는 하나의 욕구가 충족되어야만 그 다음 단계의 욕구가 발생한다고 보았다. 즉 매슬로우에 의하면 한 단계에서 사람이 추구하는 욕구는

일원적이다. 하지만 앨더퍼는 사람이 동시에 여러 단계의 욕구를 가질 수 있다고 보았다. 하나의 욕구가 충족되지 않은 수준에서도 다른 욕구를 지닐 수 있다.

(5) 브룸의 기대이론

브룸(Vroom)의 기대이론은 동기부여의 과정에 대해서 설명하는 가장 대표적인 이론이다. 앞에서 본 매슬로우 이론, 앨더퍼 이론 등은 동기부여를 시킬 수 있는 요소가 무엇인가에 대한 내용을 살펴보는 것으로 동기부여의 내용이론에 속한다. 이에 대하여 브룸의 기대이론은 동기부여가 어떠한 과정을 거쳐 이루어지는가를 살펴보고자 하는 것으로 동기부여의 과정이론이라 한다.

브룸의 기대이론(expectancy theory)은 동기부여는 어떤 결과에 대한 기대와 그 결과에 대해서 개인이 지니는 유인에 의해서 이루어진다는 이론이다. 노력을 하면 바라는 보상을 획득할 수 있는 믿음의 정도에 의해서 동기부여가 이루어진다고 본다.

브룸은 다음과 같은 기대이론 공식을 주장하였다.

동기부여의 강도=기대×수단성×보상의 가치

- 기대 : 노력을 하면 원하는 결과가 달성될 수 있다는 계산된 확률
- 수단성 : 원하는 결과가 달성되었을 때 보상을 받을 수 있는 확률
- 보상의 가치 : 결과가 달성되었을 때 받을 수 있는 보상의 가치

기대는 노력을 하면 원하는 결과가 달성될 수 있는 계산된 확률이다. 즉 개인은 자신이 노력을 하면 결과를 얻을 수 있을 때 노력을 하게 된다. 노력을 하더라도 달성이 어렵다고 판단될 때는 노력을 하지 않는다. 이 판단은 주관적이다. 같은 일에 대해서도 어떤 사람은 노력을 하면 된다고 생각하고, 어떤 사람은 이 일은 해도 안 된다고 생각한다. 노력하면 된다고 생각하는 사람의 계산된 확률은 높고, 노력해도 안 된다고 생각하는 사람의 계산된 확률은 낮다. '나는 복권이 당첨될 수 있다'고 생각하는 사람은 복권을 사고, '내가 어떻게 복권에 당첨되겠어'라고 생각하는 사람은 복권을 사지 않는다. '열심히 공부하면 토익 900점을 받을 수 있다'라고 생각하는 사람은 영어 공부를 열심히 하고, '내가 토익 900점을 받을 리가 없지'라고 생각하는 사람은 열심히 하지 않는다. 이와 같이 결과를 달성할 수 있는지에 대한 개개인의 생각에 따라 동

기부여가 달라진다.

수단성은 원하는 결과를 달성하였을 때 그 보상으로 무엇을 얻을 수 있느냐의 문제이다. '나는 복권에 당첨될 수 있다'라고 생각하더라도, 막상 복권에 당첨되면 사탕 하나를 준다고 하면 복권을 사지 않는다. 복권에 당첨되었을 때 몇억원의 상금을 준다고 하면 복권을 산다. 토익 900점을 받았을 때 취직이 잘 된다고 하면 영어 공부를 열심히 할 수 있다. 그런데 토익 900점을 받아도 아무런 이득이 없다면 일부러 열심히 영어 공부를 할 필요는 없다. 열심히 하면 토익 900점을 받을 수 있다고 생각하지만 안 한다. 그 수단성이 낮기 때문이다. 무언가 가치 있는 것이 제공되어야 하고자 하는 동기부여가 된다.

보상의 가치는 결과가 달성되었을 때 주어지는 보상에 대해 내가 어떻게 가치를 부여하느냐이다. 토익 900점을 받으면 취직을 시켜준다고 하자. 이것이 수단성이다. 여기서 문제는 내가 과연 취직을 원하느냐이다. 내가 취직을 원한다면 취직을 쉽게 할 수 있다는 토익 900점을 받기 위해서 열심히 노력한다. 그런데 내가 취직을 원하지 않는다면? 유학을 가려고 하거나, 집에서 하는 가업을 물려받기를 원한다면 아무리 취직을 시켜준다고 해도 영어 공부를 할 이유는 없다. 복권에 당첨되면 1억원을 준다고 해도, 내가 돈이 필요하지 않고 원하지 않는다고 하면 복권을 사지 않는다. 즉 여기서 보상의 가치는 나 자신의 주관적인 가치이다. 내가 그 보상을 어떻게 생각하느냐에 따라 동기부여가 달라진다.

동기부여는 기대, 수단성, 보상의 가치 세 가지의 곱으로 이루어진다. 브룸 이론에서 중요한 것은 동기부여가 이 세 가지 요인의 합으로 이루어지는 것이 아니라, 곱으로 이루어진다는 점이다. 곱에서는 이 중 하나의 가치가 0이 되면 전체 값이 0이 된다. 아무리 보상의 가치가 크고, 수단성이 높다 하더라도 스스로 생각해서 자신이 할 수 없는 일이라고 생각하면 시도하지 않는다. 자신이 할 수 있고 분명히 그에 대한 보상이 주어진다고 하더라도, 그 보상이 자신이 원하는 것이 아니라면 시도를 하지 않는다.

브룸 이론에서는 결국 개인이 생각하는 인지가 문제가 된다. 사실 관계가 어떠하든 개인 자신이 그에 대해 가지는 인식에 의해서 동기부여가 이루어진다. 내가 가능하다고 생각하느냐 여부, 아무리 객관적으로 불가능하다 하더라도, 본인이 가능하다고 생각하면 노력을 한다.

2 리더십

1) 리더십의 의의

리더십(leadership)은 조직의 리더가 조직구성원에게 조직의 목표를 달성하도록 영향력을 행사하는 과정이다. 조직의 리더가 조직구성원들을 대상으로 영향력을 발휘하여 조직의 목표를 달성하도록 하는 상호작용을 의미한다.

리더보다 리더십이 중요하게 논의되는 이유는, 같은 리더라도 리더십은 차이가 있기 때문이다. 리더는 사람이고, 리더십은 리더가 어떻게 행동하느냐이다. 사람 자체가 중요하다기보다는 그 사람이 어떻게 행위하느냐가 조직에서 더 중요하다. 따라서 경영에서 중요한 것은 리더가 누구이냐보다는 리더가 어떠한 리더십을 발휘하느냐이다. 리더가 오직 한 가지 리더십만 발휘할 수 있다면 리더와 리더십은 똑같이 중요한 의미를 가진다. 하지만 리더가 여러 리더십을 발휘한다면, 중요한 것은 리더 자체가 아니라 리더의 일정한 행동양식인 리더십이다. 리더는 자신의 리더십을 변화시킴으로써 여러 가지 방향으로 조직에 영향을 미치고 조직을 변화시킬 수 있다. 리더는 여러 가지 리더십 중에서 자신에게 적합한 리더십, 조직에 필요한 리더십을 선택해서 이용할 수 있다.

2) 주요 리더십 이론

(1) 특성이론

리더십 이론은 특성이론으로부터 발달하였다. 특성이론은 1920년대와 1930년대에 가장 대표적인 리더십 이론이었다. 리더십에서의 특성이론(trait theory of leadership)은 리더와 리더가 아닌 사람을 구별할 수 있는 리더의 독특한 특성 및 속성이 있다는 것을 전제하고, 이 리더의 독특한 자질이 무엇인가를 탐색하고자 하는 이론이다. 특성이론에 의하면 어떤 고유한 자질을 가진 사람이 리더가 된다.

특성이론에서 연구자들은 유명한 리더들을 비교연구하면서 이 리더들이 공통적으로 보유하고 있는 속성이 무엇인지를 파악하고자 하였다. 이런 연구에 의해서 리더가 되기 위해 필요한 개인의 특성으로 논의된 것으로는 지능,

성취욕구 등과 같은 정신적 능력, 연령, 외모, 신장 등과 같은 신체적 특성, 교육, 사회적 지위와 같은 사회적 배경, 자신감, 창의성, 독립성과 같은 개인 성격 등이 있다.

특성이론의 문제점은 이런 자질을 지니고 있는 사람 모두가 다 리더가 되지는 않는다는 점이다. 지능이 리더가 되기 위한 중요한 조건으로 볼 수 있지만, 지능이 좋은 사람이 모두 리더가 되지는 않는다. 실제 현재 세계에서 IQ가 가장 높은 사람으로 기네스북에 올라 있는 사람은 리더로 활약하는 것이 아니라 미국 농촌에서 목장을 하고 있다.

또한 리더들이 모두 공통된 특성을 보유하고 있는 것도 아니다. 리더는 보통 활달하고 외부 활동도 많이 하는 사람으로 알고 있지만, 넥슨의 김정주 같은 CEO는 외부 활동을 거의 하지 않는 은둔형 리더이다. 리더 중에는 내성적인 성격으로 다른 사람들을 만나는 것 자체를 좋아하지 않는 사람들도 많다. 어떤 성격을 가진 사람이 리더가 된다고 말하기 힘들다.

결국 현재에는 특성이론이 성공적인 리더를 예측하는 데 한계가 있다고 본다. 리더가 되기 위한 특별한 자질이나 특성은 존재하지 않았다. 이런 자질, 능력을 가진 사람이 리더가 된다고 말할 수 있는 자질, 능력은 발견되지 않았다. 그래서 이후 리더의 개인적 자질이 아니라 리더의 행동양식에 초점을 맞추어 리더를 파악하고자 하는 경향이 나타났는데, 이를 리더십의 행동이론이라 한다.

(2) 행동이론

리더십 행동이론은 리더십 특성이론에 이어 리더의 행동양식을 탐구하고자 하는 이론이다. 1940년대부터 1960년대까지 주로 논의된 리더십 연구 경향이다.

리더십 행동이론은 어떤 특정한 행동양식이 보다 나은 리더로 이끌 수 있다는 것을 전제로 하고, 생산성을 높일 수 있는 리더의 행동양식이 무엇인가를 논의한다. 특성이론과의 차이점은, 특성이론에서는 사람의 고유의 성격 등을 중시했다면 행동이론에서는 고유의 성격과 상관없이 어떻게 행동하느냐를 중시한다. 특성이론에서는 용감한 성격을 중시했다면, 행동이론에서는 마음속으로는 굉장히 겁이 나고 두렵지만, 겉으로는 용감하게 행동하는 것을 중시하는 것이다. 마음속의 진실은 어떻든, 어떻게 외부적으로 행동하느냐가 리더에게 중요하다고 보았다. 자질론가의 리더십 행동이론으로 대표적인 연구로는 다음의 네 가지 이론이 있다.

① 아이오와 대학의 리더십 연구

아이오와 대학의 리더십 연구는 1930년대에 이루어진 것으로서, 10대 보이스카우트를 대상으로 한 리더십 실험 연구이다. 실험에서 10대 소년들을 3개 그룹으로 나누어 각 그룹마다 서로 다른 리더를 배치하였다. 이 리더들은 각각 민주적, 전제적, 자유방임적으로 학생들을 지도하였다. 민주적(democratic) 리더는 의사결정을 할 때 각 개인들을 참여시키고, 권한을 위양하고, 작업방법이나 목표를 설정할 때 모두의 의견을 수렴하여 결정하였다. 전제적(autocratic) 리더는 리더가 모든 권한을 독점하고 지시 통제의 방법으로 행동하였다. 일방적으로 의사결정을 하고 결정과정에 개인들의 참여를 제한하였다. 그리고 자유방임적(laissez-faire) 리더는 리더 본인은 아무 결정을 하지 않고 구성원들이 모든 결정을 알아서 하도록 하였다. 리더의 권한을 완전히 위임하고 구성원들이 알아서 모든 일을 하도록 하였다.

이 실험 결과 가장 성과가 좋았던 것은 전제적 리더십이었고, 그 다음은 민주적 리더십, 제일 성과가 좋지 않았던 것은 자유방임적 리더십이었다. 이 연구 이후 이와 유사한 많은 실험 연구가 이루어졌는데, 그 결과는 각각 다르게 도출되었다. 일반적으로 자유방임적 리더십이 가장 낮은 성과를 달성하였으나, 민주적 리더십과 전제적 리더십은 실험 환경에 따라 결과가 다르게 나왔다. 어떤 경우에는 민주적 리더십이 가장 높은 성과를 달성하였으나, 다른 경우에는 전제적 리더십이 보다 높은 성과를 달성하였다.

민주적 리더십과 전제적 리더십 사이에서 성과 측면 우열은 파악하기 어려웠으나, 조직구성원들의 만족도 측면에서는 항상 민주적 리더십에서 만족도가 더 높게 나왔다. 현재는 전제적 리더십과 민주적 리더십 간의 생산성 효과가 동일하다면, 조직 내부 만족도와 조직 운영 측면에서 민주적 리더십이 보다 더 바람직한 것으로 판단한다.

② 오하이오 주립대학의 리더십 연구

오하이오 주립대학의 리더십 연구는 1945년에 이루어진 것으로서, 연구자들은 약 1,000명 정도의 리더들을 분석하여 모든 리더의 행동을 구조 주도(initiating structure)와 인간 배려(consideration)의 두 가지 특성으로 구분하였다.

구조 주도는 리더가 조직의 목표를 달성하기 위하여 각 구성원의 역할을 결정하고 업무를 할당, 업무관계를 조직화하는 정도를 의미한다. 즉 리더가 업무 그 자체에 관심을 두는 정도이다. 이에 대하여 인간 배려는 리더가 조직구성원의 인간적 측면을 중시하는 경우이다. 조직원의 개인적 감정이나 복리후생에 관심을 가지고, 상호신뢰 관계를 구축하고자 노력한다. 즉 인간 배려는 업무 그 자체보다 구성원간의 인간관계에 초점을 맞춘다.

이러한 두 가지 리더의 특성에 의하여 [그림 5-4]의 2×2 매트릭스가 만들어진다.

[그림 5-4]
리더십의 네 가지 유형

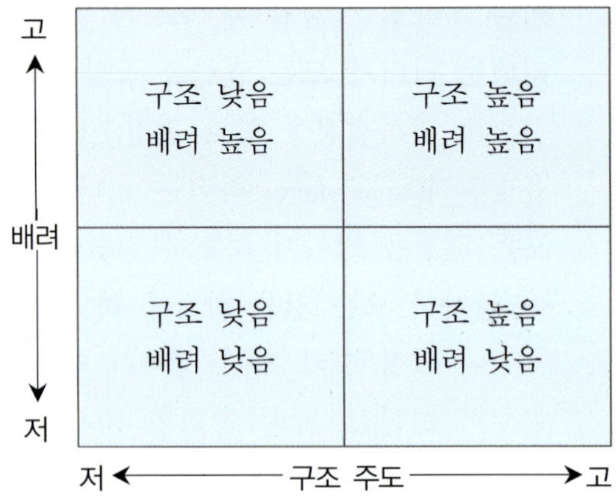

위 네 가지 리더십 유형에 대한 실증연구 결과 일반적으로 구조 주도가 높고 인간 배려도 높은 리더십일 때 가장 효과적인 것으로 나타났다. 하지만 항상 고 구조 주도-고 인간 배려가 높은 성과를 달성한 것은 아니다. 행동이론이 반드시 옳다고 할 정도의 실증 증거는 제시되지 못하였다.

③ 미시간 대학의 리더십 연구

미시간 대학의 리더십 연구는 1947년에 이루어진 것으로서, 성과가 높게 나타나는 리더가 사용하는 리더십 유형이 무엇인가를 파악하고자 하였다. 미시간 대학 연구팀은 리더십 유형을 종업원 중심적 리더십(employee-centered leadership)과 직무중심적 리더십(job-centered leadership)으로 구분하였다. 종업원 중심적 리더십은 리더와 종업원 간, 종업원들간 인간 상호 관계에 초점을 두는 리더십이다. 이에 대하여 직무중심적 리더십은 업무 과정과 결과에 초점을 둔다. 직무중심적 리더십에서 종업원들은 업무목적을 달성하기 위한 수단으로서의 성격을 지닌다.

미시간 대학 연구진들은 종업원 중심적 리더십의 경우에 보다 더 높은 성과가 달성된다고 보았다.

④ 경영격자 이론

경영격자 이론(managerial grid theory)은 오하이오 대학 연구와 미시간 대학 연구의 2차원 개념을 보다 발전시킨 이론이다. 경영격자 이론에서는 리더가 추구하는 주된 방향을 생산에 대한 관심(concern for production)과 인간에 대한 관심(concern for people) 두 가지로 구분하였다. 그리고 이 각각의 차원을 그 정도에 따라 9등급으로 평가하였다. 이러한 구분에 따라 [그림 5-5]와 같은 경영격자가 도출된다.

[그림 5-5]
경영격자

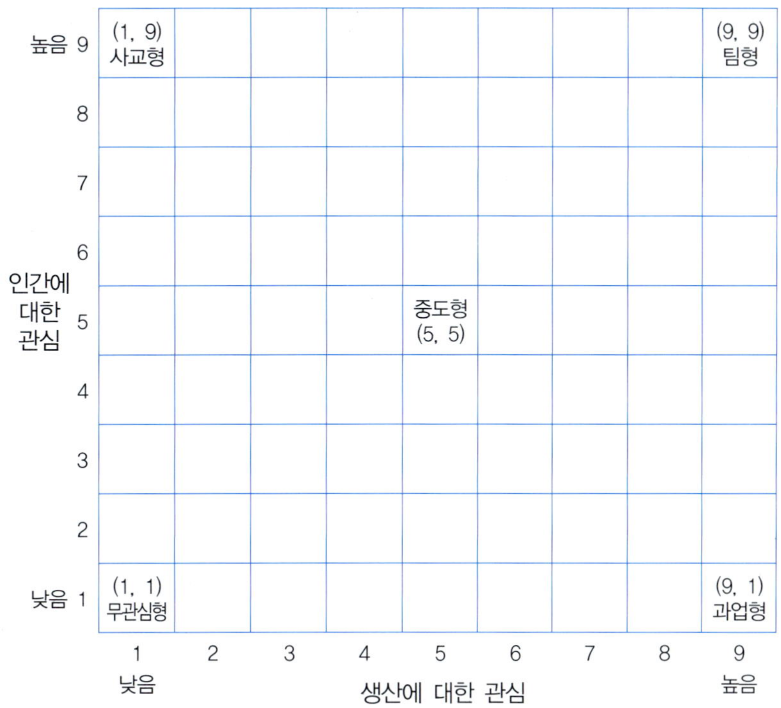

자료 : R. R. Blake, J. S. Mouton, L. B. Barnes, and L. E. Greiner, "Breakthrough in Organization Development," *Harvard Business Review*, November-December 1964.

경영격자에 의하면 모두 81개의 리더 행위 유형이 도출된다. 그리고 이 중 가장 대표적인 유형으로는 무관심형(1, 1), 과업중심형(9, 1), 사교중심형(1, 9), 팀형(9, 9), 중도형(5, 5)의 다섯 가지가 있다. 일반적으로 이 다섯 가지 유형 중에서 팀형이 가장 높은 성과를 달성한다고 본다.

위와 같이 대표적인 리더십 행동이론들이 소개되었지만, 각 행동이론에서 유효하다고 주장된 리더십 유형이 모든 경우에 항상 성과가 높게 나타나지는 않았다. 결국 '이러한 행동을 하면 리더가 될 수 있다', '리더들은 이런 행동을 한다'라는 것은 발견되지 못했다. 실제 리더십의 효과는 각 조직 및 사회적 환경에 따라 달라졌다. 따라서 높은 성과를 달성할 수 있는 특정 리더십 행동이 존재하는 것은 아니고, 환경에 따라 적합한 리더십이 달라진다는 상황이론이 대두된다.

(3) 상황이론

리더십 특성이론과 행동이론은 어떤 경우라도 효과적인 리더십 자질이나 리더십 행동방식을 찾고자 한 것이었다. 하지만 오랜 연구 결과 모든 경우에 성과를 낼 수 있는 리더십 자질이나 리더십 행동유형은 발견되지 않았다. 모든 리더십 자질, 행동은 특정한 환경에서는 성과가 있었지만 환경이 달라질 때는 다른 성과가 나타났다. 즉 각각의 상황에 따라 리더십의 효과가 달라지는데, 이와 같이 일정 상황과 리더십을 서로 연결시키고자 하는 것이 상황이론이다.

① 피들러의 상황모형

피들러(Fiedler)의 상황모형(contingency model)은 리더십의 효과가 리더십의 스타일, 그리고 리더의 상황 사이의 관계에 의해서 결정된다고 보았다. 즉 리더십 효과를 결정하는 주요한 변수는 리더십 스타일과 상황 변수 두 가지이다.

먼저 리더십 스타일은 리더가 과업중심인가 아니면 인간관계 중심인가로 구분한다. 피들러는 리더십 스타일을 측정하기 위해 최소선호동료(LPC : the least preferred coworker) 질문지를 고안하였다. 이 질문지는 총 20개의 형용사 질문으로 구성되는데, 각 쌍마다 1에서 8까지 척도로 평가하도록 되어 있다. LPC 척도 질문지는 [그림 5-6]과 같다.

이러한 LPC 평가에 의해서 LPC 점수가 높은 리더는 관계지향적 리더, LPC 점수가 낮은 리더는 과업지향적 리더로 구분된다.

상황모형의 두 번째 변수인 상황 변수에는 다음과 같은 세 가지 세부적인 상황 요소가 존재한다.

ⓐ 리더-구성원 간의 관계 : 구성원들이 리더에 대해 지니고 있는 신뢰, 존경의 정도. 이 정도가 높을수록 리더에게 유리하다.

[그림 5-6]
LPC 척도 질문지

	1	2	3	4	5	6	7	8	
유쾌한									불쾌한
우호적인									비우호적인
거부적인									수용적인
도움을 주는									좌절적인
비열정적인									열정적인
긴장된									완화된
소원한									절친한

자료 : F. E. Fiedler, *Improving Leadership Effectiveness*, New York : John Wiley & Sons, 1976, p.41.

ⓑ 과업구조 : 업무가 공식화된 정도. 공식화의 정도가 높을수록 리더에게 유리하다.

ⓒ 직위권력 : 리더가 지닌 영향력의 정도. 리더가 구성원들을 실제 처벌, 보상할 수 있는 권한을 지니고 있는가에 대한 것으로, 이 영향력이 높을수록 리더에게 유리하다.

이 세 가지 세부 변수에 의해서 [그림 5-7]과 같은 총 8개의 상황이 설정된다.

[그림 5-7]
8개의 상황

매우 유리 ⟷ 매우 불리

	Ⅰ	Ⅱ	Ⅲ	Ⅳ	Ⅴ	Ⅵ	Ⅶ	Ⅷ
리더와 구성원의 관계	좋음	좋음	좋음	좋음	나쁨	나쁨	나쁨	나쁨
과업구조	높음	높음	낮음	낮음	높음	높음	낮음	낮음
직위권력	강함	약함	강함	약함	강함	약함	강함	약함

자료 : Fred E. Fiedler & Martin M. Chemers, *Leadership and Effective Management*, Glenview, I11 : Scott, Foresman, and Company, 1974, p.70.

최종적으로 2개의 리더십 스타일과 8개의 상황을 서로 결합하면 [그림 5-8]과 같은 피들러의 상황모형이 만들어진다.

[그림 5-8]
피들러의 상황모형

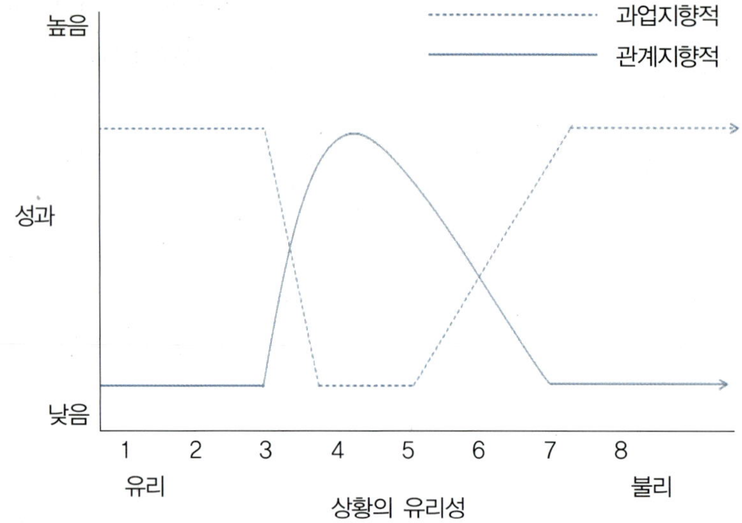

자료 : David J. Cherrington, *Organizational Behavior : The Management of Individual and Organizational Performance*, 2nd ed., Boston : Allyn and Bacon, 1994, p.641.

피들러의 상황모형에 의하면 과업지향적 리더십은 매우 유리한 상황과 매우 불리한 상황에서 높은 성과를 낼 수 있다. 그리고 일반적인 상황에서는 관계지향적 리더십이 높은 성과를 달성한다. 즉 각각의 상황, 조직의 환경에 따라 어떤 리더십이 더 좋은가가 달라진다.

② 경로 - 목표 모형

경로-목표 모형은 리더의 역할은 구성원들이 자신의 목표를 성취할 수 있도록 지원하는 것으로 본다. 리더는 구성원들의 목표 설정을 지원하고 이 목표가 조직의 목표와 조화될 수 있도록 한다. 그리고 구성원들이 어떻게 하면 목표를 달성할 수 있는가 하는 경로를 명확히 제시하여 구성원들의 목표 달성을 용이하게 한다.

경로-목표 모형에서는 리더의 유형을 다음의 네 가지로 구분한다.

ⓐ 지시적 리더 : 구성원들의 과업과 과업목표 달성을 강조한다.
ⓑ 지원적 리더 : 구성원에 대한 인간관계를 강조한다.
ⓒ 참여적 리더 : 의사결정과정에 구성원들의 의견을 받아들이는 것을 강조한다.
ⓓ 성취중심적 리더 : 도전적인 목표를 설정하고 구성원들이 최대로 능

력을 발휘할 것을 요구한다.

리더는 항상 동일한 리더십을 발휘하는 것이 아니라 상황에 따라 위 네 가지 리더십을 동시에 발휘할 수 있어야 한다.

경로-목표 모형에서는 이러한 리더십 요인 외에 상황 변수로 구성원의 특성과 환경요인을 고려한다. 구성원의 특성으로는 통제의 위치, 능력, 경험 등이 있으며, 환경요인으로는 과업구조, 공식적 권한체계, 작업집단이 있다. 구성원의 특성, 환경요인의 특성에 따라 리더십은 다른 영향을 미친다.

경로-목표 모형에서 도출될 수 있는 주요한 함의로는 다음과 같은 것들이 있다.

- 업무가 모호하거나 복잡할 때는 지시적 리더십이 보다 생산성이 높다.
- 업무가 구조화되어 정형적으로 업무가 이루어질 때는 지원적 리더십이 보다 적정하다.
- 구성원들의 능력이 높고 경험이 많을 때는 지시적 리더십이 부적정하다.
- 각각의 구성원의 권한이 명확히 구분되는 경우에는 지원적 리더십이 더 적정하다.
- 집단 내에 갈등이 많을 때는 지원적 리더십보다 지시적 리더십이 더 유

[그림 5-9]
경로-목표 모형의 주요 변수

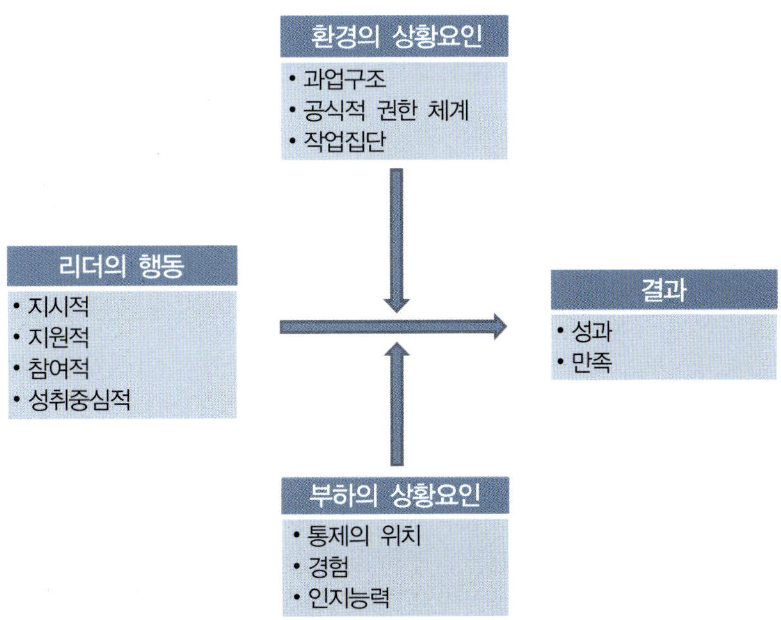

효할 수 있다.
- 과제의 성격이 모호한 경우에는 성취중심적인 리더십을 발휘하는 경우에 성과가 더 높아질 수 있다.

제3절 지휘의 최근 주요 이슈

1 동기부여의 현대 이론

동기부여에서 최근 주요한 이슈가 되는 것으로는 동기부여와 문화에 대한 논의가 있다. 위에서 살펴본 동기부여 이론들은 대부분 미국에서 개발된 것이다. 그런데 미국에서 개발된 동기부여 이론들이 미국 내에서 활용될 때에는 어느 정도 효과가 있었는데, 미국 외의 다른 국가에서 적용될 때에는 효과가 없거나 오히려 부정적인 효과를 보이는 경우가 많이 발생하였다.

미국의 경우 높은 성과를 달성하였을 때 보다 높은 보수를 지급하는 성과급 제도는 좋은 동기부여 수단으로 인정된다. 하지만 일본에서는 성과급을 지급하는 동기부여 제도가 많은 부작용을 일으켰다. 일본에서만이 아니라 아시아 등의 국가에서는 성과급이 조직 내에서 혼란을 일으키는 주요 요인이 되는 경우가 많았다.

미국에서 높은 성과 달성에 기여한 성과급 제도가 아시아 국가들에서는 문제를 많이 일으키는 이유는 문화적인 요소가 거론된다. 미국에서는 초등학생 때부터 평가가 일상적으로 이루어지고, 공정한 평가 시스템이 문화적으로 받아들여지고 있다. 하지만 일본의 경우 개인들을 평가한다는 것이 새로운 개념이었으며 문화적으로 받아들이기 어려웠다. 또한 집단주의 경향이 있는 경우에는 한 사람이 유별나게 앞서나가는 것은 조직 전체의 안정을 위하여 좋은 일만은 아니다. 일본은 앞서가는 사람이 뒤처지는 사람을 이끌어주고 보조를 맞추어주는 문화이다. 앞서가는 사람이 더 앞서갈 수 있도록 인센티브를 주는 것은 일본의 문화에 잘 맞지 않았다.

마찬가지로 집단주의 성향이 강한 아시아 문화에서는 성과급 제도가 많은 반발을 일으켰다. 그리고 성과급 제도는 금전적 보상을 위주로 한다. 하지만 권위주의 성향이 강한 문화에서는 금전적 보상보다는 승진, 지위 상승이 보다 큰 동기부여를 일으킨다. 이 경우 돈을 더 주겠다는 성과급 제도는 효과가 별로 크지 않았다.

이와 같이 동기부여는 각 국가의 문화에 영향을 받는다. 기존의 동기부여 이론들은 주로 미국에서 타당성이 있는 것으로 전 세계적으로 적용하기에는 한계가 있다. 각 문화에 적합한 동기부여방법을 찾는 것이 중요하다.

2 리더십의 현대 이론

1) 거래적 리더십-변혁적 리더십

최근 경영이론에서 가장 많이 논의되는 리더십은 거래적 리더십-변혁적 리더십이다. 거래적 리더십(transactional leadership)은 앞에서 본 대부분의 리더십 이론이 여기에 해당한다. 업무를 명확히 하고 구성원들이 주어진 목표를 달성할 수 있도록 동기를 부여하는 리더십이다. 주어진 목표하에서 어떻게 해야 구성원들을 보다 잘 지도하고 높은 성과를 낼 수 있도록 하는가에 대한 리더십이었다.

이에 대하여 변혁적 리더십(transformational leadership)은 구성원들의 기존 문제의식을 변화시키고 구성원들을 감동시킬 수 있는 리더십이다. 기존에 생각하지 못한 새로운 목표를 제시한다거나, 새로운 접근법을 제시함으로써 구성원들을 흥분시키고 더욱더 노력하도록 고취시킨다. 변혁적 리더십은 거래적 리더십보다 훨씬 더 높은 구성원들의 노력과 성과를 달성할 수 있다.

현대 경영에서 가장 대표적인 변혁적 리더십은 애플사의 스티븐 잡스이다. 스티븐 잡스는 중대형 컴퓨터가 대세였던 시대에 누구도 생각하지 못했던 개인용 퍼스널 컴퓨터의 필요성과 개발 방안을 제시하였다. 또 애플사가 컴퓨터 부문에서 어려움에 처해 있을 때 조직구성원들은 보다 좋은 컴퓨터를 개발하는 것만을 생각했다. 하지만 스티븐 잡스는 아이팟, 아이폰 등을 개발하도록 하여 애플사를 단순한 컴퓨터 개발 회사에서 벗어나도록 하였다. 변혁적 리더십은 이와 같이 새로운 문제의식, 새로운 접근방법, 새로운 목표를 제시함으로써 구성원들의 감동과 높은 성과를 달성하게 한다.

2) 기타 최근 이슈

리더십과 관련된 주요한 기타 이슈로는 성과 리더십 문제가 있다. 남성과 여성의 리더십에 차이가 있는가, 남성과 여성은 동등한 리더십 능력을 보유하고 있는가, 남성이 리더인 경우와 여성이 리더인 경우 성과의 차이가 있는가 등의 문제이다.

현실적으로 CEO에서 남성이 많은 비중을 차지한다. 하지만 이러한 현실이 여성들은 리더 자질이 부족하다는 것을 증명하지는 않는다. 과거에는 남성들이 관리직의 대부분을 차지하고 있었기 때문에 CEO도 당연히 남성이 대부분을 차지할 수밖에 없었다. 하지만 최근 세계적으로 여성이 관리직을 맡는 비율이 점차 증가하고 있기 때문에 앞으로는 CEO 비중에서도 여성과 남성 간 차이가 크지 않도록 변화할 수 있다.

일반적으로 남녀는 다른 리더십을 활용한다. 남성은 직접적인 명령, 통제, 지시적 리더십을 활용하는 경우가 여성보다 많다. 여성은 남성보다 민주적 리더십, 참여적 리더십을 활용하는 경우가 많고 직접적 지시를 보다 덜 활용한다. 하지만 이러한 리더십 차이가 남성이 여성보다 리더십 측면에서 더 우월하다거나 열등하다는 것을 말하는 것은 아니다. 앞에서 본 바와 같이 리더십의 효과는 환경에 따라 다르게 나타나며, 각각 조직환경에 따라 유효한 리더십 유형이 다르기 때문에 일반적인 남성-여성과 리더십의 효과성을 연결하는 것은 쉽지 않다.

리더십과 관련된 또 다른 문제는 리더십이 국가 문화와 밀접한 관련성을 가진다는 것이다. 리더십은 조직 내 문화만이 아니라 국가 문화에 의해서도 많은 영향을 받는다. 한국 등과 같은 동아시아 국가에서는 권위적인 리더십이 큰 영향력을 발휘한다. 하지만 미국 등에서는 민주적인 리더십이 보다 높은 성과를 얻을 수 있는 리더십으로 인정받는다. 한국은 리더와 구성원 사이의 관계가 다른 나라보다 가족주의적인 측면이 강하다. 일본의 리더는 앞으로 나서는 것을 부정적으로 인식하며, 말레이시아 등에서는 리더가 보다 전제적이다.

어떠한 리더십이 높은 효과를 달성할 수 있는가는 각 국가 문화마다 차이가 발생할 수 있다. 모든 경우에 높은 성과를 달성할 수 있는 유일한 리더십은 찾기 어렵다.

요약 •••

학습목표 1 주요 동기부여 이론의 종류와 의의에 대해 이해한다.

매슬로우의 욕구단계 이론

매슬로우의 욕구단계의 이론에 의하면 인간은 각각 생리적 욕구, 안전 욕구, 사회적 욕구, 존중 욕구, 자아실현 욕구를 가진다. 이러한 욕구를 충족시켜 준다면 사람들은 동기부여가 되어 열심히 일을 할 것이다. 사람들이 각각 어떠한 욕구를 가지고 있는가를 파악하고, 그에 따른 욕구충족 수단을 제시한다.

맥그리거의 X, Y이론

X이론은 인간은 일하기를 싫어하고 돈만 밝힌다고 본다. 이 경우 경영자는 근로자들을 엄격히 감시, 감독해야 하며, 자율성을 주면 안 된다. 금전적인 인센티브를 통해 동기부여를 해야 한다. Y이론은 인간은 자아실현을 위하여 자발적으로 일하는 존재라고 본다. 자율성을 줄 때 동기부여가 더 강하며 특별히 통제할 필요가 없다.

기타 동기부여 이론

다른 주요 동기부여 이론으로는 허즈버그의 2요인 이론, 앨더퍼의 ERG 이론, 브룸의 기대이론 등이 있다. 허즈버그의 2요인 이론은 동기요인과 위생요인으로 구분하면서 생산성에 영향을 미치는 것은 동기요인으로 보았으며, 앨더퍼의 ERG 이론은 인간의 욕구를 성장 욕구, 관계 욕구, 존재 욕구로 구분했다. 브룸의 기대이론은 기대, 수단성, 보상의 가치에 의해 동기부여가 결정된다고 본다.

학습목표 2 주요 리더십 이론의 종류와 의의에 대해 이해한다.

특성이론, 행동이론, 상황이론

특성이론은 리더가 되기 위해서는 특별한 자질, 개인의 특성이 있다고 본다. 행동이론에서는 리더가 되기 위해 필요한 어떤 행동유형이 있다고 본다. 그런데 수십 년 동안 리더의 특성과 행동을 조사한 결과, 리더들이 보유한 특별한 자질, 리더의 공통적인 행동유형은 존재하지 않았다. 어떤 사람이 좋은 리더가 되는가는 상황, 환경에 따라 결정되었고, 이를 상황이론이라 한다.

기타 주요 리더십 이론

거래적 리더십-변혁적 리더십 이론은 리더가 어떤 방향으로 부하직원을 이끄느냐에 따라 리더십을 구분한다. 거래적 리더십에서 리더는 직원들의 욕구를 잘 헤아려서 직원들의 뜻을 잘 반영하는 리더이다. 이에 대하여 변혁적 리더십은 리더가 새로운 비전을 제시하고, 직원들을 그 방향으로 이끌어가는 리더십이다.

그리고 리더십은 문화에 따라 적정한 리더십에 차이가 존재한다. 남녀에 따라서도 리더십 유형에 차이가 있다. 리더십은 문화 환경에 따라 달라질 수 있다.

생각해 볼 문제

1. 자신은 리더에 적합한 사람인지, 참모로 적합한 사람인지 생각해 보시오.
2. 자신이 리더로서 지니고 있는 자질이나 행동 유형으로는 무엇이 있는지 찾아보시오.
3. 주요 기업의 CEO를 선정하고, 그 CEO의 리더로서의 특징은 무엇인지 고찰해 보시오.
4. 매슬로우의 5단계 중에서 자신은 어떤 단계의 욕구를 지니고 있는지 고찰해 보시오.

CHAPTER

6

조직화

자포스의 홀라크라시

자포스(Zappos)는 미국 온라인 신발 쇼핑몰 회사이다. 신발 부문에서는 온라인 쇼핑 강자인 아마존보다 더 브랜드 네임 밸류를 가지고 있다. 자포스는 2015년 3월, '홀라크라시(Holacracy)'를 전면적으로 도입하는 조직개편을 했다. 홀라크라시는 조직을 완전하게 수평적으로 만드는 것이다. 과장, 부장 같은 중간 관리자를 완전히 없애고 일반 직원과 경영진만 두었다. 즉 자포스는 사장, 전무, 상무 등 이사급을 제외하고는 모두 평직원만 있는 조직구조를 만들었다.

홀라크라시에서는 중간관리자가 특별히 하는 일도 없으면서 권위적으로 아랫사람들에게 명령하고 통제하는 것으로 본다. 중간관리자의 간섭이 없으면 일반 직원들은 훨씬 더 창의적으로 열심히 일을 할 수 있다. 자포스는 이 홀라크라시를 전면적으로 도입하는 조직 혁명을 시도했다.

2015년 3월 이 제도가 도입되고 2016년 1월 초까지, 직원 중 260여 명이 퇴사했다. 무려 직원의 18%가 퇴사를 했다. 자포스는 원래 임금도 높고, 직원 복지제도도 좋고, 직원들의 권한도 높아 항상 사람들이 가고 싶어 하는 회사에서 높은 순위를 차지했었다. 1년에 퇴사자가 전 직원의 1% 정도인 10여 명 정도밖에 나오지 않는 우수한 회사였다. 그러던 회사에서 1년에 18%가 퇴사했으니 이것은 조직의 큰 위기로 인식되었다.

이때 퇴사한 사람들은 거의 다 중간관리자였다. 그때까지 과장, 부장으로 있던 사람들이 평직원이 되어야 했고, 이것을 받아들일 수 없던 사람들이 퇴직을 했다. 그런데 2016년도가 지나 원래 중간관리자였던 사람들이 다 퇴직을 했는데도 계속해서 퇴사율이 높았다. 그 이유는 복합적이었다. 우선 다른 직장으로 이직을 할 때 이전 직장에서의 경력이 중요하다. 이전 회사에서 어떤 책임 있는 일을 했느냐에 따라 이직할 수 있는 직책이 달라진다. 그런데 자포스에서는 모든 직원이 일반 평직원으로 있다. 이직을 하려고 할 때 자포스 직장 경력으로 평직원만 쓸 수 있고, 따라서 좋은 직책으로 이직하는 것이 불가능했다. 자포스 직원들은 나중을 생각하면 지금 자포스를 나와서 경력을 쌓아야 했다.

또 홀라크라시하에서 직원들의 업무가 늘었다. 자기 업무가 있으면 자기 업무만 하면 되었다. 그런데 이제는 다른 직원들과 같이 서로 협의해서 일을 해야 했고 협의를 하기 위한 회의가 크게 증가했다. 이전에는 이런 업무 협의는 과장, 부장들이 했다. 이제는 업무 담당자가 직접 알아서 해야 했다. 조정해주는 사람도 없었기 때문에 회의 시간이 점점 많아지고 길어졌다.

지금까지 홀라크라시 조직구조는 성공적이지 않다. 하지만 최종적으로 이 홀라크라시 조직구조 개편이 성공이냐 실패냐는 2020년 정도가 되어야 확실하게 이야기할 수 있을 것이다. 조직에 중간관리자가 없어지면 어떻게 되는지, 자포스는 그 영향을 파악하기 위한 좋은 사례가 되고 있다.

제1절 조직구조의 의의와 중요성

1 조직구조의 의의

조직구조(organizational structure)는 조직 내에서 물적자원과 인적자원을 배분하는 기준 및 구조를 의미한다. 나아가 업무 진행에 대한 공식적인 담당자를 지정하고 그 절차를 규정하는 작업이다.

인간이 혼자 개인적으로 일을 할 때에는 조직이 필요하지 않다. 하지만 2명 이상의 인간이 어떤 일을 하고자 한다면 조직이 생긴다. 공식적으로 조직이 만들어질 수도 있고 비공식적인 조직이 발생할 수도 있지만, 어떤 식으로든 조직이 생기게 된다. 만약 2명이 어떤 업무를 한다면 서로 협력하여 같이 일을 할 수도 있고(2명이 같이 힘을 합쳐 한 번은 책상을 이동시키고 또 한 번은 같이 의자를 이동시키는 경우), 그 업무를 분담하여 1명이 하나씩 업무를 할 수도 있다(1명은 책상을 이동시키고, 또 1명은 의자를 이동시키는 경우). 인간의 사회적 활동에서는 항상 조직이 발생한다.

2 조직구조의 중요성

조직구조는 생산성에 상당히 큰 영향을 미친다. 좋은 조직구조는 생산성을 높이며, 나쁜 조직구조는 생산성에 상당한 장애로 작용한다. 앞의 책상과 의자를 옮기는 업무 사례에서, 책상이 상당히 무거운 경우에는 2명이 같이 책상을 이동시키도록 조직을 구성해야 한다. 만약 책상이 무거운 경우 1명은 책상, 1명은 의자 식으로 조직을 구성한다면 이 조직하에서는 원하는 목적을 달성하기 힘들다. 업무에 따라서 어떤 조직으로 일을 하는가는 전체적인 조직 생산성에 큰 영향을 미치게 된다.

20세기 초반, 미국에는 자동차 회사가 100여 개가 있었다. 이런 여러 자동차 회사 중 하나에 불과했던 포드자동차는 자동차 조립 업무를 완전히 분업으로 할 수 있도록 업무 조직 시스템을 변경했다. 소위 컨베이어벨트 시스템을 도입하여 근로자가 한두 가지 업무에만 전념할 수 있도록 조직화했다. 이런 조직구조를 개발함으로써 포드는 자동차 생산비용을 극적으로 줄일 수 있었고, 결국 미국 자동차 회사가 3개로 통폐합되는 데 직접적인 영향을 미친다. 또 평범한 신발 회사였던 나이키가 세계적인 스포츠화 메이커로 성장한 것은 신발을 동아시아 국가에서 생산하여 신발 제조가격을 낮춘 것에 기인한다. 나이키는 본사를 미국에 두고, 생산 조직을 동아시아에 두는 국제적 분업 조직을 만듦으로써 세계적 기업으로 성장할 수 있었다. 이처럼 조직구조는 조직의 생산성을 결정하는 가장 중요한 요소 중 하나이다.

제2절 조직구조의 주요 내용

1 조직구조의 주요 변수

1) 조직구조의 구성요소

조직구조에서 가장 기본적인 구성요소로는 복잡성(complexity), 공식화(formalization), 집권화(centralization) 세 가지가 전통적으로 논의되고 있다.

(1) 복잡성

복잡성은 조직 내에서 얼마나 많은 분화 조직이 존재하는가에 관한 것이다. 분화 조직이 많으면 조직의 복잡성이 높고, 분화 조직이 적으면 조직의 복잡성이 낮다.

조직의 복잡성은 조직의 규모가 어떻게 되는가, 조직의 업무가 어떻게 분담되어 있는가, 조직을 어떻게 구분하는가에 따라 차이가 존재한다. 조직의 규모가 커지면 자연적으로 분화 조직이 많이 발생하여 조직의 복잡성이 높아진다. 같은 규모의 조직이라 하더라도 조직을 수평적으로 배치하는가, 수직적으로 배치하는가에 따라 복잡성이 달라지며, 참모 조직을 두는가 여부에 따라서도 복잡성이 영향을 받는다. 조직을 만들 때는 이러한 복잡성을 어느 정도 수준으로 할 것인가를 고려해야 한다. 너무 복잡하면 조직이 제대로 기능하기 힘들고, 그렇다고 너무 간단하면 현실 업무를 제대로 반영하지 못하게 된다.

(2) 공식화

공식화는 조직 내 업무가 표준화된 정도, 구성원에 대한 규칙과 절차가 표준화된 정도를 의미한다. 업무수행 방법과 절차가 엄밀히 규정된 경우 공식화가 높다고 보고, 업무규칙이 느슨하게 규정된 경우 공식화가 낮다고 본다.

공식화의 정도가 높다고 보다 좋은 조직이 되는 것은 아니다. 단순 업무를 주로 하는 조직의 경우에는 업무의 표준화가 엄밀히 이루어지는 것이 좋다고 할 수 있지만, 보다 전문적인 판단을 요구하는 조직의 경우에는 업무의 표준화가 쉽지 않다. 또한 조직의 계층에 따라서도 공식화의 정도는 다르다. 하부조직의 경우에는 공식화가 높은 경향이 있지만 상부조직의 경우에는 공식화의 정도가 낮은 것이 일반적이다.

(3) 집권화

집권화는 조직의 의사결정이 소수에게 집중화되는 정도를 의미한다. 의사결정이 조직의 장 1명에 의해서 이루어질 경우 완전한 집권화 상태라고 보며, 모든 구성원들이 각자 의사결정 권한을 지니고 있을 때 완전한 분권화가 이루어진 상태이다. 모든 조직은 완전한 집권화와 완전한 분권화 사이에 존재한다.

현재 사회가 민주화에 높은 가치를 두고 있지만, 그렇다고 해서 항상 분권화가 우수한 조직 형태인 것은 아니다. 업무에 따라서 집권화가 이루어져야 하는 업무가 있고, 조직환경에 따라 집권화에서 보다 효율적인 의사결정이 이루어지는 경우도 있다.

〈표 6-1〉 집권화와 분권화에 영향을 미치는 요소

집권화가 필요한 상황	분권화가 필요한 상황
• 안정적인 환경 • 하위관리자들의 능력이 낮은 경우 • 하위관리자들의 의사결정 권한이 적은 경우 • 의사결정의 중요성이 큰 경우 • 조직의 위기상황 • 대규모 조직의 경우 • 최고경영자에의 의존도가 높은 경우	• 환경이 복잡하고 불확실한 경우 • 하위관리자들의 능력이 높은 경우 • 하위관리자들의 의사결정 권한이 큰 경우 • 의사결정의 중요성이 낮은 경우 • 자유로운 조직문화 • 조직이 지리적으로 분산된 경우 • 일반 관리자에의 의존도가 높은 경우

그리고 조직의 규모도 집권화–분권화 정도에 영향을 미친다. 조직 규모가 클 때 완전한 집권화는 불가능하며 필연적으로 의사결정의 분권화가 이루어진다. 또한 업무의 전문성, 관리자의 능력에 따라서도 집권화 여부가 영향을 받을 수 있다.

조직 의사결정의 집권화와 분권화에 영향을 미치는 요소로는 〈표 6-1〉과 같은 것을 들 수 있다.

2) 조직화의 원칙

조직화의 원칙은 조직구조를 형성할 때 고려해야 할 사항들을 말한다.

(1) 관리한계의 원칙

관리한계의 원칙은 관리자가 구성원을 관리할 수 있는 범위를 의미한다. 한 사람의 관리자가 무한정 많은 부하들을 관리할 수 있는 것은 아니다. 관리자가 관리할 수 있는 부하의 수에는 한계가 있는데, 이 부하 수의 한계를 고려하여 조직을 구성해야 한다는 것이 관리한계의 원칙이다.

일반적으로 전문적인 업무의 경우 한 사람의 상사가 관리할 수 있는 부하의 수는 3~4명 정도로 본다. 단순 업무의 경우에는 한 사람의 상사가 10명 정도를 관리할 수 있는 것으로 알려져 있다. 이에 따라 전문적인 부서의 경우 총 4명 정도로 조직을 구성하며, 단순 업무의 경우 10명 내외로 조직을 구성하게 된다. 관리한계는 업무의 성격, 기술, 관리자의 능력 등에 의해서 영향을 받는다.

그리고 관리한계는 조직 계층 수와 밀접한 관련성을 가진다. 관리한계가 좁으면 계층 수가 증가하고, 관리한계가 넓으면 계층 수가 감소한다.

〈표 6–2〉 관리한계와 조직 요소

관리한계	구조적 특징	조직체 요건
좁음	수직적, 집권적, 통제적	비구조적 과업, 다양한 과업, 부하의 능력개발과 지도, 부하들의 지역적 분산
넓음	수평적, 분권적, 자율적	구조적 과업, 표준화된 과업, 높은 수준의 부하 능력, 다양한 스태프 지원기능

자료 : 이학종 외, 「조직행동론」, 박영사, 2004, p.400.

(2) 계층의 원칙

계층의 원칙은 조직의 수직적 분화 계층에 관한 것이다. 조직의 수직적 계층화가 적으면 최상급자부터 조직 하위 구성원 간에 의사소통이 원활하고 보다 민주적인 조직 운영이 가능하다. 그러나 조직의 수직적 계층화가 많으면 상급자부터 하위자까지 여러 의사소통의 단계를 거쳐야 한다. 이 과정에서 상급자의 의사가 왜곡될 수 있고, 하위 구성원의 의견이 상층부에 전달이 안 될 수도 있다.

일반적으로 계층화가 적은 것이 좋은 조직이라고 하지만, 조직의 규모가 커지면 자연적으로 계층화가 높아질 수밖에 없다. 또한 앞에서 본 바와 같이 조직한계가 적은 전문적 업무의 경우에도 계층화는 높아진다. 전체적인 조직 규모, 조직한계를 고려하여 적정한 조직 계층을 설정해야 한다.

(3) 권한위양의 원칙

권한위양의 원칙은 조직의 상위자가 조직의 하위자에게 자신의 권한을 위양하는 정도를 의미한다. 일반적으로 조직의 상위자는 자기 조직에 대한 공식적 의사결정 권한을 가지고 있다. 그러나 조직의 상위자가 자기에게 공식적으로 주어진 모든 권한에 대해서 의사결정을 할 것인가, 아니면 자신의 권한 중에서 일부를 하위자에게 이전할 것인가를 결정할 수 있다. 부하직원이 상사의 허락을 받지 않고도 의사결정을 할 수 있는 전결 형식으로 하위자에게 권한위양이 이루어진다.

그런데 이와 같이 권한위양이 이루어진다 하더라도 해당 업무에 대한 최종적인 책임은 공식적인 권한을 지니고 있는 조직의 상위자에게 있다. 일반적으로 조직의 상위자는 중요한 사항이나 일상적이지 않은 의사결정은 자신이 하고, 일상적이고 반복적인 업무에 대해서는 권한을 하위자에게 위양하는 것이 일반적이다.

(4) 명령일원화의 원칙

명령일원화의 원칙은 한 명의 하위 구성원에게 명령을 내리는 사람은 한 명의 상급자여야 한다는 것, 그리고 하위 구성원이 보고해야 하는 상급자는 명령을 내린 1명에 국한해야 한다는 원칙을 말한다. 과장은 자신의 직속 부장으로부터 명령을 받아 업무를 수행하고, 그 직속 부장에게 업무 상황을 보고해야 한다. 비록 직급이 자신보다 높다 하더라도 다른 부서 부장의 명령을 받아서는 안 된다. 또한 직속 부장의 상사인 전무라 하더라도, 이 전무가 과장에게 직접 명령을 해서는 안 된다. 전무는 부장에게 지시를 하고, 부장은 과장에게 지시하는 형식으로 명령이 이루어져야 한다. 과장은 단지 직속 부장 1명으로부터 명령을 받고 보고를 해야 한다는 것이 명령일원화의 원칙이다.

명령일원화의 원칙은 조직의 질서를 유지하기 위해 필요한 원칙이다. 한 명이 여러 상사로부터 동시에 명령을 받게 될 때 의사결정의 혼란이 발생하고 책임소재가 불명확해진다.

(5) 기능화의 원칙

기능화의 원칙은 조직을 구분할 때 그 기능을 중심으로 구분해야 한다는 것을 의미한다. 조직 내에서의 업무를 기준으로 업무가 원활히 이루어질 수 있는 방향으로 조직 구분이 이루어져야 한다는 원칙이다. 당연한 것으로 보이는 원칙이지만, 실제 조직 현실에서는 기능 외의 다른 요소에 의해서 조직이 이루어지는 경우도 많다. 정치 조직에서는 기능을 위해서 조직이 만들어지는 것이 아니라, 중요한 정치인에게 지위를 주기 위해서 조직을 구성하는 경우도 존재한다. 친한 사람, 자기 파벌을 위해서 자리를 만드는 경우도 기능적이지 않은 조직 형성에 해당한다.

3) 조직설계시 고려할 기타 요소

(1) 전문화

전문화는 조직을 구성하는 가장 근본적인 목적에 해당한다. 조직은 각 구성원이 해야 할 업무를 세부적으로 지정해 주는데, 이 업무의 세분화는 조직구성원이 해당 업무에 대해 전문성을 지니도록 하는 것을 목적으로 한다. 그리고 이 전문화가 궁극적으로 조직의 생산성을 높이도록 하는 가장 근본적인 원인이 된다.

조직구조가 전문화되면 해당 업무 담당자는 그 일만 반복적으로 수행한다. 따라서 해당 업무를 보다 빠른 시간에, 보다 잘하게 되고 조직의 생산성이 높아진다. 조직이 아니었다면 각 개인은 생산에 필요한 모든 일을 다 해야 하지만, 조직을 통해서 전문적인 업무만 할 수 있게 된다. 즉 조직은 각 구성원들이 해당 업무에 대한 전문성을 최대한 습득하고 발휘할 수 있도록 구조화되어야 한다.

그런데 현대에서는 지나친 전문화가 오히려 조직의 생산성을 떨어뜨리는 측면이 있다는 것을 발견하고 있다. 전문적이기는 하지만 단순화된 업무만을 수행하면서 느끼는 단조로움, 권태, 지루함, 스트레스는 궁극적으로 조직의 생산성을 떨어뜨린다. 따라서 현재는 지나친 전문화에서 벗어나 어느 정도 업무를 확대하고 전문성을 감소시키는 방향으로의 조직구조 개편도 이루어지고 있다.

(2) 부문화

부문화는 조직을 어떠한 기준에 따라 구분하는가의 문제이다. 조직의 규모가 작을 때는 특별한 부문화는 필요하지 않으며 조직의 주요 기능에 따라 조직 구분이 이루어지면 된다. 하지만 조직의 규모가 커지면 단순히 주요 기능에 의해서 조직을 구분하는 것이 반드시 효율적이라고 볼 수 없다. 기능 외에 다른 기준에 의해서도 조직 구분이 이루어질 수 있는데, 가장 일반적인 조직 구분의 기준으로는 기능, 제품, 지역, 공정, 고객 등이 있다.

기능에 의한 조직 구분은 가장 전통적인 것으로서 모든 조직 구분 유형에서 사용된다. 비록 지역에 의해서 조직 구분이 이루어진다 하더라도, 그 지역 내에서의 조직 구분에서는 기능적 구분이 활용된다.

제품에 의한 조직 구분은 주요 제품을 기준으로 조직이 구분되는 경우이고, 지역에 의한 조직 구분은 아시아, 유럽, 북미 식으로 지역에 따라 조직이 구분되는 경우이다. 공정은 제품을 만드는 과정을 기준으로 조직을 구분하는 방안이며, 고객은 최종 소비자를 기준으로 조직을 구분한다.

이러한 각 부문별 조직 형태를 살펴보면 [그림 6-1]과 같다.

[그림 6-1]
부문별 조직 형태

(3) 환경요인

조직을 구조화할 때 단지 조직 내적 논리에 의해서만 조직이 구성되는 것은 아니다. 조직 외적 환경에 의해서도 조직구조는 영향을 받는다. 조직구조에 영향을 미치는 환경요인으로는 전략, 규모, 기술, 환경의 불확실성 등이 있다.

① 전략

조직구조는 조직이 어떠한 전략을 사용하는가에 따라 영향을 받는다. 조직의 전략이 변화할 때 조직구조도 변화한다. 일반적으로 조직의 CEO가 바뀌면 조직구조가 변경되는 경우가 많은데, 이는 CEO의 전략 변화에 따른 조직 변화의 일종이다.

어떤 조직을 크게 하고 작게 하는가는 해당 회사가 어떤 부문을 중시하고 어떤 부문을 다소 덜 중요하게 생각하는지를 나타내는 표식이 된다. 해외 진출을 우선시하는 조직의 경우에는 해외와 관련된 조직이 크게 되며, 영업을 중시하는 조직에서는 영업부의 비중이 크다. 기업체의 전략은 조직구조를 결정하는 주요한 요인이 된다.

② 규모

조직원 수가 얼마나 되는가는 조직구조에 영향을 미치는 주요한 요소이다. 조직원 규모가 작으면 간단한 조직구조가 가능하지만 조직 규모가 커지면 보다 복잡한 조직구조를 가질 수밖에 없다. 일정 규모까지는 기능별 조직으로 충분히 조직을 운영할 수 있지만, 조직 규모가 더 커지면 단순히 기능별 조직만으로 운영하기 힘들다. 지역별 조직, 제품별 조직 등과 서로 융합한 조직구조가 필요하며 조직구조는 점점 더 복잡화되어간다. 조직구조의 복잡성, 전문성, 집권화 및 분권화, 부문화 등은 조직의 규모와 밀접한 관련성이 있다.

③ 기술

의사소통과 관련된 기술, 감시 통제에 필요한 기술, 그리고 생산과정에 필요한 기술 등도 조직구조에 영향을 미치는 주요한 요인이다. 특히 현재 인터넷 기술의 발달로 인한 의사소통의 용이성은 지리적 차이에 의한 조직구조를 변화시키고 있다. 인터넷 기술이 발달하지 않았을 때는 항상 서로 얼굴을 보면서 업무를 했던 대면적 조직이, 현재는 원거리에서 직접 대면하지 않고서 인터넷 등을 통하여 조직을 운영할 수 있게 되었다. 이에 따라 거리 개념이 적은 무경계조직, 매트릭스 조직 등이 활성화될 수 있다.

또한 생산과정에 필요한 기술도 조직구조 결정에 영향을 미친다. 부품이 하나하나 별도로 만들어지는 생산과정에서는 각 부품별로 조직이 이루어질 수 있다. 하지만 석유 제품과 같이 원유를 넣으면 차례대로 등유, 경유, 휘발유 등이 순서에 따라 생산되는 제품에서는 각 반제품별로 조직을 구성하는 것이 불가능하다. 생산기술 및 생산방법에 따라서 적합한 조직구조가 만들어져야 한다.

④ 환경의 불확실성

조직은 환경의 변화에 맞추어 적응해 나가야 한다. 따라서 환경이 안정적인 곳에서는 조직구조도 안정적일 수 있다. 하지만 조직환경이 급격히 변화하는 곳에서는 조직구조도 이에 맞추어 변화할 가능성이 크다. 환경이 안정적인 곳에서는 집권적 구조, 안정적 구조, 관료제적 구조가 더 효과적이다. 환경이 불안정한 곳에서는 분권적 구조, 유동적 구조, 탄력적 구조, 유기적 구조가 더 효과적이라고 본다. 환경의 불확실성 여부는 조직구조를 결정하는 데 주요한 요인으로 작용한다.

2 전통적 조직구조

1) 관료제

관료제는 가장 전통적인 조직구조로서 현재까지도 가장 큰 비중을 차지하고 있는 조직 형태이다. 관료제는 분업과 전문화를 가장 기본적인 이념으로 하는 조직구조이다. 하위 부문에서는 각자가 맡은 업무가 고정화되어 있으며, 한 가지 일만 계속 하기 때문에 업무의 전문화가 가능하다. 그리고 각 하위 부문에는 관리자가 있어서 이 관리자가 자기 부서의 일을 통합한다. 또 이 관리자에게는 상위관리자가 있어 상위관리자는 자기 아래 부문의 모든 업무를 통합한다. 이런 식으로 분업과 전문화, 부문 통합이 이루어지는 것이 관료제이다. 앞에서 살펴본 조직구조의 원리-관리한계, 분업화, 명령일원화의 원칙 등이 가장 잘 구현된 조직구조로서, 피라미드 조직이라고도 한다.

이러한 관료제는 일반 회사, 정부, 군대 등에서 가장 일반적인 조직 형태

[그림 6-2]
관료제 조직구조

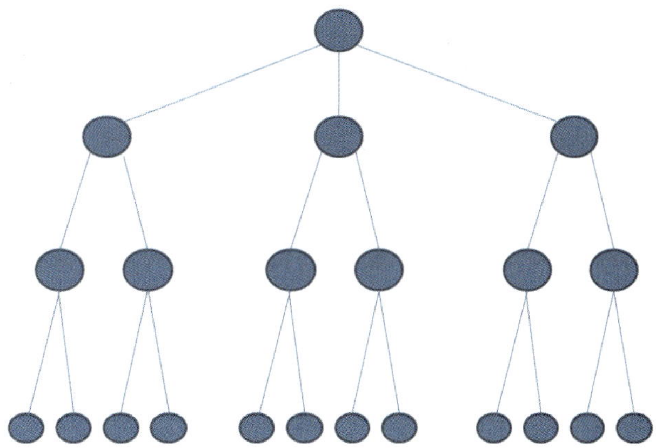

이다. 일반 회사에서는 3~4명의 사원이 있고 그 위에 대리가 있다. 3~4명의 대리 위에 과장이 있으며, 3~4명의 과장 위에 부장, 그 위에 이사, 사장 등으로 구성된다. 또한 군대에서는 일반 사병 10명 정도 위에 분대장이 있으며, 3~4개 분대 위에 소대장, 3~4개 소대 위에 중대, 3~4개 중대 위에 대대, 그 위에 연대, 사단 등으로 구성된다.

관료제 조직은 분업과 전문화 원리를 가장 잘 구현한 조직으로서 효율성이 높은 조직이다. 하지만 관료제는 상하관계가 엄격하고 상층부에 많은 권한이 집중되어 있는 전제적 조직이 되기 쉽다. 하급자들은 개별적인 독립성을 인정받지 못하고 전체 조직 내에서 하나의 부속품으로 취급받게 된다. 이 관료제하에서 각 구성원은 자기 소외 등 관료제의 부작용이 발생할 수 있다.

2) 위원회제

관료제는 효율적인 조직이기는 하지만 최고관리자 1인에게 모든 권한이 집중되는 문제가 있다. 최고관리자가 정확한 의사결정을 한다면 조직 전체의 효율성이 더욱 높아질 수 있지만, 만약 최고관리자의 판단이 잘못된다면 조직 전체가 부담해야 할 비용이 지나치게 커진다. 이러한 관료제의 전제적인 문제점을 보완하기 위해 대두된 조직이 위원회제이다.

위원회제는 최고의사결정 권한을 가진 사람이 1인이 아니라 다수인 조직구조이다. 위원회제는 복수의 위원들이 있으며, 각 위원들 사이에는 상하관계가 존재하지 않고 모두가 평등한 관계이다. 따라서 누구나 자신의 의견을 제시할 수 있으며 의사결정은 모두의 합의를 통해서 도출된다. 위원회에는 의장이 존재하기는 하지만, 이 의장은 전체 위원회의 운영을 책임질 뿐이며, 위원장이 일반 위원보다 특별한 결정권을 보유하지는 않는다.

위원회제는 한 명이 독단적으로 의사결정을 하는 것이 아니라 다수의 의견을 수용하기 때문에 보다 합리적이고 적정한 의사결정을 할 수 있다는 장점이 있다. 하지만 위원들간의 의견 조정이 필요하기 때문에 빠른 의사결정이 어렵다는 점, 각 위원들에게 책임이 분산되어 의사결정에 대한 책임소재가 모호하다는 점, 가장 적합한 의사선택이 이루어지는 것이 아니라 위원들간에 타협적인 의사결정이 이루어진다는 점 등의 한계가 있다.

3 현대의 주요 조직구조

최근까지 가장 주요한 조직구조는 관료제였다. 관료제는 일상적인 업무, 안정적 환경하에서는 가장 높은 생산성을 보여준다. 그러나 급변하는 환경, 빠른 의사결정이 필요한 업무에서는 관료제가 환경에 적정하게 반응하지 못하는 한계가 있다. 또한 관료제는 수직적 상하관계가 엄격하여 구성원의 의견 수렴, 의사결정의 분권화 등이 어렵다. 이러한 관료제의 한계를 보완하기 위하여 여러 다른 조직 형태가 대두되었다. 그러나 많은 새로운 조직 형태가 도입되고 있지만, 아직까지 가장 기본적인 조직 형태는 관료제적 조직이다. 팀제, 매트릭스 조직 등이 도입되었지만, 이 조직들이 관료제를 완전히 대체한 것은 아니며, 관료제에 대한 보완적 조직 형태로 기능하고 있다.

1) 팀제

팀제(team structure)는 현대의 가장 대표적인 조직 형태라 할 수 있다. 팀제는 한 명의 팀장과 다수의 팀원으로 구성되며, 이 팀은 독자적인 하나의 업무 단위 및 작업 단위를 담당한다.

팀제가 관료제와 대비되는 가장 큰 특징은 팀 내부에서 팀원들은 모두 평등하며 상하관계가 없다는 점이다. 팀장은 팀을 대표하지만 팀원들에 대해서 지시, 감독, 통제를 하는 상급자라는 의미가 아니라, 팀원들을 지원하고 도우며 팀원들의 의견을 조정하는 조정자, 지원자로서의 의미를 지닌다. 또한 관료제에서는 각 구성원 개인이 공식적인 자기 자신의 개별적인 업무를 가지고 있다. 하지만 팀제에서는 각 개인별로 공식적인 업무를 개별적으로 가지는 것이 아니라 팀 단위로 업무가 분담된다. 따라서 팀제에서는 팀원 모두가 팀 업무에 대해 공동 책임을 진다.

2) 프로젝트 조직

프로젝트 조직(project organization)은 특정한 과업을 수행하기 위해서 일시적으로 만들어진 조직이다. 자동차 회사에서 별도의 자동차 모델을 개발하기로 했다고 하자. 이 자동차 모델 개발을 기존 개발 조직에 담당시킬 수도 있지만, 기존 모델과 완전히 다른 새로운 개념의 자동차 모델을 만들기를 원한다면 기존 조직에 맡기기에는 한계가 있다. 새로운 형태의 자동차 모델을 개발하기 위해서는 별도의 조직에서 담당하는 것이 보다 효율적일 수 있다. 이 경우 자동차 회사는 별도의 임시조직을 만들어, 해당 조직에게 자동차 모델 개발 업무를 부여할 수 있는데 이 별도의 임시조직이 프로젝트 조직이다. 이 프로젝트 조직은 자기에게 부과된 업무만을 목적으로 하며, 자동차 모델 개발이 완료되면 해체된다.

프로젝트 조직의 구성원은 기존 조직에서 차출하는 것이 일반적이다. 기존 생산부서에서 1명, 기존 재무부서에서 1명, 기존 마케팅부서에서 1명 이런 식으로 각 부서에서 인원을 차출하여, 차출 인원만으로 별도의 조직을 구성한다. 그리고 프로젝트가 완성되면 각 인원들은 원래 자기 부서로 복귀한다. 프로젝트 조직은 프로젝트 목적이 달성될 동안 유지되고 운영되는 임시조직으로서의 성격을 지닌다.

프로젝트 조직은 기존과는 다른 제품을 개발하고자 할 경우, 영속적이지 않지만 중요한 일시적 업무가 존재할 경우 유용하게 활용될 수 있다.

3) 매트릭스 조직

매트릭스 조직(matrix organization)은 기존의 기능적 조직과 프로젝트 조직을 서로 합친 조직이다. 행렬 조직이라고도 한다. 프로젝트 조직에서 조직원은 원래 자기가 소속된 기능적 조직에서 분리되어 프로젝트 조직에 포함된다. 프로젝트 조직 내에서 구성원은 프로젝트 팀장의 지시만 받으며, 원래 자기가 소속해 있던 조직과는 공식적 관계가 없어진다.

[그림 6-3]
매트릭스 조직

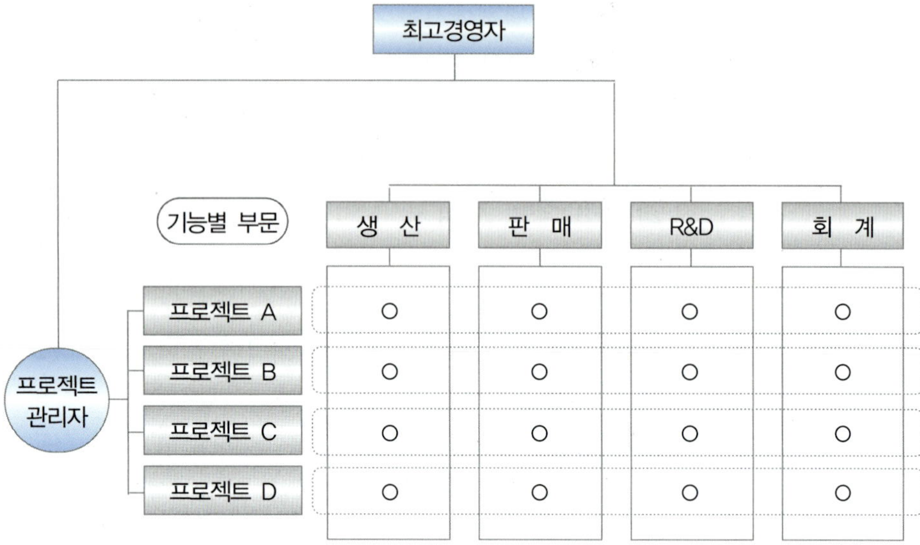

매트릭스 조직은 한 구성원이 원래 자기 소속의 기능적 조직에 몸을 담고 있으면서 프로젝트 조직에도 참여하는 조직 형태이다. 각 구성원은 자기 원래 조직의 구성원이면서 프로젝트 조직에도 참여한다. 프로젝트 조직만으로 운영할 경우 각 구성원은 프로젝트가 끝난 다음에 자신의 위치가 어떻게 될지에 대해서 불안감을 가지게 된다. 하지만 매트릭스 조직에서는 프로젝트가 종료된다 하더라도 원래 기능 조직원 신분으로 돌아갈 수 있어 안정성을 지닌다.

하지만 매트릭스 조직에서 각 구성원은 프로젝트 팀장과 자기 원래 조직의 장 두 명을 상관으로 둔다. 각 구성원은 두 명에게 동시에 명령, 지휘를 받고 보고를 해야 하기 때문에 명령일원화의 조직 원리에 어긋난다. 매트릭스 조직이 잘못 운영될 경우 조직 혼란과 비용 증가가 발생할 가능성이 높다.

4) 사업부제

사업부제 조직은 부문화 원리를 도입한 조직구조로서 단위 부서별로 독자적으로 의사결정을 하고 운영하도록 한 조직구조이다. 조직을 수평적으로 분화하여 각 분화된 조직이 별도의 경영 조직처럼 움직인다. 일반적으로 제품별로 구분된 사업부제, 지역별로 구분된 사업부제 등이 존재한다. 각 사업부는 독자적으로 의사결정을 하고, 자기 사업부의 이익을 실현하며 부문사업에 대해서

[그림 6-4]
사업부제

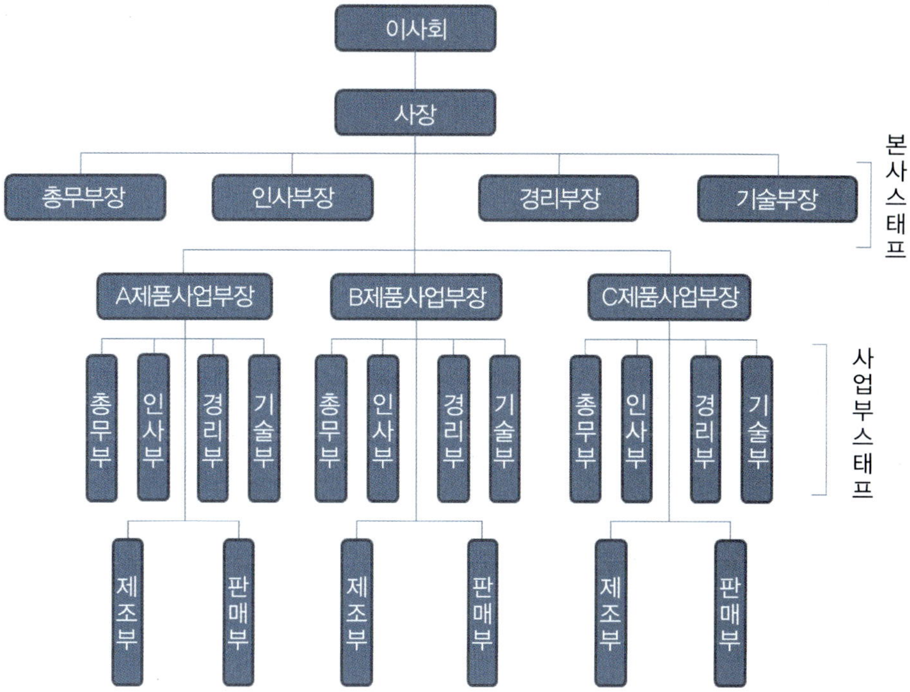

책임을 진다. 이 사업부는 기업체 내에서 별도의 기업인 것처럼 운영되며, 사업부간에 서로 비교하면서 경쟁을 하는 체제이다.

5) 무경계 조직

무경계 조직(boundaryless organization)은 최근에 새로이 대두된 조직 형태이다. 무경계 조직은 회사 내에서 수직적, 수평적 경계를 제거하고, 회사와 고객 사이의 경계도 제거하고자 하는 것을 목적으로 한다.

기존의 조직구조는 상급자와 하급자, 자기 부서와 다른 부서 사이에 경계를 둔다. 자기 부서끼리만 서로 소통하고 다른 부서 사람들하고는 소통의 빈도가 적다. 상급자는 상급자끼리 어울리고, 하급자들은 하급자들끼리 어울리는 벽도 존재한다. 무경계 구조는 상급자와 하급자 사이의 경계를 없애고, 각 부서 사이의 벽도 제거한다. 상급자와 하급자가 아무런 벽이 없어 서로 소통할 수 있고, 각 부서 사이에도 의사소통이 원활하도록 만든 조직이다.

이러한 무경계 조직으로는 가상의 조직구조, 네트워크 조직구조 등이 있다. 가상의 조직구조는 공식적인 조직구조가 존재하지 않으며, 특정한 작업이 존재할 때 임시적으로 외부 전문가인 프리랜서를 고용하여 작업을 수행한다. 공식적인 조직이 존재하지 않으므로 조직 사이의 경계도 존재하지 않는다. 프리랜서를 적극적으로 활용하므로 상급자-하급자 간 경계도 거의 없다.

네트워크 조직구조(network organization)는 자신이 수행하는 핵심적인 업무만 자기 기업 조직 내에서 수행하고, 다른 부수적인 업무는 외부 하청을 주는 조직구조이다. 나이키가 가장 대표적인데, 나이키는 신발 회사이지만 신발을 만드는 공장을 보유하고 있지 않다. 나이키는 신제품 개발과 마케팅 업무만 수행하고, 기타 신발 제작과 관련된 업무는 외부 사업자와 계약을 통하여 생산을 한다. 회사의 핵심 업무만 담당하고 회계 업무, 홍보 업무, 광고 업무, 건물 관리 등 회사 운영에 필요하기는 하지만 부수적인 업무들은 회계사, 홍보 대행사, 건물관리업체 등에 위임한다. 외부 업체를 이용하기 때문에 상급자-하급자 간 관계가 아니라 계약 관계에 의해서 움직인다. 회사 내부의 보이지 않는 벽은 최소화될 수 있다.

제3절 조직구조의 주요 이슈

1 공식적 구조와 비공식적 구조

1) 비공식적 구조

앞에서 살펴본 조직구조는 기본적으로 기업체의 공식적인 구조이다. 그러나 실제 기업체 내에는 공식적 구조 외에 비공식적 조직구조도 존재한다. 비공식적 조직은 호손 실험에서 파악된 것으로, 공식적 조직과 별도로 조직구성원 사이에 존재하는 조직 형태이다.

비공식적 구조는 공식적으로 규정되지는 않았지만, 조직구성원들 사이의 개인적 관계에 의하여 자연적으로 형성된 관계이다. 가장 대표적인 것으로는 기업체 내에 존재하는 동호회, 동문회 등이 있다. 이러한 비공식적 조직은 개인적 취미 등에 의하여 자연발생적으로 형성된 것이 많으며 공식적으로는 인정되지 않는 경우도 존재한다.

2) 비공식적 구조의 장단점

공식적 구조하에서는 각 구성원들이 서로 상하관계 및 공식적 업무 관계로 연결된다. 하지만 비공식적 구조에서 각 구성원들은 업무 관계를 떠나서 개인적인 관계를 형성할 수 있다. 따라서 비공식적 구조는 조직구성원들의 사회적 욕구, 일체감과 소속감을 증진시키는 데 도움을 줄 수 있다. 또한 비공식적 구조에서는 여러 다른 조직 부문의 구성원들이 서로 함께 어울릴 수 있다. 다른 부서 사람들과 어울리면서 조직 내 의사소통이 자연적으로 원활하게 되며, 서로 돕고 지원해 줄 수 있는 긍정적인 효과를 지닌다.

그러나 비공식적 조직이 항상 조직 전체에 긍정적인 역할만 하는 것은 아니다. 공식적 조직의 역할을 넘어서는 비공식적 조직의 존재는 오히려 기업체에 부담으로 작용할 수 있다. 공식적 조직을 넘어서는 비공식적 조직의 가장 대표적인 경우는 소위 파벌 조직이다. 파벌에서는 공식적 조직 목표보다 파벌의 목표 달성을 더 추구할 수 있으며, 사내 정치적인 힘을 발휘할 수 있다.

비공식적 조직은 조직 내에서 필요하고 또 필수불가결한 조직이기는 하지만, 어디까지나 공식적 조직의 보완적인 기능을 하도록 해야 한다. 비공식적 조직의 힘이 지나치게 커질 경우 그에 대한 기업 차원에서의 대비가 요구된다.

2 기계적 조직과 유기적 조직

기계적 조직은 조직을 기계와 같은 것으로 가정하고, 보다 정밀한 조직 내 규칙과 규정, 업무의 표준화 등을 추구한다. 기계적 조직에서는 조직이 기계와 같이 주어진 절차에 따라 그대로 운영되는 것을 목적으로 하며, 이때 가장 효율적인 운영이 가능하다고 본다. 기계적 조직 내의 각 세부 조직들은 전체 기계를 돌아가게 하는 하나의 부품으로서의 성격을 지니며, 각 업무의 세분화, 비개인적 업무 형태를 추구한다. 대규모 기업체나 정부와 같이 대규모 조직에서 일반적으로 채택하고 있는 조직 성격이다.

기계적 조직은 상당히 안정적인 조직으로 일정 수준 이상의 효율성을 보

〈표 6-3〉
기계적 조직과
유기적 조직

기계적 조직	유기적 조직
• 전문화가 높음 • 각 부문이 엄격히 분리됨 • 명령체계가 명확함 • 감독하는 범위가 한정되어 있음 • 집권적임 • 공식화 정도가 높음	• 구성원의 기능이 유동적임 • 계급화의 정도가 낮음 • 정보가 자유로이 흐름 • 감독하는 범위가 넓음 • 분권적임 • 공식화 정도가 낮음

장한다. 하지만 기계적 조직은 조직의 유연성이 떨어지고 환경 변화에 적응하기 어렵다는 단점을 가진다. 기계적 조직에 대비하여 신축성과 적응성을 추구하는 조직이 유기적 조직이다. 유기적 조직은 조직을 기계가 아니라 생물체로 가정한다. 기계적 조직은 처음 형성된 상태에서 변화하지 않지만, 유기적 조직은 생물 조직체로서 주위의 환경에 따라 진화하고 적응하여 변하게 된다. 기계적 조직에서는 주요 세부 부문이 기능을 정지하면 전체가 정지하지만, 유기적 조직에서는 하나의 기관이 정지하더라도 다른 부분들을 활용하여 그 기능을 유지할 수 있다. 유기적 조직에서는 직무의 전문화를 강조하지 않으며 각 부문과 서로 연결되는 특성을 지닌다.

기계적 조직이 효율적인가 유기적 조직이 효율적인가 하는 것은 일원적으로 정해지는 것이 아니라 업무의 성격 및 회사의 가치에 따라 차이가 있다. 조직을 설계하고자 하는 자는 기계적 조직과 유기적 조직 중 어떠한 조직 형태를 추구할 것인가를 고려하여 설계할 필요가 있다.

3 학습조직

학습조직(learning organization)은 조직론에서 비교적 최근에 대두된 개념이다. 현재 한국에서 최고의 조직은 삼성전자로 알려져 있다. 그렇다면 다른 회사가 삼성전자의 조직구조를 그대로 모방하여 회사를 조직하면 삼성전자와 동일한 성과를 낼 수 있을까? 실제 많은 기업들이 삼성전자의 조직을 모방하여 조직구조를 만든다. 하지만 겉으로 보이는 조직구조는 동일하지만 실제 조직이 산출하는 생산성, 조직의 효율성은 차이가 난다. 같은 조직구조임에도 불구하고 작동방법에 차이가 나는 이유는 무엇일까? 학습조직에서 중요한 것은 조직구조 자체가 아니라, 조직이 학습하는 능력이라고 본다. 학습이 이루어지는 조직을 만드는 것이 좋은 조직을 만드는 조건이다.

삼성전자 조직 내에서는 끊임없이 지식을 개발하고 환경에 적응하고 변화한다. 조직 자체의 능력이 개발되기 때문에 조직원의 능력도 개발되며 조직원들이 최대한으로 자신의 능력을 발휘할 수 있다. 이런 학습조직을 만들었기 때문에 경쟁력을 유지하고 있는 것이며, 다른 기업들이 삼성전자의 조직을 모방한다고 하여 동일한 효과를 얻을 수 없는 것도 이 때문이다.

학습조직에서는 조직의 구성원들이 서로 정보를 공유하고 구성원들간 협력을 하는 것이 중요하다. 이와 같이 조직 자원을 공유하는 학습조직을 만들기 위해서는 조직간 정보 유통이 원활하고 조직간 경계를 낮추도록 조직구조를 만드는 것이 필요하다. 학습조직이 가장 잘 일어날 수 있도록 조직구조를 설계하는 것이 기업체의 조직 목표라 할 수 있다.

요약 •••

학습목표 1 조직구조의 주요 요소에 대해 이해한다.

◎ 조직구조의 주요 변수

조직구조의 구성요소로 대표적인 것은 복잡성, 공식화, 집권화이다. 조직이 얼마나 복잡한가, 어느 정도로 공식화되어 있는가, 집권적인가 분권적인가가 조직을 이해하는 데 가장 기본적인 요소들이다.

◎ 조직화의 원칙

조직화와 관련해서는 관리한계의 원칙, 계층의 원칙, 권한위양의 원칙, 명령일원화의 원칙, 기능화의 원칙 등이 제시되고 있다. 이러한 원칙들은 조직의 전문화, 부문화의 정도, 환경요인 등에 따라 탄력적으로 적용될 필요가 있다.

학습목표 2 주요 조직구조의 종류와 의의에 대해 이해한다.

◎ 관료제와 위원회제

가장 대표적인 조직구조로 관료제가 있다. 관료제는 피라미드형 조직구조로서 업무의 전문화, 구조화에 초점을 둔 조직 형태이다. 관료제는 집권적이 된다는 특징이 있는데, 이러한 한계를 보완하기 위하여 위원회제가 제시된다.

관료제는 책임자가 1명으로 제한되는데, 위원회제는 여러 명의 위원들의 합의로 의사결정을 한다.

◎ 팀제, 프로젝트 조직, 매트릭스 조직

팀제는 팀장과 팀원으로 조직을 구성하고, 모두가 평등한 관계에서 상호 협력하에 임무를 달성하고자 하는 조직 형태이다. 프로젝트 조직은 고정적인 조직구조가 존재하지 않고, 임시적으로 부과되는 프로젝트에 따라 조직을 만들고 임무가 완성되면 해체하는 방식으로 운영된다. 매트릭스 조직은 기능적 조직과 프로젝트 조직을 서로 합친 것으로서 구성원은 원래 자기 조직의 보스와 프로젝트 보스 등 2명의 보스로부터 동시에 지휘를 받는다.

◎ 기타 다양한 조직구조

대기업처럼 조직 규모가 큰 경우에는 각 사업부가 서로 별도의 조직처럼 독립적으로 운영되는 사업부제가 많이 사용되고 있다. 또한 현대 인터넷 기술이 발달함에 따라 조직 경계가 없어지는 무경계 조직, 네트워크 조직 등도 많이 사용된다.

조직은 구조 그 자체보다 어떻게 조직이 진화해 나가느냐도 중요한데, 조직이 스스로 학습해 나가는 학습조직의 중요성도 점차 증가하고 있다.

생각해 볼 문제

1. 하나의 대기업을 선택하고 해당 기업이 어떠한 조직구조를 가지고 있는가를 조사해 보시오.
2. 자신이 운영하고 싶은 가상회사를 기획하고, 이 회사의 조직을 어떤 식으로 할 것인가를 설계하여 보시오.
3. 처음에 사례로 제시된 자포스 조직 혁신에 대해 검토하고, 자포스 조직 혁신이 앞으로 어떻게 될 것인지를 예상해 보시오.

PART III

기업의 세부활동

CHAPTER

7

제품과 서비스 생산운영

닛산자동차의 생산과정 혁신

생산운영과정의 혁신에서 가장 유명한 것은 2000년대 일본 닛산자동차의 혁신이다. 당시 닛산자동차는 심각한 침체와 연속 적자의 어려움에 직면해 있었는데, 카를로스 곤이 신임 최고경영자로 취임했다. 카를로스 곤은 9개의 다기능팀을 신설하였고 각 팀에 회사를 부활시키는 데 있어서 필요한 사항을 결정할 수 있는 권한을 부여하였다.

다기능팀은 카를로스 곤과 운영위원회에게 해결책을 추천해 주기 위하여 회사운영상의 문제점들을 조사하였다. 조사 결과 공장의 각 기능간 협력이 부족하였으며, 근로자들은 변화의 필요성에 대한 절박함도 가지고 있지 않았다.

닛산자동차의 과도한 비용을 유발한 원인은 회사공장들이 가동용량의 절반만 활용하고 있다는 것이었다. 생산용량은 회사가 팔 수 있는 것보다 100만 대가량 더 만들 수 있을 정도로 여유가 있었다. 비용을 줄이기 위하여 전 세계 작업장의 14%에 해당하는 작업장을 없애기로 결정하였다. 또한 남아 있는 공장들에서도 생산공정을 간소화하고 더욱 효율적으로 바꾸기 위하여 자동차 플랫폼의 수를 절반으로, 동력전달장치 설비를 1/3로 축소하기로 계획하였다. 공장 폐쇄는 직원들간의 관계에 악영향을 미칠 수 있기 때문에 카를로스 곤은 직원들이 왜 그러한 조치가 필요한지, 그리고 누가 영향을 받게 되는지에 대하여 알 수 있도록 단계적 절차를 밟았다.

구매비용이 전체 운영비용의 60%에 해당하고 있을 만큼 닛산자동차는 필요 이상으로 많은 비용을 부품 및 공급업체에 지불하고 있었다. 구매비용이 상대적으로 높은 것은 몇 개의 주요 글로벌 업체를 통한 대량구매보다는 많은 공급업체로부터 소량의 구매방식을 채택하였기 때문이었다. 공급자와의 관계가 신성불가침의 관계로 인식되는 일본이었지만, 공급자의 수를 줄이는 것이 필요하였다. 또한 높은 구매가격은 엔지니어들이 공급자들에게 요구하는 특별한 주문 때문이기도 하였다.

엔지니어들은 처음에는 업무에 대해 방어하려고 하였지만, 결국 그들이 잘못되었음을 알게 되었고 개선이 시작되었다. 만 3년 동안 지속적인 노력을 기울인 결과 구매비용을 20% 절감할 수 있었다.

카를로스 곤은 판매데이터에 대하여 정밀분석을 하였고 그 결과 생산하는 모델 43개 중에서 4개만이 수익성을 내는 데 충분한 판매량을 기록하고 있음을 알게 되었다. 당시 새로운 모델디자인에 대한 최종결정은 엔지니어링 책임자들이 하였다. 디자이너들은 오로지 엔지니어로부터 주문을 받고 있었는데 그 결과 고객들이 실제로 원하고 있는 것이 어떤 것인가에 대해 파악하는 데는 거의 노력을 기울이지 않고 있었다. 닛산자동차에 대한 고객들의 선호도를 올리기 위하여 곤은 혁신적인 디자이너를 새로 고용한다. 그리고 디자이너들이 자동차 모델 결정에서 보다 많은 자율권을 가지게 되었다. 카를로스 곤은 디자이너들이 경쟁사들의 제품을 단순히 모방하기보다는 혁신적이기를 바랐다. 이러한 다방면의 변화가 계획대로 달성되었고 결국 닛산자동차는 위기에서 벗어나게 된다.

제 1 절 생산운영관리의 정의와 중요성

1 생산운영관리의 정의

생산운영관리(production & operations management)는 노동, 원료와 같은 자원이 고객에게 팔리는 제품과 서비스로 전환되는 변환과정에 대한 설계, 운영, 통제를 말한다. [그림 7-1]은 투입에서 산출로 변화되는 과정에서 가치가 창출되는 변환과정을 간략하게 묘사하고 있다. 시스템은 사람, 기술, 장비, 원료, 정보 등을 투입받아 다양한 과정, 절차, 작업활동 등의 통합변환과정을 거쳐, 최종 제품과 서비스를 만들어 낸다. 이러한 과정은 조직 전체를 통해서 일어난다. 예를 들어, 마케팅, 재무, 연구개발, 인적자원관리, 회계 부서의 구성원들이 판매, 증가된 시장점유율, 높아진 투자수익률, 새롭고 혁신적인 제품, 동기부여되고 몰입된 종업원들, 회계보고서를 통해 투입을 산출로 전환시킨다. 관리자는 목표를 더 효과적이고 효율적으로 달성하기 위해 관리하고자 하는 영역과 관련한 생산관리 등의 개념들이 필요할 것이다.

생산운영관리가 조직과 관리자에게 중요한 이유는 무엇인가? 첫째, 생산운영관리는 단순히 제조과정뿐만 아니라 다른 서비스 조직의 과정을 포함한다. 즉 생산운영관리는 생산부문만이 아니라 회사 전체의 과정과 관련된다. 둘

[그림 7-1]
생산 시스템의 구조

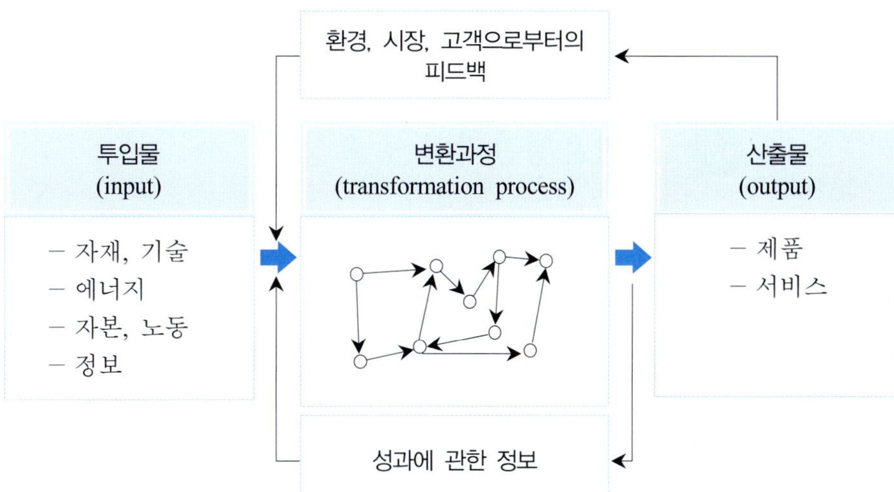

째, 생산성을 효과적이고 효율적으로 관리하기 위해 중요하다. 그리고 셋째, 생산운영관리는 조직 경쟁에서 성공하기 위한 전략적 역할을 수행한다.

유명 기업들은 훌륭하게 짜인 생산 시스템에 의존한다. 모든 조직은 변환 과정(transformation process)을 통해 제품이나 서비스를 생산한다. 간단히 말해, 모든 조직은 투입을 최종 제품과 서비스 산출로 변환하여 가치를 창출한다.

모든 조직은 무언가를 생산한다. 제조 기업만이 아니라 서비스 기업도 무언가를 생산한다는 점에서는 동일하다. 제조 기업들의 제품은 차, 핸드폰, 식품 등으로 명확하다. 즉 제조 조직(manufacturing organizations)은 물질적인 제품으로 바꾸기 때문에 이해하기 훨씬 쉽다. 그러나 서비스 조직(service organizations)에서는 서비스 유형의 비물질적인 산출물을 생산하기 때문에 변환 과정에 대한 증거를 쉽게 찾기 어렵다. 하지만 서비스 조직도 우리들에게 무언가를 제공한다. 병원은 사람들이 건강을 관리할 수 있도록 의료와 헬스케어 서비스를 제공하고, 택시회사는 사람들을 한 지역에서 다른 지역으로 옮겨주는 운송 서비스를 제공하며, 크루즈 회사는 여가와 오락 서비스를 제공하고, 배관공과 전기기술자는 우리가 살아가는 데 필요한 전기와 물이 원활히 공급되도록 도와준다. 모든 서비스 조직은 투입을 산출로 변환한다.

제품을 만들어 판매하고 서비스를 창출하여 판매하는 것으로 두드러지는 선진국의 경제는 이 점을 이해하도록 해 준다. 사실, 대부분 세계의 산업화된 국가들에서는 서비스 경제가 우세하다. 일례로 미국의 경우는 79% 이상이 서비스 경제로 이루어져 있으며 EU는 71% 이상이다. 후진국에서는 서비스 부분이 덜 중요하다. 예를 들면, 나이지리아의 경우 31%, 라오스는 26.6%, 베트남은 38.4%에 그치고 있다.

2 생산운영관리의 중요성

회사가 어떻게 여러분이 사용하는 재화나 서비스들을 생산하는가에 대한 생산과정은 매우 중요하다. 이러한 재화나 서비스 없이는 당신이 차를 타거나, 맥도날드 프렌치프라이를 먹거나 심지어 공원에서 산책을 즐길 수도 없을 것이다. 조직은 오늘날 갈수록 치열해지는 국제화된 경쟁 환경 속에서 살아남기 위해 심사숙고하여 잘 설계된 생산 시스템, 조직통제 시스템, 품질 프로그램들을 확보할 필요가 있다. 이러한 생산운영과정을 제대로 관리하는 것이 바로 관리자의 주요 업무이다.

3 생산성 향상 방안

생산성(productivity)이란 생산요소를 최종 제품으로 효과적으로 변환시키는 과정에 대한 유효성의 척도를 말하며, 식과 같이 입력과 출력의 비율로써 정의한다.

$$\text{생산성} = \frac{\text{출력(Output)}}{\text{입력(Input)}}$$

이것은 일정한 기간 동안에 생산을 위해 사용된 물적인 생산요소와 생산된 산출물 수량의 관계로 해석된다.

생산성은 작업을 하는 노동자에 대한 노동생산성(labor productivity)과 작업설비에 대한 기계생산성(machine productivity)으로 파악할 수 있다. 노동생산성은 작업자의 1인당 혹은 작업시간당 산출물을 측정하는 것이며, 기계생산성은 기계 1대당 혹은 작업시간당 산출물을 측정하는 것이다. 몇 가지 투입물과 단위 업무 처리 시스템을 동시에 고려할 수도 있는데, 종합생산성은 생산과정에 한 가지 이상의 인적자원이나 설비자원이 동시에 사용되는 경우에 대한 산출을 나타내는 지표이다. 종합생산성은 산출물의 가치를 투입된 노무비와 재료비 및 설비의 운영경비로 구할 수 있다.

1) 노동생산성의 계산

4명의 직원이 근무하는 여행사 사무실에서 1주일 동안 하루 8시간씩 5일을 근무하고 200건의 여행 상품에 대한 계약을 성립시켰다고 하자. 이때 해당 여행사 사무실 직원들의 시간당 노동생산성은 다음 식과 같이 구할 수 있다.

$$
\begin{aligned}
\text{노동생산성} &= \frac{\text{출력}}{\text{입력}} \\
&= \frac{200(\text{건})}{4\text{명} \times 8\text{시간} \times 5\text{일}} \\
&= 1.25\text{건}/\text{시간}
\end{aligned}
$$

2) 기계생산성의 계산

5대의 자동 입출금기(ATM : automated teller machine) 설비를 설치한 은행의 간이 무인화 점포에서, 1주일 동안 하루 24시간씩 7일간에 걸쳐 ATM 설비를 가동하여 4,200건의 현금 입출금 및 계좌이체 업무를 수행하였다. 이때 해당 간이 무인화 점포의 ATM 설비에 대한 기계생산성은 다음과 같이 구할 수 있다.

$$
\begin{aligned}
\text{기계생산성} &= \frac{\text{출력}}{\text{입력}} \\
&= \frac{4,200(\text{건})}{5\text{대} \times 24\text{시간} \times 7\text{일}} \\
&= 5\text{건}/\text{시간}
\end{aligned}
$$

하나의 여객기는 약 400만 개의 부품으로 이루어져 있다. 따라서 정교하게 고안된 제품처럼 효율적인 조립이 매우 중요하다. 세계적인 여객기 생산업체인 Boeing과 Airbus는 Toyota로부터 기술을 이전해왔다. 그러나 모든 기술들을 그대로 모방할 수는 없었다. 왜냐하면 여객기는 자동차에 비해 고객화 관련 요구가 더 많으며 훨씬 더 엄격한 안전 규정을 따라야 하기 때문이다.

로드섬 동부의 Evans Findings Company에서는 치실 용기에 사용하는 작은 절단 기구를 만든다. 각 제품 시프트는 종업원 없이 공정이 돌아간다. 그 회사의 목표는 가능한 한 노동력 없이 일하는 것이다. 이는 그들이 종업원들을 등한시하기 때문이 아니다. 미국의 많은 생산업체와 마찬가지로, Evans 역시 저원가의 경쟁자들에 대항하여 살아남기 위해 생산성을 향상시켜야 하기 때문에 완벽한 부품을 종업원 없이 만들면서도 믿을 수 있도록 디자인된 장비들로 '무인체제' 운영을 하게 되었다.

비록 대부분의 조직들이 400만 개의 부품을 만들지 않고 또 대부분의 조직이 종업원 없이 제 기능을 발휘할 수는 없지만 생산성 향상은 사실상 모든 조직의 주요한 목표가 되고 있다. 국가의 입장에서 볼 때, 높은 생산성은 경제

성장과 개발을 이끈다. 종업원들은 더 높은 임금을 받을 수 있고 기업 수익은 인플레이션을 야기하지 않으며 증가할 수 있다. 개별 기업의 입장에서 증대된 생산성은 비용을 낮추고 더 경쟁적인 가격으로 제공하도록 해 준다.

지난 10년 동안 미국 경제는 효율의 증대를 통해 비약적인 성장을 해 왔다. 예를 들면, 코네티컷 주 셀턴의 Latex Foam International에 있는 최신 디지털 설비는 모든 공장의 운영을 모니터링한다. 그 시설은 작은 공간에서 50%까지 생산력을 늘렸고 30%의 효율을 달성하였다. 이는 단지 생산성을 추구하는 제조업에만 해당하는 것이 아니다. Pella Corporation의 구매 사무실은 구매 주문 입력시간을 줄임으로써 50%에서 86%까지 생산성을 향상시켰다. 또한 증빙서류 확인과정 작업을 축소시켜 27%의 생산성 향상을 이루었으며, 회계상의 시스템 중 열네 가지를 제거하였다. 정보기술 부서는 이메일 용량을 반으로 감소시켰으며 콜센터 사용자들처럼 대용량 컴퓨터를 사용하는 이들에 대한 업무 개선 방안을 실행하였다. 인사부에서는 복지 등록 절차시간을 156.5일까지 줄였다. 그리고 회계부서는 월말 회계 마감 기간 동안 단 이틀만 일한다.

모든 조직은 생산성을 향상시킬 방법을 찾고 있다. 예를 들어, Mcdonald's Corporation은 프렌치프라이 조리시간을 엄청나게 감소시켰다. 1회 조리시간을 201초에서 65초로 줄이면서 시간과 자원을 절약할 수 있었다. 토론토에 기반을 둔 Canadian Imperial Bank of Commerce는 자동구매 시스템으로 연간 수백만 달러를 절약하고 있다. 또한 독일 Vokswagen AG 소유의 Skoda, Czench 자동차 회사는 강력한 제조공정 구조개선을 통해 생산성을 향상시켰다.

생산성은 사람과 생산 변수들로 구성되는데, 생산성을 향상시키기 위해 관리자들은 두 가지 모두에 초점을 맞추어야 한다. 품질 전문가인 W. Edwards Deming은 현장 근로자가 아닌 관리자들이 생산성 향상의 우선적 원천이라고 했다. 그가 제시한 경영생산성 향상을 위한 열네 가지 중요 사항들은 사람과 생산 간의 상호작용에 대한 Deming의 이해를 잘 보여주고 있다.

높은 생산성은 단지 '사람 관리'를 잘하는 것만으로 달성되는 것은 아니다. 실제로 효과적인 조직들은 전체 생산 시스템에서 사람들을 통합하여 생산성을 최대화시킬 수 있다. 예를 들어, 조지아 주 Americus에 있는 Simplex Nails 제조공장의 종업원들은 회사의 회생 노력에서 제외할 수 없는 요소였다. 몇몇 생산 종업원들은 부서를 초월하여 재배치되거나 정리해고되었고 이는 공간을 여유롭게 했다. 회사의 판매 원동력은 재고에 대한 것보다 고객들이 무엇을 원하는지에 관한 재교육과 재조명이었다. 그 결과는 엄청났다. 재고는

50% 이상 줄어들었고 공장에는 20%의 여유 공간이 생겼다. 주문도 훨씬 꾸준해졌으며 종업원들의 의욕도 높아졌다. 이것이 사람과 경영 시스템 간의 상호작용의 중요성을 이해한 결과이다.

제2절 생산운영과 가치사슬관리

1 가치사슬관리의 개념

가치는 고객에게 어떻게 제공되는가? 어떠한 투입 원료와 다른 자원이 제품이나 서비스로 변환하면 최종 소비자들은 그들이 원할 때, 원하는 형태로 그것을 구매한다. 다양한 자원들이 고객이 원하는 가치로 전환되는 단순한 활동처럼 보이지만, 고객들은 서로 다른 참가자들(공급자, 제조업자, 심지어 고객들)에 의해 수행된 상호 관련된 광범위한 직무에 가치를 지불하고 있다. 가치사슬(value chain)은 원료의 처리에서 시작하여 최종 소비자의 손에 제품이 도달하는 데 이르는 각 단계에서의 가치를 총합한 조직의 작업활동 전체이다. 가치사슬은 공급업자의 또 다른 공급업자, 고객의 또 다른 고객을 포함하는 것이다.

가치사슬관리(value chain management)는 전체 가치사슬을 따라서 제품 흐름에 관한 순차적인 통합된 활동과 정보를 관리하는 과정이다. 반면, 가치사슬관리는 기업 내부뿐만 아니라 외부적으로 지향되는 것으로, 원료의 투입 및 제품과 서비스 산출 모두에 초점을 두며, 유효성을 지향하고 고객을 위한 더 높은 가치를 창출하는 것에 목표를 둔다.

누가 가치사슬에 영향력을 갖고 참여하는지를 생각해 보자. 공급업자들은 필요한 자원과 원료를 제공하는가? 결론적으로 공급업자들은 가격과 품질에 영향력을 갖는다. 제조업자들은 원료를 조합하여 가치 있는 제품이나 서비스를 만든다. 제품이나 서비스 창출에 있어서 제조업자 없이는 불가능할 것이다. 유통업자들은 언제, 어디서든 고객이 제품과 서비스를 필요로 할 때 이용가능하도록 해야 하는데 실제로 그렇지만은 않다. 또한 가치사슬관리에서 고객은 영향력을 가지고 있다. 어떤 가치가 어떻게 창출되어 제공될지를 정의하는 것이 고객이다. 가치사슬관리를 사용하는 데 있어, 관리자들은 고객들의 욕구를 충족시키고 경쟁사가 따라올 수 없는 가격을 충족시키는 해법을 제공하도록 독특한 조합을 찾을 수 있다. 예를 들어, 고객 욕구를 더 잘 예상하고, 재고를 더 적절하게 보충해 놓기 위한 노력으로, Shell Chemical은 공급품 재고관리 및 주문 네트워크를 개발했다. 이러한 네트워크에 사용된 소프트웨어는 관리자들이 선적 상태를 추적하고, 안전한 재고수준을 계산하며, 재공급 스케줄을 준비한다. Shell Chemical의 이러한 능력은 고객들에게 고객이 원하는 시점에 제품을 구매하고, 즉시 그것을 받도록 해주었다.

좋은 가치사슬은 일련의 참여자들이 한 팀으로 함께 일하여 전체 과정에 가치를 부여하는 것이다. 즉, 더 빨리 조립하고, 더 정확한 정보를 제공하며, 고객에 대한 반응성과 서비스를 높이는 것이다. 다양한 가치 참여자들 사이에 협동이 잘될수록 더 나은 고객 솔루션을 마련할 수 있을 것이다. 가치가 고객을 위해 창출되고 고객의 욕구를 만족시킬 때, 사슬 내의 모든 사람들은 이익을 얻게 된다. 예를 들어 컴퓨터의 보조기억장치인 집드라이브와 같은 개인 컴퓨터 저장장치를 제조하는 Iomega Corporation의 가치사슬관리는 내부 공급자와의 관계를 개선하는 것에서 시작한다. 그다음 외부 공급업자와 고객으로 확대한다. 기업의 공급사슬관리에 관한 경험이 강화되고 개선됨으로써 고객과의 연계도 강화되고 궁극적으로 이익은 모든 가치사슬 파트너에게 돌아가게 된다.

성공적인 가치사슬 전략을 수립하고 운영하기 위해 내·외부의 파트너들과 협력하는 것은 시간, 에너지, 다른 자원들, 모든 가치사슬 파트너들의 헌신 등의 중대한 투자를 필요로 한다. 그럼에도 불구하고 왜 경영자들은 가치사슬 관리를 시행해 왔을까? 한 제조업자를 대상으로 실시한 조사에 따르면 네 가지 측면의 우선적 이익이 있다. 조달, 물류, 제품 개발, 고객주문관리의 강화가 그것이다.

2 가치사슬관리의 구성

현대의 글로벌 조직들이 직면하고 있는 역동적이고 경쟁적인 환경은 새로운 해법을 요구한다. 어떻게 가치가 시장에서 결정되는지 그 이유와 방법을 이해하는 것은 새로운 비즈니스 모델을 실험하도록 조직을 이끈다. 비즈니스 모델

(business model)은 기업이 전략, 절차, 활동들의 광범위한 영역으로부터 어떻게 수익을 얻어 낼 것인지에 대한 전략적 설계이다. 예를 들어, 가정용 가구 제조업체인 IKEA는 가정용 가구산업의 가치사슬을 재고안하는 것에 의해 스웨덴의 한 작은 통신판매 가구업체에서 세계에서 가장 큰 가정용 가구 소매업체로 거듭났다. 이 기업은 고객들에게 전통적으로 제조업체와 소매업체들이 완성했던 특정 핵심 과업들(가구를 집에서 조립)을 고객의 의지대로 하게 함으로써 적절히 낮은 가격으로 잘 디자인된 제품을 제공한다. 이 회사의 새로운 비즈니스 모델의 적용과 오래된 방법 및 절차들을 버리려는 의지가 IKEA를 성공적으로 운영되도록 하였다. 또한 이는 IKEA가 가치사슬관리의 중요성을 인식하는 데 도움을 주었다.

성공적인 가치사슬관리는 무엇을 필요로 하는가? 가치사슬관리에 필요한 조정과 협력, 기술투자, 조직과정, 리더십 등의 네 가지 주요 사항들을 더 자세히 살펴보자.

1) 조정과 협력

고객의 욕구에 부합하는 것 이상의 목표를 달성하는 가치사슬을 위해 사슬의 모든 구성원들 사이의 포괄적이고 한결같은 통합이 절대적으로 필요하다. 가치사슬 내의 모든 파트너들은 가치가 없는 것들을 확인해야 한다. 정보를 공유하고 가치사슬 내의 사람들까지 융통성 있게 하는 것은 조정과 협력을 구축하는 데 중요한 단계이다. 이러한 정보와 분석을 공유하는 것은 다양한 가치사슬 파트너간 열린 커뮤니케이션을 필요로 한다. 예를 들어, 특수고분자 제조업체인 Furon Company는 고객, 공급업체들과 더 잘 의사소통하는 것이 제품과 서비스를 적시에 전달되도록 촉진했고 모든 가치사슬 파트너들에게 부가적인 비즈니스 기회를 얻게 했다고 믿는다.

2) 기술투자

성공적인 가치사슬관리는 정보기술에 대한 투자 없이는 불가능하다. 이러한 투자를 통해, 정보기술은 최종 소비자들에게 더 잘 제공하도록 가치사슬을 재구조화하는 데 사용될 수 있다. 예를 들어, Rollerblade, Inc.는 제품에 관해 고객을 교육시킬 목적의 웹사이트를 개발하기 위해 많은 돈을 투자했다. 비록

이 기업이 딜러 네트워크에 대항하는 데서 오는 두려움 때문에 웹에서 제품을 판매하지는 않지만, 관리자들은 이러한 이슈에 대해서 유연성을 남겨 두고 있고, 만일 그들이 그렇게 하는 것이 고객들에게 더 가치를 잘 전달하는 것이라 여겨진다면 그것을 고려할 것이다.

어떤 유형의 기술이 중요한가? 전문가에 따르면, 핵심 도구들은 모든 조직의 활동, 세부적인 생산 및 조달 작업을 계획하고 스케줄링하는 소프트웨어, 고객관계관리 시스템, 비즈니스 인텔리전스(BI) 역량, e-비즈니스를 연결시키는 전사적 자원관리(ERP) 시스템을 포함한다. 예를 들어, Dell Inc.는 공급업자와의 관계를 거의 온라인만으로 관리한다. 이 회사의 고객을 위한 웹사이트는 Dell과 수많은 공급업체들 사이의 우선적 커뮤니케이션 방법이다. 이러한 정보기술의 유형에 대한 경쟁자가 따라올 수 없는 방법의 투자는 고객 니즈를 충족시키고 있다.

3) 조직과정

가치사슬관리는 본래 조직과정(organizational processes)을 변화시킨다. 관리자들은 가치가 어디에서 부가되는지를 가늠하기 위해 핵심역량(조직만의 독특한 기술, 역량, 자원 등)을 살펴보는 것으로, 모든 조직과정의 시작부터 끝까지 모든 것을 중대하게 평가해야 한다. 가치가 부가되지 않는 활동들은 제거해야 할 것이다. "원료와 정보의 흐름을 개선시키기 위해 영향력을 주는 내부 지식이 어디에 있는가?", "고객과 공급업체 모두 만족시키기 위해 어떻게 우리 제품을 더 잘 설정할 수 있는가?", "어떻게 원료와 정보의 흐름을 개선할 수 있는가?", "어떻게 고객 서비스를 개선할 것인가?"와 같은 질문들이 각 과정에서 제기되어야 할 것이다. 예를 들어, Deere & Company의 관리자들이 Worldwide Commercial and Consumer Equipment 부서에서 가치사슬관리를 실행했을 때, 철저한 과정 평가는 작업활동을 더 잘 일치되도록 해야 하고 복잡한 공급사슬의 상호관계를 더 잘 관리할 필요가 있음을 알아냈다.

우리는 어떻게 조직과정이 변화해야 하는지에 관한 중대한 결론을 내릴 수 있다. 첫째, 수요를 더 잘 예측하는 것은 고객 및 공급업자와 밀접히 연계되어 있기 때문에 필수적이다. 예를 들어, 리스테린(Listerine)을 고객이 원했을 때, 가게의 선반에 둘 수 있도록 하기 위해 Wal-Mart와 Warner-Lambert's Consumer Group(지금은 Pfizer, Inc.의 사업부)은 제품 수요예측 정보를 개선하기 위해 협력했다. 이러한 상호 노력을 통해 파트너는 리스테린의 Wal-Mart 판매액을 650만 달러로 끌어올렸다. 고객은 또한 언제 어디서든 그것을 원할 때 구매할 수 있기 때문에 혜택을 본다.

둘째, 선택된 기능들은 가치사슬에서 다른 파트너들과 협력적으로 행해져야 한다. 이러한 협력은 직원들과의 공유로 확대되어야 한다.

마지막으로, 새로운 척도들이 가치사슬 사이의 다양한 활동의 성과를 측정하기 위해 필요하다. 가치사슬관리의 목표가 고객의 니즈 이상을 충족시키는 것이기 때문에, 관리자들은 이러한 가치가 얼마나 잘 창출되고 고객에게 전달되는지에 대한 더 나은 그림을 그려야 한다. 예를 들어, Nestle USA는 가치사슬관리 접근법을 실행했을 때, 정확한 수요예측, 생산계획, 시간에 맞춘 운송, 고객 서비스 수준을 포함하는 일치되는 일련의 요소에 중점을 두기 위해 측정 시스템을 재설계했다. 이러한 재설계는 관리자가 더 빨리 문제를 확인하여 해결하기 위한 조치를 취하도록 했다.

4) 리더십

가치사슬관리에서 리더십의 중요성은 명백하다. 가치사슬관리가 성공하려면 몰입된 리더십 없이는 불가능하다. 조직의 최고 수준부터 낮은 수준에 이르기까지, 관리자들은 가치사슬관리를 지속적으로 실행하고 증진시켜야 한다. Furon Company의 CEO Michael Hagan은 다음처럼 리더십의 역할을 기술하고 있다. "가치는 조직의 위에서 아래로 흐를 뿐만 아니라 아래에서 위로도 흐르는 하나의 마음가짐이다. 모든 사람들은 주어진 과업에 가치가 부가되고 있는지 물어야 한다. 만일 그렇지 않다면 그것을 왜 하는가?" 관리자들은 가치가 무슨 가치가 있는지, 어떻게 그 가치가 최상으로 제공될 수 있었는지, 어떻게 성공적으로 그러한 노력을 다했는지를 확인하기 위해 진지한 몰입을 만들어야 한다. 모든 노력에 있어 조직의 분위기나 그러한 문화의 유형은 최고의 고객 가치 전달에 초점을 둔다. 이것은 조직 리더의 진지한 몰입 없이는 불가능하다.

또한 리더가 조직의 가치사슬관리 수행과 관련된 기대를 기술하는 것이 중요하다. 이상적으로, 명료하게 표현된 기대는 고객을 위한 최상의 가치를 확인하고 제공하기 위한 조직의 몰입을 표현한 비전이나 미션에 대한 기술로 시작할 수 있다. 예를 들어, American Standard Companies가 가치사슬관리에 대한 수행을 시작했을 때, CEO는 국가간 경쟁적인 환경 변화를 설명하고, 회사가 가치사슬 파트너들과 더 좋은 관계를 창출해야 할 이유에 대한 수십 번의 회의에 참석했다. 다음으로, 조직 전체의 관리자들은 가치사슬에서의 각 종업원의 역할과 관련된 기대를 명확히 해야 할 것이다. 예를 들어 American Standard Companies가 가치사슬 경영을 추구하기 시작했을 때 CEO는 여러 국가에 걸쳐 수십 번의 미팅을 가지면서 변화하는 경쟁 환경과 기업이 가치사슬 파트너들과 더 좋은 관계를 창조하는 것이 필요한 이유에 대해 설명하였다. 전 조직에 걸쳐 경영진들은 각 종업원의 가치사슬 내 기대 역할에 대해 명확히 해야 한다. 또한 파트너들에 대해서도 기대 역량을 분명히 해야 한다. 예를 들어, American Standard의 관리자들은 공급업체들에 대한 명확한 필요사항들을 확인했고, 그러한 것을 충족시킬 수 없는 공급업체들은 그만두게 했다. 에어컨디셔너, 목욕용품, 부엌용품, 자동차 통제 시스템 사업에 속해 있는 수많은 공급업체와의 거래를 끊었다. 반대로, 기대를 충족시키는 공급업체들에게는 더 많은 비즈니스로 혜택을 주었고, American Standard는 파트너들과 함께 고객들에게 더 나은 가치를 전할 수 있게 되었다.

제 3 절 생산계획의 종류와 생산실행

1 총괄생산계획

수요예측에 의하여 미래의 수요가 파악되면 대상 계획기간에 대한 수요를 만족시킬 수 있도록 생산계획이 수립되어야 한다. 그런데 생산활동에 필요한 설비, 노동력, 자재 등의 많은 자원들이 한정되어 있으므로 수요예측에 맞추어 생산량을 조정하는 것이 쉬운 일이 아니다. 또한 목적에 따라 생산계획의 몇 가지 유형이 존재한다.

먼저 총괄생산계획(aggregate production planning)은 동적인 수요의 변화에 대해 수요와 생산능력 간의 불균형을 조정하여 수요에 부응하면서 생산량을 어느 정도 유지하기 위한 계획 기능이다. 이는 보통 1년을 대상 계획기간으로 하고, 1개월 단위로 제품군 등의 총괄생산단위(aggregate production unit)에 대한 전반적인 계획을 수립하는 중기계획이다. 총괄생산계획에서 총괄생산단위에 대한 생산율, 생산능력, 재고수준 등에 대한 의사결정이 이루어지게 된다.

2 기준생산계획

총괄생산계획은 기준생산계획(master production schedule)을 통하여 구체적인 제품 모델단위의 생산계획으로 구체화된다. 기준생산계획의 목표는 소비자에 대한 서비스를 증가시키는 것과 생산자원의 유용성을 개선시키는 것이다. 기준생산계획은 보통 주를 단위기간으로 하여 몇 개월을 대상 계획기간으로 수립하는 단기계획이다. 기준생산계획에서는 총괄생산단위로 수립된 총괄생산계획을 제품별 단기수요 예측에 기초하여 구체적인 제품별로 분해하게 된다. 제품별, 기간별로 수립하는 세부생산계획으로서의 기준생산계획은 자재소요량 계산 및 작업자 관리, 부품 및 구매 관리의 기본 지침이 된다. 기준생산계획은 장단기 수요예측을 기반으로 수립하지만, 생산과 관련된 용량 및 자원을 고려하여 최종 생산할 제품과 양을 확정하는 계획이므로 영업과 생산 부문을 조정하는 가교 역할을 담당한다고 말할 수 있다.

3 상세 일정계획

다음 단계로서는 기준생산계획을 달성하기 위해 실제 수행되어야 할 작업 내용을 구체화하는 단계가 필요할 것이다. 이는 총괄생산계획에서 결정되고 획득된 기계설비, 인력, 자재 등의 생산자원을 수행되어야 할 작업 및 활동에 효율적으로 배분하고 활용함으로써, 기준생산계획을 달성하고 나아가 수요량을 맞출 수 있도록 인력과 자재, 기계설비를 최적으로 사용할 수 있는 상세 일정계획(detailed production schedule)을 수립하는 것이다. 이러한 상세 일정계획에서는 작업장과 인력의 부하를 균등하게 할당하고, 생산지시에 의해 작업순서를 결정하며 작업시작시점과 완료시점을 결정하는 업무가 수행된다.

4 자재소요량계획

위에서 설명한 기준생산계획(MPS)을 바탕으로 필요 자재와 부품의 소요량 및 시점을 결정해야 한다. 자재와 부품이 있어야 소비자에게 가는 최종 제품이 제조될 수 있으므로 어떠한 자재와 부품이, 언제, 얼마만큼 필요한지를 결정하는 작업은 매우 중요하다.

MRP의 처리는 효용성이 있는 자재계획의 작성을 보장하기 위한 정보를 요구한다.

이러한 작업을 위한 자재소요량계획(MRP : materials requirement planning)에 필요한 3대 요소는 기준생산계획과 자재명세서(BOM : bill of material) 그리고 자재에 대한 정확한 재고정보이다. 일반적으로는 기준생산계획에서 최종 완제품에 대한 수량 확정이 이루어지고, 이를 바탕으로 자재명세서(BOM)의 부품에 대한 종속 수요량이 계산되는데, 이때 최종 완제품과 부품의 재고 현황을 체크하여 적정 규모의 재고를 가져갈 수 있는 부품의 수량이 계산되어 나오게 된다. 관련 부품의 발주량뿐만 아니라 부품 조달기간(lead time)을 고려하여 어느 시점에 발주가 나가야, 납품이 되어 생산에 차질을 빚지 않는지를 고려하여 발주시기도 계산된다.

다시 말해, 자재소요량계획에서는 창고에 있는 재고뿐만 아니라 공정 중에 있는 재공재고를 실시간으로 파악하고, 영업의 수요와 생산 현황을 고려

[그림 7-2]
MRP 수립을 위한 주요 요소

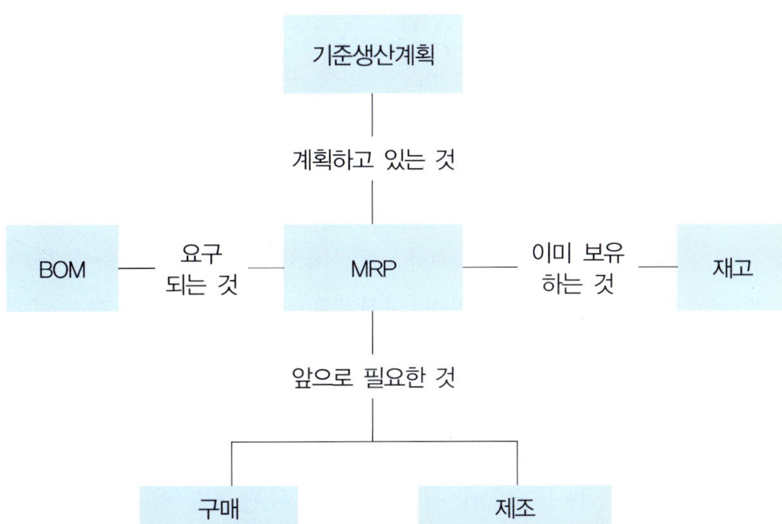

[그림 7-3]
생산계획과 MRP의 관계

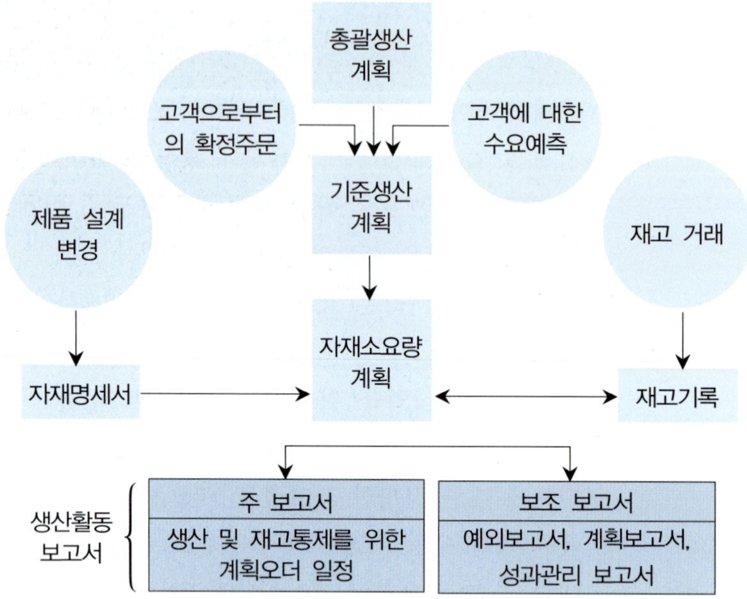

한 주 일정계획에 있는 제품과 수요량을 맞출 수 있는 자재 및 부품의 소요량을 계산하는데, 이를 위해 종속 관계 및 종속 소요량이 명시되어 있는 자재명세서(BOM)를 활용하여 최소의 재고로 수요를 맞출 수 있는 자재 및 부품 소요량과 발주량 그리고 발주시점을 계산하게 된다.

5 구매 및 생산

위의 자재소요량계획(MRP)의 결과로 나온 원재료, 부품, 조립품 및 완제품의 필요시기와 필요량에 대해 구매를 할지 또는 직접 생산을 할지를 결정해야 한다. 이에 따라 구매할 품목은 수량과 일자가 명기된 구매 오더로 전환하고, 직접 생산할 품목은 생산지시로 전환하여 공정으로 알려준다.

구매관리란 생산계획에 따른 부품의 필요 수량을 기초로 하여 제품의 사양을 만족시킬 자재와 부품을 적절한 가격에, 필요한 양을, 필요한 시기에, 최소 비용으로 구입하는 것이 목적이다. 이때 구입하는 자재와 부품의 품질 요건을 충족시키는 것은 당연히 전제되어야 한다. 업종에 따라서는 부품을 자사의 공장에서 직접 생산하는 경우도 있고, 직접 생산과 구매를 적절히 나누어 병행하기도 한다.

구매시에는 구매부서에서 집중 구매할 것인지, 자재와 부품을 필요로 하는 필요 부서에서 분산 구매할 것인지를 결정해야 한다. 중앙일괄구매는 구매 영향력을 증대시킬 수 있는 장점이 있다. 그 절감액은 상당하며 종종 구매 액의 10% 이상을 절감시켜 주기도 한다. 구매 영향력의 증가는 서비스 개선, 장기 수급안정, 납품업체의 능력 개발을 유도한다. 해외의 납품업체를 활용하는 기업은 중앙일괄구매를 선호하는데, 해외구매시 외국 언어와 문화를 이해하는 특별한 능력을 필요로 하기 때문이다.

중앙일괄구매의 가장 큰 단점은 아마도 현지 차원에서 통제의 상실일 것이다. 공장이나 사업부가 이익이나 원가로 평가될 때, 특정 공장에서만 사용되는 품목을 중앙일괄구매하는 것은 바람직하지 못하다. 이 같은 품목은 가능할 때마다 현지에서 직접 구매할 수 있어야 한다. 마찬가지로 생산일정과 밀접하게 연결된 구매의 경우에도 현지 구매가 바람직하다. MRP 결과로 시급하게 원재료나 부품을 구매해야 하는데, 중앙구매부서를 거치면 그만큼 지연의 소지가 커지기 때문이다. 또한 중앙일괄구매는 결제과정이 길어서 구매의 리드타임이 길다. 기업에 따라 다르겠지만 대체로 최적안은 현지의 자율구매와 중앙일괄구매가 적절히 결합된 혼합구매전략일 것이다. 예를 들어 IBM에서 회사의 중앙구매부서는 현지 공장들의 요청이 있을 때에만 중앙일괄구매를 하고, 그중 한 공장의 경영자가 모든 참여 공장의 계약 상황을 점검한다.

또한 품질, 가격, 수요의 변동에 대한 대처 능력 등을 종합적으로 고려하여 단일 공급자를 택할 것인지, 복수 공급자를 택할 것인지를 결정해야 한다. 새로운 공급업체를 선정할 때 가장 흔히 고려하는 요소는 가격, 품질, 납기이다. 기업의 총비용 중에서 구매가 차지하는 비중이 가장 크므로 낮은 가격을 제시하는 공급업체를 찾는 것이 중요한 목적이다. 하지만 공급품목의 품질 또한 중요하다. 품질문제로 인한 드러나지 않는 비용은 매우 크며, 후속 생산공정이 상당히 진행된 후에 결함이 발견될 경우에는 특히 그 비용이 심각하다.

일반적으로 직접 생산할 부품과 구매할 부품은 사전에 정의해 놓고 MRP 결과가 나오면 바로 구매와 생산이 결정되도록 하는 경우가 많다. 그러나 신제품을 위한 자재나 부품의 경우에는 사전에 충분한 시간을 갖고 구매와 생산을 결정해야 하며, 이를 위해 협력업체에서 준비할 사항과 자사의 생산 현장에서 갖추어야 할 능력 등을 사전에 인지시켜야 혼란이 없이 원활하게 수요를 맞출 수 있을 것이다.

6 재고관리

재고(inventory)란 고객의 수요를 충족시키거나 제품 혹은 서비스의 생산을 지원하기 위한 물품의 저장을 의미한다. 재고는 크게 세 가지 유형으로 존재하는데, 이 분류는 회계의 측면에서 유용하다. 원자재(raw materials)는 제품 혹은 서비스의 생산에 필요한 재고이며, 제품을 생산하든 서비스를 생산하든 변환과정에의 투입물을 말한다. 재공품(work in process)은 완제품에 필요한 부품 혹은 중간 조립품으로 이루어진다. 제조공장, 유통창고, 소매점에서의 완제품(finished goods)은 고객에게 판매되는 품목이며, 한 기업의 완제품은 다른 기업의 원자재가 될 수도 있다.

원자재 및 부품, 재공품 혹은 완제품의 입고가 출고를 초과할 때 재고가 발생한다. 재고관리의 핵심은 원가를 절감하기 위해 재고를 없애는 것도 아니고, 모든 수요를 충족할 수 있도록 많은 재고를 보유하는 것도 아니며, 기업의 경쟁우위 요소를 가장 효율적으로 달성할 수 있는 적정의 재고를 보유하는 것이다.

재고를 적게 유지해야 하는 이유는 상품의 변질 및 훼손, 신제품 등장으로 인한 제품 가치의 감소 그리고 이자, 보관비, 취급비용, 세금, 보험료 등의 재고 유지비용이 들기 때문이다. 재고의 규모에 따라 재고 유지비용도 변한다. 재고 한 단위를 1년간 유지하는 데 드는 비용은 보통 그 가치의 20~40% 정도의 범위이다. 장기 불용재고가 많을 경우에는 그 손실이 기업에 매우 큰 타격을 입힐 수 있다. 만약 재고 유지비용이 그 제품 가치의 30%라고 가정해 보자. 이러한 상황에서 평균 재고수준이 매출액의 20%라면 연평균 재고 유지비용은 매출액의 6%(0.3×0.2)일 것이다. 경상이익이 보통 매출액의 10% 미만임을 감안하면, 이 비용은 매우 큰 금액이다. 따라서 재고 유지비용을 구성하는 비용 요소 때문에 일반적으로 재고를 감축하기를 원한다.

그러나 재고를 비축해야 하는 이유도 당연히 있다. 크게 재고고갈(stockout)이나 미납주문(backorder)으로 인한 고객 서비스의 저하, 납품업체 선정이나 협상 및 주문 사항 추적으로 인해 소요되는 주문비용(ordering cost), 작업 종류를 변경할 때 드는 가동준비 비용(setup cost), 그 밖에 노동력과 장비의 이용률, 수송비용, 수량 할인과 연관된 구입비용 등으로 인해 기업은 재고를 준비해야만 한다.

재고 시스템이 정상적으로 운영되기 위해서는 물품의 입출고와 각 거래의 정확성이 유지되어야 한다. 또한 무단 혹은 보고되지 않은 출고를 예방하기 위해 재고 창고에 안전장치를 하는 것이 필요하다. 그리고 주기별로 재고조사를 하여, 전체 물품 중의 일부 품목에 대해 실제로 재고 수량을 조사하고 오류가 있으면 수정하는 방법을 병행해야 한다. 재고관리에서 많이 사용하는 ABC 분석에서는 품목수가 20%이지만 금전적인 가치는 80%에 해당하는 품목을 A그룹으로 분류하며, A그룹의 품목에 대하여는 보다 자주 재고 실사가 이루어진다. 정확한 재고 기록은 재고의 감소를 어느 정도 이룰 수 있게 해줄 뿐만 아니라 고객 서비스의 향상도 기할 수 있다. 특히 앞에서 설명한 자재소요량계획(MRP)에서는 특정 품목의 재고 수량을 고려하여 발주가 나가므로, 재고의 부정확한 기록 상태는 MRP의 정상적인 운영을 가로막는 커다란 요인 중 하나이다. 그러므로 재고관리자들은 재고를 정확하게 관리해야 하는 중요성을 인식하고 실천해야만 한다.

요약

학습목표 1 생산운영관리의 중요성과 생산성 향상 방안에 대하여 이해한다.

◎ 생산운영관리는 어떠한 중요성을 가지는가?

생산운영관리(production & operations management)는 노동, 원료와 같은 자원이 고객에게 팔리는 제품과 서비스로 전환되는 변환과정에 대한 설계, 운영, 통제를 말한다.

◎ 생산성의 종류와 향상 방안은 무엇인가?

생산성에는 노동생산성과 기계생산성 등이 있으며, 높은 생산성은 단지 '사람 관리'를 잘하는 것만으로 달성되는 것은 아니다. 실제로 효과적인 조직들은 전체 생산 시스템에서 사람들을 통합하여 생산성을 최대화시킬 수 있다.

학습목표 2 가치사슬관리의 개념을 이해하고 성공적인 가치사슬관리를 위한 구성요소를 파악한다.

◎ 가치사슬관리의 개념은 무엇인가?

가치사슬관리는 기업 내부뿐만 아니라 외부적으로 지향되는 것으로, 원료의 투입 및 제품과 서비스 산출 모두에 초점을 두며, 유효성을 지향하고 고객을 위한 더 높은 가치를 창출하는 것에 목표를 둔다.

◎ 가치사슬관리가 성공하려면 어떠한 요소들이 필요한가?

가치사슬관리에 필요한 조정과 협력, 기술투자, 조직과정, 리더십 등의 네 가지 주요 사항을 제대로 이해하는 것이 필요하다.

학습목표 3 생산계획의 종류를 파악하고 자재소요량계획과의 관계를 이해한다.

◎ 생산계획의 종류에는 어떠한 것들이 있는가?

생산계획에는 총괄생산계획, 기준생산계획, 상세 일정계획, 자재소요량계획 등이 있으며 각 계획의 필요성을 이해해야 한다.

◎ 자재소요량계획을 올바르게 운영하는 데 필요한 3대 요소는 무엇인가?

자재소요량계획에 필요한 3대 요소는 기준생산계획과 자재명세서(BOM) 그리고 자재에 대한 정확한 재고정보이다. 일반적으로는 기준생산계획에서 최종 완제품에 대한 필요 수량이 확정되고, 이를 바탕으로 자재명세서(BOM)의 부품에 대한 종속 수요량이 계산되는데, 이때 최종 완제품과 부품의 재고 현황을 체크하여 적정 규모의 재고를 가져갈 수 있는 부품의 수량이 계산되어 나오게 된다. 관련 부품의 발주량뿐만 아니라 부품 조달기간 (lead time)을 고려하여 어느 시점에 발주가 나가야, 납품이 되어 생산에 차질을 빚지 않는지를 고려하여 발주시기도 계산된다.

생각해 볼 문제

1 서비스 기업과 생산기업의 생산성 향상 사례를 각자 찾아보시오.

2 가치사슬관리의 사례를 각자 찾아보고 조정과 협력 등 네 가지 주요 성공요인 관점에서 추론해 보시오.

3 생산계획의 종류가 다양한 이유와 그 필요성에 대하여 정리하시오.

4 자재소요량계획의 정확도를 향상시키기 위하여 3대 요소 관점에서 기업이 할 수 있는 방안을 생각해 보시오.

CHAPTER

8

마케팅과 고객만족

‘밴드왜건 효과’와 ‘스놉 효과’

1990년대 초 우리나라에 처음 선보였던 휴대폰은 크고 무거운 고가의 사치품이었다. 그 모습이 마치 벽돌처럼 생겼다고 해서 벽돌폰이라고도 불렀다. 당시의 휴대폰은 단순히 이동하면서 통화하는 기능밖에 없었다. 그런데도 소수의 사람만이 가질 수 있어 부의 상징처럼 여겨졌다.

이제는 대부분의 사람이 휴대폰을 가지고 있다. 단순 통화기능을 넘어서 페이스북이나 트위터, 카카오톡 같은 SNS를 활발히 이용하고 있다. 인터넷이 되는 스마트폰이 대중화되면서 가능해진 것이다. 휴대폰으로 인터넷을 이용하는 사람이 늘어나자 스마트폰 관련 시장도 점점 더 커지고 있다.

이처럼 어떤 상품의 소비 성향이 다른 사람의 소비에 영향을 주는 것을 ‘네트워크 효과’(Network Effect)라고 한다. 이는 상품이나 서비스의 품질보다는 얼마나 많은 사람이 사용하고 있느냐가 더 중요하다는 것을 뜻한다.

‘네트워크 효과’는 1950년 미국의 경제학자 하비 라이벤스타인(Harvey Leibenstein) 교수가 처음 발표한 경제이론인데, ‘밴드왜건 효과’와 ‘스놉 효과’로 나누어 볼 수 있다.

‘밴드왜건 효과’(Bandwagon Effect)는 서부개척 시대의 역마차 밴드왜건에서 유래한 말이다. 긴 행렬을 이끄는 악대차인 밴드왜건이 연주하며 지나가면, 많은 사람이 무작정 뒤따르면서 군중이 불어나는 것에 비유하여 붙여진 이름이다. 쉽게 말해 ‘남이 하니까 나도 한다’는 식의 의사결정을 내리는 현상을 말한다. ‘친구 따라 강남 간다’는 우리 속담과도 뜻이 비슷하다. ‘밴드왜건 효과’는 ‘편승 효과’ 혹은 ‘쏠림 현상’이라고도 한다.

마케팅 분야에서는 소비자가 현재 유행하고 있는 트렌드를 좇아서 소비하는 모방 소비를 일컫는 말로 쓰인다. 기업에서는 이를 소비자의 충동구매를 일으키는 데 자주 활용하고 있다.

인기 아이돌 그룹의 공항 패션을 보고 그들이 착용한 옷과 액세서리가 갑자기 인기 상품이 되거나, TV 드라마의 여주인공이 들었던 핸드백이 하루 만에 매진이 되는 경우도 ‘밴드왜건 효과’의 흔한 사례다.

‘밴드왜건 효과’와 반대로 ‘스놉 효과’(Snob Effect)란 자신은 다른 사람과 다르다는 것을 보여주기 위해 대중이 소비하는 상품 구매를 일부러 기피하는 현상을 말한다. 스놉(Snob)은 ‘속물’이라는 뜻인데, 대중이 쉽게 살 수 없는 고가의 상품을 구입해 과시하는 경우가 있기 때문에 이런 이름이 붙은 것이다. 그래서 ‘스놉 효과’를 ‘속물 효과’라고 부르기도 한다. 또 고가품이나 사치품을 구매할 때 자신은 남과 다르다는 생각을 하는 것이 마치 ‘고고한 백로’ 같다고 하여 ‘백로 효과’라고도 한다.

한마디로 정리하자면 ‘밴드왜건 효과’는 일반 대중의 모방 소비현상을 일컫는 반면, ‘스놉 효과’는 과시적 소비 심리현상을 말한다. 한 가지 안타까운 점은 한 제품에 대중성과 희소성의 두 가지 효과를 담을 수 없다는 것이다.

(조환묵, 『직장인 3분 지식』에서 일부 발췌)

제 1 절 마케팅의 개념과 마케팅관리

1 마케팅의 개념

마케팅이라는 용어는 사회 전반적으로 널리 사용되고 있으며, 경영학을 전공하지 않은 일반인들도 이미 친숙하게 알고 있는 용어이다. 그러나 마케팅의 개념에 대해서는 아직도 많은 사람들이 판매나 영업 활동과 동일시하거나 광고나 판촉 활동으로 알고 있는 경우도 있다. 실질적으로 마케팅을 수행하는 기업들도 마케팅에 대하여 정확하게 이해를 못하는 경우도 많다. 실제로 마케팅은 판매활동과 촉진활동 등을 포함하는 훨씬 더 넓고 광범위한 활동을 수행한다.

마케팅을 보는 관점은 시대의 변천과 사회 및 기업의 발전에 따라 변해왔으나, 마케팅은 본질적으로 구매자나 소비자들이 원하는 욕구를 충족시킴으로써 이들의 삶의 질을 향상시키고 궁극적으로는 인간의 행복과 사회복지를 증진시키는 데 목적을 두고 있다고 할 수 있다.

마케팅에 대한 정의는 1960년 미국마케팅협회(American Marketing Association)에 의해 처음으로 공식적으로 제시되었다. 이 정의에서는 마케팅을 "생산자로부터 소비자 또는 사용자에 이르는 제품 및 서비스의 흐름을 관리하는 기업활동"으로 설명하였다. 1960년대 전반까지는 마케팅의 주체를 기업으로 보고 그 활동은 기업의 목적 달성을 위한 상거래로 보았음을 알 수 있다. 1960년대 후반에 이르러서는 소비자의 욕구의 다양화와 고차원화를 반영하고 소비자의 욕구를 충족시키는 것이 마케팅의 기능이라는 인식과 더불어 사회적 기능도 포함되어야 한다는 주장이 나타나게 된다. 마케팅의 주체를 영리조직인 기업뿐만 아니라 비영리조직까지 확대하고, 마케팅활동의 범위도 단순한 상거래에서 보다 광범위한 교환(Exchange)까지로 확대해야 한다는 주장이 제기되어 많은 공감을 얻게 되었다.

1980년대에 들어서 1960년 이후의 학문적 · 사회적 변동을 반영하고, 마케팅개념의 확장론을 기초로 하여 미국마케팅협회는 1985년에 마케팅을 "개인과 조직의 목적을 충족시키는 교환을 창출하기 위하여 아이디어, 재화 그리고 서비스의 개발, 가격결정, 촉진, 유통을 계획하고 수행하는 과정"이라고 정의하면서 오늘날의 마케팅개념을 확립하였다. 다시 말해서 마케팅은 기업과 소비자가 시장에서 각자의 욕구를 충족시킬 목적으로 행하는 교환활동이며, 기업 측면에서는 기업의 생존과 성장을 위해서 고객을 만족시킬 수 있는 제품과 서비스, 가격, 유통, 촉진 활동을 계획하고 실행하는 관리과정이라고 할 수 있다.

또한 2000년대에 들어서 그동안 있었던 사회적·경제적·환경적 변화에 따라 미국마케팅협회는 2008년에 마케팅을 "소비자와 의뢰인, 파트너 그리고 사회 전반에 가치가 있는 제공물을 창출하거나 커뮤니케이션하고 제공하며, 교환하는 일련의 활동, 제도 및 과정"으로 재정의함으로써 마케팅의 사회 전반적인 영향력 확대를 반영하였다.

오늘날 많은 기업들은 고객지향적인 경영철학을 바탕으로 운영되고 있는데, 고객들이 원하는 것이 무엇인지를 찾아내고, 교환과정을 통하여 자사의 고객들이 원하는 제품이나 서비스를 제공하고 적절한 가격을 결정하며, 고객들이 편하게 제품이나 서비스를 구매하거나 이용할 수 있도록 유통 및 촉진 활동을 하려고 노력한다. 이러한 고객지향적인 경영철학이 곧 마케팅개념이고 활동인 것이다.

2 마케팅관리

급변하는 시장 환경과 심화되는 경쟁 상황에서 환경에 대응하고 경쟁에서 이기기 위하여 기업은 고객지향적인 마케팅개념을 굳건히 하고 이를 효율적이고 효과적으로 구현하기 위해 체계적이고 지속적인 마케팅관리를 해야 한다. 마케팅개념의 핵심은 거래 당사자간의 호혜적인 교환행위이므로 마케팅관리자는 이러한 호혜적 교환을 조장하기 위하여 지속적인 관리를 수행해야 한다. 고객에게 경쟁업체보다 더 큰 가치를 제공하기 위하여 환경 분석에서부터 제품, 가격, 유통, 촉진을 계획하고 실행하며, 통제하는 과정이 필요한 것이다.

[그림 8-1]
마케팅관리 과정

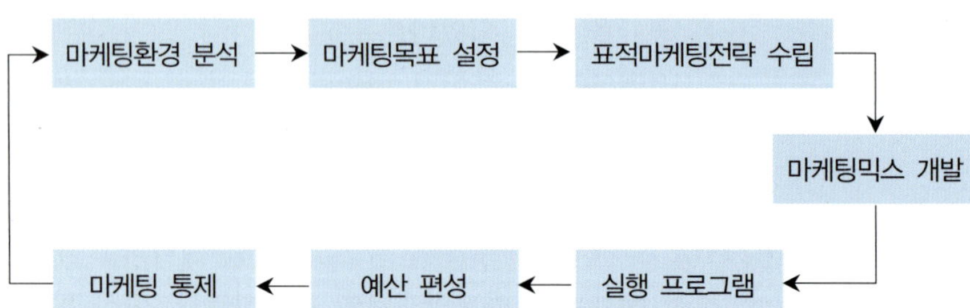

마케팅관리 과정은 [그림 8-1]과 같이 계획과정으로서 마케팅환경 분석, 마케팅목표 설정, 실행과정으로서 표적마케팅전략 수립, 마케팅믹스 개발, 실행 프로그램, 예산 편성, 마지막으로 마케팅 통제 등으로 이루어진다.

1) 마케팅환경 분석

복잡하고 빠르게 변화하는 환경은 기업과 고객 모두에게 변화를 요구한다. 기업은 변화하는 환경 속에서 생존과 발전을 위해서 환경에 대한 주의 깊은 관찰과 분석이 요구됨과 동시에 경쟁기업에 비해서 보다 우수한 가치를 고객에게 끊임없이 제공해야 한다. 환경 분석을 제대로 수행하기 위해서는 정보의 수집과 분석 능력이 필요하다. 예를 들어, 표적시장이 누구이며, 고객의 특성은 어떻고, 경쟁상황은 어떠하며, 주요 이해관계자들(공급업체, 유통업체, 투자자, 금융기관, 정부기관 등)의 상황에 대한 정보도 필요하다. 이러한 마케팅 의사결정에 필요한 정보를 수집하고 평가하기 위한 마케팅조사와 마케팅정보시스템의 구축은 마케팅활동의 중요한 부분이 되고 있다. 기업은 지속적으로 기업 내·외부 환경 분석을 실시하여 시장기회를 찾아내고 기업의 역량과 자원을 어떻게 할당할 것인가 노력을 기울여야 할 것이다.

2) 마케팅목표 설정

마케팅환경 분석을 통해서 마케팅목표를 설정하게 되는데, 기업의 마케팅목표는 전사적 관점의 목표와 밀접하게 관련되며 기업의 전략이 마케팅목표로 구체화되기도 한다. 일반적으로 마케팅목표는 구체적이고 측정가능하도록 수치화하여 설정하는 경우가 많으며(예 : '시장점유율 40% 달성' '마케팅 비용 10% 절감'), 정량적인 수치 외에 고객만족도 제고, 브랜드인지도 향상, 긍정적 이미지로 전환 등 정성적인 측면을 고려한 목표 설정도 중요하다. 그리고 마케팅목표는 달성시한을 명시하고, 조직구성원들에게 동기부여를 줄 수 있도록 설정해야 한다.

3) 표적마케팅전략 수립

기업은 자사의 마케팅목표를 효과적으로 달성하기 위하여 적합한 마케팅전략을 수립하고 실행해야 한다. 물론 마케팅전략은 기업이 처한 시장상황, 제품의 유형, 경쟁 정도 등에 따라 다양하게 존재하며, 그 적용 또한 매우 달라질 수 있다. 시장에 존재하는 모든 고객들의 구매 욕구는 동일하지 않으며 매우 다양하다. 기업은 고객들의 욕구, 즉 그들이 원하는 바가 무엇인지를 파악하고 구분하며, 거기에 초점을 맞추어 다양한 마케팅활동을 수행하고 있다. 이러한 기업의 행위는 제한된 자원의 효율적 배분과 활용을 통해 마케팅목표를 달성하기 위한 실천적 과정이라 할 수 있다. 그리고 이 과정은 고객 욕구의 동질성과 이질성에 대해 분석을 실시하여 시장을 세분화(Segmentation)하고, 세분된 여러 시장의 매력도를 평가하고 이 중에서 자사의 노력을 집중하고자 하는 표적시장을 선정(Targeting)하며, 그 표적시장 내에서 경쟁사들보다 우월한 차별점을 개발하거나 발굴하여 고객의 마음속에 전달하고 일정 자리를 차지하려는 포지셔닝(Positioning)을 수행하는 단계로 구성되어 있다. 이런 전략 단계를 영문표기의 머리글자를 따서 STP 전략이라 부르기도 하며, 세분된 시장을 표적으로 마케팅전략을 구사한다는 의미에서 표적마케팅(Target Marketing)이라고도 한다.

4) 마케팅믹스 개발

시장세분화, 표적시장 선정, 포지셔닝 등 표적마케팅전략을 수립한 이후에는 이를 실현하는 마케팅믹스 계획을 수립하고 개발해야 한다. 마케팅믹스(Marketing Mix)란 마케팅목표에 따라 표적시장에서 원하는 반응을 획득하기 위하여 기업이 이용할 수 있는 통제가능한 마케팅 수단의 집합을 말한다. 대표적인 마케팅 수단들로는 제품(Product), 가격(Price), 유통(Place), 촉진(Promotion) 등이 있으며, 영문표기의 머리글자를 따서 4P라고도 한다.

- 제품 : 기업이 표적시장에 제공하는 제품과 서비스의 총체로 편익의 집합(Bundle of Benefits)이라고도 함
- 가격 : 제품을 획득하기 위해 지불해야 하는 화폐량으로 교환가치를 지님
- 유통 : 생산에서 소비에 이르기까지 제품과 서비스의 흐름을 관리해 주는 모든 기업활동
- 촉진 : 제품을 알리고, 호의적 태도를 형성하며 제품을 구매하도록 설득하는 활동

5) 실행 프로그램

마케팅전략과 마케팅믹스를 실행에 옮기려면 기업 내·외부의 인적, 물적 자원을 조직화해야 하고, 마케팅 업무를 담당할 마케팅 부서를 별도로 운영해야 한다. 마케팅 부서의 최고책임자는 마케팅활동의 성과를 극대화하기 위해서 마케팅 부서 내부의 효율성과 업무능력 향상을 지향해야 할 뿐만 아니라, 기업 내 직·간접 관련 부서, 기업 외 관련 기관과의 협력 및 체계적인 관리를 수행하는 통합적 마케팅이 필요하다.

6) 예산 편성

시장에서 실행 프로그램이 가동되기 위해서는 예산 편성이 필요하다. 이는 예상 손익계산서 작성을 통해 매출액과 비용을 산출해 보는데, 매출액은 판매량과 평균가격에 대한 예측치를 이용하고, 비용은 제조원가 및 판매, 일반관리비 등의 구체적인 항목들로 세분화해서 산출한다.

7) 마케팅 통제

마케팅 계획과 실행 결과를 평가한 후, 평가 결과에 대한 철저한 원인 분석과 조치가 이루어져야 하는데 이러한 과정을 마케팅 통제라고 한다. 일반적인 마케팅 통제과정은 첫째, 마케팅 통제의 목표를 설정하고, 둘째, 시장에서의 성과 측정, 셋째, 성과를 진단하여 결과 분석을 통해 발생이유를 파악하며, 마지막으로 적정한 시정조치를 취하는 것이다. 실제로 많은 기업들이 통제의 어려움을 겪고 있는데 그 이유는 다음과 같다.

첫째, 마케팅활동과 성과 간 시간 차이가 발생한다. 마케팅활동을 한 후 그 성과가 일정 시간이 지난 다음에 나타나는 경우가 많으므로, 단기·중기·장기의 기간별 성과관리가 필요하다.

둘째, 마케팅활동에는 비용추정이 어려운 경우가 많이 존재한다. 예를 들어, 광고 집행에 있어서 광고카피, 모델, 배경음악, 배경그림, 매체형태, 매체이용료 등 다양한 요인에 따라 광고효과가 달라질 수 있으나 각 요인별 비용을 성과에 따라 구분하여 관리하기가 어렵다.

셋째, 신속 정확한 데이터 수집 및 분석이 어렵다. 생산에서부터 유통경로, 최종고객에 이르기까지의 모든 마케팅활동 과정에서 양질의 데이터를 신속히 수집하는 것은 비용도 많이 소요될 뿐만 아니라 기술적인 지원도 제대로 이루어져야 가능하다. 또한 수집된 데이터를 정확하게 분석하는 것에도 어려움이 존재한다.

제2절 고객가치의 이해

1 고객의 개념

기업이 이익극대화 혹은 사회적 책임의 완수 등 추구하는 목적을 무엇으로 설정하든 고객을 창출하고 유지해야만 그러한 목적을 달성할 수 있다. 기업은 잠재고객의 욕구를 충족시키고 가치를 창출할 수 있는 역량을 갖추었을 때 그들을 자신의 고객으로 만들 수 있는 것이다. 이런 맥락에서 고객의 가치실현을 위해 고객과의 접점에서 수행되는 기업활동인 마케팅의 중요성이 부각된다. 마케팅은 고객 창출과 유지를 통하여 기업의 존속을 가능하게 하고 장기적으로 그 목적달성에 공헌하게 된다.

고객(Customer)은 그 분류에 따라 좁은 의미와 넓은 의미로 정의할 수 있다. 좁은 의미의 고객은 최종소비자, 즉 제품을 구매하는 사람으로 정의한다. 넓은 의미로 확대해서 보면 가치생산고객인 내부고객, 가치전달고객인 중간고객, 가치구매 또는 사용고객인 최종고객의 세 부류로 구분할 수 있다. 일반적으로 고객만족이란 최종고객에게 만족을 주는 것을 목표로 하지만 그렇게 되기 위해서는 내부고객과 중간고객의 만족이 선행되어야 한다.

내부고객은 기업 구성원으로서 사원들을 의미하며, 제품을 생산하거나 서비스를 제공하는 역할을 담당하므로 가치생산고객이라 한다. 이들은 고객만족의 출발점으로서 가장 먼저 만족시켜야 할 고객이 된다. 자기가 속한 기업에 대해 불만족한 사원이 소비자인 최종고객에게 좋은 서비스를 제공하여 그들을 만족시킨다는 것은 어려운 일이다. 사원을 고객으로 대우하고 만족시켜 사

[그림 8-2]
고객의 분류

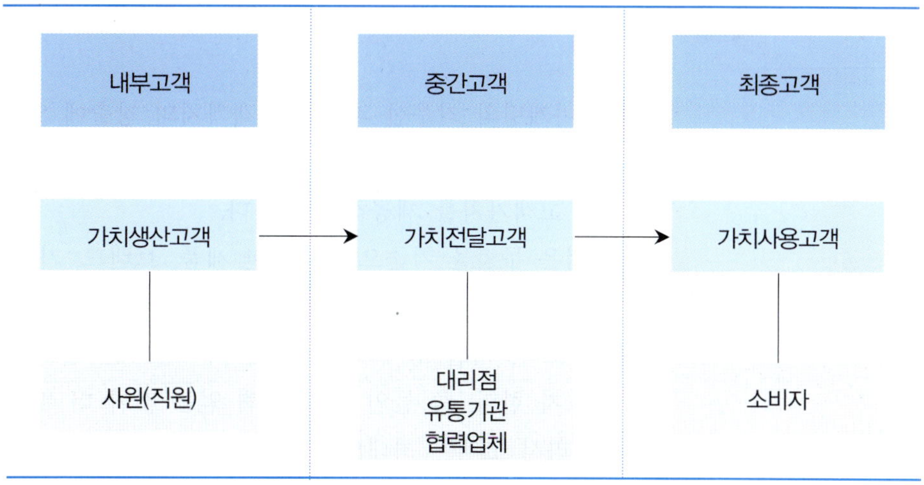

자료 : 마이네트(MINET) 편, 「마케팅 신조류」, 경문사, 1995.

기를 높여주면 소비자를 만족시키기 위해 정성과 열의에 찬 최상의 서비스를 제공할 것이기 때문이다. 따라서 고객만족을 제공하는 기업으로 경쟁력을 갖추려면 내부고객인 사원부터 만족시켜야 한다.

유통업체나 판매점은 기업과 소비자 사이에서 가치를 전달하는 중간고객이 된다. 가치전달고객에는 원료를 공급하는 원료공급원과 협력업체들도 포함시킬 수 있다. 이들은 양질의 제품을 생산하는 데 필요한 원자재나 부품 등을 제공할 뿐만 아니라 완성된 제품을 최종고객들이 편리하게 구매할 수 있도록 전달하는 중요한 역할을 담당한다. 내부고객과 마찬가지로 중간고객도 만족시키지 못하면 결국 최종고객인 소비자를 만족시키기 힘들 것이다.

최종고객인 소비자는 제품을 구매하거나 서비스를 이용하는 사용자라는 점에서 가치사용고객에 해당된다. 이들은 기업의 존속에 직접적인 영향을 미치는 사람들로서 그 중요성이 무엇보다도 강조되고 있다. 만족한 고객이 늘어나면 그 기업은 성장하게 되지만, 불만족한 고객이 증가할 경우에는 어려움에 처하게 될 것이기 때문이다. 과거에는 고객은 언제나 극복하고 설득해야 할 대상으로 판단하여 어느 한편이 이득을 보면 다른 한편이 손해를 보는 관계로 대립적인 형태를 띠었지만, 오늘날은 함께해야 할 동반자적 관계로서 상호호혜적인 '윈-윈(Win-Win)의 관계'로 여기고 있다.

2 고객가치의 정의

오늘날 마케팅의 최우선 과제는 고객가치의 창출에 있다. 새로운 고객을 유치하고, 우수 고객을 유지하기 위해 기업이 해야 할 가장 중요한 일은 경쟁사보다 높은 고객가치를 제공하는 것이다.

고객은 무엇을 기준으로 다양한 제품, 브랜드, 가격, 공급자들이 존재하는 가운데 특정의 것을 선택하게 되는가? 일반적으로 고객은 검색비용, 제품지식, 기동성, 소득, 시간 등에 의하여 제약을 받지만 근본적으로 가치의 극대화를 추구하고자 한다. 즉 들인 것에 비해 얻는 것이 더 많은 것을 찾게 된다는 것이다. 따라서 고객은 최대의 가치를 제공하는 기업으로부터 제품 혹은 서비스를 구매할 것이라는 전제가 성립되며, 이러한 전제하에서 볼 때, 고객가치(Customer Value)란 '고객이 특정 제품이나 서비스로부터 기대하는 여러 가지 편익(Benefit)의 묶음과 그들이 지불하게 될 총비용 사이의 차이'로 정의될 수 있다.

고객은 편익과 비용을 판단하여 결정하기 때문에 기업으로서는 고객이 이 두 가지 요인을 어떻게 지각하는가를 아는 것이 중요하다. 고객이 지각하는 편익은 제품 및 서비스의 속성 등에 의해 결정되며, 고객이 감당해야 될 지각된 비용은 가격을 포함하여 구입노력, 지각된 위험 등으로 구성된다. 따라서 기업에서는 제품, 서비스, 인력, 이미지의 강화를 통하여 편익을 향상시키거나 아니면 고객의 부담을 경감시킬 수 있는 방안을 검토하게 된다.

3 고객가치의 특성

고객가치의 특성은 다섯 가지로 구분하여 살펴볼 수 있으며, 이러한 특성과 관련해 기업들이 가져야 할 고객가치 창출전략은 다음과 같다. 아래의 다섯 가지 고객가치 창출전략을 모두 고려할 때 비로소 고객가치의 극대화가 실현될 수 있을 것이다.

첫째, 고객은 적절한 제품 품질, 적절한 서비스 품질, 그리고 합리적인 가격에 대해 그들 스스로 어느 정도의 기대치를 가지고 있다. 만약 세 가지 요소들에 대해 고객이 어느 정도를 적절한 수준으로 생각할 것인지 기업이 임의적으로 추측한다면 이는 잘못될 가능성이 크다. 따라서 기업은 제품 품질, 서비스 품질, 그리고 합리적인 가격에 대한 고객의 기대가 어느 정도인지를 제대로 파악하기 위해 체계적이고 조직화된 조사를 실시해야 한다. 제품이나 서비스가 실패한 경우의 대부분은 고객의 기대가치를 제대로 파악하지 못했다는 점에서 공통점을 발견할 수 있다.

둘째, 고객의 기대는 경쟁자의 제품에 대비하여 상대적으로 형성된다. 경쟁자의 제품을 고려하지 않고 자사의 제품만을 고려한다면, 그것은 반쪽짜리에 불과할 수 있다. 즉, 기업이 지속적으로 제품 품질과 서비스 품질을 개선하고, 또한 가격을 낮추더라도 경쟁사에 비해 낮은 고객가치를 창출할 수 있는 것이다. 적에 대해 알지 못하고 전쟁에 나서는 것은 승리를 장담할 수 없다. 따라서 고객가치를 증대시키기 위한 제반 활동을 하기 위해 경쟁사에 대한 고려는 필수적이다.

셋째, 고객의 기대는 동태적이며 항상 증가하는 경향을 가진다. 고객의 기대는 정체되어 있지 않고 계속 변한다. 또한 기업의 경쟁적 환경은 고객의 기대수준에 많은 영향을 미치고 있다. 경쟁에 이기기 위해 모든 기업들은 고객가치 향상에 힘쓸 것이며 이는 다시 고객이 경쟁사와 비교해 품질과 가격을 평가하고 기대하기 때문에 점차 기대치가 증가하게 된다. 따라서 제품 품질, 서비스 품질, 그리고 가격에 대한 고객의 기대를 결정하는 프로그램은 지속적으로 수정되고 발전되어야 한다.

넷째, 제품 및 서비스 품질의 향상과 유지는 모든 유통경로로 확대되어야 한다. 즉 제품 품질과 서비스 품질의 향상은 특정 단일 기업 차원의 노력으로 그쳐서는 안 된다. 공급업자는 품질기준을 향상시키기 위해 노력해야 하고, 모든 유통업체들은 최종사용자에게 최고의 가치를 제공하도록 노력해야 한다. 공급업자가 높은 제품 품질을 제공하였다고 하더라도 유통업체들의 횡포로 가격이 불합리하게 상승한다면 그 제품에 대한 고객가치의 극대화는 기대하기 어렵게 된다.

다섯째, 고객가치를 극대화하기 위해서는 조직 전체가 참여해야 하고 또한 모두가 최선을 다해야 한다. 최고경영자의 열정이나 지시만으로는 고객가치의 극대화를 이룰 수 없다. 제품 품질 및 서비스 품질을 통해 고객가치를 극대화하려면 조직 내의 모든 구성원이 책임을 분담해야 한다.

제3절 고객가치의 창출 및 전달

고객가치는 제품 품질, 서비스 품질, 가치에 기초한 가격 등으로 구성되어 있으며, 이 세 요소에서 고객의 기대가 충족되었을 때 고객가치가 창출된다. 세 요소 중 어느 한 요소에서라도 고객의 기대를 충족시키지 못하면 우수한 고객가치를 창출하지 못하게 된다. 제품 및 서비스 품질은 가격을 지탱하는 기본적인 요소들이다. 낮은 품질의 제품을 생산하면 가치에 기초한 가격은 하락하며, 서비스 품질이 낮아도 가치에 기초한 가격은 하락한다. 또한 제품 및 서비스 품질에 비해 가격이 너무 높게 설정되면 판매는 부진하게 되며, 제품 품질은 높고 서비스 품질이 낮은 경우에도 고객가치가 극대화되지 못할 것이다. 즉, 세 요소가 조화를 이룰 때 고객가치가 극대화될 수 있다.

1 제품 품질을 통한 가치창출

고객가치의 세 요소 가운데 제품 품질은 지난 40~50년간 가장 관심을 끈 주제였다. 제품 품질은 1980년대 가장 중요한 전략적 이슈였으며, 고객가치에 기여하는 최소한의 기본요건으로 여겨지고 있다. 그러나 분명한 것은 제품 품질만으로 경쟁우위를 보장받던 시대는 지나갔다는 사실이다. 이와 관련해 등장한 것이 총체적 품질관리(TQM : total quality management)이다. 총체적 품질관리란 품질제일주의, 즉 품질을 통한 가치의 창출을 기치로 삼는 패러다임이다. 총체적 품질관리는 생산부문만의 품질관리로는 기업이 성공할 수 없다는 경험에서 나온 경영기법으로 품질관리가 성공하려면 기업의 조직 및 구성원 모두가 품질관리의 실천자가 되어야 한다는 것을 전제하고 있다. 따라서 고객지향 품질 개선활동을 생산 및 품질관리 책임자뿐 아니라 마케팅, 엔지니어링, 노사관계 등 기업의 모든 분야로 확대하는 것을 말한다.

기업이 총체적 품질관리를 추진하는 첫 번째 전략적 이유는 나날이 심화되고 있는 경쟁환경 때문이다. 높은 제품 품질은 경쟁에 참여하기 위한 하나의 필요조건이다. 높은 제품 품질이 기업의 성공을 반드시 보장하지는 않지만, 낮은 제품 품질은 기업의 실패를 확실히 가져온다. 만약 제품 품질이 고객의 기대에 부응하지 못한다면, 기업의 생존은 보장받기 어려울 것이다.

두 번째 전략적 이유로는 원가절감을 들 수 있다. 경쟁에 있어 우수한 제품 품질을 확보하고 있으면서 원가 경쟁력을 보유하고 있다는 것은 큰 경쟁우위가 아닐 수 없다. 원가절감을 위해서는 불량률을 낮추는 것이 중요한데, 불량품 폐기 및 재작업 등의 감소로 비용절감이 발생하고, 고객의 불만족도 감소할 것이다. 총체적 품질관리에 모든 종업원이 몰두할수록 종업원의 생산성이 높아짐에 따라 규모의 경제효과와 경험효과가 발생되어 더욱 고품질의 제품을 생산할 뿐만 아니라 원가는 낮아질 것이다. 이는 다시 시장점유율의 증가와 고객만족으로 이어져 고객가치는 더욱 증가할 것이다.

세 번째 전략적 이유는 '고객이 품질의 알파와 오메가'라는 사실을 명확히 인식하기 위해서이다. 제품 품질이 우수한가 그렇지 않은가를 결정하는 주체는 바로 고객이다. 고객의 욕구를 제대로 파악하고 창조적으로 대응하는 고객지향적인 접근법이 아니라 기업의 입장만 강조하는 생산지향적인 접근법을 통해서는 고객을 만족시킬 수 없으며, 고객가치를 창출할 수 없을 것이다. 총체적 품질관리는 전통적 관리방식과 달리, 고객의 욕구에 따라 목표를 설정하는 고객중심주의를 지향하며, 고객가치 창출을 위해 지속적인 혁신을 추구한다.

2 서비스 품질을 통한 가치창출

오늘날은 모방이 비교적 쉽게 이루어지는 기술환경 때문에 경쟁사간의 제품 품질은 동질화되어 가고 있어 하드웨어적인 측면의 제품 품질이 창조하는 경쟁우위보다 소프트웨어적인 측면의 서비스 품질이 더 많은 경쟁우위를 창조할 수 있는 잠재력을 갖게 되었다. 고객만족을 뛰어넘어 고객감동까지 이끌어내는 차별화되고 내재화된 최고 수준의 서비스를 제공함으로써 경쟁자가 쉽게 따라잡을 수 없는 경쟁력을 갖고 고객가치를 창출한다. 서비스는 다음과 같이 세 가지 유형으로 구분하여 살펴볼 수 있다.

첫째, 판매 전 서비스(Before Service)이다. 이것은 주로 고객에게 의사결정과정상의 정보와 지원을 제공해 준다. 기업은 신제품 개발에 관한 고객교육을 위해 '기술적 판매 세미나'를 개최할 수 있다. 또한 판매 전 서비스는 가망고객의 의문사항에 대해 시기적절하게 반응하는 방식을 취하기도 한다. 판매 전 서비스의 범위는 끝이 없다. 그것은 주문 준비 서비스 또는 위험물질에 대한 특별 안전 프로그램의 개설 등을 포함할 수 있고, 앞으로의 가격 및 재고 변화 등에 대한 고찰을 포함할 수 있으며, 또한 컨설팅 및 경영지원 등도 포함할 수 있다.

둘째, 거래 서비스(On Service)이다. 기업과 고객 사이의 교환거래와 직접적으로 관련된 것으로 판매 전 서비스처럼 다양하다. 거래 서비스는 전화로 주문하는 것처럼 단순할 수도 있고, 주문주기시간을 단축하기 위해 주문 소프트웨어와 함께 IT 활용 프로그램을 고객에게 제공하는 것일 수도 있다. 거래 서비스는 재고 잉여나 부족, 또는 주문율 등에 관한 정보를 포함할 수 있다. 또한 금융 및 신용거래 조건, 보증에 관한 정보, 또는 반품정책에 관한 정보 등도 포함된다.

셋째, 판매 후 서비스(After Service)이다. 이것은 거래 이후 발생하는 활동들로 이루어져 있다. 전통적으로 기업에서 가장 많은 관심을 기울인 지원 서비스 분야는 판매 후 서비스이다. 판매 후 서비스 가운데 아마도 최초의 활동은 산업구매자에게 가장 중요한 구매기준 중의 하나인 약속된 날짜에 배달하는 서비스일 것이다. 만약 배달이 지연된다면 배달상태 또는 선적연기 등의 정보제공이 중요한 서비스가 될 것이다. 이러한 상황에서는 고객의 불평처리 과정이 중요하다. 가장 보편적인 판매 후 서비스는 고객만족을 확인하기 위해 '판매 후 후속조치'를 취하는 활동이다. 거래가 이루어진 후 주기적으로 이메일, 우편발송, 그리고 전화상담 등과 같은 판매 후 고객접촉을 위한 특별 프로그램을 갖고 있어야 한다. 즉 기업은 고객이 접촉을 시도하고 필요한 서비스를 쉽게 요구할 수 있는 여건을 만들어야 하며, 그러한 프로세스를 구축해야 한다.

3 가치에 기초한 가격설정

제품 품질, 서비스 품질, 그리고 가격설정전략 사이의 관계를 이해하는 것은 높은 고객가치를 제공하는 데 필수적이다. 고객의 기대 및 경쟁자와 비교한 제품 품질과 서비스 품질은 적절한 가격설정의 지침이 된다. 과거에는 원가를 가격설정의 기초로 삼는 생산지향적 접근법을 채택하는 경우가 많았다. 이와 같은 접근법은 고객 및 경쟁자를 간과하는 문제점을 지니고 있다. 기업의 존속에 지대한 영향을 미치는 고객과 경쟁적인 기업환경을 고려할 때 고객과 경쟁자를 무시하는 것은 큰 실수가 아닐 수 없다. 이에 따라 등장한 가치에 기초한 가격설정은 고객을 제일 먼저 고려하고, 그 다음 경쟁자를 고려한 후 적정 가격을 결정하는 접근법을 의미한다. 이는 고객이 원하는 제품속성이 무엇인가를 이해해야 하며 고객이 갖는 그러한 속성의 가치를 이해해야 함을 의미한다. 또한 독점상황의 기업은 거의 없기 때문에 경쟁사 제품에 대한 고객의 가치판단도 파악해야 한다. 왜냐하면 사실상 모든 고객은 제품의 가치를 경쟁사의 제품과 비교해서 결정하기 때문이다.

이때 고객은 제품 품질만으로 평가하지 않는다. 경쟁사의 서비스 품질도 평가의 대상이 된다. 기업의 이미지, 점포 이미지, 또는 브랜드 이미지 등의 여러 가지 상황요인이 구매자의 제품 또는 서비스에 관한 단서를 제공한다. 또한 고객은 자신이 생각하고 있던 가격, 즉 준거가격 등에도 영향을 받는다. 이전에 고객이 사용했던 경험에 의해서 또는 일정 기간 구매를 경험하고 난 후 평가할 수 있는 신용 등에 의해서도 제품이나 서비스에 대한 고객가치는 영향을 받는다. 결국 고객은 어느 정도 자의적으로 또는 부정확하게 기대된 편익과 기대된 비용을 비교한다. 편익이 비용을 초과할 때 고객가치가 발생하며, 고객가치가 크다고 생각할수록 고객의 구매의도는 커지게 된다.

제 4 절 고객만족경영

1 고객만족과 고객만족경영

고객은 구매 전에 제품과 서비스에 대한 기대를 형성하며 이에 따라 행동한다. 그리고 구매 후에 만족하는가 여부는 구매 전에 형성되었던 기대와 구매한 제품과 서비스의 실제 성과에 달려 있다고 볼 수 있다. 즉 고객만족(Customer Satisfaction)이란, '고객의 제품의 대한 사전 기대와 구매 후 지각된 실제 성과를 비교함으로써 나타나는 심리적 상태'로 정의할 수 있다. 기대와 성과가 일치하면 만족하고, 기대에 비해 성과가 부족한 부정적인 불일치의 경우 불만족하게 되며, 기대에 비해 성과가 뛰어난 긍정적인 불일치일 경우에는 만족을 뛰어넘는 고객감동의 상태에 이를 수 있다고 본다.

'고객만족'이라는 개념이 경영에 최초로 등장한 것은 1980년 스칸디나비아항공의 사장인 얀 칼존(Jan Carlzon)이 진실의 순간(Moment of Truth)이라는 개념을 회사경영에 도입한 때부터로 알려져 있다. 이를 도입하여 실천한 결과, 1년 동안 20억 달러의 매출을 올리고, 800만 달러의 적자를 7,100만 달러의 흑자로 전환시킨 획기적인 성과를 얻었던 것이다. 진실의 순간이란 종업원과 고객이 접촉하는 약 15초 동안의 순간을 말하는 것으로, '고객과의 접점의 순간'이라고도 한다. 이런 짧은 순간의 경험에 의해 고객의 만족도가 결정되며 불만을 가진 고객의 91%가 회사와의 관계를 끊는다고 한다. 이런 점에 착안하여 얀 칼존은 고객에게 충실히 봉사하려는 자세를 갖춘 종업원을 선발하고 육성하며 동기를 부여하는 내부마케팅(Internal Marketing)을 우선적으로 실천하고 현장 종업원에 대한 재량권을 확대하여 고객만족도를 제고하였다. 즉 종업원을 고객으로 간주하여 그들의 욕구가 제대로 충족되어야 외부고객에게 제대로 된 서비스를 제공할 수 있음을 명백히 하였다.

고객만족경영(Customer Satisfaction Management)이라는 용어는 이제 일상용어화되어 모든 사람들이 익숙히 알고 있는 개념이 되었다. 그러나 막연히 고객의 입장에서 생각하는 것 정도로 간주하여 좀 더 열심히 노력하면 모든 일이 잘될 것이라는 생각은 문제가 있다. 전략적 사고에 입각하여 체계적이고 과학적인 접근이 요구되는 것이다. 즉, 고객만족경영은 고객의 만족을 극대화하는 것을 기업의 최고 목표로 삼는 마케팅 위주의 경영철학으로서 제품의 기획, 생산, 판매, 평가에 이르는 전 과정에 걸쳐 고객만족을 중심으로 의사결정을 하고 전사적인 통합시스템을 구축하려는 경영방식이라는 것을 인식할 필요가 있다.

앞의 스칸디나비아항공의 예와 같이 고객만족경영을 성공적으로 실천할 경우 더욱 큰 성과를 창출할 뿐만 아니라 경쟁자 대비 경쟁우위를 확보할 수 있다. 그 이유는 다음과 같이 설명될 수 있다.

첫째, 재구매고객을 창출하는 데 유리하다. 오늘날 많은 제품시장이 성숙기에 속해 있는데, 성숙시장에서는 신규 고객의 확보보다 기존 고객의 재구매에 따른 반복구매가 훨씬 마케팅 비용을 절감할 수 있고, 이익을 가져온다고 한다. 일반적으로 특정 제품에 만족한 고객은 재구매시에도 동일한 상표를 찾는 상표애호도를 갖게 되므로 한 번 이루어진 관계는 평생의 고객으로 유지될 수 있는 가능성이 더 커진다.

둘째, 재구매고객이 가져다주는 비용절감의 효과가 있다. 일반적으로 새로운 고객을 확보하는 것은 많은 노력을 필요로 하는 작업이다. 그러나 고객이 제품에 만족하여 재구매 및 반복구매하게 된다면 그 제품을 구매하도록 설득할 필요가 없기 때문에 판매비 및 광고비 등이 훨씬 적게 들 뿐만 아니라 고객설득에 드는 시간을 A/S나 고객의 불만해결 등 기존 고객에 대한 관리에 사용할 수 있다. 또한 고객의 욕구와 기대치를 예측하는 데 드는 비용을 감소시키는 장점이 있으며, 이미 만족한 고객은 가격에 민감하지 않으므로 더 많은 이익을 창출할 수 있게 된다.

셋째, 고객을 만족시킴으로써 광고효과의 극대화를 가져올 수 있다. 제품에 만족한 고객은 주위 사람에게 호의적인 구전(Words of Mouth)을 해주기 마련이다. 고객은 화려한 신문광고나 엄청난 제작비가 투입된 TV광고보다도 이웃의 말 한마디를 더 신뢰하며, 적은 노력을 들이고 큰 성과를 볼 수 있게 된다.

2 고객만족경영의 배경

고객만족경영이 경영 전반에 걸쳐서 활발히 전개된 데는 여러 가지 사회적 및 문화적 변화에 기인한다.

첫째, 재구매 및 구전효과의 중요성이 커진 데 기인한다. 소비자들은 제품을 구매한 후 발생하거나 느끼게 된 자신들의 불만사항이 만족스럽게 처리되었다고 느낄 경우 그렇지 않은 사람들보다 훨씬 높은 재구매 의사를 밝히고 있다. 일본의 도요타자동차가 조사한 바에 따르면, 고객이 자동차를 구매하고 나서 만족하면 그 사실을 평균 7.7명에게 알리고, 불만족하게 되면 15.9명에게 이야기한다고 한다. 이는 고객이 불만족하였을 때 성의껏 불만처리를 해줌으로써 고객의 재구매를 이끌 수 있을 뿐만 아니라 부정적인 구전을 막을 수 있는 고객만족의 중요성을 새삼 일깨워 주는 사례라 하겠다.

둘째, 본격적인 시장개방에 따라 이제 기업은 국내 소비자뿐만 아니라, 해외 소비자들의 만족도도 함께 고려해야 한다. 더욱이 경쟁의 세계화로 세계 각국의 유수 기업과의 경쟁은 더욱 치열해지고 있다. 이런 상황에서 확실하게 고객을 만족시키지 않으면 선택의 폭이 넓어진 고객들이 다른 기업으로 발걸음을 옮길 것임에 틀림없다.

셋째, 소비자들의 욕구는 점점 다양해지고 있으며, 또한 자기들의 욕구를 적극적으로 충족시키려고 한다. 이러한 욕구의 다양화를 일본의 타무라 마사노리(1989)는 세 가지 측면으로 나누어 분석하였는데, 첫 번째 측면은 소비의 다각화로서, 각 소비자가 특정 제품군에 대해서 더 많은 상표 및 품목을 탐색하고 구입한다. 두 번째 측면은 소비의 개성화로서, 특정 제품군에 대해서 소비자들이 선호하는 내용이 개인의 취향을 반영하여 더 다양하게 되었으며, 마지막 측면은 소비의 짧은 주기로서, 특정 제품군에 대해서 한 소비자가 같은 상표를 계속하여 반복구매하는 기간이 짧아지는 현상을 말한다. 이렇게 소비자들의 욕구가 다양해지고 있는 시대에서 기업은 반드시 그들의 욕구를 정확히 파악하고, 그것을 만족시켜야 존속할 수 있다.

넷째, 시장이 성숙해지고 제품의 품질이 비슷해지고 있다. 많은 경우에 제품이 성숙기에 접어들면 공급과잉의 문제에 부딪힌다. 즉, 성숙기에는 시장의 전체 수요가 더 이상 늘지 않는 데 비해 이미 많은 기업들이 시장에 들어와 있으므로 전체 생산량이 전체 판매량을 넘어서는 경우가 많기 때문이다. 우리나라의 경우도 이미 많은 제품이 성숙기에 들어서 있으며, 소비재의 경우 제품의 제조기술이 많은 기업에게 보급되어 있기 때문에 소비자들은 이제 어떤 상표를 고르더라도 거의 비슷한 품질의 제품을 살 수 있다. 즉 자기 회사의 제품을 경쟁제품과 뚜렷이 다르게 차별적으로 인식하게 하기가 무척 어렵다. 이렇게 제품간의 차이가 불명확한 때일수록 경쟁사보다 월등하게 고객을 만족시키는 것이 경쟁우위를 점하는 요소로서 더욱 중요해지고 있다.

마지막으로 국내외 기업들이 고객만족을 중시하게 된 또 하나의 원인은 경영자들이 첨단기술을 이용하여 고객의 만족도를 높일 수 있고, 또한 그렇게 함으로써 자기 회사의 새로운 경쟁우위를 창출할 수 있다는 사실에 눈을 떴기 때문이다. 특히 IT분야의 기술발달로 말미암아 많은 양의 정보를 빨리 처리할 수 있게 되어 고객을 만족시킬 수 있는 여지가 크게 늘어났다. 따라서 이러한 기술혁신을 이용하여 고객을 더 만족시킬 수 있는 기업은 경쟁력이 그만큼 올라가는 것이며, 그렇지 않은 기업은 경쟁력이 상대적으로 떨어지는 것이다. 이와 같이 기술을 이용하여 고객의 만족도를 높이는 것은 경쟁력 향상의 중요한 수단이 될 수 있다.

3 고객만족경영의 체계 및 과제

고객만족경영은 일시적으로 실시하는 이벤트성 전략이 아니라 경영의 목적이며 최고경영자가 강력히 이끌어나가야 하는 기업의 중심사상이 되어야 한다. 따라서 고객만족경영의 성공적인 실천을 위해서는 기존 경영체계의 모든 부문에서 고객만족 개념을 접합시켜야 한다. 이를 위해서는 다음과 같이 고객만족경영의 세 가지 원칙이 필요하다.

첫째, 경영활동 중에 고객만족이 최우선되어야 한다. 기존에는 시장점유율 증대나 비용 절감 등 기업지향적인 경영이 우선되었으나 고객만족경영에서는 항상 고객 위주로 생각하는 발상이 우선되어야 한다.

둘째, 고객과 가까이 있는 현장요원을 중요시하고 그들을 우대해 주는 관리체제로 전환되어야 한다.

셋째, 고객만족도를 정기적으로 측정하여, 그 결과에서 문제점을 찾아내고 이를 개선하기 위한 활동에 주력해야 한다. 이 같은 고객만족경영의 사이클이 선순환적인 방식으로 반복 활용됨으로써 고객의 만족도가 높아지는 것이다.

위와 같은 원칙에 입각하여 고객이 만족하는 상품과 서비스, 기업 이미지를 계획하는 계획단계, 계획에 따라 실시하는 실행단계, 실시결과에 대해 정기적으로 계속 확인하는 점검단계를 거쳐 고객만족경영이 이루어져야 한다. 고객만족도조사에 의해 발견된 문제점은 반드시 개선한다는 자세로 문제점 개선 조치의 실행단계가 뒤따라야 하며 이는 다시 계획단계로 이어지는 피드백 사이클을 거치게 된다.

고객만족경영을 성공적으로 정착시키기 위해 갖추어야 할 시스템은 [그림 8-3]과 같아야 한다.

이와 같은 성공적인 고객만족경영체계를 확립하기 위해서 반드시 필요한 조건들 중 첫 번째 과제는 고객지향성의 확립이다. 고객지향성은 고객만족경영을 성공적으로 추진하기 위해 가장 우선시되는 전제조건이다. 고객의 욕구를 이해하는 것, 즉 고객의 입장에서 생각하고, 실천하는 것은 잘못된 투자나 불필요한 투자를 줄여줌과 동시에 고객에게 최대의 만족을 줄 수 있는 열쇠인 것이다. 고객지향, 고객중시 사고를 실천하기 위해서는 다음의 세 가지 요건이 충족되어야 한다.

[그림 8-3]
고객만족경영 시스템

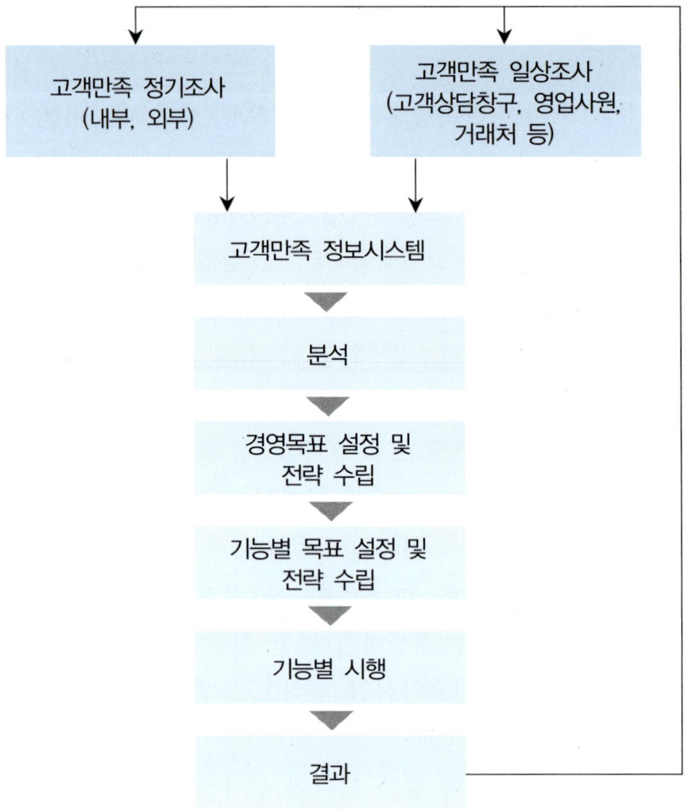

자료 : FMG 저, 안광호 편, 「13인의 전문교수가 처방한 경영정공법」, 한국언론자료간행회, 1996.

첫째, 고객의 욕구를 이해해야 한다. 고객의 욕구에 부합하는 제품은 가격이 비싸더라도 날개 돋친 듯이 팔릴 수 있다. 또한 소비자들은 단순히 제품 자체를 구매하는 것이 아니라 제품의 가치를 구매한다. 즉 물리적으로 작동하는 제품뿐만 아니라 제품에 부가된 쾌적성, 편리성, 상징성과 같은 가치를 함께 구매한다는 것을 이해해야 한다.

둘째, 기업은 역피라미드형 조직구조를 가져야 한다. 고객만족을 위한 가장 중요한 요소가 고객에 대한 이해와 고객지향성이라고 한다면 조직의 최상위는 당연히 고객이 차지해야 한다. 그 아래에 고객을 직접 상대해야 하는 일선 현장직원들이 위치해야 하며, 또 그 아래가 현장직원들이 고객을 잘 응대할 수 있도록 지원해 주는 일을 하는 중간경영자들이 된다. 조직구조의 맨 아래는 중간경영자들이 일선 직원들을 잘 지원해 주도록 지휘하는 최고경영자가 차지하게 된다.

셋째, 고객만족경영을 실천함에 있어서 가장 신경 써야 하는 것 가운데 하나가 불만족한 고객의 의견이다. 고객의 불평은 중요한 정보가 될 수 있으며, 고객불평을 효과적으로 관리함으로써 부정적 구전효과를 최소화하거나 고객이탈을 방지할 수 있다.

고객만족경영을 성공적으로 실천하기 위한 두 번째 과제는 고객지향적 기업문화를 형성하는 것이다. 기업문화란 조직구성원들이 공통적으로 느끼고 생각하며 행동하는 가치체계라고 정의할 수 있다. 따라서 고객지향적 기업문화는 조직구성원들의 사고와 행동이 고객을 만족시키고 감동시키는 것을 개인의 목표로 두는 조직문화를 의미한다. 고객지향적 기업문화에서는 기업의 모든 자원과 과정이 고객만족이라는 목표를 달성할 수 있도록 조정되면서 효율적으로 배분되고 진행되기 때문에 고객만족경영이 구현될 수 있도록 뒷받침하는 역할을 한다. 고객지향적 기업문화를 정착시키기 위해서는 고객지향적 이념을 설정해야 하고, 최고경영층의 적극적인 지원이 있어야 하며, 고객정보시스템과 교육시스템을 구축해야 한다. 또한 고객만족성과와 보상시스템의 연결체계가 마련되어야 할 것이다.

세 번째 과제는 내부고객을 만족시켜야 한다는 것이다. 내부고객, 즉 종업원들을 만족시키기 위해서는 우선 적극적인 교육투자를 통해 종업원들에게 자아실현의 기회를 제공하고, 이들의 복지향상에 힘써야 하며 재량권을 발휘할 수 있도록 권한위임을 하도록 한다. 권한의 위임은 일을 처리하는 과정에서 만족을 주고 동기를 부여하는 역할도 담당한다.

마지막 과제는 서비스 품질을 높일 수 있도록 지속적으로 관리하는 것이다. 제품의 서비스 측면을 강화하고 고부가가치 서비스와 함께 판매되어야 하며, 제품차별화를 하는 것처럼 서비스도 다른 기업과 차별화된 품질로 제공하여 고객에게 만족과 감동을 줄 수 있어야 한다. 고객의 기대와 관점은 시간과 상황에 따라서 변화하므로 제품기획 서비스, 제품보증 서비스, 사전 서비스, 사후 서비스 등을 포함한 여러 종류의 다양한 서비스 상품을 개발하여 고객을 만족시켜야 한다. 또한 고객접점을 관리해야 한다. 고객과 직접 접촉하는 고객접점의 직원들은 기업의 결정적 순간을 관리하는 중요 인물들로서 서비스의 품질을 결정하게 된다. 고객접점관리를 위해서는 현장직원의 선발과 채용에서부터 신중을 기해야 하며, 철저히 교육하는 것이 필요하다. 또한 서비스 시설을 확충하고 서비스가 정확하고 틀림없이 약속기한 내에 제공될 수 있도록 해야 한다.

4 고객만족과 마케팅전략

기업이 고객의 만족도를 높이기 위하여 어떤 마케팅전략을 활용해야 하는가를 논의하려면 우선 고객들이 어떠한 때에 제품, 서비스, 기업에 대해 만족을 하고 또 어떤 경우에 불만족하게 되는가를 알아야 한다.

우선 기대수준은 높지만 성과가 상대적으로 낮은 경우 고객이 불만족하게 된다. 이때 기업이 취할 수 있는 대응전략은 첫째, 제품(서비스)의 성능을 향상시키는 개선전략이다. 두 번째 방안은 성능은 그대로 두고 기대수준을 적당히 낮추는 것이다. 즉, 무관심을 유도하는 전략도 가능하다. 제품속성의 성능을 당장 향상시키기 어려운 때에는 일단 이 전략을 시행하는 것도 고려해 볼 만하다.

제품에 대한 높은 기대감을 제품성능이 충족시키고 있기 때문에 고객이 이미 만족하고 있는 경우가 있다. 이런 때에 기업은 기본적으로 유지전략을 써야 한다. 특히 고객이 새로운 정보와 지식을 쌓아감에 따라 기대수준도 올라가는 경향이 있으므로 일반적으로는 기대에 걸맞게 성능도 차츰 올릴 필요가 있다. 또 하나 생각해 볼 수 있는 전략은 제품의 중심기능이 아닌 주변기능의 향상을 꾀하는 것이다. 특히 제품속성을 차별화하여 경쟁사에 대항하려고 할 때는 이 방안을 추천할 만하다.

또한 약간 불만 혹은 무관심 상태가 있다. 이는 제품의 성능이 만족스럽지 못하여 고객이 불만을 느끼나 원래 기대도 하지 않았기 때문에 그 불만의 정도는 크지 않고 오히려 무관심에 가까운 상태이다. 기업은 이 경우에 먼저 제품의 성능을 강화하고 동시에 기대감을 높이는 전략을 쓸 수 있다. 이 전략은 고객들의 해당 속성에 대한 기대수준이 아직은 그다지 높지 않지만, 앞으로는 그것이 크게 높아질 것으로 생각되는 경우에 특히 중요하다. 두 번째로 가능한 방안은 고객의 관심이 낮은 현재의 제품에 투자를 하여 그것의 성능을 올리는 것보다는 현재의 상태에서 회사가 얻고 있는 수입에 만족하는 것이 더 낫다고 생각해서 지금의 상태를 그대로 유지하는 전략이다.

마지막으로 만족형 무관심 혹은 약간 만족한 상태가 있다. 이 경우 고객은 자신이 기대했던 것보다 제품의 성능이 의외로 좋아 일시적으로 크게 만족한다. 그러나 원래 그 제품에 별로 관심을 갖고 있지 않았기 때문에 사실상의 기분은 약간 만족 또는 만족형 무관심에 가깝다. 이때 활용할 수 있는 첫 번째 전략은 기대수준을 높이는 것이다. 이것은 현재 고객들의 기대수준 또는 관심도에 비해 제품의 성능이 지나치게 좋으므로 그러한 제품속성에 대해 기대와 관심을 환기시킴으로써 그들의 위치를 만족상태로 옮겨 놓으려는 전략이다. 특히 고객들의 잠재적인 욕구가 강하고 자사의 경쟁우위로 발전할 가능성이 있는 속성항목에 대해서 이 전략을 적용하면 상당히 큰 성과를 거둘 수 있다. 두 번째 전략은 성능을 조금 낮추는 것이다. 특히 고객의 관심을 끌거나 경쟁제품에 대해 경쟁우위를 갖기 어려운 속성항목의 성능을 약간 낮추면 그만큼 비용을 절약할 수도 있다.

요약 •••

학습목표 1 마케팅의 개념에 대해 이해한다.

◎ 마케팅은 어떻게 정의를 내릴 수 있는가?

마케팅은 기업과 소비자가 시장에서 각자의 욕구를 충족시킬 목적으로 행하는 교환활동이며, 기업 측면에서는 기업의 생존과 성장을 위해서 고객을 만족시킬 수 있는 제품과 서비스, 가격, 유통, 촉진 활동을 계획하고 실행하는 관리과정이라고 할 수 있다.

오늘날 많은 기업들은 고객지향적인 경영철학을 바탕으로 운영되고 있는데, 고객들이 원하는 것이 무엇인지를 찾아내고, 교환과정을 통하여 자사의 고객들이 원하는 제품이나 서비스를 제공하고 적절한 가격을 결정하며, 고객들이 편하게 제품이나 서비스를 구매하거나 이용할 수 있도록 유통 및 촉진 활동을 하려고 노력한다. 이러한 고객지향적인 경영철학이 곧 마케팅개념이고 활동인 것이다.

학습목표 2 고객가치의 정의와 특성에 대해 이해한다.

◎ 고객가치는 어떻게 정의를 내릴 수 있는가?

고객가치(Customer Value)란 '고객이 특정 제품이나 서비스로부터 기대하는 여러 가지 편익(Benefit)의 묶음과 그들이 지불하게 될 총비용 사이의 차이'로 정의될 수 있다. 고객은 편익과 비용을 판단하여 결정하기 때문에 기업으로서는 고객이 이 두 가지 요인을 어떻게 지각하는가를 아는 것이 중요하다. 고객이 지각하는 편익은 제품 및 서비스의 속성 등에 의해 결정되며, 고객이 감당해야 될 지각된 비용은 가격을 포함하여 구입노력, 지각된 위험 등으로 구성된다.

◎ 고객가치의 특성은 무엇인가?

고객가치의 특성은 크게 다섯 가지로 구분하여 살펴볼 수 있는데, 첫째, 고객은 적절한 제품 품질, 적절한 서비스 품질, 그리고 합리적인 가격에 대해 그들 스스로 어느 정도의 기대치를 가지고 있다. 둘째, 고객의 기대는 경쟁자의 제품에 대비하여 상대적으로 형성된다. 셋째, 고객의 기대는 동태적이며 항상 증가하는 경향을 가진다. 고객의 기대는 정체되어 있지 않고 계속 변하며, 경쟁에 이기기 위해 모든 기업들은 고객가치 향상에 힘쓸 것이며 이는 다시 고객이 경쟁사와 비교해 품질과 가격을 평가하고 기대하기 때문에 점차 기대치가 증가하게 된다. 넷째, 제품 및 서비스 품질의 향상과 유지는 모든 유통경로로 확대되어야 한다. 즉 제품과 서비스 품질의 향상은 특정 단일 기업 차원의 노력으로 그쳐서는 안 되며, 공급업자는 품질기준을 향상시키기 위해 노력해야 하고, 모든 유통업체들은 최종사용자에게 최고의 가치를 제공하도록 노력해야 한다. 다섯째, 고객가치를 극대화하기 위해서는 조직 전체가 참여해야 하고 또한 모두가 최선을 다해야 한다.

학습목표 3 고객가치를 구성하는 세 요소를 설명할 수 있다.

◎ 고객가치는 어떠한 요소에 의하여 창출되는가?

고객가치는 제품 품질, 서비스 품질, 가치에 기초한 가격 등으로 구성되어 있으며, 이 세 요소에서 고객의 기대가 충족되었을 때 고객가치가 창출된다. 세 요소 중 어느 한 요소에서라도 고객의 기대를 충족시키지 못하면 우수한 고객가치를 창출하지 못하게 된다. 제품 및 서비스 품질은 가격을 지탱하는 기본적인 요소들이다. 낮은 품질의 제품을 생산하면 가치에 기초한 가격은 하락하며, 서비스 품질이 낮아도 가치에 기초한 가격은 하락한다. 또한 제품 및 서비스 품질에 비해 가격이 너무 높게 설정되면 판매는 부진하게 되며, 제품 품질은 높고 서비스 품질이 낮은 경우에도 고객가치가 극대화되지 못할 것이다. 즉, 세 요소가 조화를 이룰 때 고객가치가 극대화될 수 있다.

학습목표 4 고객만족경영의 체계와 과제를 이해한다.

◎ 고객만족경영의 세 가지 원칙을 설명하시오.

첫째, 경영활동 중에 고객만족이 최우선되어야 한다. 기존에는 시장점유율 증대나 비용절감 등 기업지향적인 경영이 우선되었으나 고객만족경영에서는 항상 고객 위주로 생각하는 발상이 우선되어야 한다. 둘째, 고객과 가까이 있는 현장요원을 중요시하고 그들을 우대해 주는 관리체제로 전환되어야 한다. 셋째, 고객만족도를 정기적으로 측정하여, 그 결과에서 문제점을 찾아내고 이를 개선하기 위한 활동에 주력해야 한다. 이 같은 고객만족경영의 사이클이 선순환적인 방식으로 반복 활용됨으로써 고객의 만족도가 높아지는 것이다.

◎ 고객만족경영을 성공적으로 실천하기 위한 과제는 무엇인가?

고객만족경영체계를 확립하기 위한 첫 번째 과제는 고객지향성의 확립이다. 고객지향성은 고객만족경영을 성공적으로 추진하기 위해 가장 우선시되는 전제조건이다. 두 번째 과제는 고객지향적 기업문화를 형성하는 것이다. 기업문화란 조직구성원들이 공통적으로 느끼고 생각하며 행동하는 가치체계라고 정의할 수 있다. 세 번째 과제는 내부고객을 만족시켜야 한다는 것이다. 마지막 과제는 서비스 품질을 높일 수 있도록 지속적으로 관리하는 것이다.

생각해 볼 문제

1. 마케팅관리 과정에 대하여 설명해 보시오.
2. 고객가치란 무엇인가 생각해 보시오.
3. 고객가치를 구성하는 세 요소에 대해 설명해 보시오.
4. 고객만족경영이 부각되게 된 배경은 무엇인지 토의해 보시오.

CHAPTER

9

자금조달과 관리

부실기업을 바라보는 기본 마인드

과거 정부차원에서 자원외교의 일환으로 해외기업을 인수했던 사실이 있었다. 당시 인수금액이 꽤 높았었지만, 실제 그 기업은 부실기업이어서 몇 년 안 되어 말도 안 되는 헐값에 다시 처분할 수밖에 없었다.

일상적으로 생각하는 범위를 넘어서는 천문학적 금액에 대해서는 전문가들도 합리적 판단을 하기 어렵다. 실제로 부실기업의 공장에 가보면 매우 큰 규모에 꽤 높은 가치가 있어 보이는 설비나 장치들이 여전히 존재한다. 만일 그 공장을 누군가가 1,000억원에 사겠다고 나선다면 사람들은 '공장가격이 부실화 후에도 1,000억원이나 되다니!'라고 생각하며 다행이라고 여길 것이다. 즉, '기업이 부실화된다 하더라도 주인만 바꾸어 계속 경영을 하면 사회적 손실이 없을 것'이라는 착각을 하곤 한다.

경영학적 사고를 한다면, '과연 과거에 이들 공장에 얼마의 돈이 투자되었는가'를 먼저 생각해야 한다. 사실, 그 공장 건설에 들어간 돈은 5조원일 수 있고 10조원일 수도 있다. 10조원을 투자한 공장의 매각가격이 1,000억원이라면 나머지 99%의 가치는 어디로 가버렸다는 말인가? '부실화되었다'라는 것은 회사의 금고도 비었고 은행 잔고도 바닥나 버렸으며, 1,000억원짜리 공장건물만이 남았다는 의미인 것이다. 과거에 투입되었던 돈은 10조원이라는 사실로부터 나머지 9조9,000억원의 돈이 사업과 관련 없는 쓸데없는 지출에 낭비되었을지도 모를 것이라는 추정이 가능하다. 반대로, 우량기업이라면 10조원을 투자하여 지금은 기업의 가치가 20조원이 되어 있을 수도 있다.

부실화된 기업이 사회적으로 문제가 되는 이유는 자원의 희소성에서 비롯된다. 자원이 희소하지 않다면 우리는 필요한 만큼 사용하고 남는 것은 버려도 상관없다. 무인도에서 혼자 먹기에 너무도 많은 과일을 따서 먹다가 남으면 그냥 버려도 된다. 그러나 일반적으로 현대 경제사회는 자원이 희소하기 때문에, 이를 현명하게 나누어 사용하는 법을 알아야 한다. 희소자원을 배분하는 가장 좋은 방법은 처음부터 이 자원이 가치 있게 쓰일 수 있는 곳에 투자하는 것이다. 자본주의 경제체제에서는 이러한 역할을 자본시장이 주로 담당한다. 만일 부실기업에 투자되었던 자금이 다른 우량기업에 투자되었다면, 훨씬 더 많은 일자리가 창출되었을 것이고 이것이 곧 국민 전체의 소득수준 향상으로 이어졌을 것이다. 공중으로 사라진 수조원의 돈은 어디로부터 나온 것인가? 아마도 은행이나 주식시장 등으로부터 상당부분이 나왔을 것이다. 은행은 예금자에게 그 돈을 주어야 할 것이지만 부실기업으로부터 돈을 받지 못하였으므로 은행도 수익구조가 악화될 것이다. 이런 일이 반복된다면 은행도 부실화되고 이러한 악순환은 국민 개개인의 부를 포함한 경제 전체에 큰 어두움을 드리울 수 있다.

제 1 절 자본시장의 이해

1 시장의 개념, 주식시장의 순환원리

'시장'에서는 '수요 · 공급의 원리'가 적용되며 원칙적으로 어느 누구도 거래에 대한 판단을 강요받지 않는다. 예를 들어, 과일시장에서 사고 싶지 않은 과일을 사지 않아도 되고, 팔고 싶지 않다면 팔지 않아도 되는 것이 시장의 원리이며 거래를 통하여 과일의 가격이 형성된다.

자본시장에서는 돈과 관련된 거래가 매우 광범위하게 이루어진다. 자본시장에서는 '여유자금을 투자하고 싶어 하는 투자자'와 '자금을 필요로 하는 자금수요자(주로 제조업을 포함한 기업들)'의 거래가 이루어지며 자금에 대한 수요 · 공급의 강도와 흐름에 따라 매일매일 자금의 가격이 형성된다. 일반 시장에서의 가격은 10,000원, 20,000원과 같이 화폐단위로 표시되지만, 자본시장에서는 거래되는 물건 자체가 화폐이므로 가격은 금리(=시장이자율)로 표현된다.

자본시장에서 어떤 금융상품 등이 거래되는가에 따라 세분화된 시장들이 존재하는데, 대표적인 예로는 채권시장과 주식시장이 있다.

채권시장은 회사(자금수요자, 채권의 공급자)가 회사채 등의 공적인 증서를 발행하고 자금을 조달하는 시장이다. 회사가 회사채를 발행한다는 것은 앞으로 얼마의 이자와 원금을 갚을지가 증서에 명시되어 있다는 의미이다. 정해진 미래 현금흐름을 보고 투자자들(자금공급자, 채권의 수요자)은 이 회사채를 살 것인지 사지 않을 것인지를 결정하는데, 이때 그들의 판단에 가장 중요한 영향을 미치는 것이 금리이다. 금리가 낮아져 채권을 사는 것이 낫다는 판단이 들면 채권시장에 많은 투자자들이 몰려 채권가격은 상승한다. 반대로, 금리가 높아지면 미래 현금흐름이 이미 고정적으로 정해져 있는 채권보다는 자본시장에서 다른 금융상품을 매입하는 게 나아질 것이고, 이때 채권에 대한 수요는 줄어들고 채권가격은 하락한다. 즉, 채권의 미래 현금흐름은 공적인 증서에 의해 고정되어 있기 때문에 금리와 채권의 가격은 각각 반대로 움직인다.

자본시장의 또 다른 대표적 시장인 주식시장은 경영학의 여러 분야들과 매우 밀접한 연관을 갖는다. 즉, 미래 수익성이 현재보다 좋아질 것으로 예상되는 등 전망이 밝은 기업에 투자를 하고 싶어 하는 투자자들의 수가 늘어나면 주식시장이 활발하게 움직이면서 그 회사가 발행한 주식의 가격(주가)은 상승한다. 매력적이지 못한 기업의 주가는 냉정하게 끝없이 추락할 수도 있다. 주식시장에서 형성되는 '주가'라는 것이 자연스럽게 우량기업으로 자금이 조달되도록 자동적인 장치로 작용하는 것이다.

1) 주식시장의 작동원리

시장에서의 '가격'이라는 것은 판매자와 수요자가 원하는 수준에서 균형을 이루면서 형성된다. 즉, 수요자와 공급자가 서로 다른 가격을 원하여 거래가 형성되지 않으면, 가격이란 존재하지 않는다. 주식시장에서 주식을 팔려는 사람은 10,000원을 받기 원하고, 사려는 사람은 9,000원에 사기를 원한다면, 그리고 이런 상황에서 한 치의 양보도 하지 않는다면, 주가는 형성되지 않는다. 거래가 이루어지지 않았기 때문이다.

만일, 팔려는 사람은 9,000원을 받기 원하고, 사려는 사람이 9,000원을 기꺼이 지불할 용의가 있다면 거래가 이루어지고 첫 번째 가격은 9,000원이 된다. 즉, 9,000원에 거래가 되었고, 일단 거래가 되었으니 그 가격이 우리가 뉴스에서 볼 수 있는 주가가 되는 것이다. 만일, 팔려는 사람은 9,000원에 팔기를 원하는데, 사려는 사람은 10,000원에 사기를 원한다면 어떻게 될 것인가? 이때는, 주문을 먼저 내놓은 사람의 가격에서 거래가 이루어진다. 즉, 팔려는 사람이 1초라도 먼저 9,000원에 팔겠다고 주문을 냈다면 사려는 사람이 10,000원에 사기를 원했다 하더라도 운 좋게도 1,000원을 절약하여 9,000원에 살 수 있는 것이다. 주식의 주문은 모두 온라인상에서 전산처리되기 때문에 소액주주의 경우 내 주식을 누가 샀고, 누가 팔았는지를 서로 몰라도 되는 익명성이 보장된다.

주가의 변화는 인터넷 검색으로 손쉽게 알 수 있다. 실제로, 포털 등에서는 '주식' 또는 '증권'에 대한 정보를 비중 있게 다루고 있는데, 조금만 더 관심을 가져보면 우리에게 익숙한 회사들의 '주가'가 매일 얼마인지를 회사별로 손쉽게 검색할 수 있다. 이와 같이 쉽게 '주가'를 검색할 수 있는 기업들은 대부분 '상장기업'이라 하여 사회적으로 인정받는 기업이라 보면 된다. 상장기업으로서 경영을 잘하고 미래 수익성이 좋다고 평가된다면 주식시장에서 자금조달을 원활히 할 수 있고, 이것이 주식시장의 존재이유가 된다. 예컨대, 어떤 회사의 주가가 50,000원이라면 이는 새로 주식발행할 때 (조금 할인해 준다 하더라도) 적어도 40,000원 이상의 자금을 조달할 수 있다는 의미가 된다. 반면에 부도가 나서 주가가 1,000원 미만에 불과한 회사라면, 주식시장에서 주식발행 자체가 어려울 수 있으며, 설령 주식을 발행한다 하더라도 1주당 500원도 조달하지 못할 수 있고, 전혀 투자자들의 관심을 받지 못할 수도 있다.

2) 주식시장의 기능

주식시장이 희소자원 배분기능을 한다는 사실을 조금 더 구체적으로 살펴보자. 주가에 영향을 미치는 요인은 회사의 미래 전망이다. 즉, 미래 전망에 근거하여 그 회사 주식을 보유하고 있는 공급자와 그 주식에 대한 수요자가 주식시장에서 만나서 거래를 하게 되고 이때 주가가 형성된다고 하였다. 결국, 주식시장에서는 각 주식을 발행한 회사의 미래 전망이 중요할 것이다.

회사의 미래 전망이 좋다는 것은 그 회사가 미래 이익을 많이 올릴 것이고, 그만큼 많은 배당을 줄 수 있을 것으로 기대된다는 것과 같은 의미이다. 미래 이익을 많이 올리기 위해서는 신기술 등에 투자를 하되 이 투자로 인한 미래 전망이 객관적으로 좋아야 할 것이다. 예를 들어, 전기자동차 관련회사의 주식, 백신개발 관련회사의 주식 등의 주가는 현재 이익은 적더라도 주가가 큰 폭의 상승을 하는 편인데, 이들 회사의 미래 수익이 좋을 것으로 기대하기 때문이라고 할 수 있다.

각 회사들의 미래 전망에 대하여 처음에는 엇갈리는 의견을 가지고 있던 수많은 주식시장 참여자(사려는 투자자와 팔려는 투자자)들이 균형가격 근처에서 거래를 하고 주가는 매일, 매시간, 매분마다 등락을 거듭한다. 이후 시간이 흐름에 따라 참여자들은 새로운 정보들을 접하면서 자신들의 판단을 조정하며, 기존의 균형가격은 새로운 균형가격으로 점진적으로 움직일 것이고, 궁극적으로 시장 전체는 미래 전망이 좋은 회사로 희소한 자원이 배분되도록 움직이는 것이다. 이 과정에서 미래가 밝을 것으로 기대되었던 회사가 정치스캔들 등에 연루되어 경영위기에 몰렸다는 소문이 퍼지게 된다면 높게 형성되던 주가가 불과 며칠 사이에 1/10 혹은 그 이하로도 하락하는 것이 주식시장의 속성이다.

주가가 높게 형성된 기업은 다음에 주식을 통한 자금조달을 할 때(=유상증자) 1주당 높은 가격을 받게 되어 적은 부담으로 신규 투자자금 등을 확보할 수 있게 되며, 주가가 낮은 기업은 (이미 전망이 어둡다고 평가되었다는 의미이므로) 사실상 주식을 통한 자금조달이 어려울 것이다. 미래 전망이 좋은 기업으로 희소한 자금이 몰릴 수 있도록 하는 주식시장의 시스템은 이와 같이 작동된다.

3) 주식시장의 교훈

1920년대 미국 주식시장은 대공황의 징조가 나타나는 시기에도 첨단 기술회사 중심으로 주가급등 현상이 있었다. 2020년을 넘어서면서 세계는 전기자동차에 열광하고 있지만, 1918년부터 1930년대 중반까지 주식시장에 새로 상장된 기업들은 이전 시대의 기술혁명이라 할 수 있는 전기/내연기관 분야에서 두각을 나타내었던 회사들이다.

1930년대 뉴욕증권거래소(NYSE : New York Stock Exchange)에 신규 상장된 유망한 회사들로는 크라이슬러, 질레트, 듀퐁, 프록터 앤 갬블 등 지금도 유명한 회사들이 있었다. 미국 대공황이 최고조에 달했던 1934년에는 비행기 제조회사인 보잉이라는 새로 떠오르는 회사가 신규 상장되었다.

1930년대의 관점에서 보면 이들 기업에 투자한다는 것은 어리석은 일처럼 보였다. 당시 새로 상장된 기업 중 상당수가 대공황의 와중에 주식시장에서 사라진 반면, 그중에 살아남은 회사들은 2020년 이후에도 대기업으로 존재하고 있다. 지금도 미래의 게임산업 및 4차 산업혁명을 주도할지도 모르는 회사들이 수없이 탄생하고 소멸한다. 우리나라의 네이버, YG엔터테인먼트, 미국의 구글, 애플 같은 회사들은 사실상 30년 내외의 짧은 역사 속에, 이미 각 경제사회에서 핵심적인 대기업으로 자리 잡았다. 이들의 공통점은 모두 중소기업일 당시 주식시장에서 많은 투자자들의 관심을 끌며 주가가 상승하였고, 이후 유상증자 등을 통하여 자금조달을 하고 그 자금으로 신규 투자를 벌여 현재에 이르게 되었다는 것이다.

과거와 지금의 주식시장에서 변하지 않는 공통점이 있다. 혁명적 기술을 과감하게 채택하면서 성장이 이루어졌다는 것이다. 1920년대는 전기와 자동차였고, 지금은 IT산업과 생명공학산업 등일 것이다. 주식시장이 활황국면을 보이면서, 투자자들은 위험이 크지만 가능성이 있는 회사에 투자하였고, 이렇게 자금을 조달한 회사들이 새로운 영역을 개척할 수 있었다. 실제로, 주식시장이 없었다면 이들은 아직 본격적인 사업을 시작하지 못하고 있었을 가능성도 크다.

한편, 거시적으로 볼 때 나타나는 주식시장의 특징 중 하나는, 매우 큰 세계적인 사건이 발생한 뒤에는 그것이 좋은 뉴스이건 나쁜 뉴스이건 주가가 상승할 가능성이 높다는 것이다. 미국의 주식시장이 어느 정도 자리를 잡은 이후 첫 세계적 위기상황은 20세기 초반의 제1차 세계대전이었다. 20세기 최초의 전 세계적 위기였고, 이때 뉴욕 주식시장은 4개월여 동안 문을 닫았으나 재개장 후 빠르게 회복되었고, 유럽에 국한된 전쟁의 성격상 전쟁특수를 누린 미국 증시는 강세를 유지하였다. 21세기 초반의 911테러 사태는 미국 주식시장을 패닉상태로 몰아넣었으나, 이때 역시 주가는 일시 하락 후 결국 다시 상승했으며, 2020년대 초반을 강타했던 코로나19 사태의 경우에도 주가는 단기간 하락 후 다시 상승세를 보였던 적이 있다. 앞으로 다가올 미래에도 기대치 않았던 사건에 의해 주식시장은 짧게는 1~2주에서 길게는 6개월 또는 1년 이상의 침체기를 겪다가 회복되는 현상을 반복할 수 있다. 다만, 코로나19 사태를 예상하지 못했듯이 이러한 침체기가 언제 어떻게 올지를 예측하는 것은 사실상 불가능하다.

"오늘 뉴욕의 어느 곳에선가 펄럭였던 한 마리 나비의 작은 날갯짓이 내일 한국에는 큰 폭풍우를 일으킬 수 있다."

이는 카오스 이론을 설명하는 데 인용되는 '나비효과'이다. 나비효과란 나비의 날갯짓처럼 아주 사소한 요인이 폭풍우와 같은 큰 사건으로 발전할 수 있다는 것이다. 카오스(chaos)란 원래 혼돈, 무질서 등을 뜻한다. 하지만 카오스는 단순한 혼돈이나 무질서한 상태가 아니라 "생명력을 가진 혼돈"이며, "질서를 낳는 무질서"라 할 수 있다.

주식시장에서도 예측하기 힘들게, 대호황이 결국 어느 순간 끝나고 하락세로 돌아서곤 한다. 정부와 투자기관들이 어떠한 노력을 하더라도 이를 막을 수 없다. 그러나 하락의 골이 깊어져 모두 포기하는 상황이 될 때쯤이면, 주식시장은 다시 조금씩 살아나는 경향이 있다. 주식시장이 왜 갑자기 침체국면으로 빠져드는지, 어떻게 다시 살아나는지에 대해 확실히 설명하기는 어렵다.

확실한 것은 주식시장의 호/불황에 영향을 미치는 요인이 국내적인 것만은 아니라는 것이다. 중국이 대규모 설비투자를 한다거나, 일본에서 대지진이 발생했거나, 남미의 유전이 폭발했다거나 하면, 세계경제 위기에 대한 우려 등으로 인해 해당 국가의 환율이 급등락을 거듭하게 된다. 또한 이는 각국의 주식시장을 폭락, 폭등세로 변화시켜 놓는다. 세계를 하나의 기준으로 묶는 세계화와 이를 가능하게 해주는 인터넷의 발전, 각국의 주식시장을 넘나드는 투기

자본 등으로 인하여 사소할 수도 있는 작은 사건이 시발점이 돼 위기로 발전할 수 있다. 1969년 미국 국방성에서 한 마리 나비의 날갯짓처럼 시작된 인터넷 프로젝트가, 현재 전 세계의 문화를 바꾸어 놓는 일이 될지 아무도 몰랐다. 오늘도 어디에서인가 이런 날갯짓이 시작되고 있을지 모른다.

2 효율적 경영과 자본시장의 관계

1) 경영학에서 재무관리 분야의 역할

기업이 조직의 목표 달성을 하는 데 필수적인 기본 경영활동은 인적자원관리, 생산관리, 마케팅관리, 재무관리 등 여러 가지가 있다. 이들 중 재무관리 영역은 자금과 관련된 기업 업무에 대한 내용을 다룬다.

경영학의 역사는 미국의 자본주의가 본격적으로 정착되기 시작한 지난 120여 년 전부터 비롯된다고 할 수 있다. 이 당시, 물건을 잘 만들고 잘 팔기만 하면 기업의 모든 것이 해결되었기 때문에 '생산관리'와 '마케팅관리'의 영역만이 중요했었다. 그러나 20세기말부터 최근까지는 조직구성원에 대한 '인적자원관리' 및 자본시장과 자금의 흐름에 대해서 다루는 '재무관리'의 역할이 점차로 중요하게 되었다.

재무관리의 구체적 역할을 한마디로 하면, '효율적으로 자금조달하고 투자를 하기 위한 지식'을 배우는 것이라 요약할 수 있다. 효율적 자금조달과 투자는 주식시장 등을 포함하는 광범위한 자본시장을 중심으로 이루어진다. 현대 산업사회가 복잡 다변화되면서 경쟁에서 뒤처지는 기업은 생존에 위협을 받게 되었고, 효율적인 경영을 하지 않는 기업은 경쟁에서 이겨내기 어렵게 되었다. 경영의 효율성은 조직관리, 생산관리, 마케팅관리 등에서도 찾아야 하지만, 자금과 관련해 자금의 '효율적 조달'과 '효율적 운용' 등에서도 이루어져야 한다. 자금을 효율적으로 다루기 위해서는 기본적으로 자금흐름의 환경과 제도, 규칙 등을 알아야 한다. 수백 년 전 자본시장이 발달되기 이전이라면, 번 돈을 항아리에 묻어 놓고 필요할 때 꺼내 쓰더라도 효율성 면에서 뒤처지는 게 아니었지만, 현대 자본주의 사회에서는 자본시장을 모르고는 정상적 기업경영이 어렵다. 대기업이라면 실제로 하루에 수천억원의 현금이 들어오거나 나갈 수 있는데, 수천억원의 돈을 자본시장에서 어떻게 운용하느냐에 따라

단 하루에 수억원의 돈이 기업으로 추가 유입될 수도, 그 반대가 될 수도 있기 때문이다.

궁극적으로 기업이 지향하는 바는 이익을 극대화하는 것이며, 과거에는 자본시장 및 재무분석기법의 발달이 부족해서 이러한 내용들을 모르더라도 기업의 가치극대화에 미치는 영향이 미미하였다. 그러나 최근에는 자본시장의 주변 여건 및 제도 등을 아는 것이 기업의 효율적 경영에 매우 큰 영향을 미치게 되었다.

2) 효율적 자본조달결정과 효율적 투자결정

자본시장이론 및 재무관리의 분야에서 가장 많이 나오는 용어 중 하나로 '효율적(efficient)'이라는 말이 있다. 그리고 기업의 자금관리와 관련하여 가장 필요한 내용에는 '자본을 어떻게 효율적으로 조달'하여 '어떻게 효율적으로 투자(운용)할 것인가' 등 두 가지 내용이 포함된다.

'자본조달결정'과 관련해서, 기업의 재무관리 담당자는 자본조달원천을 적절히 배분하는 것이 중요하다. '은행에서 돈을 빌릴 것인가 아니면 다른 곳에서 자금을 조달할 것인가'를 고민해야 하며, '금융기관에서 우리 회사에게 제대로 빌려주기는 할 것인가', '어떻게 하면 보다 유리한 조건으로 자금을 조달할 수 있을까' 등의 문제를 해결해야 한다. 궁극적으로, 가장 저렴한 금리를 지불하는 조건으로 자본조달을 한 다음, 가장 고수익을 올릴 수 있는 투자대안을 찾아내어 의사결정하는 것이 기업가치를 극대화하는 방법 중 하나일 것이다.

일단, 가장 합리적인 자본조달을 위한 수단, 경로, 관련제도와 절차, 이용가능기간 등에 대한 전반적인 지식 등 자본조달결정의 주요 영역에 대해 알아야 한다. 즉, 주식발행, 채권발행 등을 통한 자금조달, 은행이 제시하는 여러 금융상품들을 비교하여 기업에 가장 유리한 대안을 선택하려는 노력을 기울이는 것부터 시작해야 한다. 일상생활에서는 이자율 0.1~0.2%의 차이가 그다지 중요하지 않을 수도 있으나, 금액의 규모가 큰 기업활동에 있어서는 0.1~0.2%만 저렴하게 자금을 조달하더라도 이것이 매우 큰 금액으로 기업의 미래수익성과 직접 연결되는 중요한 변수가 될 수 있으며, 기업의 장기적 성장가능성에도 영향을 주게 된다.

'투자결정'은 조달된 자금을 어떻게 운용할 것인가와 관련된다. 지금 투자한 금액과 향후 기업에 회수될 금액을 비교하여 가장 큰 이익을 낼 수 있도록 의사결정을 해야 할 것이다. 즉, 기업이 투자를 하면, 재무제표상의 자산에 보고되는데, 이들 중 재고자산과 건물, 설비 등 어떤 자산을 얼마만큼 보유하는 것이 기업 목적에 비추어 '가장 효율적인 투자인가'와 같은 자산의 최적배합의 문제 등이 재무관리 분야의 대상이 된다. 이 과정에서 기업이 조달한 '자본을 위해 들인 비용(자본비용)'을 초과하는 수익을 올리는 투자안이 있다면 효율적 투자 중 하나가 될 수 있을 것이다.

투자결정과 관련한 기업의 계획은 취소하기가 어렵기 때문에 초기 단계에서 여러 사항을 검토해야 한다. 투자를 수행하는 데 필요한 소요자금과 투자기간에 대한 예측, 투자로부터 예상되는 현금흐름의 양과 질, '기대수익률'과 '위험'에 대한 예측, 현재가치와 미래가치의 개념을 고려한 '이자율' 고려, '주가'의 결정, '기업가치평가' 등이 기업의 투자결정에 주요 고려사항이 된다. 예컨대, 미국 기업이 한국에 진출하거나, 한국 기업이 동남아 등 해외에 진출하는 이유 중 하나는 보다 나은 조건의 시장에서 자본조달비용을 낮추기 위해, 혹은 보다 높은 투자수익률이 있는 가장 효율적인 시장을 찾기 때문이다(나이키가 운동화를 미국에서 생산하지 않고 동남아에서 생산하는 경우 등이 여기에 해당된다).

3) 최적 현금보유량 및 주요 자산관리에서 고려할 것들

현금이 많은 것은 유동성 면에서는 좋지만 수익성 면에서는 불리하다. 즉, 현금을 많이 보유할 경우 운영자금은 부족하지 않지만 기회비용(현금을 보유함으로써 다른 투자대안에 투자하지 못하게 되는데, 이때 다른 투자대안에 투자했다면 벌 수 있었을 금액)이 크며, 수익의 기회를 줄일 수도 있다. 너무 많은 현금은 효율성을 저해하고 너무 적은 현금은 기업을 부실화되는 방향으로 몰고 갈 수 있다. 일반적으로, 최적 현금보유량을 결정하기 위해서는 추가 여유자금이 다음에 언제 발생할 것이며 그 규모는 얼마나 되는지, 부족한 자금의 조달시기와 규모, 경영자의 유동성 위험 선호 정도, 부채 상환계획, 장기 현금흐름의 예측 등을 충분히 고려해야 한다.

최적 현금보유량을 결정하기 위해서는 미리부터 현금예산서를 작성할 필요가 있다. 현금예산 작성의 첫 단계는 매출로부터의 현금유입액을 추정하는 것이다. 평균 매출액 중 현금판매와 신용판매의 비율을 시계열 추이로 분석하고, 신용판매액의 회수시점에 대한 분석을 함으로써 현금유입액 추정을 할 수 있다. 그 다음, 매입으로부터 현금유출액을 추정한다. 판매비 및 일반관리비 등의 지출액은 매월 일정한 추세를 갖지만 상품, 원재료 등의 구입과 관련된 외상매입액의 지급은 월간 구입수준과 신용구입 조건에 따라 달라진다. 마지막으로, 매월초 보유해야 할 바람직한 현금잔액 수준을 결정해야 한다. 기업의 영업적 특성, 세법, 경영정책 등 요인에 의해 최적의 현금보유수준을 정하는 것이 바람직하다.

현금 이외에 매출채권(외상매출로 인한 돈 받을 권리) 및 재고자산의 효율적 관리 역시 효율적 경영에 중요하다. 매출채권의 증가는 매출의 증대를 가져오지만, 동시에 대손의 증대에 따른 금융비용 증가가 뒤따르며, 수금되는 현금흐름에 대한 기회비용도 예측해야 한다. 즉, 신용기준을 완화할 경우 매출액은 늘겠지만 이로 인한 비용의 증가를 고려해야 하며, 신용기준을 강화하면 매출은 줄겠지만 비용이 감소할 것이다.

한편, 재고자산을 조달하고 유지하는 데에서 발생하는 비용도 고려해야 한다. 따라서 재고자산회전기간, 재고자산 구성항목들의 적정보유수준, 그리고 계절적 변동 등 경영상황을 고려하여 적합한 크기의 재고수준을 유지하는 것이 좋다. 주문량과 재고량의 시기가 완전히 일치하는 것이 이상적이지만, 정확한 일치는 불가능하다. 일반적으로, 원재료와 재공품은 완제품 생산에 필수적인 부분이고 원재료와 재공품의 부족은 생산을 중단시키게 된다. 따라서 원재료 등에 대해서는 적정재고를 가져가며, 완제품은 재고관리비용이 들어가므로 불시의 수요에 대처할 정도의 재고만을 다소 적게 가져갈 것이 권장된다. 매출채권과 재고자산의 공통점은 궁극적으로 현금회수가 되고 재투자에 들어가야 할 자금이 현재 돌아오지 않고 묶여 있다는 것이다. 물론, 매출채권이나 재고자산의 과정을 거쳐야 매출이 신장되어 기업이 성장을 하지만, 매출채권이나 재고자산의 형태로 묶여 있는 기간이 길면 좋지 않다.

금융기관의 영업이익은 모두 이자율에 의해서 결정되기 때문에 이자율변동 또한 중요하게 고려해야 한다. 금리 변동위험이 적었던 시절에는 은행예금을 대체할 금융상품이 부족하였기 때문에, 금융기관 입장에서도 자금조달에 문제가 없었고 대부분의 노력을 대출된 자산의 유동성과 수익성을 확보하는 데 기울였다(자산관리시대). 이후 경제가 성장하면서 양질의 대출수요가 존재하게 되자, 금융기관 입장에서 더 많은 자금을 조달하면 수익성을 늘릴 기회가 주어졌다. 따라서 금융기관들 사이에는 더 많은 자금동원을 위해 금리경쟁이 이루어지는 등 자금유치에 주력하는 경향이 생겼다(부채관리시대). 그러나 이제는 이 둘을 모두 고려해야 하는 자산부채종합관리시대로 이행하였다. 이자율 위험이 증가하면서 자금조달에도 신중을 기하고, 반대로 대출부도율에도 신경을 써야 한다. 즉, 자산과 부채가 모두 불안정하게 되었기 때문에 이 둘을 연계하여 동시에 종합적으로 관리할 필요가 절실하게 된 것이다. 이에 따라, 자산과 부채를 종합관리하면서 위험의 극소화와 수익성의 극대화를 꾀하는 자산부채종합관리(ALM : asset liability management)의 관점을 가져야 할 것이다.

3 자본시장이 필요한 이유

1) 자본시장에서 이루어지는 일들

기업은 자본시장에서 필요한 자금을 조달하고 대신 '주식'이라는 증서를 판매한다. 반대로, 투자자는 자본시장을 통하여 기업에 자금을 투자하고 주식 등을 그 대가로 받는다(산다). 기업 입장에서는 가능한 한 저렴한 비용(이자비용)으로 자금을 조달하고 싶어 하고, 투자자 입장에서는 가능한 한 높은 수익(이자수익, 배당수익, 매매차익)을 올릴 수 있는 기회를 탐색한다.

기업 입장에서 구체적으로 자본시장의 필요성을 검토해 보자. 기업은 지속적인 성장과 발전을 위해 생산과 서비스를 확대하려 하고, 이를 위해 토지, 공장, 기계, 설비 등에 투자할 자금을 조달하려 한다. 이로부터 이익이 창출되면 배당 등을 지급할 수 있고, 남은 유보자금으로 재투자를 할 수 있다. 자본시장에서는 이런 기업을 우량기업 또는 '성공한 기업'이라고 할 것이다. 그러나 성공한 기업도 언제나 사내유보된 자금만으로 기업을 경영하기는 어렵다. 신규 투자를 하다 보면 자금이 모자라게 되고, 자금이 모자란다고 하여 좋은 사업기회를 놓칠 수는 없다. 자본시장의 규칙에 근거하여 우량기업이라는 이미지와 신규 투자기회의 타당성을 투자자들에게 설득시켜 유상증자를 시행한다면 불특정 다수의 투자자로부터 양질의 대규모 자금조달이 가능하게 된다.

어떤 모임에나 규칙이 있듯이 자본시장도 규칙을 지키지 않으면 시장참여자들은 떠나게 되고 시장은 붕괴될 것이다. 나아가, 기업의 자금담당자는 자본시장의 현황과 동향에 항상 관심을 기울이고, 필요시 소요자금을 가장 유리한 조건으로 확보할 수 있도록 준비해야 한다. 현대 자본시장과 제도는 보다 많은 참여자를 유치하도록 노력하고 있으며, 이에 따라 자본시장의 규모는 커지며 복잡한 구조가 되어 가고 있다.

2) 직접금융시장과 간접금융시장, 발행시장과 유통시장의 차이

투자자 관점에서 보면, 자신의 책임하에 투자를 하는 경우와 누군가가 투자를 대행해 주는 경우가 있을 수 있다. 주식시장, 채권시장 등은 일반적으로 투자자가 자신의 책임하에 투자를 하는 직접금융시장에 해당된다. 반대로, 투자자들이 은행에 예금을 하면 이 자금을 은행이 판단하여 기업에 빌려주는(여신) 경우가 일반적이다. 후자의 경우, 투자자 본인은 위험을 부담하지 않고 은행의 신용하에서 확정된 이자와 원금을 돌려받게 된다. 즉, 개인의 돈이 부실기업으로 대출되었어도 은행이 책임지고 해당 개인에게 돈을 돌려줄 것이다. 이러한 거래가 이루어지는 곳을 간접금융시장이라 한다. 주식투자 등 직접금융시장에 투자한 경우라면, 만에 하나 본인이 투자한 기업이 부도가 나면 모두 자신의 책임이 되고 투자원금을 거의 돌려받지 못하게 된다.

즉, 직접금융시장과 간접금융시장의 차이는 투자자에게 투자에 따른 책임(위험)이 있는가 없는가의 차이이다. 시장원리에 따라 책임이 있을수록 더 높은 수익률을 기대할 수 있을 것(직접금융시장)이며, 책임이 없다면 낮은 수익률에 만족해야 할 것(간접금융시장)이다. 자본시장은 자금을 투자하고 싶은 개인과 자금이 필요한 기업을 연결시켜 주는 역할을 하는데, '주식시장'과 같은 직접금융시장의 형태, 은행을 매개로 하여 기업과 투자자가 연결되는 간접금융시장의 형태 등 투자자와 기업을 연결해 주는 여러 개의 연결고리(시장)가 존재한다.

'발행시장'과 '유통시장'은 추상적인 개념이다. 재래식 시장처럼 어떤 특정한 (오프라인의) 장소에 모여서 물건을 사고파는 것이 아니기 때문이다. 그러나 '시장'의 정의상 눈에 보이는 한 장소에 모이지 않더라도 물건을 사려는 사람과 팔려는 사람이 어떤 공간(사이버 공간도 포함)에 모이기만 하면 이를 '시장'이라고 해도 된다. 개인과 기업은 '자본시장' 중 '발행시장'에서 연결이 된다. 기업은 여기서 설비투자 등에 필요한 자금을 공급받고 대신 주식을 증서로 주며, 개인은 자금을 투자하고 주식이라는 권리(의결권 등을 나타내는)를 받아오는 것이다. 애초에 투자를 한 이유는 이 주식을 보유함으로써 미래에 좀 더 많은 수익을 올리고 싶어서였을 것이다. 그러나 사람의 생각은 언제나 변하기 마련이므로, 원하는 때 언제라도 현금화가 가능하지 않다면 많은 투자자들은 애초부터 투자를 하지 않을 수 있다. 이렇게 되면, 발행시장에는 자금이 모이지 않게 되고, 기업들이 자본시장에서 자금을 조달할 수 없다면 경제의 규모는 그만큼 줄어들 수밖에 없다.

물건이 많은 백화점이 인기 있듯이 자본시장에는 많은 개인들의 자금이 들어와 있어야 인기가 있을 것이기 때문에 자금이 자본시장으로 모일 수 있도록 여러 제도적 장치가 있는 것이다. 주식, 채권 등이 개인간에 유통될 수 있는 활성화된 '유통시장'이 존재한다는 전제하에서만, 발행시장은 제 역할을 하게 된다. 즉, 개인간에 주식이 거래되는 유통시장이 활성화되어야 기업은 발행시장에서 개인들로부터 자금을 투자받아 여러 사업을 추진할 수 있게 된다. 만일, 유통시장이 제 역할을 하지 못한다면 개인들은 자본시장에 참여하는 것을 꺼리게 될 것이고, 기업은 처음부터 발행시장에서 양호한 자금조달을 사실상 할 수 없게 될 것이다. 그렇게 되면 기업은 신규 투자를 할 수 없게 되며, 경제활성화가 더딘 악순환의 고리가 생기게 될 것이다.

일반적으로 뉴스 등에서 접하게 되는 '주식시장'이라는 곳은 '유통시장'을 의미한다고 할 수 있다. 그리고 '주가'라는 것은 이 유통시장에서 정해진 가격이다. 물론, 발행시장에서 처음으로 정해졌던 가격(공모가라고 한다)이 있을 것이지만, 자유롭게 거래가 이루어지게 되는 그 순간부터 이 유통시장에서 매 순간마다 가격이 변동하는 것이다. 유통시장에서 이루어지는 가격(주가)을 기준으로 하여 그 기업이 새로운 투자자금을 필요로 할 때, 새로운 주식을 발행할 수 있다. 이것을 유상증자라고 하며, 기업의 주요 자금조달원천이 된다. 따라서 주식시장이 없다면 기업은 자금조달원천에 제약을 받게 된다.

제2절 기업가치평가

1 자본시장에서의 기업가치평가

1) 기업가치평가의 필요성

자본시장에서는 기업가치평가를 바탕으로 기업간 자원 배분이 이루어진다. 기업이 차입을 하거나 주식을 발행하는 등 자금조달을 할 수 있다는 것은 여유자금이 있는 누군가가 기업에 투자를 하기 때문에 가능하다. 자금을 조달하려는 기업과 자금을 투자하려는 투자자들 사이에는 합의가 이루어져야 하며, 이러한 합의는 자금을 조달하려는 기업에 대한 '가치평가'과정을 기본으로 하여 이루어지게 된다.

즉, 자본시장의 역할 중 하나가 기업의 가치를 제대로 평가하여 자금조달과 투자가 제대로 이루어지도록 하는 데 있다고 할 수 있다. 상대적으로 기업가치를 인정받는 기업에는 보다 많은 자금이 몰리고, 그렇지 않은 기업들로는 적은 자금이 유입되는 것이 시장원리이다. 그러나 불행히도 진정한 기업가치평가가 이루어지는 과정을 투자자들이 완전히 파악할 수는 없다. 누군가의 실력을 점수로 정확히 표현하는 것이 매우 어렵듯이 기업의 가치도 정확히 알기는 어렵지만, 가능한 평가방법 중 기업의 가치를 가장 근사치로 표현하는 지표는 자본시장에서 형성되는 그 기업의 주가라 할 수 있다. 다만, 주가는 시시각각 변화하여 하나의 값으로 고정되어 있지 않으며, 경우에 따라 일정 시점에서는 왜곡된(너무 높거나 너무 낮거나) 경우를 나타내기 때문에 이를 보완할 기준으로서 미래 주가를 추정하는 지표가 필요하다. 미래의 현금흐름, 배당, 회계정보 등을 이용한 이론적인 기업가치평가방법이 그 대안이 될 수 있으며, 회계정보를 포함한 다른 관련 정보를 종합하여 실무적인 기법들도 개발되어 있다. 한편, 기업뿐 아니라 나라에 대해서도 가치평가를 할 수 있다.

1997년 우리나라의 IMF 외환위기 당시, 세계적인 신용평가기관인 미국의 무디스(Moody's)는 우리나라의 신용등급을 1997년 11월 28일부터 12월 21일까지 모두 세 차례에 걸쳐 6단계나 낮추었다. 불과 한 달 만에 A3에서 Ba1으로 떨어뜨려 버린 것이다. 뉴욕의 월스트리트에서는 Ba1부터 그 이하를 '쓰레기

등급'이라고 부른다. 공식적으로 투자 부적격 등급인 것이다. 미국의 연방준비은행(FRB)은 투자 부적격 국가와 업체에 대한 대출이나 투자를 원칙적으로 금지하고 있다. 또 다른 세계적 신용평가기관인 스탠더드앤푸어스(Standard&Poors) 역시 우리나라의 신용등급을 1997년 10월 26일부터 1998년 1월 2일까지 7등급이나 낮추었다.

인간사회에 있는 '동정심'이라는 것은 자본시장에서는 찾아볼 수 없다. 이곳에는 오직 적자생존의 원리만이 있을 뿐이다. 결국, 이들의 냉정한 평가가 당시 우리나라를 매우 긴 경제위기로 떨어뜨렸다. 그러나 세계 사람들은 이러한 냉정한 평가가 전 세계의 자본시장을 유지하는 기본 시스템을 지키는 역할을 한다고 믿고 있으며, 당시 우리나라에 대해 냉정한 평가를 내린 신용평가기관을 비난하는 사람은 거의 없었다. 무디스나 스탠더드앤푸어스는 자신들의 평가결과를 전 세계를 향하여 공표하는데, 그들이 오래전부터 신뢰할 만한 기관이었기 때문에 전 세계의 투자자들은 일반적으로 그들의 분석내용을 믿는다.

1997년에 이들이 한국의 신용등급을 부적격한 단계로 하향했으니, 외국 투자자들이 한국에 투자를 하지 않게 되었고, 기 투자된 자금을 회수하는 과정에서 우리나라의 외환보유고가 바닥났던 것이다. 즉, 이들의 우리나라에 대한 국가신용등급 하락은 외환위기를 부채질하였고, 이러한 평가는 외국인 주식투자자의 이탈로 이어져 원화의 가치를 급락시켰다. 외국인 주식투자자들은 우리나라의 주식을 사기 위하여 달러를 원화로 바꾸어 주식을 사고, 주식을

참고 무디스가 신뢰를 얻게 된 역사적 배경

무디스는 20세기가 시작되던 1900년에 생긴 회사이다. 당시 미국에서는 서부지역으로 향하는 철도건설이 붐을 이루고 있었다. 대륙을 연결하는 대규모 사업을 벌이던 기업들은 돈이 부족했고, 투자하려는 유럽 사람들은 많았다. 다만, 교통과 통신이 불편한 상황에서, 유럽의 투자자들이 대서양 건너편에 있는 미국 철도회사의 신용상태를 수시로 점검할 수 없었다. 이때, 존 무디스라는 사람이 아이디어를 내어 철도회사의 공사진행상황과 신용변동 등을 책으로 만들어 유럽의 투자가들에게 제공하는 사업에 착수하였다. 이후 1929년 미국에서 대공황이 일어나자 투자자들은 더욱 신뢰할 만한 정보를 필요로 했다. 이는 무디스에게 큰 기회였고, 무디스의 냉정한 판단에 따라 주식시장에서 우량기업과 부실기업이 구분되었다. 이때부터 무디스는 '자본시장의 수호자'라는 별명을 얻게 되었다. 대공황의 와중에서 무디스가 우량판정을 내린 기업은 살아남았고, 그렇지 않은 기업은 퇴출되었다. 언젠가부터, 자본시장 투자자들은 무디스를 '저승사자'라고 부르게 되었다.

판 다음에는 다시 달러로 바꾸어 가지고 되돌아간다. 그런데 우리나라의 신용등급이 낮아지자 이들은 서둘러 주식을 팔고 달러로 바꾸어 돌아가 버렸다. 국내에는 외환이 부족해지면서 원자재를 살 외화도 부족하게 되었고, 주식시장은 다시 하락하는 악순환이 반복되었던 것이다.

국내에서도 한국신용평가 등 신용평가 전문기관이 회사채나 기업어음(CP)의 발행을 원하는 기업들의 신용등급을 평가하여 투자자들에게 제공하는 역할을 하고 있다. 신용분석에는 각 기업들의 주요 회계자료 등이 주로 이용되며, 이 외에도 '기업체의 업력(역사)', '기업의 규모(자산 혹은 매출규모)', 생산전망, 시장점유율, 국제경쟁력 등을 점수화시켜, 종합점수 100점 만점 등으로 하여 등급을 매기기도 한다. 일반적으로 미국 금융기관들은 주력사업의 영업위험(매출변동성) 정도, 시장점유율, 경영자의 평판, 회계정책의 보수주의, 고정금융비용 비율, 현금흐름의 적합성 등을 기업신용평가의 주요 요소로 채택하는 경향이 있다.

실제로, 우리의 일상생활은 점차로 모든 것이 숫자화되고 있다. 극단적으로 말하면, 모든 사물에 가격이 매겨지고 있다고 볼 수도 있다. 우리가 소비하는 물건들은 모두 가격이 정해져 있고, 대학입시생들은 안타깝게도 인성과 사회성 등 수치화하기 어려운 지표를 제외한 수능점수와 내신점수 등으로 '가치평가'를 당한다. 연예프로에서 인기가요 1위를 선정하는 것도, 유명 스포츠스타가 프로팀과 계약할 때에도 사람들은 계약금 총액에 관심을 갖는다. 모든 것을 숫자화시키고 가치평가와 연결시키는 행태가 옳은지 틀린지는 철학적인 문제이므로 여기서 논의하기 어렵다. 다만, 자본주의의 영향을 받는 현 시대에서는 이러한 숫자들에서 자유로울 수 없다는 것은 명백한 사실이다.

2) 완전경쟁시장과 기업가치평가

경제학에서의 가격결정이론은 완전경쟁시장, 독점시장, 과점시장 이론에 근거하고 있다. 수많은 수요자와 수많은 공급자가 있어 어느 누구도 혼자서는 가격결정에 영향을 미칠 수 없는 경우(완전경쟁시장)와 수많은 수요자와 한 명의 공급자가 있는 경우(독점시장) 혹은 수많은 수요자와 몇 명의 공급자가 있어 담합이 이루어지는 경우(과점시장) 등에 따라 가격결정의 과정이 달라지게 된다.

재무관리에 있어서 가격결정은 경제학의 완전경쟁시장이론에 근거를 두고 있다. 즉, 어떤 강압에 의한 것이 아니라 매수자와 매도자가 자발적으로 필요에 의해서 매매에 참여하는 과정에서 이루어지는 행태를 연구한다. 예를 들어, 완전경쟁시장에서 어떤 물건의 가격이 100원이 되기 위해서는 시장에서 수요자들이 그 물건을 사기 위해서 충분히 100원을 지불할 의사(willingness to pay)가 있고 제약이 거의 없어야 한다. 기업이 자금조달을 하려 할 때 은행이나 투자자들은 그 기업의 가치를 평가해 보고 자발적인 의사에 의해 자금을 공급할 것이다. 반대로 어떤 기업이 다른 곳에 투자를 할 때, 그 기업은 투자대상에 대한 가치평가를 해보고 자발적으로 의사결정을 할 것이다. 어떠한 외적인 변수도 없고 다른 조건이 일정하다면 이러한 자발적인 의사에 의해 거래가 이루어졌을 때, 효율적인 자원 배분이 자본시장을 통해 이루어질 수 있는 것이다. 즉, 재무관리의 가장 기본이 되는 두 가지 결정(자본조달결정과 투자결정)이 완전경쟁시장에서의 가치평가과정을 통해 합리적으로 이루어질 수 있는 것이다.

은행 등 금융기관은 성장성이나 수익성이 높은 기업에게는 많은 돈을 보다 저렴한 비용(이자)으로 빌려줄 것이고, 그렇지 못한 기업에게는 적은 돈을 보다 많은 이자를 받고 빌려주려 할 것이다(위험한 회사이니까 이자를 많이 받으려 한다). 심지어 미래 전망이 불투명한 기업에게는 대출을 거절할 것이다. 이러한 은행의 의사결정은 사실상 은행과 해당 기업이 참여한 여신시장에서의 가치평가과정(기업의 안정성, 성장성 등을 고려)을 거쳐 균형이 이루어진다. 일반회사들도 자신과 거래하는 수많은 회사들의 신용도(가치평가)를 알아야 할 것이다. 물건은 납품하였는데 대금은 당장 지급받지 못하고 3~6개월 정도 후에 받게 되는 상황이 빈번하다. 따라서 거래상대방의 신용도를 늘 파악하여 신용도가 높지 않은 기업에게는 물건을 납품하지 않으려 할 것이다. 왜냐하면, 기업은 자선사업을 하는 곳이 아니고 영리를 추구하는 곳이기 때문이다. 다시 말해서, 바람직한 기업가치평가과정은 어떠한 강제에 의하여 이루어질 수 없으며 애덤 스미스(Adam Smith)가 '국부론'에서 주장한 '보이지 않는 손'의 시장원리(완전경쟁의 원리와 거의 같은 개념)에 의해 결정된다.

2 회계정보와 기업가치평가

1) 배당과 기업가치

타인자본으로 자금조달한 경우 채권자에게 이자를 지급해야 하는 것처럼, 자기자본으로 자금조달한 경우, 그 대가로 주주에게 배당을 주어야 한다. 일반적으로 배당은 현금으로 지급하지만, 주식으로 지급되는 경우도 있다.

주식배당은 현금 대신 새로이 주식을 발행하여 기존 주주들에게 지급하는 형식으로 이루어진다. 이익을 누적시킨 회계지표인 이익잉여금 중 일부를 현금으로 배당하지 않고 새로운 주식을 발행하여 주주들의 지분비율에 따라 무상으로 배분하는 제도이다. 주식으로 배당을 지급하면 기업 입장에서 현금 유출을 억제할 수 있으므로, 재투자에 소요되는 자금을 사내유보금으로 조달할 수 있다는 장점이 있다.

어떤 기업의 주가가 5,000원이고 총 10주를 발행한 상태라면, 이 기업의 가치는 50,000원이다. 이 상태에서 1주당 500원씩의 현금배당을 했다면, 총 5,000원(=10주×500원)의 현금유출이 있었을 것이고, 기업의 가치는 45,000원이 된다. 기업 외부로 현금이 유출되었기 때문에 이론적으로 기업가치가 감소한다.

주식배당을 하는 경우(만일, 10주당 1주를 주식배당한다면), 1주의 주식배당을 한 이후 기업의 총발행주식수는 11주가 되지만, 주식배당을 하기 전과 주식배당을 한 후의 기업가치는 50,000원으로 변함없다. 기업 외부로 자금이 유출된 적이 없기 때문이다. 다시 말해, 원래의 기업가치는 50,000원(=10주×5,000원)이었지만, 주식배당 후 11주가 발행되었으니, 1주당 가치는 4,545원(=50,000원/11주)으로 변경되어야 한다. 즉, 주식배당일 이후의 이론적인 1주당 주가는 4,545원으로 455원만큼 감소한다. 발행주식수가 증가했는데 총기업가치는 그대로이므로, 1주당 주가가 감소되는 것이 이론적으로 당연한 것이다.

2) 회계변수 및 배당할인모형을 이용한 기업가치평가

현재의 100원은 1년 후의 100원보다 일반적으로 그 가치가 높다. 따라서 동일한 화폐단위라 할지라도 유입되는 기간이 서로 다를 경우에 비교가능한 상태(현재가치)로 환산할 필요가 있다. 기업의 미래 무한대 기간 동안 유입될 현금흐름 혹은 배당, 혹은 이익을 적절하게 현재가치로 환산한다면 그것은 무슨 의미일까?

잘 생각해 보면, 무한대 기간 동안 유입될 현금흐름 혹은 배당, 혹은 이익의 합을 알 수만 있다면, 이들을 적절하게 현재가치로 환산한 금액이 현재 기업의 가치와 같다고 할 수 있다. 물론, 미래의 현금흐름이 어느 정도가 될지 불확실하고, 매 기간마다의 시간과 위험에 대한 보상, 즉 할인율의 적절한 수준이 어디인지를 알 수 없으므로 이러한 기업가치평가는 추상적인 개념이 될 수밖에 없다. 하지만 적어도 이론적으로는 기업가치평가나 주식평가의 기준이 될 수 있다.

예를 들어, 채권의 경우 매년 받을 이자액(표면이자율)과 만기에 받을 금액, 그리고 시장이자율을 고려하고, 현재가치와 미래가치의 관계를 이용하여 미래 만기가 도래하는 채권의 현재 가격이 거의 정확히 정해진다. 실제로 이러한 방식을 이용하여 자본시장에서 채권이 거래되고 있다. 어떤 채권(액면가 100원, 표면이자율 10%, 만기 2년)이 발행되었다면 2년 동안 연말에 10원씩 이자를 주고(100원×10%), 2년말에 원금 100원을 지급한다는 의미이다. 이 채권의 현재 가격은 다음과 같이 평가된다(단, 시중금리는 10%라고 한다).

$$\mathbf{PV} = 10/1.1 + 10/1.21 + 100/1.21 = 100$$

(1.1＝1＋표면이자율 10%, 1.21은 1.1의 제곱)

즉, 시중금리가 10%인데, 그 대신에 채권을 사서 10%의 이자를 받으니까 결국 원금인 100원이 이 채권의 현재가치가 되는 것이다. 만일, 표면이자율은 그대로인데, 시장이자율이 8%나, 12%로 달라지면 이 채권의 가격은 어떻게 달라질 것인가? 표면이자율은 발행 이후 만기일까지 고정되어 있으므로 채권 발행 이후 시장이자율이 하락한다면(예컨대, 8%로) 채권가격은 오를 것이다. 왜냐하면, 시장이자율은 하락했지만, 이 채권의 발행자는 표면이자율대로 이자를 지급할 것이기 때문이다. 즉, 이 채권의 매력이 높아질 것이고 가격이 올라갈 것이다. 반대로, 시장이자율이 상승한다면(예컨대, 12%로) 채권가격은 떨어질 것이다. 시장이자율은 높아졌지만, 이 채권의 발행자는 표면이자율대로 이자를 지급해도 되기 때문이다. 즉, 이 채권은 매력이 반감될 것이므로 가격이 떨어질 것이다. 물론, 채권에 영향을 미치는 요인은 이 외에 만기와 신용도 등이 있다. 당연히 만기가 오래 남아 있는 경우보다 짧게 남아 있는 경우가 매력적이어서 가격상승요인이 있을 것이다. 그리고 채권발행기업의 신용도가 높은 기업의 채권은 다른 조건이 일정하다면 가격이 더 높을 것이다.

같은 논리를 주식에 적용해 보자. 지금 주가가 100원인 주식이 있다면, 이론상 미래에 이 주식으로부터 유입될 현금의 현재가치가 100원이라는 뜻이다. 만일 이 주식으로부터 매년 10원씩의 배당을 받고 2년말에 100원에 매각할 수 있다고 가정하자. 이런 상황을 확신할 수 있다면 그 주식의 가치는 다음과 같이 설명된다.

PV(100원 : 현재의 주가)
=10원(1년말 배당)/1.1+10원(2년말 배당)/1.21+100(2년말 매각대금)/1.21
(단, 시중금리 10%를 적절한 할인율로 가정)
(1.1=1+시장이자율 10%, 1.21은 1.1의 제곱)

위의 식에 배당 대신 미래에 유입될 것으로 예측되는 현금흐름을 대입해도 결과는 같으며, 심지어 배당이나 현금흐름 대신 당기순이익을 조정한 변수를 대입하더라도 이론상 같은 결과를 낳는다. 배당, 현금흐름, 당기순이익은 모두 기업가치를 증가시키는 서로 다른 형태의 변수들이며, 2년말 매각하는 가격은 이후 무한대 기간까지 예측가능한 배당, 현금흐름, 당기순이익 등이 반영된 것으로 가정할 수 있기 때문이다.

단, 여기서 생각해야 할 점은 '도대체 할인율이 얼마인 것이 적정한가'라는 것이다. 할인율에 미래의 위험과 기업의 신용도 등이 모두 반영되어 있기 때문이다. 지금도 많은 학자들이 적정할인율 계산을 위한 이론 개발에 관심을 갖고 있다.

주주들은 '기업으로부터 지급받는 배당금'과 '주식가격 상승을 통한 매매차익'을 기대한다. 따라서 주가상승이 기대되는 주식을 엄밀한 분석을 통하여 구입할 것인지 판단해야 한다. 주가가 상승하기 위해서는 미래에 기업이 이익을 많이 실현할 가능성이 있어야 하며, 미래에 기업이 이익을 많이 낼 것인지 등을 회계자료 등을 중심으로 분석하는 것을 기본적 분석(fundamental analysis)이라 한다. 이와 반대로, 주가의 상승과 하락을 그래프만으로 분석하는 기술적 분석(technical analysis)이 있다. 효과적인 분석방법은 기본적 분석을 기본으로 하여 기술적 분석을 참고하는 방법일 것이다.

3 기타 자본시장에 대해 알아야 할 것들

1) 자본시장에서 회계정보의 역할 및 주식 상장을 위한 과정

주식을 코스닥시장 같은 곳에 상장하려면, 일반적으로 창업 후 수년이 흘러야 한다. 그러나 모든 인간이 목표를 갖고 삶을 살아가듯이 막 창업을 한 경영자에게도 대기업, 우량기업이 되겠다는 목표가 있을 것이다. 코스닥에 상장한다는 것은 기업이 기반을 구축했다는 의미와 한 단계 더 성장할 기회를 얻었다는 의미, 그리고 대주주에게는 많은 부를 가능하게 해 주는 중요한 사건이다. 불특정 다수의 투자자들로부터 자금조달을 할 수 있는 코스닥시장에 등록이 될 경우, 그 주식에 관심을 갖는 사람들도 많아질 것이고 그만큼 유동성(투자자 입장에서 현금화 가능성)을 더 많이 확보할 수 있다. 구글, 마이크로소프트, 네이버, NC 등의 기업이 모두 이러한 과정을 거쳐 성장하였다.

개인투자자가 직접금융시장에 투자를 할 때는 자신의 책임하에 기업의 신용도를 조사하고 투자해야 한다. 이때 기업의 신용도를 파악하기 위하여 기업에 대한 여러 정보를 수집하고 분석하여, 그에 근거한 투자를 하게 된다. 은행에 예금했을 경우 내 돈이 궁극적으로 어느 기업으로 갔는지 알 수 없으나, 직접투자의 경우 '나는 어느 회사의 주식(혹은 채권)에 투자했다'라는 의미가 되기 때문이다. 자본시장의 규칙하에서 기업에 대한 정보가 여러 형태로 존재하며 이를 이용하여 기업가치를 평가하고 이를 효과적으로 수행할 수 있는 사람이 자본시장에서 능력 있는 사람이 된다. 만일, 기업에 대한 정보가 하나도 없다면 자본시장은 마비될 것이며, 경제사회는 더 이상 현재와 같은 형태로 존재할 수 없을 것이다. 1929년 미국의 대공황 및 1997년말 우리나라의 IMF 외환위기는 회계정보의 신뢰성이 떨어질 경우 자본시장이 극도로 불안정해지며, 이러한 상황에서 어떠한 우량기업도 살아남기 힘들다는 교훈을 남겼다. 이러한 일이 앞으로 발생하지 않는다고 단언할 수 없으며, 실제로 2019년부터 시작된 미국과 중국의 무역전쟁이 당사국 또는 주변국의 금융위기로 이어질 수 있다고 예언하는 경제전문가들도 있다.

자본시장에서 기업가치를 평가하는 데 가장 중요하게 사용되는 정보는 회계정보이다. 투자의사결정을 위하여 가장 많은 비중을 차지하는 정보는 그 기업의 재산상태 및 영업상태일 것이며 앞으로 이익을 많이 낼 회사가 가장 매력적인 회사이기 때문이다. 이러한 정보는 회계자료 중 재무상태표와 포괄손익계산서에 나타나 있다. 합리적인 투자자라면 작성된 이들 자료를 근거로 하여 투자 유망한 회사를 고르려 할 것이다. 특히, 신규 상장되는 회사의 경우 코스닥에서의 첫 거래 이전에 공모가를 결정해야 하는데, 이는 증권회사가 실시한 수요예측의 결과를 감안하여 주식발행회사와 협의하여 결정한다. 이때 회계자료에 근거한 본질가치 산출방법을 사용하거나 동종 산업의 유사한 기업의 PER(Price-Earnings Ratio)를 이용하여 인수회사와 발행회사가 적정한 선에서 합의하에 결정하는 것이 일반적이다.

2) M&A의 개념

주식시장에서 또 하나의 중요한 이슈는 M&A(mergers and acquisitions)이다. M&A는 미국 주식시장에서 자주 발생하는데, 몇몇 전문가들은 오늘날 미국의 경쟁력 강화요인은 M&A에서 살아남기 위한 노력으로부터 비롯되었다고 주장한다. M&A는 자본의 효율성이 높은 기업만 살아남는 자본주의의 적자생존 원리의 전형적인 예이다. 우리나라는 전통적으로 창업과 그에 따른 경영권을 존중했으며, 정부정책도 대주주와 경영진의 기득권을 인정하고 경영권을 보유한 측의 의사에 반해서 기업을 인수하는 행위를 부도덕한 것으로 간주했다. 그러나 국제화 과정에서 우리나라도 기업의 경쟁력을 강화시키는 차원에서 M&A가 활성화되고 있다.

공격적 M&A의 대표적 사례 두 가지가 있는데, 왕관의 보석(Crown Jewels)과 벌처(Vulture)가 그것이다. 저평가된 부동산이 있거나 주가가 자산가치에 비해 낮게 형성된 기업은 기업 사냥꾼(hunter : 경영권장악 및 시세차익을 노리는 투기꾼을 일컫는 용어)의 좋은 표적이 되는데, 이러한 유형의 기업을 M&A하는 것을 왕관의 보석이라고 한다. 또한, 벌처는 파산기업의 채무를 싼 값에 매입해 주채무자가 되어 기업을 정비해 되팔아 넘기는 기법이다. M&A를 방어하기 위한 방법의 예로 독약처방(Poison Pill)이 있다. 이는 공격받는 기업이 대규모의 채무를 지거나 자산을 처분하는 등 매수를 당하더라도 매수자가 손해를 보게 함으로써 매력을 떨어뜨리는 기법이다. 유사한 방법인 황금 낙하산(Golden Parachute)은 기업이 매수를 당하더라도 기존 경영진의 신분보장이 되도록 사전에 거액의 퇴직금 조항을 만들어 놓는다든가 주식매수청구권을 부여하는 것 등이 해당된다. 이 외에, 백기사(White Knight) 방법은 공격을 받는 기업이 우호적 제3자를 이용하여 M&A를 방어하는 방법이지만 실패할 경우 큰 손해를 볼 수도 있다.

M&A 공격을 할 때, 매수자가 지분의 50% 이상을 장악하는 것은 사실상 어렵다. 이 때문에 주주총회에서 기존 경영자와 매수자 간 표 대결이 벌어지는데, 양측은 모두 소수주주들의 의결권을 위임받아 경영권을 주장하게 된다. 평소 투자자관리에 철저했던 기업들은 우호적 소수주주들을 확보하여 매수자보다 적은 지분으로도 경영권을 보장받을 수 있다. 반대로 공격자도 주주관리에 소홀했던 기업을 공략하면 적은 지분으로도 경영권 확보에 성공할 수 있다. 이를 위임장대결(proxy fight)이라 한다.

결론적으로, 자본시장에서는 경쟁에 의한 적자생존의 원리가 적용되며, 궁극적으로 우수기업들만이 살아남게 된다는 사실을 알 수 있다. 그리고 이러한 과정은 자본시장의 원리에 의하여 끊임없는 주가평가과정을 거쳐 이루어진다. 중요한 것은 자본주의가 존재하는 한 이러한 시스템은 계속 유지될 것이며, 이와 관련된 제도 및 관련 구조를 이해하는 것이 기업의 효율적 경영에 반드시 필요하다는 사실이다.

제3절 불확실성 관리

1 자본시장의 불확실성

1) 불확실성의 개념

미래에 일어날 상황이 100% '확실'하다면 우리는 아무것도 안 해도 될 것이다. 지금 어떠한 노력을 해도 이미 미래는 확실히 결정되어 있는데, 무엇을 한단 말인가?

하지만 모든 경제 현상은 정도의 차이가 있을 뿐 불확실한 것이 사실이고, 기업이 살아남기 위해서는 분석적 예측을 해야 한다. '불확실성(uncertainty)' 하에서는 기대하는 결과가 여러 개의 값을 가질 수 있고 이 개념은 '위험(risk)' 이라는 의미로 사용된다. '위험'이라는 것은 '어떤 상황'의 미래 기대되는 결과의 '변동성'을 의미하며, 따라서 위험은 통계학적으로는 기대되는 기대수익률의 '분산(variance)'으로 정의될 수 있다.

만일 어떤 투자자가 정부가 발행한 국채에 투자한다면 이자를 약정한 조건대로 지급받지 못할 가능성은 매우 적다(이러한 경우를 '무위험(risk free)'이라 정의한다). 물론, 받게 되는 이자의 크기가 상대적으로 적어 저위험-저수익(low risk-low return)의 상태가 된다. 저위험이라는 것은 기대되는 수익의 편차가 크지 않다는 의미이며, 거의 확정이자를 받을 것이므로 더 높은 수익을 올리지도 못하지만 수익을 못 받을 확률도 매우 적다는 의미이다.

주식에 투자하거나 기업이 발행하는 회사채를 매입하는 경우에는 원금회수를 하지 못할 가능성이 존재한다. 주식 및 회사채 발행회사의 부도로 인하여 주가폭락 혹은 약정된 이자와 원금을 약속대로 지급받지 못할 가능성이 존재한다는 것이다. 이들은 '위험이 높은' 투자대안들이다. 위험이 높다면 약정된 이자율 역시 국채 등 안전자산보다 상대적으로 높아야 투자자들의 관심을 끌 수 있다. 고위험-고수익(high risk-high return)의 상태가 되는 것이다. 기업이 부실화된다면 약정된 만큼의 이자를 받지 못할 가능성이 있으므로, 위험에 대한 대가로서 조금 더 높은 수익률이 제시되어야 한다는 의미이며 이러한 상태는 시장원리에 의하여 자연스럽게 이루어진다.

예컨대, 삼성전자가 가장 좋은 회사라 하여 모든 재산을 삼성전자 주식에 투자한다는 생각을 할 수 있겠지만, 만에 하나 천재지변으로 삼성전자 공장이 타격을 입는다면 전 재산이 소멸될 수 있기 때문에 이러한 투자안도 위험이 높은 것으로 평가된다. 정상적인 투자자라면 수익뿐 아니라 위험에도 관심을 가져야 하며, 여러 주식으로의 분산투자를 통하여(포트폴리오 형성) 위험을 감소시켜야 하는 이유가 된다.

2) 자금조달과 재무위험

경영학에서 '위험'이라는 용어는 영업위험(operating risk)과 재무위험(financial risk)이라는 용어로 나누어 사용된다.

영업위험은 기업의 영업이익의 변동가능성을 의미한다. 경제 및 산업환경의 변화와 경영의 효율성이 변동하면 그만큼 기업의 영업이익이 변화될 것이다. 그런데 영업비용(매출원가와 판매비 및 일반관리비) 중 변동비에 비해 상대적으로 고정비의 비중이 높은 경우 영업위험은 높아진다. 고정비의 비중이 높다면 매출액 변화에 따라 영업이익이 심하게 영향을 받을 것이기 때문이다.

재무위험은 기업의 자본구조상 타인자본이 증가함으로써 나타나는 그 기업의 파산가능성에 따른 위험이다. 영업위험이 매출원가와 판매비 및 일반관리비 중 고정비의 비중이 높을 때 나타나는 것으로 정의되는 반면, 재무위험은 고정비 성격의 이자비용(이익이 있든 없든 이자는 갚아야 하므로)의 비중에 따라 정의되는 위험이다. 금융비용 부담이 적은 기업은 영업실적이 악화된다 하더라도 당장 파산가능성이 높아지는 것은 아니지만, 금융비용 부담이 많은 기업은 영업실적이 악화될 경우 파산가능성이 당장 높아지게 된다. 또한, 후자와 같은 기업은 금리가 높아질수록 파산가능성이 높아질 수 있다. 이런 기업을 재무위험이 높은 기업이라 한다.

결론적으로, 재무관리 분야에서 '위험(risk)'이란 가치의 변동 정도를 의미하는데, 이 중에는 예상된 가치변동도 있고, 예상치 못한 가치변동도 있다. 주식시장에서 매우 큰 역할을 하는 '주가'는 일반 예금에 비하여 매우 큰 가치변동폭을 갖는 특징이 있다. 자본시장에서 효율적으로 자금조달을 하고 투자를 하려는 기업이 '주가'가 갖는 가치변동의 속성을 측정하여 예상치 못한 가치변동을 최소화하는 전략을 구성할 수 있다면 확실히 다른 경쟁기업보다 유리한 입장에 설 수 있을 것이다.

2 효율적시장과 CAPM

1) 효율적시장의 개념

'효율적시장(efficient market)'이란 넓게 보면 '시장으로서의 기능을 제대로 하는 시장'의 의미이다. 금융시장은 거래되는 금융자산(주식 등)의 공정가격이 신뢰받을수록 효율적이라고 평가된다. 공정가격이 형성되기 위해서는 주식매매 등에 장벽이 없고, 거래되는 주식에 관한 정보가 주식투자자들에게 값싸게 널리 이용가능해야 하는 등의 조건이 필요하다. 더 나아가 이러한 정보가 신속하고 충분히 주식가격에 반영된다면 '시장은 더욱 효율적'이라고 정의된다. 이때는 그 누구도 자기만이 특별히 '초과이익'(평균시장수익률보다 높은 이익)을 얻을 수 없다. 즉, 시장이 효율적이라면 알려진 정보만으로 그 시장에서 자신만 운 좋게 이익을 (지속적으로) 얻을 수 없다. 왜냐하면 정보는 이미 신속하게 반영되어 있을 테니까 누군가가 주식을 사고자 했을 때는 이미 주가는 올라 있어 수익을 올릴 수 없다는 것이다. 즉, 평균적으로 0의 수익률을 올릴 수밖에 없다. 이론적으로, 효율적시장에서는 어느 누구도 부당한 이득을 얻을 수 없으며, 내부자거래(회사내부사정에 밝은 사람이 남들은 모르는 내부정보를 이용해 불공평한 이득을 얻게 되는 거래), 주가조작 등이 없다.

물론, 이러한 조건을 모두 갖춘다는 것은 현실적으로 거의 불가능하지만, 일부 연구의 결과에 따르면 우리나라의 자본시장은 '완전히 효율적'(강형 효율성)이지는 않지만, '어느 정도 효율적'(준강형 효율성)인 시장이라고 한다. '효율적시장'에서는 누구도 '평균보다 높은 이익'을 올릴 수 없지만, 모두에게 공정하게 주어진 정보를 '올바르게 해석하고 분석하는 투자자'가 부분적으로 높은 수익률을 올리는 것은 가능하다. 일부 투자자들은 주가를 과소평가할 수 있고, 다른 투자자들은 과대평가할 수 있다. 그러나 어떤 투자자가 계속 바보일 수 있으며 많은 투자자들이 한때 바보일 수 있으나, 많은 투자자들이 계속 바보일 수는 없다. 즉, 부분적인 비효율성이 있다 하더라도 전체적으로 효율성을 갖추었다면 이 시장은 평균적으로 효율적시장이라 할 수 있다.

한편, 실물시장은 자본시장만큼 효율적이지 못하다. 그러므로 실물시장에서 형성되는 상품가격은 자본시장에서 형성되는 증권가격만큼 공정한 가격이라고 할 수 없다. 그 가장 중요한 이유는, 실물시장에서 경쟁관계에 있는 상품들이 실질적으로는 동일한 상품이 아니라 상호간에 다소 상이한 특성을 가지는 유사 상품이며 실물시장은 자본시장만큼 잘 조직화되어 있지 못하기 때문

참고 효율적시장의 세 가지 유형

첫째, 약형 효율성(weak form efficiency)을 갖춘 시장은 주가가 과거의 정보를 충분히 반영하고 있음을 가정한다.

둘째, 준강형 효율성(semi-strong form efficiency)을 갖춘 시장에서는 과거 정보뿐 아니라 현재 이용 가능한 공적 정보가 주가에 반영된다.

셋째, 강형 효율성(strong form efficiency)을 갖춘 시장에서는 투자자들이 개인적으로 얻는 정보마저도 주가가 반영하고 있다고 가정한다.

이다. 따라서 정확한 정보가 신속히 그리고 지속적으로 반영된다고 보기 어렵다. 그러나 이러한 차이는 정도의 차이에 불과하며 실물시장도 '효율적시장'의 조건을 갖추어 나가야만 시장참여자의 이탈을 막을 수 있다. 수요자와 공급자가 떠나버린 시장이란 존재할 수 없기 때문이다.

2) 포트폴리오 이론과 CAPM

경영학이 태동한 20세기 초반 재무관리 주제는 자본시장 제도, 회사설립, 합병, 자산평가 등이 주류였다. 여유자금은 기업이 스스로 갖고 있는 경우가 많았다. 자연적으로 화폐유통이 잘 안 되고 인플레이션의 위험이 뒤따를 수 있었다. 실제로, 경제선진국인 미국도 알고 보면 공황이 수차례 반복되었던 자본주의 역사를 가지고 있다. 미국 대공황을 계기로 자본시장의 관련 법규가 정비되었고 기업의 공공성이 강조되면서 재무제표에 대한 규정이 강화되었다.

그 결과 자본시장이 확대되면서 이들에 대한 관심사가 재무관리의 주요 영역으로 확장되었다. 이 후 주식시장의 발달과 맞물려 재무분석 기법들이 발달되었고, 투자결정과 관련하여 불확실성을 극복함으로써 경쟁력을 높이려는 시도들이 나타나기 시작하였다. 이 당시, 재무관리의 모든 노력과 시도들은 한마디로 불확실성을 감소시키기 위한 것이고, 재무관리 학자들은 불확실성을 줄여 기업이 '이윤극대화'할 수 있는 데 도움이 될 이론들을 집중적으로 연구하기 시작하였다.

20세기 후반부터 현재까지 재무관리 분야에서는 포트폴리오 이론(portfolio theory)과 더불어 CAPM(capital asset pricing model)을 통해 불확실성, 즉 위험(risk)에 대한 과학적이고 체계적인 접근이 이루어졌다. '포트폴리오 이론'을 통해서는 투자위험을 회피하는 방법인 분산투자의 원리가 제시되었고, 재무관리 분야에서 가장 유명한 이론이라 할 수 있는 CAPM은 불확실성을 의미하는 '위험'을 '체계적 위험'과 '비체계적 위험'으로 나눔으로써 투자자들이 어떤 위험을 없앨 수 있으며 어떤 위험을 제거할 수 없는지에 대한 이론적 고찰을 하였다. 이후 CAPM은 지속적으로 발전하였으며 최근에도 여전히 중요한 재무관리 이론으로 받아들여지면서 기업가치평가를 위한 중요한 역할을 하고 있다. CAPM은 일반화(generalization)를 위한 측면이 강하며 여러 가정하에 이루어졌기 때문에, 실무에 적용하기 위해서 조심스럽게 가정을 완화하는 절차가 필요하다는 점을 주의해야 한다.

3) CAPM의 구성요소

CAPM은 시간에 대한 보상(무위험이자율) 외에 위험에 대한 보상(체계적 위험을 고려한 위험프리미엄)까지 고려했다는 특성이 있다. 즉, CAPM의 기본개념은 주식투자를 통하여 기대되는 수익률이 기본적인 보상(무위험이자율)에 '위험프리미엄×투자안의 위험민감도'를 더한 값이라는 데 근거하고 있다.

$$R_i = R_f + (R_m - R_f) \times \beta_i$$

R_i=개별기업의 기대수익률
R_f=무위험이자율
R_m=시장수익률
β_i=개별기업의 위험프리미엄에 대한 민감도

'무위험이자율(risk free rate of return)'은 시간에 대한 보상만을 고려하여, 시간경과에 따라 얻어야 할 최소한의 수익률을 의미하며, 국채 및 은행예금에 대한 수익률이 대용치로 이용된다. '위험프리미엄'은 시장수익률에서 무위험이자율을 차감한 금액으로 계산된다. 시장수익률은 위험 있는 자산이 거래되는 시장에서의 수익률로, 대표적으로 종합주가지수 수익률 등이 있다.

미국의 경우, 'S&P지수' 수익률 또는 뉴욕증권거래소(NYSE : New York Stock Exchange)의 주식평균수익률 등이 CAPM 시장수익률의 대용치로 사용되며, 우리나라의 경우 KOSPI지수 수익률이 대용치로 사용되곤 한다. 위험자산이 거래되는 시장에서의 수익률 중 무위험수익률 이상으로 보상받아야 한다고 여겨지는 부분이다.

그런데 각 기업은 위험프리미엄에 대하여 갖는 민감도에 차이가 있다. 이러한 민감도를 베타(β)라 하는데, 이는 해당 기업마다 서로 다르게 위험프리미엄에 반응하는 민감도를 의미한다. 베타(β)가 1과 같다면, 시장수익률이 증가할 때 시장수익률 증가분에 비례하는 위험보상을 받거나 감소분에 비례하는 손실을 감수할 것으로 기대된다. 그러나 이것이 1보다 크다면, 시장수익률 증가분 이상의 보상을 받거나 감소분 이하의 손실을 감수할 것으로 기대된다(위험이 높은 자산). 이것이 1보다 작다면, 시장수익률 증가분 이하의 보상을 받거나 감소분보다 손실이 덜할 것으로 기대된다(위험이 낮은 자산). 다시 말해, 베타(β)가 2이면 주가상승시 위험프리미엄보다 두 배로 주가가 상승할 것으로

기대할 수 있으며, 주가하락시 위험프리미엄보다 두 배로 주가가 하락할 것으로 기대된다. 즉, 위험이 높은 주식이 된다는 뜻이다. 반대로, 베타(β)가 0.5이면 주가상승시 위험프리미엄의 증가폭보다 절반만큼 상승하며, 주가하락시 절반만큼만 하락할 것으로 기대된다는 의미를 갖는다. 예외적으로 베타(β)가 0보다 작다면 시장과 반대로 움직인다는 뜻인데, 평균적으로 이런 경우는 매우 드물다.

베타(β)는 일반적으로 각 개별 주가 등의 과거 자료로부터 추정되며, 이것이 체계적 위험의 크기를 결정한다. 즉, 위험은 기업고유의 요인이 있고, 시장에 의한 부분이 있는데, 기업고유의 요인에 의한 위험(비체계적 위험)은 포트폴리오를 형성하는 분산투자에 의하여 상당부분 회피가 가능하고, 시장에 의한 위험은 위험프리미엄과 각 기업의 민감도에 의해 결정된다. 체계적 위험은 시장 전체에 연동하여 움직이는 위험이므로 포트폴리오(분산투자)에 의해서도 제거될 수 없는 위험이고, 비체계적 위험은 적절한 수준의 분산투자를 행하면 제거될 수 있는 위험으로 기업고유의 요인이다. 재무관리에서는 비체계적 위험은 제거의 대상이고, 회계에서는 비체계적 위험을 통해 개별기업 혹은 집단 간의 차이를 분석하기도 한다. 체계적 위험을 야기시키는 구체적인 요인으로는 인플레이션, 경기후퇴, 이자율 상승 등과 같이 증권시장 전체에 체계적으로 영향을 미치는 것들이 있다. 반면, 기업고유요인에 의한 비체계적 위험을 일으키는 요인으로는 매출액 변동, 조업상태, 노사문제, 소송 등 특정 기업의 고유한 사정에 의해 생기는 위험이 있다.

결론적으로, CAPM은 '위험'측정에 대한 이론으로 지금까지도 가장 널리 받아들여지는 이론이다. 물론, 이러한 고려에도 불구하고 개인별로 '위험'에 대한 선호도 차이는 존재할 수 있다. 예컨대, 지금 100원의 돈을 받는 것과 50%의 확률로 200원의 돈을 받는 것 중 선택권이 주어진다면 당신은 어떻게 하겠는가? 일부는 전자를 택할 것이고, 일부는 후자를 택할 것이다. 만일, 지금 1억원의 돈을 받는 것과 50%의 확률로 2억원을 받는 것 중 선택권이 주어진다면 어떻게 달라질 것인가? 이때는, 액수가 커지니까 더 신중하게 선택을 할 것이다. 공격적인 사람(이들을 risk lover 혹은 risk taker라고 한다)은 후자를 택할 것이고, 보수적인 사람(이들을 risk averter라고 한다)은 전자를 택할 것이다. CAPM에서는 이러한 개인적 특성은 일정하다고 가정하고, 평균적으로 시장에서 받아들여지는 기대수익률을 체계화하였다.

4) 자본비용

자본비용이란 기업이 자본을 사용하는 대가로 자본공급자에게 지급하는 비용으로서 일반 상품의 가격처럼 자금의 가격역할을 하는 이자율(할인율)을 뜻한다. 예를 들면, 기업에 필요한 자금을 은행에서 차입하는 경우 차입금에 대한 이자율이 타인자본에 대한 자본비용으로 정의된다. 그렇다면 자기자본에 대해서는 어떠한가?

일반적으로 자기자본에 대한 대가는 무시하고 측정을 생략하는 경우들이 있다. 그러나 유보이익 등의 자본비용 역시 기회비용(opportunity cost)으로 계산해야 한다. 재투자를 위하여 사내에 유보되는 경우에는 주식, 채권, 부동산 등에의 투자기회를 상실하게 되므로 그만큼 기회비용이 발생한다. 기회비용은 한 대안을 선택하기 위하여 포기되어야 했던 대안들 중 가장 최선의 대안의 가치로 정의된다. 즉, 자금조달과 관련하여 차입시에만 이자부담을 떠안는 것은 아니라는 사고를 가져야 한다. 예컨대, 기업이 자기 돈을 다른 데 투자함으로써 잃게 되는 기회도 엄밀하게 기회비용으로 간주해 기업가치계산 등에 반영해야 하는 것이다. 마치, 학교에 다님으로써 아르바이트의 기회를 잃게 되는 경우를 고려하여 그만큼 학교공부를 열심히 해야 하는 것과 같은 개념이다.

기업의 자본비용에는 타인자본과 자기자본이 존재하기 때문에 실무적으로는 가중평균자본비용(WACC : weighted average cost of capital)이 사용된다. 자금의 출처별 자본비용을 구한 다음 자본구조의 가중치에 따라 가중평균함으로써 산출된다. 이러한 가중평균자본비용의 개념은 기업의 성과측정치인 EVA (economic value added : 경제적 부가가치) 또는 EBIT(earnings before interest and tax)의 개념과 연관지어 생각해야 한다. EVA는 회계적으로 포괄손익계산서상의 당기순이익에서 자기자본비용을 차감해 주는 것이다. 포괄손익계산서상 당기순이익에는 타인자본에 대한 이자비용만이 차감되어 있을 뿐, 자기자본에 대한 기회비용을 측정하지 않고 있는데, EVA는 이를 개선하고자 시도된 성과측정 지표인 것이다. EBIT(earnings before interest and tax)는 이자와 세금, 배당 등을 지급하기 전의 이익수치를 측정함으로써 영업을 통한 기업 본래의 수익성을 계산하는 것이다.

5) 금리와 자금의 흐름

시장이자율(금리)은 시중의 자금사정에 따라 변동한다. 금리의 변동에 따라 시중의 자금은 주식과 은행예금 중 어디가 선호될 것인가? 즉, 시중의 자금이 어느 쪽으로 흘러들어갈까? 부동산가격 급등과 금리는 어떠한 관계가 있을까?

금리, 주가, 부동산 등에 영향을 미치는 요인은 매우 복잡하지만, 일단 금리, 주가, 부동산의 관계만을 가정해 보자. 주식에 투자를 하는 경우는 상당한 위험이 있는 반면, 은행예금은 위험이 거의 없다. 금리가 높은 상황이라면 상대적으로 주식보다는 은행예금이 선호될 것이다. 위험은 거의 없으면서 높은 확정이자를 주는 데 대한 매력이 클 것이기 때문이다. 반면, 최근처럼 연간 이자율이 1~2% 수준에 불과하다면 은행예금보다는 상대적으로 주식투자를 하는 투자자들이 많아질 것이다. 즉, 금리가 높으면 은행예금 등에 투자하는 사람들이 많아질 것이고, 금리가 낮으면 주식에 투자하는 사람이 많아질 것이다. 이러한 현상은 실제로 통계적 검증이 되어 있는 사실이다.

다만, 반드시 이런 현상이 나타나는 것은 아니고 연간금리가 낮은데도 불구하고 주가가 그다지 크게 상승하지 않는 경우가 나타나기도 한다. 이때는 자금의 흐름이 주식도, 은행예금도 아닌 부동산으로 흘러갈 수도 있기 때문이다. 즉, 금리가 낮은 상황에서 대체 투자안으로 주식이나 부동산이 거론되었는데, 주식시장의 여건이 충분히 상승하기에 기업의 실적 등이 양호하지 않았기 때문에 대신 자금이 부동산시장으로 흘러들어가는 경우가 발생할 수 있을 것이다.

일반적으로, 뉴스에서 '시중자금이 어디로 흘러갈까?'라는 문제제기를 할 때, 가장 중요한 변수는 금리 수준이 된다. 이때, 사용하는 금리의 기준 중 대표적인 것이 1년 만기 정기예금 이자율, 혹은 3년 만기 은행보증 회사채수익률 등이다.

3 파생상품과 헤지

1) 위험회피를 위한 선택

위험회피와 관련하여 '용의자의 딜레마(prisoner's dilemma)'의 예가 있다.

두 범인이 절도죄로 감옥의 각 방에 투옥되었는데, 검찰에서 이 두 사람을 따로따로 불러 다음과 같은 제의를 하였다. '이 사건의 범인임을 자백하면 가벼운 형벌인 징역 2년을 구형하겠다. 만약 한 사람은 자백하는데 다른 사람은 부인하면 자백한 사람은 풀어주고, 대신 부인한 사람에게는 징역 10년을 구형한다. 둘 다 범행을 부인하면 둘 다 징역 6개월을 구형할 수밖에 없다.' 두 범인에게 의사교환의 기회는 없다.

이 문제는 각 범인의 효용이 자신의 자백뿐 아니라 공범의 자백에도 의존하기 때문에 게임의 상황이다. 각자의 전략은 죄를 자백하거나 부인하거나 중 하나를 선택하는 문제이다. 두 범인이 모두 범행을 부인하면 둘 다 이득을 보지만, 자기만 부인하고 공범이 자백하면 자기만 중형을 받는 딜레마에 빠지게 된다. 범인들에게 충분한 시간이 주어진다면, 결국 범인들은 모두 자백하게 된다. 범인1의 입장에서 볼 때, 다음과 같은 생각이 가능하다. '범인2가 범행을 부인할 때, 자신이 범행을 부인하면 6개월 감옥살이를 하지만 자백하면 자유의 몸이 된다. 따라서 자백하는 것이 유리하다.' 만일, 범인2가 범행을 자백할 때, 자신이 범행을 부인했다가는 10년간 감옥살이를 한다. 이는 범행을 자백할 때의 옥살이 2년보다 훨씬 중형이다. 따라서 범인1로서는 자백해야 한다. 이런 사정은 범인2에 대해서도 같다. 결국, 두 범인은 모두 자백을 할 수밖에 없다. 두 범인 모두 범행을 부인하면 둘 다 효용이 증가한다. 그러나 용의자의 딜레마 사례는 개인에게 합리적인 것이 집단에게는 최적이 아닐 수 있다는 예를 보여주었다. 개인의 합리성이 사회 전체로도 최적의 결과를 낳을 것이라는 생각이 잘못되었다는 것이다. 결국, 사람들은 위험을 회피하는 선택을 할 수밖에 없다.

2) 선물의 기초개념

위험을 회피하고자 하는 인간의 기본적 속성에 따라 자본시장에 위험회피를 위한 상품들에 대한 요구가 늘어나게 되었다. 게다가, 자본시장은 상품의 수를 늘릴수록 투자자를 더 많이 유치할 수 있다고 믿어진다. 그래서 기존의 주식과 약간 다른 종류의 상품(파생상품)으로 위험회피를 기본목적으로 하는 선물과 옵션이 개발되었다.

선물(futures)거래는 미래 일정 시점에 일정량의 특정 상품을 '계약시 결정한 가격'으로 인수(인도)하기로 약속하는 거래이다. 즉, '장래의 일정 시점에서 현물인수(인도)를 하겠다는 계약'을 지금 매매한다. 만일, 지금 환율이 '$1＝1,200원'이라고 하자. 수출을 한 업체가 3개월 뒤에 대금을 받기로 했는데 3개월 후 환율이 $1＝1,000원이 되었다고 하자. 이 수출업체는 결국 지금 1,200원짜리 수출을 하고 3개월 후에 1,000원밖에 못 받는 결과가 된다. 물론, 3개월 후 환율이 $1＝1,400원이 되면 200원의 불로소득이 생길 것이다. 이 회사가 이러한 위험을 택하기 싫다면, 기존 수출거래와는 별도로 선물시장에서 선물계약을 체결한다. 3개월 후에 $1를 무조건 1,200원(지금의 환율)에 교환하겠다는 계약을 하는 것이다.

물론, 거래상대방이 있어야 계약은 성립한다. 선물거래소에는 수많은 사람들이 있고, 그중 3개월 후에 이 수출업체와는 달리 원화를 달러로 바꾸어야 하며, 그 사람도 위험을 피하고 싶으면 이 계약에 응할 것이다. 또한, 어떤 투기적인 사람이 있어서 이 사람이 생각하기에는 3개월 후에 $1＝1,400원이 될 것 같다면, 이 수출업체의 선물거래에 응할 것이다. 왜냐하면, 이 수출업체는 무조건 3개월 뒤에 1,200원을 주면 $1를 내주겠다고 계약을 할 것이기 때문이다. 이 사람의 생각대로 3개월 뒤에 $1＝1,400원이 되었다면, 투기자는 200원을 버는 것이고, 수출업체는 욕심내지 말고 원래 생각했던 돈(1,200원)을 받았으니 손해 볼 것 없다.

이와 같이 위험에 노출된 자산이나 부채에 대하여 선물거래 등을 통하여 위험을 극소화하는 행위를 헤지(Hedge)라 한다. 헤지의 목표는 현물거래에 따른 손익변동위험을 완전히 제거하는 데 있는 것이 아니라 예측 불가능한 손익의 범위를 통제가능한 적절한 범위로 줄여 준다는 데 있다.

3) 옵션의 개요

옵션(options)이란 일정한 자산을 미래 약정된 기간이나 그 이전에 약정된 가격으로 사거나 팔 수 있는 권리이다. BC 1200년경 아랍 상인과 그리스 무역업자간에 최초로 옵션거래가 이루어졌다는 기록이 있으며, 16세기초 네덜란드 튤

립 재배업자와 구매자 간에 옵션과 유사한 거래가 있었다. 미국에서는 19세기 말 뉴욕의 월스트리트에서 주식옵션거래가 생겨났으며, 1920년대 옵션거래가 주가조작에 이용되는 사례가 많아짐에 따라 옵션거래를 일부 금지한 바 있다. 그러나 옵션의 경제적 필요성과 기능(위험관리)의 중요성이 점차 절실해지자 다시 옵션거래가 활성화되었다. 현재, 주식옵션, 주가지수옵션 등이 전 세계에서 거래되고 있다.

옵션거래의 대상인 주식, 주가지수 등 일정한 자산을 기초자산(underlying asset)이라 하며, 약정된 기간을 만기(maturity 혹은 expiration date), 약정된 가격을 행사가격(exercise price 혹은 strike price), 거래시의 수수료를 프리미엄(premium) 혹은 옵션가격이라 한다. 참고로, 주식이든 옵션이든 자본시장에서 상품을 사는 것을 long position을 취한다고 하고, 파는 것을 short position을 취한다고 한다.

콜옵션은 매입할 수 있는 권리에 대한 거래계약으로, 매입자는 일정한 수수료를 지불하고 약정기간 내에 언제든지 권리행사를 통해 옵션행사가격으로 기초자산을 매입할 수 있는 권리를 갖게 된다. 매도자는 매도시 일정한 수수료를 받았기 때문에 매입자가 권리행사시 이에 응해야 할 의무를 갖게 된다. 예를 들어 A사 주식에 대하여 발행된 콜옵션의 행사가격이 35,000원이고 행사시점에서 A사 주식의 가격이 40,000원이라면, 옵션투자자는 권리를 행사하여 1주를 35,000원에 사서 40,000원에 팔면 주당 5,000원의 수익을 얻게 된다. 만약 A사가 주식이 35,000원 이하이면 투자자는 행사할 수 있는 권리를 포기할 것이다. 콜옵션 보유자는 기초자산의 가격이 행사가격보다 높을 때만 행사하고, 기초자산가격이 행사가격보다 낮으면 행사할 필요가 없기 때문이다. 이때, 옵션투자자의 비용은 처음 권리를 살 때 지불한 콜옵션 가격이다.

A사 주가	30,000	35,000	40,000	45,000
옵션가치	−1,000	−1,000	4,000	9,000

반대로 콜옵션 발행자는 기초자산가격이 높을수록 손해를 본다. 콜옵션 투자자가 권리를 행사하게 되면 발행자는 시가보다 낮은 행사가격을 받고 기초자산을 팔아야 한다. 콜옵션 발행자는 기초자산의 가격이 행사가격 이하이면 콜옵션 판매가만큼 이익을 보게 되나 행사가격 이상으로 기초자산이 상승

하면 손실을 입게 된다.

풋옵션은 매도할 수 있는 권리에 대한 거래계약으로 매입자는 일정한 수수료를 지불하고 약정기간 내에 권리행사를 통해 옵션행사가격으로 기초자산을 매도할 수 있는 권리를 갖는다. 매도자는 매도시 일정한 수수료를 받았기 때문에 매입자가 권리행사시 이에 응해야 할 의무를 갖는다. 옵션투자자는 기초자산의 가격이 행사가격보다 높으면 행사할 필요가 없고 낮으면 행사할 것이다. 예를 들어 행사가격이 35,000원인 A사 주식의 풋옵션이 있다고 하자. 만기일에 A사 주식이 30,000원인 경우 풋옵션 투자자는 A사 주식을 시장에서 30,000원에 사서 당장 거래상대방에게 35,000원에 팔아 이익을 얻을 수 있다. A사 주가가 35,000원 이상이면 투자자는 권리를 행사하지 않아 옵션의 가치는 0이지만 옵션 매입시 지불한 가격만큼 손실을 본다. 즉, 풋옵션 발행자는 기초자산의 가격이 낮을수록 손해를 보게 된다.

옵션은 권리이기 때문에 매입자가 반드시 행사해야 할 필요가 있는 것은 아니다. 즉, 권리행사시 이익이 발생될 때만 권리를 행사하면 된다. 매입자의 경우는 프리미엄이 최대 손실가능 금액인 반면 매도자의 경우 프리미엄이 최대의 이익이 된다. 옵션거래의 만기일까지 행사되지 않은 옵션은 무효화되며 자동적으로 소멸된다. 만일, 어떤 기업의 현재 주가는 50,000원이고 이에 대한 콜옵션(만기 1년, 행사가격 50,000원)의 가격은 4,000원이라고 하자. 1년 후 주가가 60,000원이 되었다고 할 때, 주식을 구입한 투자자와 옵션을 구입한 투자자의 투자성과를 비교하면 다음과 같다.

- 주식투자자의 투자이익 : 60,000원 − 50,000원 = 10,000원
- 옵션투자자는 만기에 옵션의 행사로 주식을 50,000원에 구입하여 60,000원에 매각할 수 있으므로 이익은 주식투자자와 마찬가지로 10,000원이다.
- 그러나 투자원금을 감안한 투자수익률은 다음과 같다.
  주식투자자 : 10,000원/50,000원 = 0.2 = 20%
  옵션투자자 : (10,000원 − 4,000원)/4,000원 = 1.5 = 150%

한편, 옵션의 한 형태인 스톡옵션(stock option)이 있다. 주식매입선택권이라고도 하며 임직원에게 일정 기간 내에 자기 회사 주식을 일정한 가격으로 일정 수량만큼 매입할 수 있는 권리를 부여하는 제도이다. ‘3년 후 10,000원에 자기 회사의 주식을 살 수 있는 권리를 부여한다’는 스톡옵션을 갖고 있다면,

이 사람은 3년 뒤 자기 회사의 주가를 보고 10,000원보다 높으면 권리를 행사하고, 10,000원보다 낮으면 권리를 포기하면 된다. 주가가 하락하면 권리를 포기하면 되니까 인센티브는 있으면서 위험은 줄게 된다. 연예인들이 특정 회사의 광고에 출연하고 현금 대신 스톡옵션을 받는 경우가 있다고 한다. 주가가 크게 오르면 큰 수익을 올릴 수 있기 때문이다.

스톡옵션제도의 효과는 ① 최소비용으로 능력 있는 인재 영입, ② 임직원의 잠재주주화를 통한 주인의식 제고 및 책임경영 실현, ③ 임직원과 주주의 이해 일치로 주주에 대한 더 높은 수익보장 등이 있다. 스톡옵션제도는 경영자보상제도의 한 방법으로 주식지분을 갖고 있지 않은 전문경영자가 주인의식을 갖고 경영할 수 있도록 하는 것이라고 할 수 있다. 전문경영자가 단기보다는 장기적 안목을 갖고, 무사안일보다는 적절한 수준의 위험을 부담하며 불필요하게 기업자원을 낭비하지 않도록 하는 데 도움을 준다. 대체로 중소기업들은 유동성이 적어서 어려움을 겪을 가능성이 많은 데다 성장가능성이 높기 때문에 스톡옵션에 근거한 보상을 주는 것이 유리할 수 있다.

4) 옵션의 이론가치

만약 주사위를 던져서 숫자가 나오는 대로 그 숫자에 해당하는 돈을 받는다고 가정한다면, 그때의 기대수익과 이론적인 참가비는 얼마가 적당할 것인가? 즉, 주사위를 던져서 나온 숫자당 1,000원을 곱한 금액을 받는다고 한다면 이 게임을 무수히 많은 횟수로 반복할 때 평균수익은 얼마나 될 것인가? 1에서 6까지 숫자가 나올 확률이 동일하다는 전제하에 1에서 6까지 더한 숫자인 21을 6으로 나누면 그 결과치는 3,500원이 된다. 따라서 무한히 많은 횟수로 반복 시행할 경우 기대수익은 3,500원이 된다. 이때 이것이 내포하고 있는 의미를 살펴보면, 만약 딜러가 참가비로 3,000원을 받고 이 게임을 할 경우 그 참가자는 기대수익보다 적은 돈을 투자한 셈이 되기 때문에 장기적으로 유리한 게임이다. 반대로 4,000원을 참가비로 지불하고 참가할 경우에는 기대수익보다 많은 돈을 투자하였기에 장기적으로 손해를 본다. 따라서 3,500원을 지불하고 게임에 참석할 때 모두에게 공정한 게임이 될 수 있다.

룰렛 게임을 예로 들어 보자. 룰렛에 38개의 슬롯이 있으며 각각의 숫자가 나올 확률이 같다고 가정하자. 게임에 참석한 사람이 시작 전에 숫자를 고르고 그 숫자가 나올 때 38,000원을 받고 만약 그 숫자가 나오지 않으면 전혀 받지 못한다고 하자. 이때의 기대수익과 참가비는 얼마가 적당하겠는가? 38,000원을 받을 수 있는 확률은 1/38이므로, 1,000원(=38,000원/38)이 기대수익이 되며 적당한 참가비가 된다. 만약, 1,000원보다 적은 돈을 지불하고 이 게임에 참가한다면 참가자에게 장기적으로 유리한 반면, 1,000원보다 많은 돈을 지불하고 이 게임에 참가하면 장기적으로 불리한 게임이 된다. 물론 카지노는 1,000원 이상의 참가비를 요구할 것이다.

옵션거래 역시 일종의 게임이고, 누군가 손해 보면 누군가 이득을 보는 제로섬 게임(zero-sum game)이다. 옵션가치평가를 위해서 모든 관련 요인들을 고려한 이론적 모델을 이용하여 옵션의 이론적 가치와 실제 거래되고 있는 가격을 고려해야 한다. 만약 이론적 가치에 비하여 저평가되어 거래되고 있다면 그 옵션을 매입해서 이익을 볼 수 있으며, 고평가되어 있다면 그 옵션을 매도하여 이익을 취할 수 있다.

대표적 옵션가격결정 모형으로는 블랙-숄즈 모델이 있다. 이 이론은 물리학의 열확산 속도를 계산하는 공식을 응용하여 개발되었다. 기초자산의 가격변동이 무작위 운동을 한다는 일곱 가지 가정을 기초로 옵션의 가격이 기초자산가격, 행사가격, 만기까지의 잔존기간, 이자율, 가격변동성 등의 함수로 볼 수 있다고 주장하였다. 이 중 기초자산의 가격변동성을 제외한 다른 변수는 이미 확정되어 있기 때문에 결국 기초자산의 가격변동성 예측에 따라 옵션의 가치가 영향을 받는다는 것이다.

요약 •••

학습목표 1 자본시장에 대해 이해한다.

◎ 자본시장은 왜 필요한가?

자본시장은 희소한 자원의 배분기능을 한다. 자본이 무한하여 아껴 쓸 필요가 없다면 경영학의 문제도 발생하지 않았을 수 있다. 희소한 자원은 당연히 가장 생산성이 높은 쪽으로 투자가 되어야 한다. 사회 전체적으로 볼 때 이는 더욱 중요해진다. 그렇다면, 한정된 자원을 정부의 지시에 따라 배분하면 최선일까? 사실 이 방법은 공산주의가 시도했다가 실패한 방법이다. 현재까지 인류가 개발하여 시도해 본 방법 중에는 자본시장에 의해 희소한 자원의 배분기능이 이루어지는 것이 바람직한 방법 중 하나로 보인다.

◎ 기업의 자금운용을 바라보는 관점은?

기업은 효율적으로 자금을 운용해야 한다. 이는 효율적으로 자본을 조달하는 측면과 효율적으로 투자를 하는 측면으로 나뉜다. 결국, 자본을 조달함에 있어서 기간의 장단, 이자율 등을 고려해 기업측에 가장 효율적인 점을 찾아내는 것이 중요하고, 조달된 자본을 공장에 투자할 것인지 설비에 투자할 것인지 등에 있어서 가장 효율적인 점을 찾아내는 것이 역시 중요하다.

학습목표 2 기업가치분석의 필요성과 방법에 대해 이해한다.

◎ 기업가치분석은 왜 필요한가?

어떤 기업이 좋은 조건으로 자본을 조달하려면 투자자들에게 좋은 모습을 보여야 한다. 즉, 투자자들은 이 기업에 대하여 기업가치분석을 하여 좋은 조건을 제시할 것인지 결정할 것이다. 한편, 조달된 자본을 효율적으로 투자하기 위하여 기업을 골라야 한다면 역시 그 기업의 기업가치분석을 해야 한다.

◎ 기업가치평가를 하는 방법은?

회계정보는 기업가치평가에서 가장 기본이 되는 자료이다. 기업의 재산상태가 나타나 있는 재무상태표와 매년의 당기순이익을 알 수 있는 포괄손익계산서를 분석함으로써 해당 기업에 대한 1차적인 분석이 이루어지는 것이 일반적이다.

학습목표 3 불확실성을 극복하려는 접근방법에 대해 이해한다.

◎ CAPM에서는 불확실성을 어떻게 다루고 있는가?

CAPM에서는 베타(β)라는 측정치를 개발하여 시장위험을 고려하여 투자결정을 할 수 있도록 모형을 제시한다. 베타(β)는 시장위험을 판단하는 측정치이며, 베타(β)가 1이라면 해당 기업의 불확실성, 즉 위험이 시장의 평균위험과 같다는 기준에서 출발하여 베타(β)가 1보다 작은 경우 위험이 적고 1보다 큰 경우 위험이 큰 것으로 보아 실제로 투자결정에서 자주 이용되고 있다.

◎ 파생상품을 통하여 불확실성을 어떻게 극복하는가?

선물거래는 미래에 거래할 품목의 가격을 지금 고정시켜 무조건 그 가격으로 미래에 거래를 하겠다는 현재의 계약이다. 미래의 가격이 높아질 것으로 생각하는 투자자와 낮아질 것으로 생각하는 투자자 사이에는 중간 가격에서 고정시켜 놓자는 현재의 계약이 의미가 있을 수 있으며, 양측 모두 효익을 얻게 된다. 옵션을 취득한 측은 미래에 어떤 품목을 살 것인지 팔 것인지를 선택할 수 있는 권리를 얻어 미래의 불확실성을 감소시킬 수 있는 거래이다.

생각해 볼 문제

1. 주식시장은 자본주의의 핵심이라 할 수 있다. 만일 주식시장이 존재하지 않는다면 현재의 자본주의 체제는 어떠한 변화를 맞이하겠는가?
2. M&A의 목적, 방법, 방어하기 위한 방법 등에 대하여 토의해 보고, M&A가 자본시장의 유지 및 발전을 위하여 순기능을 하는지 역기능을 하는지에 대해 생각해 보시오.
3. CAPM이 뜻하는 바를 설명하고, 베타를 어떻게 활용하면 주식투자 및 주식을 통한 자금조달에 도움이 될 것인가에 대해 생각해 보시오.
4. 파생상품인 선물과 옵션의 자본시장에서의 역할을 설명하시오.

CHAPTER

10 인적자원관리

제 1 절 인적자원관리의 의의

제 2 절 주요 인적자원관리 활동

포드자동차의 임금인상

1914년, 미국의 대표적인 자동차 회사인 포드자동차는 공장에서 일하는 근로자의 임금을 두 배로 올리는 조치를 취한다. 이 당시 포드자동차 근로자들의 하루 일당은 2.34달러였다. 이것을 하루아침에 하루 일당 5달러로 올렸다. 당시 미국의 평균임금은 하루 2.38달러 정도였다. 포드자동차는 평균적인 월급을 주고 있었는데 갑자기 2배 이상 월급을 올렸다. 월급을 많이 주는 대신 그만큼 근무시간을 더 늘린 것도 아니다. 당시 미국의 공장은 하루 9시간 노동이 일반적이었다. 하루 9시간 노동에 2.38달러 임금이었다. 그런데 포드자동차는 일당을 5달러로 올리면서 오히려 노동시간은 줄였다. 하루 8시간만 일하게 했다. 노동시간을 줄이고, 월급을 두 배 이상 올렸다. 사람들은 포드자동차가 경영위기에 처할 것이라고 보았다.

이때 포드자동차 경영의 가장 큰 문제는 엄청난 수의 근로자들이 계속해서 회사를 그만두고 있었다는 점이다. 1910년대 미국에서는 주급이 일반적이었다. 일주일 일하고 주말에 그 주의 주급이 지급된다. 그러면 근로자들은 그 돈으로 놀다가 월요일 날 회사에 출근하지 않는다. 회사를 그만두는 것이지만, 근로자들은 이것이 큰 부담이 아니다. 놀다가 돈이 떨어지면 다른 공장에 들어가면 된다. 다른 공장의 근로자들도 계속해서 회사를 그만둔다. 그러니 포드자동차 공장을 그만두고 쉬다가 다른 공장에 들어가려 해도 항상 자리가 있다. 이 공장에서 일하다가 힘들거나 지겨우면 그만두고, 좀 쉬다가 돈이 떨어지면 다른 공장에 들어가고, 그러다 좀 지나서 그만두고, 다시 다른 공장에 취직하고, 이런 식으로 공장과 근로자들이 운영되었다. 엄청난 수의 근로자가 매주 회사를 그만두고, 또 그만큼의 근로자들이 회사에 새로 취직했다. 이때 포드자동차의 1년 이직률은 100%가 훨씬 넘었다. 1년 사이에 종업원 전체가 한 번 이상 바뀌는 식이었다.

포드자동차는 근로자들에 대해 보수를 크게 높이기로 결정한다. 근로자들이 회사를 쉽게 그만두는 이유는 포드자동차를 그만두어도 쉽게 다른 공장에서 일을 얻을 수 있기 때문이다. 하지만 다른 공장들에서는 2.38달러의 임금을 지급하는데 포드자동차에서는 5달러의 임금을 지급한다면 어떨까? 포드자동차에 취직한 근로자들은 포드자동차를 그만두지 않고 계속 다니려 할 것이다. 10%, 20% 정도 보수를 더 준다면 포드자동차를 그만둘 수도 있다. 하지만 포드자동차가 다른 회사보다 2배 이상의 임금을 지불한다면, 절대 포드자동차를 그만두지 않기 위해 결근, 지각을 하지 않을 것이다. 컨베이어 벨트 시스템이 멈추는 일도 없을 것이다. 그래서 포드자동차는 임금을 2배로 올리는 결정을 한다. 근로자들이 절대 스스로 회사를 그만두지 않게 하려는 유인책이다. 포드자동차가 임금을 5달러로 올리자 이직률은 극적으로 떨어졌다. 근로자들이 결근, 퇴사를 하지 않자 그만큼 자동차가 더 많이 생산되기 시작했다. 임금을 2배로 올렸는데 오히려 생산성은 증가되었고 회사의 이익도 증가되었다.

이전에는 임금을 올리면 회사의 이익이 감소된다고 보았다. 근로자들에게 임금을 최소한으로 지급하는 것이 회사에 유리하다고 보았다. 하지만 아니었다. 임금을 많이 주면 생산성이 더 늘어나고 회사의 이익이 더 증가할 수 있다. 그것을 처음 보여주고, 인사관리, 임금정책을 완전히 바꾼 것이 바로 포드자동차의 임금인상이었다.

제1절 인적자원관리의 의의

1 조직행위 내 인적자원관리

인적자원관리(HRM : Human Resource Management)는 조직에서의 사람을 인적자원으로 보아 조직의 지속적인 경쟁력을 제고할 수 있도록 유능한 인적자원을 개발 및 육성할 수 있는 효과적인 관리제도를 만들어 운영하는 경영활동을 말한다.

기업은 새로운 신입사원을 선발하여 조직에 필요한 인재를 만들고자 여러 가지 효과적인 제도들을 체계적으로 갖추고 운영한다. 인적자원관리는 기업의 목표 달성을 위해 인적자원을 확보하고 평가하며 개발, 보상 및 유지하는 활동들을 일컫는다.

현대 경영에서는 조직 내 사람들을 관리하는 것을 인적자원관리라고 부른다. 그런데 과거에는 인사관리라는 명칭이 일반화된 적이 있었다. 인사관리의 개념, 의미가 달라지면서 현재는 인적자원관리라는 말을 더 많이 사용하게 되었다. 인사관리와 인적자원관리가 어떻게 차이가 있는지 살펴보자.

1) 과거의 인사관리

인사관리와 인적자원관리는 똑같이 조직구성원에 대한 관리를 하는 업무이다. 그런데 조직 내 구성원을 보는 시각이 다르다. 인사관리에서는 조직 내 구성원, 직원을 기본적으로 비용의 개념으로 보았다.

회사를 운영하기 위해서는 사람이 필요하다. 그런데 과거에는 사람보다는 자본, 장비 등이 더 중요하다고 보았다. 제조업에서 생산성을 결정짓는 것은 어디에 어떤 장비를 들여 공장을 짓느냐이다. 기계를 잘 구비하면 제품이 잘 생산되는 것이다. 그런데 기계를 돌리려면 사람이 필요하다. 그래서 사람이 필요한 것이지, 사람 자체가 기업의 생산성에 큰 영향을 미치는 것은 아니다.

사람은 기업경영에 꼭 필요하기는 하지만 기업 생산성에 그렇게 중요하지는 않다. 하지만 인건비 등의 비용은 상당히 많이 차지한다. 이때 직원에 대한 지출은 최소한이 되는 것이 필요하다. 직원들은 회사의 업무가 제대로 이루어지기 위해 필요한 일만 제대로 해주기만 하면 된다. 이것이 과거 인사관리에서 보는 직원에 대한 개념이었다.

인사관리에서는 직원의 채용, 배치, 승진, 보수, 복지제도, 퇴직 등을 관리한다. 그런데 직원은 기본적으로 비용이다. 가능하면 직원 수를 줄이고, 보수도 줄이고, 직원에 대한 부수적인 지출은 하지 않는 편이 좋다. 해당되는 업무를 할 수 있는 사람을 채용해서 배치하면 되는 것이며, 그 직원을 발전시키기 위해서 특별히 회사가 노력할 필요는 없다.

2) 인적자원관리

인적자원관리에서도 인사관리에서와 똑같이 직원의 채용, 배치, 승진, 보수, 복지제도, 퇴직 등의 업무를 담당한다. 그런데 인적자원관리에서는 직원을 비용으로 보지 않는다. 회사의 생산성 증진에 기여하는 자본, 자원으로 본다. 그래서 '인적자원'이라는 표현을 사용한다.

상품은 기계가 만든다. 직원은 그 기계가 제대로 작동되도록 관리만 할 뿐이다. 그런데 직원이 어떤 사람이냐에 따라서 기계에서 생산되는 제품의 생산량, 품질이 달라진다. 직원이 단순히 비용적 존재라면, 직원이 어떤 사람이냐에 따라 생산성이 달라져서는 안 된다. 직원이 있느냐 없느냐에 따라 생산성이 달라질 수는 있는데, 직원의 개인적 능력에 따라 생산성이 달라져서는 안 된다. 그런데 실제로 직원의 개인적 능력에 따라 생산성이 달라진다.

생산공장, 제조업이 아니라 서비스업에서는 직원의 역량에 따라 생산성이 더 크게 차이가 난다. 기획, 상품 개발 및 디자인, 판매영업 업무 등에서는 직원에 따라 생산성 차이가 크다. 인사 업무, 경리회계 업무 등에서도 직원 개인에 따라 차이가 크게 존재한다.

이렇게 직원의 역량에 따라 생산성 차이가 크게 발생한다면 직원은 단순히 비용적 존재일 수 없다. 직원은 회사의 자본이고 자원이다. 그러면 직원의 역량을 계발하는 것은 회사 자원을 늘리는 행위이다. 기계를 더 좋게 개량하는 것이 회사에 이익이 되듯이, 직원들을 더 우수한 직원으로 만드는 것이 회사에 큰 이익이 된다.

이러한 관점에서 직원들을 대하는 것이 인적자원관리이다. 채용, 선발, 승진, 보수 등의 업무는 인사관리일 때와 같지만, 그 관점이 완전히 다르다. 직원을 소중히 여겨야 하고, 어떻게 하면 직원이 자기 역량을 더 계발해 나갈 수 있을까 하는 측면에서 채용, 승진, 보수가 정해져야 한다. 현대 경영학에서는 이런 인적자원관리의 시각에서 직원들을 본다.

2 인적자원관리의 주요 구성

직원들은 한 기업에 취업을 하고, 그 기업에서 일을 하다가 퇴직을 한다. 퇴직의 원인으로는 여러 가지가 있겠지만, 어느 순간에 직원은 퇴사를 할 것이고, 그때까지 직원은 그 기업 소속으로 업무를 담당한다. 이때 취업에서부터 퇴사까지가 그 직원 입장에서 본 인적자원관리의 대상이다.

직원은 먼저 회사에 취업하고 싶다는 지원을 하고, 선발과정을 거쳐 기업의 직원이 된다. 기업에 들어가면 업무를 배당받고 조직 내에서 자기 자리를 차지한다. 시간이 지나면 다른 자리로 이동하거나 승진해서 보다 높은 직급으로 올라간다.

기업에서 일하면서 직원은 보수를 받는다. 정규 보수도 있고 성과급을 받을 수도 있다. 그리고 회사는 직원들에게 다양한 복지혜택을 제공한다. 마지막으로 직원은 회사를 퇴사하게 되는데, 이것도 인적자원관리 팀에서 담당한다.

이러한 인적자원관리의 주요 대상 업무를 살펴보면 [그림 10-1]과 같다.

[그림 10-1] 인적자원관리의 주요 대상 업무

이하에서는 이 인적자원관리 각각의 업무에 대해 보다 자세히 살펴본다.

제2절 주요 인적자원관리 활동

1 직무분석 및 직무설계

인적자원관리 활동과 관련해서 가장 우선시되는 것은 직무분석과 직무설계이다. 일단 직무분석과 직무설계가 제대로 이루어진 다음에 그에 맞는 인재의 채용, 배치, 승진 등이 적정히 이루어질 수 있다.

1) 직무분석

직무분석은 직무, 근로자의 업무에 관한 자세한 사항을 파악하는 것이다. 어떤 근로자가 있다고 할 때 그 근로자가 어떤 일을 하는지, 어떤 자격조건이 있어야 해당 업무를 할 수 있는지 등을 파악한다. 직무분석과정에서 중요한 문서가 직무기술서와 직무명세서이다.

(1) 직무기술서

직무기술서(job description)는 한 근로자가 실제 기업에서 어떤 일을 하고 있는가를 기술한 문서이다. 근로자는 현재 자기가 어떤 일을 어떻게 하고 있는지 잘 알고 있다. 그러나 근로자는 그 자리에서 평생 계속해서 있는 것이 아니다. 다른 부서로 갈 수도 있고, 회사를 그만둘 수도 있다. 이때 그 사람이 정확히 무슨 일을 했는지를 파악해야 그 다음 사람에게 그 자리가 어떤 일을 하는 자리인지 설명해 줄 수 있다.

당사자, 해당 팀에서는 그 자리에 있는 사람이 어떤 일을 하는지 쉽게 알 수 있다. 그러나 다른 부처에 있는 사람들, 특히 인사부처에 있는 사람들은 각 팀에 있는 사람들이 정확히 무슨 일을 하는지 알지 못한다. 그럼에도 인사부처에 있는 사람들이 그 자리에 채용될 사람들을 관리한다. 일단 그 자리가 무슨 일을 하는지를 알고 있어야 사람을 채용하거나 인사배치를 용이하게 할 수 있다.

한국에서는 아직 자기 직무에 대한 명확한 범위가 정해지지 않고 위에서 시키는 일은 무엇이든지 하는 경향이 있다. 이런 경우 직무기술서는 그렇게 중요하지 않다. 직무기술서와 관계없이 업무를 수행한다. 하지만 서구 사회에서는 근로자는 직무기술서에 적힌 일만 하고, 또 회사에서는 직무기술서에 적힌 일만 시키는 것이 원칙이다. 이런 경우 직무기술서는 명확해야 하고, 실제 업무 사항에서 누락된 것이 있어서는 곤란하다.

(2) 직무명세서

직무명세서(job specification)는 해당 업무를 수행하기 위해서는 어떤 자격이 있어야 하는지를 서술한다. 고등학교만 졸업하면 해당 업무를 수행할 수 있는지, 대학을 나와야 하는지, 석사, 박사 학위 등이 있어야 하는지 등을 기술한다. 자격증이 필요하다면 어떤 자격증이 필요한지, 어떤 수준의 자격증이 필요한지를 적고, 또 어떤 업무를 어느 정도 수행한 사람이 해당 업무를 할 수 있는지 등도 직무명세서의 대상이 된다.

담당자가 이직할 때, 인사팀에서는 이 직무명세서를 기준으로 후임자를 선발한다. 또한 해당 직무의 연봉, 급여도 이 직무명세서의 난이도를 기준으로 정해진다.

2) 직무설계

직무설계(job design)는 현재 근로자가 어떤 일을 어떻게 하고 있는가를 살펴보는 것이다. 이에 대해서 직무설계는 업무가 어떻게 수행되어야 하는지를 분석한다.

현재 근로자들은 자기 직무를 열심히 수행하고 있다. 직무분석은 이렇게 현재 하고 있는 일을 중심으로 작성된다. 그런데 그 직무가 실제로 적정한 것인지, 회사 전체 업무에 비추어 볼 때 타당한 것인지에 대해서는 고려하지 않는다.

직무설계에서는 현재 어떤 식으로 직무가 행해지고 있는지, 근로자들이 현재 직무를 수행하는 절차 및 방식이 적정한지를 따져본다. 필요한 직무들이 다 각 근로자들에 의해서 수행되고 있는지, 서로 업무범위가 겹치지는 않는지 등을 분석한다. 필요한 직무이지만 현재 기업에서 해당 업무를 수행하는 사람이 없는 경우도 있다. 이때는 해당 직무를 담당할 직원을 새로 충원하는 것이 필요하다.

같은 업무를 중복적으로 여러 사람들이 맡고 있을 수도 있다. 이때는 업무를 조정해서 직무가 중복되지 않게 한다. 과업이 어떤 식으로 흘러가야 제대로 일이 이루어지는지를 검토하고, 그에 맞게 인력이 배치되어 있는지를 분석한다.

직무설계는 인사 업무에서 가장 중요한 업무가 될 수 있으며, 회사의 부가가치를 높일 수 있는 업무이다. 수준 높은 인사팀은 이러한 직무설계를 잘 하는 인사팀이라 할 수 있다.

2 모집 및 채용

1) 모집방법

부서에서 인원이 부족하면 인원을 모집, 채용하려고 한다. 이때 모집, 채용의 방법으로는 크게 두 가지가 있다. 하나는 공개적으로 모집, 채용 공고를 실시하는 경우이고, 다른 하나는 아는 사람들을 추천하는 방식이다.

(1) 공개채용 방식

공개채용 방식은 인터넷, 언론 등에 새로 사람을 채용하겠다는 공고를 내는 방식이다. 무작위의 사람들에게 회사에서 사람을 새로 채용하겠다는 것을 알리고, 조건에 맞는 사람들이 지원하게 한다. 회사는 이 지원자들 중에서 자기에게 맞는 사람을 채용한다.

공개채용 방식은 많은 사람들에게 채용 소식을 알린다. 그래서 정말로 실력이 있는 사람, 그 자리에 적합한 사람이 지원할 가능성이 높다.

(2) 주변인 추천 방식

추천 방식은 사람을 채용하려 한다는 것을 공개적으로 알리지 않고, 주변 사람들에게 소개를 받는 방식으로 채용과정을 진행한다. 주변 사람들에게 소개를 받은 사람들만을 대상으로 면접 등을 치르는 방식이다.

공개채용 방식은 일반 업무의 방식에는 적합할 수 있다. 그러나 특정 업무, 전문 업무 등에서는 공개채용을 한다고 해서 지원자가 많이 오는 것은 아니다. 전문 업무 부문은 그 일을 할 수 있는 사람 자체가 많지 않고 인력 풀이 소수이기 때문에 공개채용을 한다고 해서 적정 인력들이 많이 지원하기 힘들다. 주변인들로부터 알음알음으로 지원받는 것이 더 효율적일 수 있다.

또 공개채용 방식의 경우, 외면적인 자격조건을 충족하는 지원자들이 오기는 하지만, 당사자의 인성이 어떤지, 성격이 어떤지에 대해서는 제대로 파악하기 힘들다. 그리고 회사 업무를 위해서는 외면적인 자격보다 이러한 인성 등이 더 중요한 경우가 많다. 주변 사람들에게 추천을 받아서 채용하는 것이 이런 인성 측면에서 더 안전하다.

그리고 공개채용 방식보다 주변인 추천 방식으로 회사에 들어온 사람들이 회사에 대한 충성도가 더 높은 경향이 있다. 공개채용 방식으로 회사에 들어온 사람들, 특히 시험을 치르고 들어온 사람들은 자기가 잘해서 회사에 들어왔다고 생각하는 경향이 강하다. 시험에서 높은 성적을 받고, 다른 지원자들보다 우수해서 회사에 채용되었으니 회사에서 정당한 대우를 해주어야 하는 것이 당연하다는 인식이 있다.

이에 비해서 주변인의 추천 방식으로 들어온 사람들은 자기가 우수해서라기보다 회사에서 자기를 배려해 준 것이라는 인식이 있다. 공개채용보다 업무능력이 다소 떨어질 수는 있지만, 공개채용으로 들어온 사람들보다 회사에 대한 충성도가 더 높다.

공개채용으로 사람을 뽑는 것은 공정성이 중요한 경우, 많은 사람들을 한번에 뽑을 경우, 주변인과 이해관계가 없는 새로운 인력을 구하고자 할 경우 등에 주로 사용된다. 대기업이 아니라 중소기업인 경우에는 주변인 추천 등만으로 채용이 이루어지는 경우도 많다.

2) 채용방법

지원자들을 어떤 절차를 거쳐서 선발할 것인가가 채용방법과 관련된 문제이다. 공개채용만이 아니라 주변인 추천의 경우에도 단지 지원했다는 이유로 사람을 뽑지는 않는다. 어떤 절차와 방법으로 지원자를 선발할 것인가가 고려되어야 한다. 가장 대표적인 방법은 서류전형, 시험과 면접이다.

(1) 서류전형

서류전형은 이력서, 자기소개서 등 각종 서류를 바탕으로 인력을 채용하는 것이다. 이력서 등에서는 당사자의 경력과 전문성, 해당 업무를 수행할 자질과 능력이 있는가 등을 알 수 있다. 그리고 자기소개서를 통해 당사자의 가치관, 인생관 등을 파악할 수 있다. 이런 서류는 지원자에 대해 1차적인 판단을 하는 가장 기본적이면서도 중요한 판단기준이 된다. 따라서 시험을 보든, 면접을 보든, 1차적으로 서류전형은 모든 기업에서 실시하고 있다.

서류전형은 서류로만 당사자를 판단하는 치명적인 약점이 있다. 사진, 영화 등으로 아무리 익숙하다 해도, 직접 보는 것과는 분명한 차이가 있다. 서류전형이 중요하다고 하지만 서류전형만으로 채용하는 경우는 거의 없다. 시험, 면접 등과 병행해서 사용된다.

(2) 시험

시험은 지원자들을 대상으로 시험을 치러서, 시험 성적이 높은 사람을 선발하는 방식이다. 시험의 경우, 시험자의 실력이 분명하게 점수로 표시된다. 시험 점수가 높은 사람이 해당 업무에 대해 전문적 지식을 가지고 있을 것이며, 실력도 뛰어날 것이다.

인성 등은 시험으로 측정할 수 없다고 하지만, 최근에는 인성, 성격, 적성 등도 문제 풀이 등을 통해 어느 정도 측정가능하다. 이런 다양한 시험을 통해 자기 회사에 적정한 사람을 채용한다.

시험의 가장 큰 장점은 객관성과 공정성이다. 면접 등의 방안은 심사자에 따라 점수가 달라진다. 심사자와의 개인적 관계로 인해서 면접 점수가 달라지기도 한다. 시험 점수로 사람을 채용할 때는 그런 공정성, 객관성의 문제가 발생하지 않는다.

그리고 지원자가 상당히 많을 때도 시험은 적정한 채용방식이 된다. 면접을 하기 위해서는 시간과 비용이 많이 소요된다. 몇 명, 몇 십 명의 지원자라면 면접을 할 수 있지만, 몇 천 명, 몇 만 명이 지원을 할 때는 모두 면접을 하는 것이 불가능하다. 시험 등을 통해 면접을 볼 사람을 추려낸다.

시험방식의 가장 큰 문제점은 시험은 어디까지나 시험을 잘 치르는 사람을 걸러낼 뿐, 업무를 가장 잘하는 사람을 찾는 방식이 아니라는 점이다. 시험이 업무능력을 반영하는 것이라면, 회사에 입사한 후 시험성적이 좋은 사람은 더 우수한 업무성적을 내야 한다. 시험성적이 낮은 사람은 업무 실적도 좀 낮아야 한다. 그런데 모든 회사에서 입사할 때의 시험성적이 그 이후 업무능력을 말해주지 못한다. 어떻게 시험을 치르더라도, 시험성적은 업무능력과는 아무 상관없는 것으로 나온다. 이런 이유로 외국에서는 더 이상 시험을 통해 사람을 선발하지 않는다. 공정성, 객관성이 중요한 공무원 시험 등에서는 시험을 사용하지만, 시험은 현재 일반적인 채용방식이 아니다(한국에서는 아직 공개채용에서 시험방식이 많이 사용되고 있다).

(3) 면접

면접은 지원자가 부서장이나 부서원 등과 만나 서로 인터뷰를 하는 선발방식이다. 면접을 수행하는 방식은 여러 가지가 있다. 질문 내용이 미리 정해지고, 그에 따라 질문을 하고 지원자가 대답을 하는 구조적 면접이 있고, 질문 내용 등이 미리 정해지지 않고 그때그때 분위기 및 사정에 따라 질문과 대답이 이루어지는 개방형 면접이 있다.

1명의 인터뷰어와 1명의 지원자가 면담하는 경우도 있고, 다수의 인터뷰어가 1명의 지원자, 1명의 인터뷰어가 여러 명의 지원자, 여러 명의 인터뷰어가 여러 명의 지원자를 면담하는 방식도 있다. 또 서로 질문, 대답을 하는 방식이나 어떤 업무를 같이 수행하는 방식 등으로 다양하게 면접을 수행할 수 있다.

면접을 통해서 원하는 지원자를 만족할 만큼 선발할 수는 없다고 본다. 우선 지원자는 보통 면담 때의 말, 행동과 실제 일상생활에서의 말, 행동이 다르다. 또 면접시간이 짧은 경우 30분, 1시간 또는 몇 시간 동안에 상대방에 대해 자세히 아는 것은 쉽지 않다. 면접을 오랫동안 수행하면 지원자에 대해 보다 잘 알게 될 수는 있지만, 시간, 비용이 많이 들기 때문에 장기간에 걸쳐 면접하는 것은 쉽지 않다.

면접은 이러한 한계가 있기는 하지만, 그래도 시험, 서류전형 등 다른 방식보다는 훨씬 더 적정한 지원자를 선정할 수 있다고 본다. 면접이 완전한 방법이라 볼 수는 없지만, 그래도 현재까지 제시된 선발방법 중에서 면접이 가장 우수한 선발방법으로 인정된다. 따라서 현재 거의 모든 선발절차에서 면접이 이루어진다. 시험 등의 다른 방법을 사용하더라도 최종적으로는 면접을 통해 지원자를 선발한다.

3 배치

1) 배치의 의의

배치는 직원들에게 특정 직무와 직위를 부여하는 것이다. 각 부서에서 부족한 인원을 충원하는 경우, 새로 영입한 직원에게 어떤 일과 자리를 줄 것인지는 사전에 정해져 있다. 만약 회사 전체에서 공채 방식으로 직원을 선발할 경우에는 각 부처에서 부족한 자리와 신입사원들이 희망하는 자리를 서로 매칭해서 배치한다. 이때 자리에 따라 인기가 있는 자리가 있을 수 있다. 이때에는 희망순, 성적순, 선착순 등의 방법으로 자리 배치가 이루어진다.

처음 신입사원의 경우에는 배치와 관련하여 큰 문제는 없다. 배치의 문제는 각 직원들에게 한 자리에서 계속해서 일하게 할 것인가, 아니면 일정 기간이 지나면 다른 자리로 이동시킬 것인가에서 주로 이슈가 된다.

한 자리에서 계속 일을 하게 하면 그 분야의 전문가가 되고 쉽게 일처리를 할 수 있게 된다. 그런데 한 가지 일만 수십 년간 계속 하게 되면 당사자의 직무만족도가 크게 낮아지는 문제가 발생한다. 일정 기간에는 근무기간이 늘어나면 업무성적도 증가하지만, 일정 기간이 넘으면 근무기간이 늘어난다고 해서 업무를 더 잘하게 되지 않는다. 계속 한 자리에서 일을 하게 할 것인가, 일정 기간이 지나면 다른 자리로 이동하게 할 것인가. 그리고 이동하게 한다면 어떤 기준으로 어떻게 이동시킬 것인가의 문제가 배치와 관련해서 논의된다.

2) 전환배치

한 가지 일만 계속하면 매너리즘에 빠진다. 그리고 보다 높은 직급으로 올라가기 위해서는 어느 한 가지 일만 오래 한 것보다는 보다 다양한 업무를 경험하는 것이 중요하다. 따라서 많은 기업에서는 일정 기간이 지나면 다른 자리로 이동할 수 있게 해준다. 이렇게 다른 자리로 이동하는 것을 전환배치라고 한다.

전환배치 방법은 보통 당사자가 다른 자리에서 일하기를 원할 때 자리 이동이 이루어지게 한다. 당사자가 계속 그 자리에서 일을 하고자 하면 계속 그 자리에서 일을 하게 해주고, 다른 자리에서 경험을 쌓고자 하면 그 기회를 준다. 직원은 계속 같은 자리에서 안정적으로 일을 하며 지낼지, 다른 일에 도전을 하고 스스로의 업무영역을 넓혀나갈지를 선택할 수 있다. 외국 기업에서 일반적으로 사용하는 전환배치 방법이다.

3) 순환보직

(1) 순환보직의 의의

순환보직은 일정 기간이 지나면 다른 자리로 의무적으로 전환하도록 하는 것이다. 위에서 살펴본 전환배치는 당사자의 의도와 의지에 의해 다른 자리로 이동하게 하는데, 순환보직은 의무적으로 반드시 자리 이동이 이루어진다는 점에서 차이가 있다.

한국의 경우, 일정 규모 이상의 직원을 보유한 기업들은 대부분 이러한 순환보직 형태를 가지고 있다.

(2) 순환보직의 장점

순환보직의 장점은 우선 모든 직원들이 한 가지 업무에서 매너리즘에 빠지지 않고 계속 새로운 업무를 배우게 한다는 점이다. 순환보직은 보통 2~3년 정도의 간격으로 이루어지는데, 2~3년마다 새로운 업무를 경험할 수 있다. 그만큼 업무의 긴장도가 유지되고, 새로운 것을 배우고 습득할 수 있는 기회도 주어진다. 자기에게 맞는 업무가 무엇인지 찾을 수 있는 기회도 제공한다.

둘째, 순환보직은 부정부패를 막는다. 사실 순환보직이 강조된 것은 이 부정부패를 방지하기 위해서이다. 경리직원의 경우 자금을 횡령한다거나 부정을 저지를 수 있다. 이때 부정 여부는 본인만 알고 있고 다른 사람들은 쉽게 알 수 없다. 이때 2년이 지나 다른 사람이 그 자리에 임명되어 해당 업무를 살펴보면, 앞 사람이 자금을 횡령했는지 여부를 쉽게 확인할 수 있다. 이런 배치전환이 없이 같은 자리에서 10년, 20년 일을 하게 되면, 그 사이에 들키지 않고 지속적으로 횡령 등이 가능하다.

외부업체로부터 뇌물을 받고 수주를 준 경우, 업무부정이 있는 경우 등에 순환보직을 하면 그 문제가 쉽게 드러난다. 경찰관 등도 한 지역에서만 오래 근무하면 지역 사람들과 서로 친하게 되고, 그러면 범죄를 저질러도 인정상 봐줄 가능성이 커진다. 순환보직을 하면 이런 부정부패가 사전에 방지된다.

(3) 순환보직의 문제점

순환보직의 가장 큰 문제점은 각 직원들의 전문성이 낮아지게 된다는 점이다. A기업에서는 순환보직을 하고, B기업에서는 한 자리에서 계속 일하게 한다고 하자. 이때 A기업의 직원들은 그 업무를 담당한 지 오래되어야 2~3년이다. 이에 대하여 B기업에서는 그 업무를 담당한 지 5년, 10년 되는 직원들이 많이 있다. 창의성이 중요한 업무라면 관계없겠지만, 경험과 지식이 중요한 부문에서는 B기업의 직원들이 훨씬 더 전문적으로 많이 알 수밖에 없다.

또한 순환보직은 직원들의 생활 기반을 변화시킨다는 점에서도 직원만족도 측면에서 문제가 발생한다. 대기업, 글로벌기업의 경우 순환보직은 업무만이 아니라 지역적으로도 적용된다. 서울이 주거지라면, 서울에서만 지내도록 하는 것이 아니라 지방근무, 해외근무 등을 의무적으로 수행하도록 한다. 근무지가 계속 변화하는 것으로, 당사자의 생활 기반 측면에서 문제가 발생할 수 있다.

4) 업무확장

업무확장은 기존에 주어진 업무에서 보다 넓은 업무를 담당할 수 있도록 직무범위를 넓혀주는 것이다. 업무확장은 기존 일 이외에 다른 일도 수행하게 하여 업무범위를 넓힌다. 한 가지 일만 경험해서 발생하는 매너리즘 문제를 해결할 수 있다. 기존 업무를 오래 경험해서 보다 쉽게 일처리를 하게 되었을 때 업무확장을 하는 것이기에 당사자에게 업무부담도 크게 주지 않는다.

또 업무확장은 기존의 업무는 계속 수행하는 것이기에 전혀 다른 업무에 배치해서 전문성이 떨어지는 문제가 발생하지 않는다. 기존 영역에 대한 전문성을 유지하면서, 다른 분야로 전문성을 확대하는 방안이 될 수 있다.

4 교육훈련

직원에 대한 교육훈련은 직원의 생산성을 높이고, 나아가 기업의 생산성도 높이는 효과가 있다. 교육훈련의 내용이 업무에 도움이 되지 않는 경우가 많다는 비판도 있지만, 그래도 교육훈련을 전혀 하지 않을 때와 비교할 때, 교육훈련은 분명히 직원 및 기업의 경쟁력에 도움이 된다고 본다.

교육훈련의 문제는 많은 비용이 든다는 점이다. 일단 교육비 자체가 비싸고, 또 교육을 받는 동안 직원들은 자기 원래 업무를 하지 않기 때문에 기회비용도 상당히 크다.[1] 이런 고비용에도 불구하고 기업이 교육훈련을 시행해야

1) 기업의 교육비는 학생들의 교육비보다 훨씬 비싸다. 학생들의 교육비는 보통 대학 등록금 등의 학비, 기타 학원비 등이다. 그런데 학생들에 대한 교육은 보통 입문자에 대한 교육이다. 하지만 기업에서 필요로 하는 교육은 직접 실무를 하는 사람들에게 도움이 되는 내용이어야 한다. 내용이 훨씬 전문적이고 깊이가 있어야 한다. 따라서 교육비도 비싸다. 대학 등록금이 비싸다고 하지만, 사실 전문가 수준에서 이루어지는 교육비와 비교하면 상당히 싼 편이다. 교육은 상당한 비용을 수반하는 투자이다.

하느냐의 문제가 발생한다.

1) 신입사원에 대한 교육훈련

신입사원과 관련된 교육훈련 이슈는, 해당 분야에 대해 잘 모르는 신입사원을 채용해서 회사가 필요로 하는 업무를 처음부터 가르칠 것인가, 아니면 처음부터 해당 분야에 대해 경력을 가진 사람을 채용하느냐의 문제이다.

해당 업무를 모르는 사람을 채용하면 해당 직원을 실무에 투입하기 전에 먼저 업무에 대해 교육훈련이 이루어져야 한다. 업무에 따라 차이가 있지만, 보통 1년 정도의 경험은 있어야 스스로 실무를 할 수 있는 수준이 된다고 본다. 회사가 원하는 인재를 만들어낼 수 있다는 장점은 있지만, 교육훈련 비용이 많이 소요된다.

이에 대하여 이미 실무능력이 있는 사람을 채용하면 교육훈련에 대한 비용이 없이 바로 실무에 투입할 수 있다. 교육훈련비가 따로 들지 않는다는 장점이 있다. 그런데 경력자는 처음부터 보수도 더 많이 주어야 하고, 회사가 원하는 인재상으로 변화시키기는 힘들다는 한계가 있다. 잠재적인 역량이 있는 직원을 채용해서 회사가 원하는 사람으로 처음부터 만들어나갈 것인가, 외부에서 이미 만들어진 인재를 채용할 것인가의 문제이다.

2) 재직자에 대한 교육훈련

재직자에게 교육훈련을 시키는 것은 재직자의 업무역량, 나아가 기업의 경쟁력을 높이는 좋은 방안이다. 하지만 경쟁력을 높이는 것은 직원 개개인이 알아서 할 문제인데, 과연 기업이 비싼 비용을 들여서 일부러 지원해 줄 필요가 있느냐의 문제가 존재한다.

승진을 하고 업무능력을 더 높이고 싶은 직원이 스스로 알아서 교육을 받고, 그러면 회사가 이 직원에게 승진 등의 보상을 주는 방식도 있다. 회사가 직접 비용을 들이지 않아도, 직원들은 알아서 스스로 자기 경쟁력을 높인다. 회사가 일부러 교육훈련을 주도할 필요는 없다는 입장이다.

또 다른 문제는, 기업이 비싼 비용을 들여 교육훈련을 시켰는데, 해당 직원이 회사를 그만두고 다른 회사로 갈 가능성이다. 이때 기업은 자기 돈을 들여 인재를 육성하였는데, 다른 기업만 좋은 일을 하는 것으로 끝날 수 있다.

이런 부작용이 있을 수 있지만, 그래도 회사가 교육훈련을 주도하고 직원들에게 적극적으로 지원하는 것이 더 낫다고 본다. 회사가 적극적으로 직원들의 경쟁력 개발을 위해 교육훈련을 한다는 것 자체가 직원들의 만족도와 업무동기를 높여준다. 고비용, 부작용의 문제가 있더라도, 궁극적으로 회사의 경쟁력을 높이는 효과가 존재한다.

5 승진

승진은 낮은 단계의 직급에서 보다 높은 단계의 직급으로 이전하는 것이다. 직장인들에게 승진은 상당히 중요한 사건이다. 승진이 되는가 안 되는가, 승진이 된다면 언제 되는가는 조직 내에서 상당한 의미를 가진다. 실제 직장인들에게는 다른 어떤 것보다 연봉과 승진, 이 두 가지가 주된 업무 동기로 작용한다. 승진과 관련된 주요 인적자원관리 이슈로는 내부승진을 할 것인가 외부영입을 할 것인가, 그리고 내부승진을 한다면 누구를 승진시킬까의 문제이다.

1) 내부승진과 외부영입

가장 낮은 직급이 아닌 보다 높은 직급에 자리가 비었을 때, 그 직급을 채우는 방법으로는 내부승진과 외부영입 두 가지가 있다.

(1) 내부승진

내부승진은 기존 조직에 있는 낮은 직급의 사람을 높은 직급으로 승진시키는 것이다. 내부승진이 외부영입보다 가장 우수한 점은, 내부승진이 이루어질 때 조직구성원들의 사기가 높아진다는 점이다. 조직원들은 승진이 상당히 중요한 의의를 가진다. 조직 내에서 높은 직급 자리가 비었을 때, 내부에서 승진이 이루어진다면 조직원들은 자기들도 승진할 수 있다는 기대가 높아지고 직무만족도, 조직만족도가 높아진다. 그러나 외부에서 영입되어 자기들이 승진할 수 없게 되면 직무만족도, 조직만족도가 낮아진다. 내부승진 여부는 조직원들의 사기에 큰 영향을 미친다.

내부승진은 조직원들의 만족도를 높여주지만 한계점도 있다. 모든 직급이 내부승진자로 이루어진다면, 조직은 정체되는 경향이 있다. 내부승진만으로 직급이 채워질 경우 중간관리자, 고급관리자 자리에 모두 해당 기업에서 오랫동안 일한 사람들만 존재한다. 그 회사의 문화, 관습에 익숙해지고, 다른 문화를 알지 못하고 거부감을 가진다.

물론 외부에서 유입되는 신입사원들이 존재하기는 하지만, 가장 낮은 직급의 신입사원들은 새로운 문화를 조직에 들여온다기보다는, 단순히 기존 조직문화를 습득하고 익힐 뿐이다. 신입사원만 외부에서 유입되고, 상급자들은 모두 내부승진으로 이루어질 때 필연적으로 조직은 정체되는 경향을 가진다.

(2) 외부영입

조직 내부에 승진하고 싶어 하는 사람들이 있음에도 불구하고 외부에서 영입하는 이유는 보통 두 가지이다. 하나는 상위 직급으로 일할 사람이 필요한데, 조직 내부에는 해당 업무를 맡을 역량이 있는 사람이 없는 경우이다. 정보보호팀장이 필요한데 해당 업무 자격을 갖춘 사람이 회사 내에 없다면 회사는 외부에서 자격자를 영입해야 한다. 팀 내에 해당 업무를 하고 있는 직원들이 존재하더라도, 해당 업무를 맡은 지 얼마 되지 않은 경우, 자격증이 필요한데 자격증을 가진 사람이 없는 경우 등은 외부영입이 이루어진다.

외부영입을 하는 다른 이유는 조직 내에 새로운 바람을 불러오고 싶을 때이다. 조직 내에서 승진이 이루어질 경우 큰 변화는 발생하지 않는다. 지금 현재의 상태가 안정적으로 그대로 이어진다. 안정을 요구할 때는 문제없지만, 변화를 요구할 때에는 내부승진으로 한계가 있다. 이때는 외부에서 인사를 영입하는 것이 조직의 변화를 일으키는 가장 좋은 방법이 된다.

그렇다고 해서 전체 직급들을 모두 다 외부영입으로 해서는 곤란하다고 본다. 이때는 내부 조직원들의 사기도 문제이고, 조직이 감당할 수 없는 지나친 변화가 야기될 수도 있다. 조직 내에서 항상 10% 정도를 외부에서 영입된 인사로 채우는 것이 가장 적정하다고 본다.

2) 승진 대상자

내부승진을 할 때, 현재 직급원 중에서 누구를 승진시킬 것인가가 승진 대상자의 문제이다. 일반적으로 승진 대상자는 해당 직급에서 업무 실적이 가장 뛰어난 사람 또는 해당 직급에서 가장 오래 일한 사람이다. 보통은 이 두 가지가 같이 고려된다. 업무 실적이 뛰어나다 하더라도 해당 업무를 한 지 단시간

밖에 되지 않았다면, 업무 실적이 좀 낮더라도 오래 일한 사람이 승진된다. 그리고 일한 기간이 중요하다고 하지만, 업무 실적이 낮으면서 일한 시간만 많은 사람 역시 승진에서 제외되는 것이 일반적이다. 보통은 어느 정도 직급까지는 근무 연수에 따라 승진이 이루어지고, 높은 직급으로 갈수록 업무 실적이 중요하게 된다.

승진에서 중요한 이슈 중 하나는 현재 직급에서 업무 실적이 좋다고 해서 보다 높은 직급에서도 업무 실적이 좋다는 것을 보장하지 못한다는 점이다. 상급 직위는 보통 직접 일을 하기보다 관리 업무가 주이다. 그런데 실무를 굉장히 잘하지만, 관리 업무는 관심이 없는 경우도 많다. 이런 경우 승진은 해당 담당자에게 반드시 좋은 일이라고는 할 수 없다.

컴퓨터 프로그래머의 경우, 개발, 코드 작성을 굉장히 잘하는 직원이라 하자. 해당 업무에서는 상당히 뛰어난 인재로 업무 실적도 좋다. 그런데 관리자로 승진하면 이때부터는 직접 프로그램을 개발하는 것이 아니라, 프로그램 개발자들을 관리하는 것이 주된 업무가 된다. 프로그램 작성은 잘하지만, 사람들 관리는 잘하지 못하고 관심도 없다. 그럼에도 프로그램을 잘 작성한다는 이유로(업무 성적이 좋다는 이유로) 승진시키는 것이 타당한가의 문제이다. 관리자는 관리 업무 자체를 잘하는 사람이 맡는 것이 타당할 수 있다. 축구를 잘하는 사람은 계속 축구를 하도록 해야지, 축구를 잘한다고 코치, 감독으로 임명해서는 곤란하다. 또 감독은 선수 관리를 잘하고 전략을 잘 짜는 사람에게 맡겨야지, 축구를 잘한다고 감독을 시켜서는 곤란하다.

이런 경우 프로그래머 당사자에 대한 보상은 승진보다 연봉을 올려주는 것이 더 좋다. 그리고 관리자보다는 프로그래머로서 계속 일하게 하는 것이 모두에게 더 좋을 수 있다. 보험설계사와 관리자, 연구자와 관리자, 영업판매자와 관리자 등도 모두 이런 관계가 성립한다.

그런데 이 경우 전제조건이 필요하다. 프로그래머는 낮은 사람, 관리자는 높은 사람이라는 신분제가 적용될 경우, 프로그래머는 계속 프로그래머로 일하기보다 어떻게든 관리자가 되려 한다. 그리고 프로그래머로서 아무리 잘해도 연봉이 상급자인 관리자를 따라가지 못하는 경우, 관리자가 되려 한다. 프로그래머는 프로그래머로서의 가치를 인정받고 관리자와 동등하거나 더 나은 지위를 가질 수 있어야 한다. 관리자는 어디까지나 직급상의 차이, 하는 업무의 차이일 뿐, 프로그래머보다 더 높은 사람, 더 가치 있는 사람이라고 인식되지 않아야 한다. 또한 낮은 직급의 프로그래머라 하더라도 상급자들보다 훨씬 많은 연봉을 받을 수 있어야 한다.

그런 조직문화가 이루어지면 사람들은 승진과 관계없이 자기에게 가장 맞고 잘하는 업무에 몰두할 수 있다. 이때 기업의 생산성도 최고조가 된다. 그렇지 않고 승진이 조직 내 신분 및 보수와 직결되는 경우, 조직원의 자기계발과 관계없이 승진 그 자체가 목적이 되어버린다.

6 보수 및 성과관리

1) 보수

사람들이 직장을 다니는 이유는 자아실현, 자기계발 등 여러 가지 이유를 거론하지만, 가장 중요한 이유는 소득을 얻기 위해서이다. 기업에서 일하면서 보수를 받을 수 없다면, 아무리 그 일이 자아실현, 자기계발과 밀접한 연관이 있다고 해도 사람들은 그 기업에서 더 이상 일을 하려 하지 않는다. 현재 한국에서는 의사가 최고의 직업으로 손꼽히고 있다. 의사가 사람들을 치료하는 좋은 일을 하기 때문에 의사가 되고 싶다고 말하긴 하지만, 만약 의사의 월급이 최저임금 수준이라고 한다면 이때도 사람들이 의사가 좋은 직업이라고 말하지는 않는다. 사람들이 좋다고 하는 직업은 대부분 보수가 많은 직업이다.

보수 수준을 어떻게 해야 하느냐는 기업 차원에서 상당히 중요한 의사결정이다. 보수와 관련된 주요 이슈를 살펴본다.

(1) 고정급과 변동급

보수가 매달 일정 금액이 지급된다면 고정급이고, 매달 보수 금액이 달라질 수 있다면 변동급이다. 보수는 각 직원들이 생활하는 데 필요한 소득액이다. 생활비는 매달 일정하게 들어오는 것이 생활 유지에 더 유리하다. 따라서 대부분의 보수는 고정급으로 지급된다.

하지만 자기 노력 여하에 따라 성과가 직접적으로 달라지는 분야가 있다. 열심히 하면 업무 성과가 바로 증가되고, 일을 하지 않으면 바로 업무 성과가 떨어지는 분야이다. 자동차 판매, 보험업, 매장 판매, 배달 업무 등이 대표적인 부문이다. 이러한 분야에서는 보통 자기 성과에 따라 보수액이 달라지는 변동급을 채택하곤 한다.

(2) 호봉제와 연봉제

호봉제는 해마다 월급이 조금씩 오르는 시스템이다. 그 사람의 업무능력, 성과에 관계없이 1년이 지나면 월급이 오른다. 호봉제는 기본적으로 더 오래하면 업무 성과가 나아진다는 인식에 기반한다. 호봉제에서는 오래 다닌 사람이 더 많은 보수를 받는다.

현재 한국에서 명시적으로 호봉제를 택한 기업은 거의 없다. 대부분 연봉제를 채택한다. 하지만 명목은 연봉제라 하더라도, 실질적으로 해마다 조금씩 연봉이 올라가는 시스템이라면 명목은 연봉제이지만 실질적으로는 호봉제이다.

호봉제의 문제점은 나이가 많을수록 더 많은 보수를 지급한다는 점이다. 그런데 실제 대부분의 업무에서는 오래 근무했다고 해서, 나이가 많다고 해서 더 업무 성과가 좋은 것은 아니다. 성과에 비해 더 많은 보수를 지불하다보니, 회사에 부담이 된다. 회사가 구조조정을 할 때 나이 많은 사람들이 1차적으로 구조조정 대상이 되는 것은 사실 이 때문이다. 나이가 많다는 것 자체가 문제가 아니라, 성과에 비해 보수를 많이 지급한다는 것이 문제이다. 한국 기업이 60세가 정년이라 해도 실제로는 정년까지 채우지 못하고 중간에 회사를 그만두는 경우가 많은 것은 호봉제에 대한 부담 때문이다.

연봉제는 성과, 실적에 따라 연봉이 달라진다. 성과가 좋으면 그 다음해 연봉이 올라가고, 성과가 안 좋으면 그 다음해 연봉이 내려간다. 1년 동안은 동일한 금액이 월마다 지불된다는 점에서 위에서 살펴본 변동급과 차이가 있다.

연봉제는 직원 개인과 기업 측이 서로 연봉액에 대해 계약을 하는 것이 원칙이다. 개개인의 성과에 따라 연봉액이 달라져야 하기 때문에 회사와 개인의 협상이 필요하다. 이 과정에서 협상능력에 따라 연봉액수가 달라지기도 한다. 그러면 똑같은 성과에 대해서도 연봉액이 직원마다 다를 수 있다. 같은 성과인데 연봉이 다르다거나, 성과가 다른데 연봉이 같다면 직원들은 많은 불만을 가질 수밖에 없다. 그래서 연봉제하에서는 직원이 자기 연봉을 공개하는 것이 엄격히 금지된다. 연봉제하에서 직원들이 서로 자기 연봉을 이야기하고 비교하게 된다면, 조직구성원간 관계에 큰 문제가 발생할 수 있다.

(3) 승진과 보수

승진이 되었을 때 보수도 같이 올릴 것인가 보수 증가는 없이 승진만 시킬 것인가, 보수 증가가 이루어진다면 어느 정도 보수를 올릴 것인가의 문제이다.

일반적으로 보통 승진되기 전에 보수가 거의 오르지 않는다면, 승진이 될 때 보수가 크게 오른다. 승진이 되지 않아도 보수가 어느 정도 오른다면, 승진이 되더라도 보수는 크게 증가하지 않는다.

승진이 되지 않으면 보수가 크게 증가하지 않고 승진이 되어야만 보수 증가가 이루어진다면 이때 조직구성원들은 승진이 무엇보다 중요한 목표가 된다. 승진이 단순히 직급 상승이 아니라 보수의 증가, 생활수준의 증가와 연결되는데, 이는 직급에 따른 신분제와 연결이 될 가능성이 크다. 따라서 승진 여부에 따라 보수 수준이 결정되는 것은 한계가 있다.

그렇다고 승진 여부와 관계없이 보수가 상승한다면, 직원들이 승진하고자 하는 욕구, 더 일을 열심히 하고자 하는 동기가 낮아진다. 직원들에게 승진에 대한 동기를 충분히 주면서, 그렇다고 승진하지 못한 사람들에게 불만족을 주지 않는 선을 찾아야 한다.

2) 성과관리

성과관리는 직원이 얼마나 성과를 내었는가를 평가하고, 그 결과에 따라 인사관리가 이루어지는 것을 말한다. 평가 결과에 대한 인사관리는 보통 성과급을 지급하거나, 승진 등에 유리한 가점 등을 부여하는 것이다.

성과관리는 직원들의 성과를 평가한다. 성과평가를 하면 필연적으로 우수한 성과를 낸 사람, 보통 성과를 낸 사람, 낮은 성과를 낸 사람으로 구분을 하게 된다. 우수한 성과를 낸 사람에게는 그에 대한 보상을 지급해서 열심히 일한 것에 대한 보답을 한다. 문제는 낮은 성과를 낸 사람에 대한 조치이다. 낮은 성과를 낸 사람에게는 성과급을 지급하지 않거나, 인사상 불이익을 주거나, 더 나아가 구조조정 대상이 된다.

성과관리가 엄격히 이루어지면 직원들간의 융화, 팀워크가 깨지는 문제가 발생한다. 이 때문에 성과관리에 대해 반대하는 주장도 많다. 그런데 성과관리가 없으면 직원들이 열심히 일을 하지 않는다는 문제가 발생한다. 일을 열심히 해도 열심히 하지 않아도 똑같은 대우를 받을 때, 대부분의 사람들은 열심히 일을 하지 않는다. 성과를 많이 내도 성과를 내지 못해도 똑같은 대우를 받는다면, 사람들은 성과를 내기 위해 노력을 하지 않는다.

인간의 선의를 주장하는 사람들은 성과관리를 하지 않아도 사람들은 스스로 알아서 열심히 일을 할 것이라고 본다. 하지만 실제 사람들은 성과관리를 하지 않으면 일을 하지 않는다. 시험 점수가 좋건 나쁘건 무조건 A를 준다고 하면 학생들은 시험공부를 열심히 하지 않는다. 성과관리는 인적자원관리에서 반드시 필요하다고 본다. 어떻게 성과관리 제도를 만들면 부작용 없이 직원들의 성과 욕구를 높일 수 있는가가 주요 과제이다.

7 퇴직

퇴직은 직원이 회사를 그만두는 것이다. 직원이 회사를 그만두는 형식으로는 보통 세 가지가 있다. 정년, 또는 계약기간 만료로 그만두는 경우, 본인이 퇴사를 원하는 경우, 그리고 회사가 해당 직원을 해고시키는 경우이다.

정년, 계약기간 만료로 퇴직하는 경우에는 해당 직원이 언제쯤 그만두게 되는지를 미리 예측할 수 있다. 인사팀에서는 이 시기를 사전에 예측하고 대체 인력을 어떻게 할 것인가를 사전에 준비한다. 퇴직 전에 신규 인원을 채용하고 인수인계 등을 마무리해서, 업무의 중단이 발생하지 않도록 하는 것이 필요하다.

직원 본인이 회사를 그만두는 것은 회사 측에서 미리 예측하기 힘들다. 하지만 어느 날 갑자기 업무를 맡고 있는 직원이 회사를 그만두면 회사 업무에 큰 타격이 올 수 있다. 이에 대비하기 위하여 보통 회사는 직원들이 퇴사할 때, 퇴사 시점 한 달 정도 전까지 미리 알려줄 것을 규정화한다. 이 기간 동안 인수인계를 하고, 대체인력을 구하도록 한다.

업종, 업무에 따라서는 직원이 퇴사 의사를 밝히면, 그때부터 모든 업무에서 제외하고 회사 자료 등에 접근하지 못하게 하는 경우도 있다. 회사의 정보, 자료 자체가 큰 자산이고, 외부인이 이런 정보를 알게 되는 것 자체가 회사에 피해가 가는 경우이다. 기술, 정보에 대한 독점력이 중요한 경우, 퇴직 직원이 이런 기술, 정보에 대해 누출하지 않도록 각종 조치를 취하는 것도 인사팀의 주요 업무가 된다.

회사가 직원을 해고하는 경우는, 법적 조건과 절차가 적정한가를 철저히 검토하고 준수할 필요가 있다. 노동관련법은 회사가 직원을 해고하는 조건, 절차 등에 대해 엄격히 규정하고 있고, 이런 규정을 위반하면 해고 자체가 무효가 된다. 해고 문제로 법정에서 분쟁이 발생하는 경우도 많다. 이런 법적 분쟁이 발생하지 않도록 적정한 해고 조치가 이루어지도록 관리할 필요가 있다.

요약 •••

학습목표 1 과거의 인사관리와 현재의 인적자원관리에 대해 설명할 수 있다.

◎ 과거의 인사관리의 개념은 무엇인가?

인사관리와 인적자원관리는 똑같이 조직구성원에 대한 관리를 하는 업무이다. 그런데 조직 내 구성원을 보는 시각이 다르다. 인사관리에서는 조직 내 구성원, 직원을 기본적으로 비용의 개념으로 보았다.

과거의 인사관리는 직원의 채용, 배치, 승진, 보수, 복지제도, 퇴직 등을 관리한다. 그런데 직원은 기본적으로 비용이다. 해당되는 업무를 할 수 있는 사람을 채용해서 배치하면 되는 것이며, 그 직원을 발전시키기 위해서 특별히 회사가 노력할 필요는 없다.

◎ 현재의 인적자원관리의 개념과, 인사관리와의 차이점은 무엇인가?

인적자원관리에서도 인사관리에서와 똑같이 직원의 채용, 배치, 승진, 보수, 복지제도, 퇴직 등의 업무를 담당한다. 그런데 인적자원관리에서는 직원을 비용으로 보지 않는다. 회사의 생산성 증진에 기여하는 자본, 자원으로 본다. 그래서 '인적자원'이라는 표현을 사용한다. 어떻게 하면 직원이 자기 역량을 더 계발해 나갈 수 있을까 하는 측면에서 채용, 승진, 보수가 정해져야 한다. 현대 경영학에서는 이런 인적자원관리의 시각에서 직원들을 본다.

학습목표 2 주요 인적자원관리 활동에 대해 이해하고, 설명할 수 있다.

◎ 직무분석 및 직무설계

직무분석은 직무, 근로자의 업무에 관한 자세한 사항을 파악하는 것이다. 어떤 근로자가 있다고 할 때 그 근로자가 어떤 일을 하는지, 어떤 자격조건이 있어야 해당 업무를 할 수 있는지 등을 파악한다. 직무분석과정에서 중요한 문서가 직무기술서와 직무명세서이다.

① 직무기술서(job description) : 한 근로자가 실제 기업에서 어떤 일을 하고 있는가를 기술한 문서

② 직무명세서(job specification) : 해당 업무를 수행하기 위해서는 어떤 자격이 있어야 하는지를 서술

직무설계는 현재 근로자가 어떤 일을 어떻게 하고 있는가를 살펴보는 것이다. 이에 대해서 직무설계는 업무가 어떻게 수행되어야 하는지를 분석한다.

직무설계에서는 현재 어떤 식으로 직무가 행해지고 있는지, 근로자들이 현재 직무를 수

행하는 절차 및 방식이 적정한지를 따져본다. 필요한 직무들이 다 각 근로자들에 의해서 수행되고 있는지, 서로 업무범위가 겹치지는 않는지 등을 분석한다.

모집 및 채용

부서에서 인원이 부족하면 인원을 모집, 채용하려고 한다. 이때 모집, 채용의 방법으로는 크게 두 가지가 있다. 하나는 공개적으로 모집, 채용 공고를 실시하는 경우이고, 다른 하나는 아는 사람들을 추천하는 방식이다.

다음으로 지원자들을 어떤 절차를 거쳐서 선발할 것인가가 채용방법과 관련된 문제이다. 공개채용만이 아니라 주변인 추천의 경우에도 단지 지원했다는 이유로 사람을 뽑지는 않는다. 어떤 절차와 방법으로 지원자를 선발할 것인가가 고려되어야 한다. 가장 대표적인 방법은 서류전형, 시험과 면접이다.

배치

배치는 직원들에게 특정 직무와 직위를 부여하는 것이다. 각 부서에서 부족한 인원을 충원하는 경우, 새로 영입한 직원에게 어떤 일과 자리를 줄 것인지는 사전에 정해져 있다. 또한 계속 한 자리에서 일을 하게 할 것인가, 일정 기간이 지나면 다른 자리로 이동하게 할 것인가. 그리고 이동하게 한다면 어떤 기준으로 어떻게 이동시킬 것인가의 문제가 배치와 관련해서 논의된다.

한 가지 일만 계속하면 매너리즘에 빠진다. 그리고 보다 높은 직급으로 올라가기 위해서는 어느 한 가지 일만 오래 한 것보다는 보다 다양한 업무를 경험하는 것이 중요하다. 따라서 많은 기업에서는 일정 기간이 지나면 다른 자리로 이동할 수 있게 해준다. 이렇게 다른 자리로 이동하는 것을 전환배치라고 한다. 보통 당사자가 다른 자리에서 일하기를 원할 때 자리 이동이 이루어지게 한다.

순환보직은 일정 기간이 지나면 다른 자리로 의무적으로 전환하도록 하는 것이다. 전환배치는 당사자의 의도와 의지에 의해 다른 자리로 이동하게 하는데, 순환보직은 의무적으로 반드시 자리 이동이 이루어진다는 점에서 차이가 있다.

업무확장은 기존에 주어진 업무에서 보다 넓은 업무를 담당할 수 있도록 직무범위를 넓혀주는 것이다. 업무확장은 기존 일 이외에 다른 일도 수행하게 하여 업무범위를 넓힌다. 한 가지 일만 경험해서 발생하는 매너리즘 문제를 해결할 수 있다.

교육훈련

직원에 대한 교육훈련은 직원의 생산성을 높이고, 나아가 기업의 생산성도 높이는 효과가 있다. 교육훈련의 내용이 업무에 도움이 되지 않는 경우가 많다는 비판도 있지만, 그래도 교육훈련을 전혀 하지 않을 때와 비교할 때, 교육훈련은 분명히 직원 및 기업의 경쟁력에 도움이 된다고 본다. 신입사원에 대한 교육훈련과 재직자에 대한 교육훈련이 있다.

승진

승진은 낮은 단계의 직급에서 보다 높은 단계의 직급으로 이전하는 것이다. 승진이 되는가 안 되는가, 승진이 된다면 언제 되는가는 조직 내에서 상당한 의미를 가진다. 실제 직장인들에게는 다른 어떤 것보다 연봉과 승진, 이 두 가지가 주된 업무 동기로 작용한다. 승진과 관련된 주요 인적자원관리 이슈로는 내부승진을 할 것인가 외부영입을 할 것인가, 그리고 내부승진을 한다면 누구를 승진시킬까의 문제이다. 승진의 종류는 내부승진과 외부영입으로 나누어진다.

내부승진을 할 때, 현재 직급원 중에서 누구를 승진시킬 것인가가 승진 대상자의 문제이다. 일반적으로 승진 대상자는 해당 직급에서 업무 실적이 가장 뛰어난 사람 또는 해당 직급에서 가장 오래 일한 사람이다. 보통은 이 두 가지가 같이 고려된다.

보수 및 성과관리

사람들이 직장을 다니는 이유는 자아실현, 자기계발 등 여러 가지 이유를 거론하지만, 가장 중요한 이유는 소득을 얻기 위해서이다. 기업에서 일하면서 보수를 받을 수 없다면, 아무리 그 일이 자아실현, 자기계발과 밀접한 연관이 있다고 해도 사람들은 그 기업에서 더 이상 일을 하려 하지 않는다. 보수 관련 주요 이슈로는 ① 고정급, 변동급, ② 호봉제, 연봉제, ③ 승진과 보수가 있다.

성과관리는 직원이 얼마나 성과를 내었는가를 평가하고, 그 결과에 따라 인사관리가 이루어지는 것을 말한다. 평가 결과에 대한 인사관리는 보통 성과급을 지급하거나, 승진 등에 유리한 가점 등을 부여하는 것이다. 성과관리는 인적자원관리에서 반드시 필요하다고 본다. 어떻게 성과관리 제도를 만들면 부작용 없이 직원들의 성과 욕구를 높일 수 있는가가 주요 과제이다.

퇴직

퇴직은 직원이 회사를 그만두는 것이다. 직원이 회사를 그만두는 형식으로는 보통 세 가지가 있다. 정년, 또는 계약기간 만료로 그만두는 경우, 본인이 퇴사를 원하는 경우, 그리고 회사가 해당 직원을 해고시키는 경우이다.

생각해 볼 문제

1. 과거의 인사관리와 현재의 인적자원관리의 개념과 차이점을 설명해 보시오.
2. 주요 인적자원관리 활동을 단계별로 설명해 보시오.
3. 주요 기업의 직무기술서와 직무명세서 등을 찾아 분석해 보시오.

CHAPTER

11

회계

엔론의 분식회계

미국 역사에서 가장 거대한 기업 파산 중 하나로 언급되는 것이 에너지 회사 엔론의 파산이다. 엔론은 1985년, 송유관 회사인 휴스턴 내추럴 가스와 천연가스 유통업체인 인터노스가 합병해서 만들어진 회사이다. 2000년에는 미국에서 7위, 세계에서 16위의 거대 기업이었다. 2000년까지 세계 16위였던 기업이 2001년 갑자기 파산을 한다.

엔론은 세계에서 가장 혁신적인 회사로 칭송을 받던 회사였다. 에너지 생산 및 유통 회사였던 엔론은 1999년 엔론 온라인을 자회사로 설립한다. 에너지 거래를 온라인상에서 할 수 있도록 한 회사였다. 1990년대 말은 인터넷이 보급되면서 각 부분에서 인터넷 상거래 혁신이 이루어지고 있을 때였다. 엔론은 에너지 분야에서 처음으로 온라인 유통 혁명을 시작했다. 엔론은 대표적인 혁신기업이었다. 포춘은 엔론을 6년 연속 가장 혁신적인 기업 명단에 올렸고, 하버드 MBA에서도 엔론은 주요 혁신사례로 소개되었다. 애널리스트들도 모두 엔론을 칭송했고, 세계에서 가장 존경받는 기업 25위로 선정되기도 했다.

이런 실적과 칭송 덕분에 엔론의 주가는 폭등을 했다. 1991년부터 2000년까지 엔론의 주식은 1,400% 이상 상승해서, 주당 90달러까지 올라갔다. 주주, 경영자, 직원 등 회사 내부자뿐 아니라 애널리스트, 펀드매니저, 언론기관, 경영교육기관 등 이해관계자 모두에게 엔론은 이상적인 기업이었다.

그런데 2001년 9월 중순, 엔론은 회계장부에서 3,500만 달러의 이익이 잘못 계상되었다는 것을, 그리고 2001년 10월 16일, 엔론이 그동안 계속해서 분식회계, 즉 매출을 높이고 이익을 증가시키는 식으로 회계를 조작해 왔다는 사실이 밝혀진다. 엔론의 회계조작은 어쩌다 한 번, 단기간에 이루어진 일이 아니었다. 회사 전체적으로 장기간 동안 계획적으로 회계조작이 있었다. 매출액을 과대계상하고, 실제 이익이 아니라 예상되는 이익을 계상했다. 또한 계열사를 이용해서 부채를 의도적으로 줄이는 작업도 했다.

엔론의 분식회계는 어느 한 항목에서만 회계조작이 있는 것이 아니라, 회계의 많은 부분에서 조작이 있었다. 이런 정도로 광범위하게 회계조작이 이루어지기 위해서는 어느 한 부서의 힘만으로는 안 되는 것이었다. 회사 경영진 차원에서 의도적으로 회계조작을 한 것이었다. 미국 증권거래위원회가 조사를 시작해서 엔론의 재무제표를 재작성한다. 원래 1997년에서 2001년 3분기까지 엔론의 순이익은 29억 달러인 것으로 발표되었었다. 그런데 실제 순이익은 23억 달러였다. 엔론은 순이익을 20% 정도 과대계상해왔다. 또 부채는 6억 2천만 달러 정도를 줄여서 발표해왔다. 엔론이 발표한 매출액은 미국에서 7위 수준이었는데, 실제 매출액을 다시 계산해 보니 미국에서 287위가 되었다.

엔론은 시장의 신뢰를 잃었다. 모든 투자자들은 주식을 팔기 시작했다. 기관투자자, 일반투자자 할 것 없이 모두가 주식을 팔기 시작해 주가는 폭락한다. 2001년 10월에 엔론의 주가는 35달러 정도였는데, 12월에는 20센트까지 떨어졌다. 결국 엔론은 어디에서도 돈을 구할 수가 없어 파산한다. 엔론이 분식회계를 했다는 것이 밝혀진 지 두 달 만의 일이었다. 회계정보를 왜곡하는 분식회계는 현대 사회에서 기업에 치명적인 결과를 야기할 수 있다.

제1절 회계란 무엇인가

회계의 사전적 정의는 '이해관계자 재산의 변동을 측정하고 분석하여 이를 이해관계자에게 보고하는 시스템'을 의미한다. 회계는 다음의 사항을 주요 요소로 한다.

1) 이해관계자의 재산

회계는 이해관계자의 재산에 대한 것이다. 여기서 이해관계자는 그 재산의 소유자 및 이용자 등 그 재산에 대해 권한을 가지고 있는 주체를 의미한다. 보통은 기업이지만, 정부, 시민단체 등도 주체가 될 수 있다. 기업이 주체일 경우 기업회계가 되고, 정부가 주체일 경우 정부회계가 된다.

또한 회계는 재산을 대상으로 한다. 재산은 무형이든 유형이든 측정가능한 것이어야 한다. 여기에서 측정가능하다는 것은 숫자로 표시될 수 있다는 것을 의미한다. 회계는 숫자로 나타낸다. 따라서 어떤 것이든 숫자로 표시될 수 있다면 회계가 될 수 있고, 숫자로 표시될 수 없다면 회계에서 제외된다.

2) 재산의 변동

회계는 무언가 변동이 있을 때 기록이 이루어진다. 무언가를 구매하면 변동이 이루어진 것이고, 구매에 대한 회계가 기록된다. 이후 아무런 변동이 없으면 기본적으로 회계 기록도 이루어지지 않는다. 무언가 변화가 이루어질 때 회계 정보가 발생한다.

즉 회계는 기본적으로 변화, 변동에 대한 것이다. 어떻게 변했는지, 어떤 식으로 변했는지를 기록하는 것이 회계의 특징이며, 따라서 회계를 잘 이해하면 기업의 변화를 파악할 수 있다.

3) 측정

회계는 계량적으로 표시하는 것이 기본 원칙이다. 화폐의 경우에는 쉽게 수치화할 수 있다. 하지만 기계장치, 사무용품 등은 쉽게 수치화할 수 없다. 처음 구입할 때는 수치화가 가능하지만 몇 년 사용한 경우 그 가치를 수치화하는 것은 쉽지 않다. 새로 구입하는 자동차의 가격은 쉽게 알 수 있지만, 몇 년 된 중고차의 가격은 쉽게 알 수 없는 것과 같은 이치이다.

물건이 아니라 질적인 사항인 경우에는 측정이 더욱 어렵다. 영업자의 판매능력, 브랜드의 가치 등을 수치로 표시하는 것은 쉽지 않다. 그러나 회계에서는 이러한 질적인 것도 최대한 수치적으로 표시하려고 한다. 이러한 것들을 얼마나 정확히 측정할 수 있느냐가 회계정보의 가치를 결정한다. 측정은 회계에서 가장 근본적인 사항이다.

4) 분석

측정은 현상이 어떻다는 것을 말해준다. 측정된 정보의 가치를 높여주는 것은 분석이다. 회계정보를 어떻게 분석하고 해석하느냐에 따라 회계정보의 질은 큰 차이가 발생한다. 토익 점수가 700점이라 할 때, 현재 영어 실력이 토익 700점 수준인 것으로 파악할 수 있다. 그런데 이 700점의 세부 내용을 분석하면, 영어 중에서 어떤 부분이 약하고 어떤 부분을 잘하는지, 그리고 어떤 부분에서 실력 향상이 있었고 어떤 부분의 실력이 제자리인지 등에 대해서도 알 수 있다. 과거의 점수와 비교해서 어느 정도 향상되고 있는지, 평소 공부시간과 영어 실력의 관계 등에 대해서도 파악할 수 있다. 이러한 것은 단순히 토익 점수 700점이라는 것만 보아서는 나타나지 않는다. 그것을 어느 정도로 분석하느냐에 따라 추가적으로 얻을 수 있는 정보이다.

분석은 회계정보를 바탕으로 해서 어느 정도 기업에 유용한 정보를 끌어내느냐이다. 회계 실력은 사실 이 분석 부분에서 크게 차이가 난다. 분석을 잘할 때 회계정보가 실질적으로 의미를 가진다.

5) 이해관계자에게 보고

회계의 주된 목적은 이해관계자에게 보고하는 것이다. 이해관계자에게 회사의 재산 상태를 보고하기 위해서 회계자료를 만들고 분석을 한다. 회계에서 가장 중요한 부분은 이해관계자에게 얼마나 정확하고 적합한 정보를 제공하느냐이다.

회계의 이해관계자는 크게 셋으로 구분된다. 채권자, 투자자, 그리고 회사 경영자이다.

(1) 채권자

회계정보와 관련된 가장 중요한 이해관계자는 채권자이다. 회사를 운영하기 위해서는 반드시 부채가 필요하다. 자기자본만으로 회사를 운영할 수 있으면 부채가 필요 없다. 그러나 실질적으로는 회사는 항상 부채를 지니고 있다. 한국 상장기업의 경우 평균 부채가 108%이다. 자기자본이 100이 있을 때 부채는 108 수준이다. 자기자본보다 부채가 더 많은 것이 일반적이다.

회사에 부채가 더 많다는 것은 누군가에게 돈을 대출받아야 한다는 것이다. 이때 회사에 돈을 빌려주는 사람이 채권자이다. 채권자는 은행 등 금융기관이 될 수도 있고, 투자기관, 일반인도 될 수 있다. 채권자 입장에서 돈을 빌려줄 때 중요한 것은 과연 이 회사가 나중에 돈을 갚을 수 있는지, 그리고 도중에 이자를 제대로 지급할 수 있는지 여부이다.

회사가 원금과 이자를 제대로 갚을 수 있기 위해서는 우선 회사에 어느 정도 재산이 있어야 한다. 아무리 회사의 사업 아이디어가 좋고, 생산되는 제품이 좋으며, 미래 발전가능성이 있다고 해도 재산이 없으면 부채를 갚을 수 없다. 아무리 회사 제품이 잘 팔리지 않는다 하더라도 회사 재산이 많이 있으면 부채를 갚을 수 있다. 즉 부채와 이자를 앞으로 잘 갚을 수 있느냐를 판단하는 데 가장 중요한 요소는 현재 어느 정도 재산이 있느냐의 여부이다.

따라서 회계정보는 회사의 재산 상태를 제대로 표시해 주어야 한다. 채권자가 회계정보를 보았을 때, 이 회사의 재산과 부채가 어느 정도 있는지를 쉽게 이해할 수 있어야 한다. 그래야 채권자는 이 회사에 돈을 빌려준다. 재산 상태를 공개하지 않으면 채권자는 이 회사에 돈을 빌려줄 수 없다. 회계정보는 채권자들에게 회사 재산에 대한 사항을 알려주어야 한다.

(2) 투자자

회사가 자금을 융통하는 방법으로는 채권자로부터 돈을 빌리는 법 외에 투자자로부터 자금을 받는 방법이 있다. 채권자는 자기가 빌려준 자금을 이자와 같이 나중에 돌려받는 것을 목적으로 한다. 이에 비해 투자자는 해당 회사가 성장하고 많은 이익을 내서 배당금을 더 많이 받는 것을 목적으로 한다. 배당금이 아니면 자기 투자 지분을 다른 사람에게 팔아서 이익을 낼 수도 있다.

이때 투자자 입장에서 중요한 것은 이 회사가 얼마나 이익을 내고 있는가, 최소한 앞으로 얼마나 이익을 낼 수 있는가이다. 지금 당장 회사에 자금이 부족한 것은 크게 문제되지 않는다. 지금 회사가 어렵더라도, 앞으로 회사가 좋아진다면 충분히 투자가치가 있다.

채권자는 회사 재산 상태가 보다 더 중요했지만, 투자자는 회사의 이익 상태가 더 중요하다. 회사의 재산이 아무리 많더라도 이익을 내지 못한다면 투자가치가 없다.

회사가 어느 정도의 이익을 내고 있는가? 회사는 여기에 대한 정확한 정보를 제공해야 한다. 그래야 투자자가 자기 회사에 투자를 한다. 회사가 현재 얼마나 이익을 내고 있는지, 앞으로 전망이 어떤지를 알려주지 않으면, 어떤 투자자도 투자하려 하지 않는다. 그러므로 회계정보를 통해 회사가 어느 정도의 이익을 보고 있는지를 투자자들에게 알려주어야 한다.

(3) 회사 경영자

회사는 단일체라기보다는 내부적으로 여러 조직, 활동이 서로 공존하고 있다. 경영자는 회사 내의 여러 조직들이 어떻게 일을 하고 있는지, 이익을 내고 있는지 아닌지 등을 파악해야 한다. 그래야 회사운영을 제대로 할 수 있다.

회사 내의 각 부서가 어떻게 일을 하고 있는가. 각 부서는 이익을 내고 있는가 손실을 내고 있는가. 회사경영을 위해서는 이러한 정보가 필요하다. 이런 정보를 제공해 줄 수 있는 것이 회계자료이다. 회사 외부자에게 회사정보를 공개한다기보다는, 내부적으로 회사운영을 위해서 필요한 정보이다. 회사 경영진이 의사결정을 보다 적정하게 하도록 정보를 제공한다.

이와 같이 회사의 이해관계자들 각각이 필요로 하는 정보에는 차이가 존재한다. 회계정보는 이들 각각의 요구조건을 만족시켜야 한다. 회사의 재산 상태를 파악하기 위해서 재무상태표가 만들어지고, 회사가 어느 정도 이익을 보고 있는가를 파악하기 위해서 손익계산서가 만들어진다. 그리고 회사 경영진에게 회사 내부정보를 제공하기 위해서 원가회계, 관리회계 등이 발달한다.

제2절 주요 재무제표

가정에서는 가계부를 쓰면서 들어오고 나가는 돈을 기록한다. 회사에서도 이와 같이 자금이 들어오고 나가는 것을 기록한다. 그런데 단순히 돈이 들어오고 나가는 것만을 기록하는 것은 제대로 된 정보를 제공해 주지 못한다. 기록된 자료들을 목적에 맞게 재정리할 필요가 있다. 자료가 정리되었을 때, 그 정보를 통해서 의사결정에 도움을 줄 수 있다. 그와 같이 정리된 회계자료가 재무제표이다. 현재 대표적인 재무제표로는 재무상태표, 손익계산서, 현금흐름표, 자본변동표, 이익잉여금처분계산서 등이 있다. 여기에서는 이 중 가장 중요하다고 여겨지는 재무상태표, 손익계산서, 현금흐름표의 주요 사항에 대해 살펴본다.

1 재무상태표

1) 재무상태표의 의의

재무상태표는 회사의 재산 상태를 보여주는 것을 목적으로 하는 재무제표이다. 회사의 재산 상태에서 가장 중요한 것은 자산(재산), 부채(빚), 자본(재산에서 빚을 제외한 순자산, 실제 재산)이다. 따라서 재무상태표는 회사의 자산, 부채, 자본 상황에 대한 정보를 제공한다.

채권자의 경우는 무엇보다 회사의 자산 상태가 중요하다. 채권자는 상대방이 돈이 어느 정도 있어야 돈을 빌려준다. 회사의 현재 자산이 얼마인지를 파악해야 이 회사에 돈을 빌려주어도 되는지 아닌지를 판단할 수 있다. 그런데 회사의 자산이 아무리 많다고 해도 빚도 많다면 돈을 빌려주기 힘들다. 다른 데 갚아야 할 빚을 빼고 순수하게 얼마의 재산이 있는지를 파악해야 한다. 그래서 자산에 대한 정보와 더불어 부채에 대한 정보도 제공해야 한다.

투자자는 이익을 더 중시한다고 하지만, 그래도 회사의 자산 상태는 중요하다. 적자를 낸다고 해도 회사의 자산이 많다면 오랫동안 버틸 수 있다. 연구개발을 더 하고, 신제품을 개발하고 출시할 동안 계속 회사를 운영할 수 있다.

하지만 자산이 없으면 지금 적자일 경우 바로 회사가 문을 닫을 수 있다.

개인으로 따지면, 재무상태표는 그 사람의 재산이 얼마나 되느냐이다. 연봉 2,000만원을 받더라도, 20억원짜리 아파트를 가지고 있으면 재산이 많은 것이다. 연봉 2,000만원으로는 1억원을 빌려주기 힘들지만, 20억원짜리 아파트를 가지고 있다고 하면 1억원 정도는 충분히 빌려줄 수 있다. 1억원의 자산을 가지고 사업을 시작하려 한다면, 아무리 사업 아이템이 좋아도 성공할지 의구심이 생긴다. 그런데 20억원을 가지고 사업을 시작한다면, 이런 사업은 제대로 굴러갈 것이라는 신뢰를 얻을 수 있다. 망하더라도 최소한 몇 년 동안은 회사가 굴러갈 것이다. 하지만 1억원을 가지고 사업을 하면 1년이 갈지 의구심이 든다.

내부 경영자 측면에서도 재무상태표는 중요하다. 경영자는 일단 회사가 부도나는 상황을 피해야 하는데, 부도위험이 있는지 아닌지를 판단하려면 자산과 부채 상태를 정확히 알아야 한다. 언제 어떻게 부채 상환 요구가 오는지 모르고 사업 자체에만 열중한다면 언제 부도가 날지 모른다.

재무상태표는 이런 이해관계자의 요구를 충족하기 위해 만들어진다. 구체적으로 자산, 부채, 자본에 대한 정보를 제공한다.

2) 재무상태표의 예시

한국의 주요 상장기업인 삼성전자와 아시아나의 2019년 요약재무상태표를 보면 다음과 같다.

(1) 삼성전자 2019년 요약재무상태표

〈표 11-1〉 삼성전자 요약재무상태표 (단위 : 백만원)

구 분	2017.12.31	2018.12.31	2019.12.31
유동자산	146,982,464	174,697,424	181,385,260
비유동자산	154,769,626	164,659,820	171,179,237
자산총계	**301,752,090**	**339,357,244**	**352,564,497**
유동부채	67,175,114	69,081,510	63,782,764
비유동부채	20,085,548	22,522,557	25,901,312
부채총계	**87,260,662**	**91,604,067**	**89,684,076**
자본금	897,514	897,514	897,514
자본총계	**214,491,428**	**247,753,177**	**262,880,421**

삼성전자의 자산은 352조원이다. 부채는 89조원 규모이고 자본은 262조원이다. 회사의 자본이 262조원인데 부채는 89조원으로 자본이 부채보다 월등히 많다. 이 경우 부채로 인해 회사가 어려워질 가능성, 부도날 가능성은 없다고 본다. 또 자산규모는 최근 3년간 계속 증가해왔다. 부채는 계속 감소, 또는 증가의 추세는 아니며 일정 수준에서 유지되고 있다. 자산은 증가하는데 부채는 정체 수준이기 때문에 자본도 계속 증가추세이다. 이 재무상태표는 삼성전자가 상당히 튼튼하며 내실 있는 회사라는 것을 보여준다.

(2) 아시아나 2019년 요약 재무상태표

〈표 11-2〉 아시아나 요약재무상태표 (단위 : 백만원)

구 분	2017.12	2018.12	2019.12
유동자산	1,220,813	1,513,648	1,560,759
비유동자산	7,435,670	6,677,456	11,942,664
자산총계	**8,656,482**	**8,191,104**	**13,503,423**
유동부채	3,644,319	3,369,265	4,558,412
비유동부채	3,712,219	3,728,650	8,036,722
부채총계	**7,356,538**	**7,097,915**	**12,595,134**
자본금	1,026,176	1,026,176	1,116,176
자본총계	**1,299,944**	**1,093,189**	**908,289**

2019년 아시아나의 경우 자산은 13조원인데, 이 중 12조원이 부채이고 자본은 9,000억원 수준이다. 자본보다 부채가 13배 정도 된다. 내 돈보다 빚이 13배가 된다는 것으로 자금 상태가 상당히 좋지 않다는 것을 의미한다.

특히 문제되는 것은 유동자산과 유동부채의 차이이다. 유동자산은 1년 이내에 현금화될 수 있는 자산이며, 유동부채는 1년 이내에 갚아야 할 부채이다. 1년 이내에 현금화할 수 있는 자산이 1조 5,000억원인데, 1년 이내에 갚아야 할 부채는 4조 5,000억원이다. 이런 경우 가만히 있으면 분명히 부도가 난다. 3조원에 해당하는 빚을 새로 내거나, 기존 빚을 갚지 않고 대부분 연기조치를 하거나, 가지고 있는 자산을 팔거나 어떤 식의 조치를 해야 한다.

이 재무제표는 아시아나가 상당히 어려운 사정에 있다는 것을 말해준다.

3) 재무상태표의 해석

재무상태표에서 가장 중요한 정보는 이 회사의 재산과 빚 상태가 어떤가이다. 기본적으로 순자산(재산−부채)이 부채보다 더 많으면 안전하다고 본다. 이런 회사는 채무를 다 갚을 수 있으며, 회사가 앞으로도 계속 유지될 수 있다고 판단한다. 하지만 부채가 순자산보다 크면 회사의 부도위험이 높아진다고 본다. 부채비율(부채/순자산)이 200%를 넘으면 위험하다고 보고, 400%를 넘으면 언제 부도나도 이상하지 않다.

여기서는 순자산이 부채보다 많으면 더 안전하다고 보지만(부채비율이 100% 이하), 사실 이것도 일반상식을 기준으로 하면 그렇게 안전한 것도 아니다. 10억원짜리 아파트를 가지고 있다고 하자. 10억원짜리 아파트가 있으면 2억원 정도는 충분히 갚을 수 있다고 보고 돈을 빌려준다. 부채비율은 2억원/10억원으로 20%이다. 그런데 은행이 어느 날 갑자기 돈을 갚으라고 한다고 해보자. 10억원짜리 아파트가 있지만 현금으로 2억원이 있는 것은 아니다. 이때 은행이 어느 날 모든 돈을 다 갚으라고 요구하면 부도가 날 수밖에 없다.

실제로는 빚이 있고 만기가 되었다 하여 빚을 다 갚으라고 하지 않는다. 만기를 연장해 주고, 문제가 되더라도 그중 일부만 갚도록 한다. 모든 빚을 만기가 되었으니 다 갚으라고 요구하면 모든 회사는 다 부도가 난다.

보통 때는 모든 빚이 다 만기가 연장된다. 그런데 금융위기 상황에서는 은행도 돈이 부족하기 때문에 빚이 연기되지 않는다. 이런 경우 부채비율이 100% 정도라고 해도 자금융통에 어려움을 겪는다. 따라서 자산과 부채 총액도 중요하지만, 어떤 자산을 가지고 있는지, 부채는 어떤 유형인지를 같이 살펴보아야 한다. 이런 정보를 재무상태표가 제시한다.

2 손익계산서

1) 손익계산서의 의의

어떤 사람이 돈이 얼마나 있는지 파악하는 기준은 보통 두 가지가 있다. 재산이 얼마나 있느냐, 아니면 수입이 어느 정도 되느냐이다. 10억원짜리 아파트가 있다는 것은 재산이 얼마나 있는지를 나타내고, 연봉이 2억원이라는 것은 수입이 얼마나 되는지를 나타낸다.

회사의 경우에도 회사 재산이 얼마나 되는지로 평가할 수 있고, 회사가 1년에 얼마나 버는지로 평가할 수 있다. 회사 재산이 얼마나 되는지가 재무상태표이고, 회사가 1년에 얼마나 버는지를 나타내는 것이 손익계산서이다.

손익계산서는 1년 동안 그 회사가 얼마의 돈을 벌었는지(매출액, 수익), 그리고 그중에서 비용을 제외하고 실제 얼마나 벌었는지(순이익)를 이야기해 준다.

2) 손익계산서의 예시

한국의 주요 상장기업인 삼성전자와 아시아나의 2019년 요약손익계산서를 보면 다음과 같다.

(1) 삼성전자 2019년 요약손익계산서

〈표 11-3〉 삼성전자 요약손익계산서 (단위 : 백만원)

구 분	2017.12.31	2018.12.31	2019.12.31
매출액	239,575,376	243,771,415	230,400,881
매출총이익	110,284,715	111,377,004	83,161,332
영업이익	**53,645,038**	**58,886,669**	**27,768,509**
영업외수익	12,981,086	12,024,203	12,353,258
영업외비용	10,430,157	9,750,914	9,689,578
법인세차감전이익	**56,195,967**	**61,159,958**	**30,432,189**
법인세비용	14,009,220	16,815,101	8,693,324
총당기순이익	**42,186,747**	**44,344,857**	**21,738,865**

삼성전자는 2019년 230조원의 매출을 올렸다. 이 중에서 각종 비용을 제외한 영업이익은 27조원이다. 실제 영업활동을 해서 번 돈이 27조원이라는 뜻이다. 영업외수익, 영업외비용은 영업활동 이외의 방법으로 얻은 수익과 비용이다. 은행에 현금을 두고 있어서 발생한 이자수익, 가지고 있는 주식이 올라서 얻은 이익이나 손실 등이 여기에 포함된다. 이런 기타 이익까지 모두 합하면 30조원의 이익을 올렸고(법인세차감전이익), 여기에서 8조 6,900억원을 법인세로 냈다. 그리고 최종적으로 21조원의 이익을 냈다.

엄청나게 많은 매출과 이익을 냈지만, 문제는 이 매출과 이익 규모가

2017년, 2018년보다 낮다는 점이다. 매출은 감소했고, 이익도 크게 감소했다. 앞으로 이런 추세가 계속되면 삼성전자의 위상은 낮아질 수밖에 없다. 다음 연도에 매출, 이익이 증가하느냐, 아니면 감소하느냐가 삼성전자를 판단할 때 주요한 요소가 된다.

(2) 아시아나 2019년 요약손익계산서

〈표 11-4〉
아시아나
요약손익계산서
(단위 : 백만원)

구 분	2017.12.31	2018.12.31	2019.12.31
매출액	6,594,140	7,183,387	6,965,789
매출총이익	884,136	730,080	277,096
영업이익	**245,629**	**28,233**	**−443,713**
영업외수익	507,859	177,735	176,500
영업외비용	379,148	455,579	813,425
법인세차감전이익	**374,340**	**−249,611**	**−1,080,638**
법인세비용	111,784	−53,750	−262,752
총당기순이익	**262,556**	**−195,861**	**−817,886**

아시아나의 경우는 2019년에 7조원의 매출을 올렸다. 그런데 영업이익은 4,400억원 적자가 났다. 7조원의 매출을 올리기는 했지만, 각종 비용을 감당할 만큼의 매출을 올리지는 못했다. 1년간 열심히 일을 했는데, 오히려 손실을 본 경우이다. 영업이익에서 손실을 보았다는 것은 사업환경이나 사업모델에 큰 문제가 있다는 것을 의미한다.

영업외수익이나 영업외비용에서도 영업외비용이 훨씬 더 커서 법인세차감전이익은 1조원 손실이다. 손실을 보았기 때문에 법인세를 내지 않고, 향후 법인세차감전순이익이 발생한 연도에 이월결손금 공제가 가능하다. 2,600억원 정도의 지원이 예상되어, 최종적으로 8,000억원의 적자를 보았다.

최근 3개년간 매출액 변동 추세를 보면 일정한 범위에 있다. 계속 증가하거나 감소하지도 않는다. 매출은 안정적이라고 보아야 하며, 사업이 성장하거나 감소하는 것은 아니다. 문제는 영업이익이 계속 감소하고 있다는 점이다. 2017년 2,450억원 흑자에서 2018년 흑자가 280억원으로 감소하고, 2019년에는 4,400억원 적자로 돌아섰다. 매출은 동일한데 영업이익이 크게 감소하고 있다는 것은 회사 내부 운영과정에서 무언가 큰 문제가 있다는 것을 의미한다.

영업외비용도 크게 증가하고 있고, 결국 당기순이익도 크게 감소하는 추세이다. 이 추세가 계속되면 아시아나는 기업으로 존립이 어렵다. 아시아나의 손익계산서는 현재 아시아나가 위기상황이라는 것을 가리킨다.

3) 손익계산서의 해석

손익계산서에서 가장 중요한 정보는 일단 이 회사가 이익을 내느냐 손실을 보느냐, 이익을 낸다면 어느 정도 내느냐이다. 즉 손익계산서에서는 당기순이익이 가장 중요한 지표이다. 이익을 내고 있으면 이 회사는 문제없이 운영되는 것으로 본다. 이익의 규모가 크면 이 회사는 좋은 회사이고, 이익의 규모가 작으면 성장가능성이 낮다.

회사가 적자를 내면 사업에 문제가 있다는 것을 의미한다. 1년 적자가 아니라 수년 동안 계속 적자이면 이 회사가 계속 유지될 수 있는지 의문이 제기된다. 적자가 지속되면 어떤 회사도 살아남을 수 없다.

매출액도 중요한 지표이다. 매출액은 이 회사가 상품이나 용역을 얼마만큼 판매했는지를 나타낸다. 이익이 적거나 적자라 하더라도 매출액이 증가하면 앞으로 회사가 살아날 가능성이 높다. 그런데 매출액이 감소하면 이 회사는 시장에서의 입지가 점점 줄어든다는 것을 의미한다. 아무리 흑자를 낸다 하더라도 매출액이 감소하면 이 회사의 장기 생존력에 의문이 발생한다.

이 외에 경상손익, 법인세차감전순이익 등은 이 회사의 이익의 질이 어떤가를 보여준다. 개인의 경우 복권이 당첨되어 돈이 생긴 것과 연봉이 올라 돈이 생긴 것은 다르다. 연봉이 올라 돈이 생겼을 때, 보다 견실하게 수익이 올라간 것으로 보며, 복권 등으로 돈이 생긴 것은 1회적인 것으로 장기적인 수익력과는 관계가 없다. 특별이익인지 경상이익인지를 구별하는 것은 이러한 측면에서 이익의 질에 대한 정보를 준다.

3 현금흐름표

1) 현금흐름표의 의의

10억원짜리 아파트를 가지고 있고, 연봉이 1억원인 사람에게 1,000만원의 돈을 빌려주었다고 하자. 이 사람은 분명히 1,000만원을 갚을 능력이 있다. 하지만 이 돈을 갚기 위해서는 지금 당장 1,000만원의 현금이 있어야 한다. 갚아야 할 날에 1,000만원의 현금이 없으면 돈을 갚을 수 없다. 재산이 많은 것, 수입이 많은 것과 돈을 갚아야 할 날짜에 현금을 가지고 있는 것은 서로 다른 이야기이다. 이 사람이 돈을 제때 갚을 수 있는지 없는지 알기 위해서는 과연 현금이 어느 정도 있는지를 파악해야 한다.

회사의 경우에는 매달 지출이 발생한다. 직원들에게 월급을 지불해야 하고, 사무실 운영비, 공장 운영비도 지출해야 한다. 전기료, 수도료, 인터넷 요금 등도 계속 지불해야 하고, 부채에 대한 이자도 지불해야 한다. 이런 것을 제때에 지불하지 못하면 부도가 난다. 적자 회사이고 정말로 돈이 없어서 부도가 나는 것이라면 이해될 수 있다. 그런데 흑자 회사라 하더라도 부도가 날 수 있다. 수입이 많기는 하지만, 그 돈이 입금되는 것은 다음 달이라면, 이번 달에 지불해야 하는 은행이자를 지불하지 못할 수도 있다. 그러면 부도가 난다.

회사의 재산이 얼마나 되는지, 회사의 수익이 얼마나 되는지도 중요하지만, 지금 당장 부도를 내느냐 내지 않느냐는 회사에 당장 사용할 수 있는 현금이 얼마나 있느냐가 더 중요하다. 현금흐름표는 이에 대한 정보를 제공한다.

2) 현금흐름표의 예시

한국의 주요 상장기업인 삼성전자와 아시아나의 2019년 요약현금흐름표를 보면 다음과 같다.

(1) 삼성전자 2019년 요약현금흐름표

〈표 11-5〉
삼성전자
요약현금흐름표
(단위 : 백만원)

구 분	2017.12	2018.12	2019.12
영업활동 현금흐름	62,162,041	67,031,863	45,382,915
투자활동 현금흐름	−49,385,216	−52,240,453	−39,948,171
재무활동 현금흐름	−12,560,867	−15,090,222	−9,484,510
외화환산으로 인한 현금의 변동	−1,782,270	94,187	595,260
현금및현금성자산의 순증감	−1,566,312	−204,625	−3,454,506
기초의 현금및현금성자산	32,111,442	30,545,130	30,340,505
기말의 현금및현금성자산	30,545,130	30,340,505	26,885,999

2019년 삼성전자는 영업활동 현금흐름이 45조원이다. 영업활동으로 현금이 45조원 들어왔다는 뜻이다. 투자활동 현금흐름은 −39조원이다. 삼성전자가 투자를 하느라고 39조원의 현금을 사용했다. 그리고 재무활동 현금흐름은 −9조 5,000억원이다. 빚을 갚느라고 9조 5,000억원의 현금을 사용했다.

2019년말 현재 삼성전자는 26조원의 현금및현금성자산을 가지고 있다. 현금이나 언제든지 현금으로 바꿀 수 있는 자산형태로 26조원이 있다는 뜻이다. 이렇게 현금, 현금성자산이 많이 있으면 부도날 일은 없다.

(2) 아시아나 2019년 요약현금흐름표

〈표 11–6〉
아시아나
요약현금흐름표
(단위 : 백만원)

구 분	2017.12	2018.12	2019.12
영업활동 현금흐름	724,404	717,037	558,989
투자활동 현금흐름	−720,993	223,056	−847,798
재무활동 현금흐름	−15,728	−815,269	64,345
현금및현금성자산의 순증감	−12,317	124,824	−224,464
기초의 현금및현금성자산	293,416	288,635	414,254
외화표시 현금및현금성자산의 환율변동효과	7,536	794	4,408
기말의 현금및현금성자산	288,635	414,254	194,198

아시아나는 2019년에 영업활동으로 5,500억원의 현금이 들어왔다. 투자활동 관련해서는 8,470억원의 현금이 지출되었고, 재무활동으로 640억원의 현금이 들어왔다.

여기서 문제되는 것은 변동성이다. 아시아나의 영업활동 현금흐름은 2017년도, 2018년도에는 7,000억원 수준이었다가, 2019년에 5,500억원으로 크게 감소했다. 앞의 손익계산서에서 살펴본 매출규모는 거의 변한 게 없는데 영업활동으로 인한 현금수입은 크게 감소했다. 또한 투자활동 현금흐름, 재무활동 현금흐름이 2017년, 2018년, 2019년에 큰 폭으로 증감하고 있다. 회사운영이 안정적이지 않다는 것을 의미한다. 외부환경에 의한 것이든, 내부 운영상 문제이든, 회사운영에서 큰 변동이 발생하고 있다는 뜻이다. 그리고 기말의 현금및현금성자산이 최근 3년 사이에 최소 수준이다. 현금흐름으로 보면, 아시아나는 회사가 안정적이지 않고 현금자산이 크게 감소해서 불안정한 상태이다.

3) 현금흐름표의 해석

현금흐름표는 영업활동 현금흐름, 투자활동 현금흐름, 재무활동 현금흐름으로 구분된다.

(1) 영업활동 현금흐름

영업활동 현금흐름은 영업활동으로 인한 현금의 흐름을 나타낸다. 회사는 영업활동을 통해서 수익을 얻는다. 따라서 영업활동이 제대로 되었다면 현금흐름은 (+)이어야 한다. 영업활동 현금흐름이 (+)라는 것은, 회사가 영업활동으로 돈을 벌었다는 의미이다. 만약 영업활동을 했지만 수익을 내지 못했다면 현금이 나가기만 하고 들어오지 않았다는 것을 의미한다. 이때 영업활동 현금흐름은 (−)가 된다.

영업활동 현금흐름이 중요한 이유는 이것이 거래로 인해서 정말로 돈을 벌었는지 여부를 보여주기 때문이다. 회계정보는 기본적으로 발생주의로 기록된다. 거래 계약이 성립하면 판매된 것으로 보고 이익을 계상한다. 그런데 계약이 성립되고 물건을 넘겼지만 현금을 못 받는 경우도 있다. 이런 경우 손익계산서에서는 계속 이익으로 잡히지만, 현금흐름표에서는 들어온 돈이 없기 때문에 수입으로 잡히지 않는다. 손익계산서에서는 이익을 조작하는 것이 가능하다. 거짓으로 계약을 한다거나, 계약을 하고 나중에 취소를 하는 식으로 일정 기간의 이익을 조절할 수 있다. 하지만 이런 경우 현금흐름표에서는 거래로 잡히지 않는다. 현금흐름표가 보다 정확한 회사의 이익규모를 보여줄 수 있다.

(2) 투자활동 현금흐름

투자활동 현금흐름은 회사의 투자와 관련된 현금흐름을 보여준다. 회사가 투자를 한 경우 현금이 지출되기 때문에 (−)가 된다. 회사가 투자를 하지 않으면 0이거나 (−)의 규모가 작다. 지금 당장은 현금흐름이 (−)가 아닌 것이 좋아 보일 수 있지만, 회사가 장기적으로 계속 성장을 하기 위해서는 계속 투자가 이루어져야 한다. 투자활동 현금흐름은 (−)가 되어야 하는 것이 정상이다. 투자활동 현금흐름이 0이나 (+)면, 이 회사는 적정 수준의 투자활동을 하지 않는다는 것을 의미한다.

(3) 재무활동 현금흐름

재무활동 현금흐름은 회사의 재무활동과 관련된 현금흐름인데, 여기서 재무활동은 기본적으로 부채와 관련된 사항이다. 회사가 부채를 갚으면 현금이 지출된다. 이때 현금흐름표에서는 (−)로 표시된다. 회사가 외부에서 부채를 얻어오면 현금이 들어온다. 현금흐름표는 (+)가 된다. 즉 재무활동 현금흐름이 (−)라는 것은 부채를 갚았다는 의미이고, 재무활동 현금흐름이 (+)라는 것은 새로 부채를 얻었다는 의미이다. 재무활동 현금흐름은 (−)가 되는 것이 회사에 더 긍정적이다.

(4) 소결

현금흐름표는 영업활동 현금흐름, 투자활동 현금흐름, 재무활동 현금흐름으로 구분되는데, 영업활동 현금흐름은 (+)가 되는 것이 좋다. 투자활동 현금흐름은 (−), 재무활동 현금흐름도 (−)가 되는 것이 긍정적이다. 영업으로 돈을 벌어서, 그 돈으로 투자를 하고 빚도 갚았다는 의미가 된다. 영업활동 현금흐름이 (−), 재무활동 현금흐름이 (+)인 경우에는 회사의 영업활동으로는 적자를 보았는데, 그 적자를 빚을 새로 내서 메꾸었다는 의미가 된다. 현금흐름표를 잘 해석하면 그 회사의 실제 영업활동 사항에 대해 재무상태표, 손익계산서에서 알 수 없는 정보를 얻을 수 있다. 실제 해당 회사가 부도를 낼 가능성이 있느냐 여부를 판단할 때, 현금흐름표가 가장 적절한 재무제표가 될 수 있다. 아무리 적자가 커도 현금이 많으면 부도는 나지 않는다. 아무리 흑자를 내더라도 현금이 없으면 부도가 난다.

4 영업보고서

1) 영업보고서의 의의

재무제표는 다른 어떤 정보보다도 회사에 대해 많은 것을 알려준다. 하지만 재무제표는 두 가지 측면에서 약점이 존재한다. 첫째, 재무제표는 모든 사항을 숫자로 표시하게 되어 있다. 따라서 모든 정보를 계량화해서 표시한다. 하지만 계량화할 수 없는 정보도 많다. 질적인 정보, 회사의 상황, 회사의 발전성 등은 재무제표로 나타낼 수 없다.

둘째, 재무제표는 과거의 거래를 기록한 것이다. 따라서 과거에 대한 것은 나타내지만 앞으로 어떻게 될 것인가 하는 것은 이야기하지 않는다. 그런데 채권자, 투자자 입장에서 보다 더 중요한 것은 앞으로의 미래이다. 이전에 아무리 사업을 잘해도, 지금 아무리 잘나가도, 앞으로 사업이 어려워질 것으로 예상된다면 적절한 투자처로 보기 힘들다. 마찬가지로 지금 아무리 회사가 어려워도 앞으로 미래가 좋을 것으로 예상된다면, 지금 적자라 해도 충분히 투자하고 돈을 빌려줄 수 있다. 그러나 재무제표는 과거의 상태만 보여준다. 앞으로 어떻게 기대되는가에 대해서는 어떠한 정보도 제공하지 않는다.

이런 한계를 보완하기 위해 재무제표와 같이 제공되는 것이 영업보고서이다. 상장기업은 재무제표를 공개할 때 영업보고서도 같이 공개하도록 되어 있다. 영업보고서는 재무제표만으로는 알 수 없는 여러 질적 정보를 제공한다. 회사가 관여하고 있는 산업의 동향, 산업에서 회사가 차지하고 있는 위치, 앞으로의 계획과 전망 등에 대해 회사의 입장을 설명한다.

2) 영업보고서의 형식

상법 등은 영업보고서 내에 어떠한 내용이 포함되어야 하는가 등에 대해 규정하고 있다. 일반적인 영업보고서 목차를 살펴보면 〈표 11-7〉과 같다.

3) 영업보고서의 해석

영업보고서는 양적인 정보가 아니라 질적인 정보이다. 양적인 정보를 어떻게 해석해야 하는가에 대한 방법은 있다. 그러나 질적인 정보를 어떻게 해석하느냐는 각각 해석자의 역량과 판단에 따를 수밖에 없다. 영업보고서를 보고 해당 회사를 어떻게 판단하느냐는 각자 모두 다르다.

양적인 정보는 명확하고 객관적이라 해도, 이에 대한 해석은 사실 모두가 다르다. 같은 재무제표를 보고 어떤 사람은 이 회사는 위험하니 투자하지 말아야 한다고 판단할 수도 있고, 또 다른 사람은 지금 어렵지만 수치가 좋아지고 있으니 앞으로 나아질 것이고 따라서 투자해야 한다고 판단할 수도 있다. 수치가 좋아지더라도 앞으로 계속 이 추세가 이어질 것이라고 판단할 수도 있고, 수치가 좋아지는 것은 단기간 현상으로 앞으로는 다시 원래대로 돌아갈 것이라고 판단할 수도 있다. 재무제표는 모두에게 동일한 자료를 제공한다. 하

〈표 11-7〉
영업보고서 목차

〈목 차〉

Ⅰ. 회사의 현황
1. 회사의 개요
2. 회사의 연혁
3. 자본금 변동
4. 주식의 총수 등

Ⅱ. 사업의 내용
1. 영업 종류별 현황
2. 그 밖에 투자의사결정에 필요한 사항

Ⅲ. 재무정보 등에 관한 사항
1. 재무상태표
2. 손익계산서
3. 각주사항

Ⅳ. 이사회 등 회사의 기관에 관한 사항
1. 이사회에 관한 사항
2. 감사제도에 관한 사항
3. 계열회사 등의 현황

Ⅴ. 주주에 관한 사항
1. 최대주주 및 그 특수관계인의 주식소유 현황
2. 최대주주 변동현황

Ⅵ. 임원 및 직원 등에 관한 사항
1. 조직기구 현황
2. 인력 현황

Ⅶ. 이해관계자와의 거래내용
1. 최대주주 등과의 거래내용
2. 계열회사가 발행한 증권을 취급하는 경우 그 내역에 관한 사항

Ⅷ. 고객예탁재산의 현황 및 그 보호에 관한 사항
1. 고객예탁재산 및 보호

Ⅸ. 내부통제정책 및 위험관리정책 등에 관한 사항
1. 내부통제정책
2. 위험관리정책
3. 감사인의 검토의견 또는 검토보고서에 관한 사항
4. 성과보상체계에 관한 사항

Ⅹ. 그 밖에 투자자 보호를 위하여 필요한 사항
1. 중요한 소송사건
2. 제재현황

지만 그 동일한 재무제표를 보고 투자 여부를 판단하는 사람들의 결정은 다르게 나온다.

양적인 정보를 가지고도 이와 같이 판단과 결정이 서로 다르다. 질적인 정보는 이러한 경향이 훨씬 강해진다. 영업보고서는 각자의 경험과 역량, 지식을 바탕으로 각자 해석해야 한다.

제3절 분식회계

1 분식회계의 의의

분식회계는 '경영성과가 실제보다 좋아 보이도록 회계장부상 정보를 고의로 조작하는 행위'로 정의된다. 경영성과가 좋아 보이도록 조작하는 것인데, 경영성과는 보통 재무제표로 표시된다. 즉 분식회계는 재무제표를 조작하는 행위이다. 제대로 회계처리를 하면 적자인데 회계처리를 다르게 하여 흑자로 바꾸는 경우, 제대로 하면 적자규모가 큰데 이 적자규모를 최소화로 줄이는 것, 소규모의 흑자를 대규모의 흑자로 변신시키는 것 등이 모두 분식회계이다.

2 분식회계를 하는 이유

1) 부채조달

회사는 은행 등 금융기관으로부터 부채를 조달해야 한다. 그런데 은행은 회사에 돈을 빌려줄 때 일정 조건을 충족해야만 돈을 빌려준다. 대출을 해주기 위한 여러 조건이 있는데 그중에서 가장 중요한 조건 중 하나가 회사가 흑자여야 한다는 조건이다.

은행 등 금융기관은 빌려준 자금을 나중에 돌려받을 수 있는지 여부가 가장 중요하다. 그런데 회사가 적자인 경우 대출금을 회수하는 것이 어렵다. 흑자는 아니더라도 최소한 적자는 나지 않아야 대출금 회수가 가능하다.

회사는 은행으로부터 계속해서 대출을 받아야 하는데, 재무제표상 적자가 되면 더 이상 대출을 받는 것이 불가능해진다. 계속 대출을 받을 수 있도록 하기 위해 재무제표를 흑자로 바꿀 유인을 가진다.

2) 상장기업 유지 조건

주식시장에 상장된 기업인가 비상장기업인가는 회사의 인지도 및 신용도와 관련해서 상당히 중요하다. 그런데 상장기업의 경우 일정 기간 계속 적자가 나면 주식시장에서 퇴출되도록 하고 있다. 코스닥시장의 경우 최근 4사업연도 영업손실이 나면 관리종목에 편입되고, 5사업연도 손실이 나면 상장폐지 실질심사대상이 된다.

주식시장에 계속해서 상장되기 위해서는 흑자를 내는 것이 필요하고, 따라서 분식회계를 하고자 하는 유인을 가진다.

3) 투자자 유인

회사가 투자금을 모으려고 할 때, 적자인 상태인가 흑자인 상태인가는 상당히 중요하다. 엔젤기업, 벤처기업인 경우에는 적자기업에도 투자를 할 수 있다. 하지만 엔젤기업, 벤처기업에서 벗어난 기업의 경우에는 적자인 기업에 투자하려는 투자자는 거의 없다. 주식시장에서도 흑자를 유지하고 또 흑자가 클 때 투자자가 주식을 더 구매하여 주가가 오를 수 있다.

위 조건은 회사가 분식회계를 하는 이유인데, 이것은 분식회계로 인한 피해자의 손실 이유이기도 하다. 채권자는 회사가 적자라면 대출을 해주지 않았을 텐데, 흑자라고 했기 때문에 대출을 해준 것이다. 적자인 기업에 대출을 해주었기 때문에 나중에 대출금을 돌려받지 못하게 되는 사태가 벌어진다. 회사가 흑자인 줄 알고 주식을 사고 투자를 했는데, 나중에 회사가 적자였다는 것이 밝혀지면 투자자는 큰 손실을 본다. 분식회계는 실질적으로 채권자, 투자자에게 큰 피해를 입힌다.

3 분식회계와 회계제도

회계제도는 기본적으로 분식회계를 막기 위해 만들어졌다. 자본주의가 크게 발달한 1920년대만 하더라도 회계원칙이라 할 만한 것이 없었다. 회사들은 자체적으로 이익을 산정하고 외부에 발표를 했다. 외부의 채권자와 투자자는 회사가 자체적으로 만든 재무제표를 보고 돈을 빌려주고 투자를 했다. 이 당시 회사들은 엄청난 이익을 보고 있었고, 따라서 많은 투자자들이 이 좋은 회사들에 투자를 했다. 1920년대는 미국 주식시장의 황금기였다.

1929년 대공황이 발생한다. 대공황이 발생한 이유 중 하나는 기업들이 이익을 내지 못하고 망해갔기 때문이다. 기업들이 돈을 갚지 못하자 은행이 부도가 나고, 연쇄적으로 많은 기업들이 부도가 났다. 불과 몇 년 전까지 엄청난 이익을 내고 있다고 보았던 회사들이 돈이 없다고 부도가 났다. 알고 보니, 이전에 큰 이익을 내고 있다고 발표한 것이 거짓말이었다. 회사들은 실제 큰 이익을 내지 못하면서도 큰 이익이 발생하고 있다고 재무제표를 만들어 발표했다.

1930년대, 기업 재무제표의 문제점이 부각되면서 증권법, 증권거래법이 만들어졌고, 이 법을 기반으로 미국공인회계사회는 일반적으로 인정된 회계원칙을 만든다. 이전에는 회사들이 각각 알아서 회계처리를 할 수 있었다. 따라서 이익을 내기 위해 자유자재로 회계처리를 했다. 일반적으로 인정된 회계원칙은 회사가 마음대로 회계처리를 하지 못하도록 하고, 일정 기준에 의해서만 회계처리를 하도록 정한 것이다. 회계원칙대로만 회계처리를 하도록 하면, 회계조작행위를 할 수 없을 것이다.

일반적으로 인정된 회계원칙이 만들어졌지만, 그 틀 내에서 계속해서 분식회계가 이루어졌다. 커다란 분식회계 사고가 발생하면 그에 대응하여 새로운 회계원칙이 만들어지는 식으로 계속 회계원칙은 진화해가고 있다.

한국의 경우도 회계제도가 크게 정비된 것은 1997년 IMF 경제위기 이후이다. IMF 경제위기 이전에는 회사들이 분식회계를 많이 했다. 회계제도가 있었지만 엄격하지 않았고, 회사들이 자체적으로 이익을 조정할 수 있는 여지가 많이 있었다. 회사들은 실제 이익을 보지 못했지만, 분식회계를 통해 큰 이익이 나는 것으로 조작했다. 대우그룹의 경우 분식회계 규모가 당시 금액으로 41조원으로 세계 최대 규모였고, 실제로는 이익이 아니라 거대한 손실을 내고 있다는 것이 알려지면서 부도가 발생했다.

이후 한국의 회계제도는 크게 변화한다. 국제회계기준을 적극적으로 도입하고, 보다 엄격히 분식회계에 대해 감사를 했다. 하지만 이전보다 훨씬 나아졌다고 해도 계속해서 분식회계 사건이 발생하고 있다. 회사가 어려워지면, 대출을 계속 받고 투자금을 끌어모으기 위해서라도 분식회계를 하고자 한다. 분식회계를 하는 회사로 인해 계속 사건이 발생하고 있고, 이를 방지하기 위해 계속해서 회계제도가 개선되고 있다. 분식회계와 회계제도는 그 맥락을 같이 하면서 같이 진화하고 있는 중이다.

요약 •••

학습목표 1 회계의 개념에 대해 이해한다.

◎ 이해관계자의 재산

회계는 이해관계자의 재산에 대한 것이다. 여기서 이해관계자는 그 재산의 소유자 및 이용자 등 그 재산에 대해 권한을 가지고 있는 주체를 의미한다. 또한 회계는 재산을 대상으로 한다. 재산은 무형이든 유형이든 측정가능한 것이어야 한다. 여기에서 측정가능하다는 것은 숫자로 표시될 수 있다는 것을 의미한다.

◎ 재산의 변동

회계는 기본적으로 변화, 변동에 대한 것이다. 어떻게 변했는지, 어떤 식으로 변했는지를 기록하는 것이 회계의 특징이며, 따라서 회계를 잘 이해하면 기업의 변화를 파악할 수 있다.

◎ 측정

회계는 계량적으로 표시하는 것이 기본 원칙이다. 화폐의 경우에는 쉽게 수치화할 수 있다. 질적인 사항인 경우에는 측정이 어렵다. 그러나 회계에서는 이러한 질적인 것도 최대한 수치적으로 표시하려고 한다. 이러한 것들을 얼마나 정확히 측정할 수 있느냐가 회계정보의 가치를 결정한다.

◎ 분석

분석은 회계정보를 바탕으로 해서 어느 정도 기업에 유용한 정보를 끌어내느냐이다. 회계 실력은 사실 이 분석 부분에서 크게 차이가 난다. 분석을 잘할 때 회계정보가 실질적으로 의미를 가진다.

◎ 이해관계자에게 보고

회계의 주된 목적은 이해관계자에게 보고하는 것이다. 이해관계자에게 회사의 재산 상태를 보고하기 위해서 회계자료를 만들고 분석을 한다. 회계에서 가장 중요한 부분은 이해관계자에게 얼마나 정확하고 적합한 정보를 제공하느냐이다.

회계의 이해관계자는 크게 셋으로 구분된다. 채권자, 투자자, 그리고 회사 경영자이다.

학습목표 2 주요 재무제표에 대해 이해한다.

◎ 재무상태표

재무상태표는 회사의 재산 상태를 보여주는 것을 목적으로 하는 재무제표이다. 회사의 재산 상태에서 가장 중요한 것은 자산(재산), 부채(빚), 자본(재산에서 빚을 제외한 순자산, 실제 재산)이다. 따라서 재무상태표는 회사의 자산, 부채, 자본 상황에 대한 정보를 제공한다. 재무상태표에서 가장 중요한 정보는 이 회사의 재산과 빚 상태가 어떤가이다. 기본적으로 순자산(재산－부채)이 부채보다 더 많으면 안전하다고 본다.

◎ 손익계산서

손익계산서는 1년 동안 그 회사가 얼마의 돈을 벌었는지(매출액, 수익), 그리고 그중에서 비용을 제외하고 실제 얼마나 벌었는지(이익)를 이야기해 준다. 손익계산서에서 가장 중요한 정보는 일단 그 회사가 이익을 내느냐 손실을 보느냐, 이익을 낸다면 어느 정도 내느냐이다. 즉 손익계산서에서는 당기순이익이 가장 중요한 지표이다.

◎ 현금흐름표

현금흐름표는 회사가 당장 사용할 수 있는 현금이 얼마가 있느냐를 나타낸다. 회사의 재산이 얼마나 되는지, 회사의 수익이 얼마나 되는지도 중요하지만, 지금 당장 부도를 내느냐 내지 않느냐는 회사에 당장 사용할 수 있는 현금이 얼마나 있느냐에 따른다. 실제 해당 회사가 부도를 낼 가능성이 있느냐 여부를 판단할 때, 현금흐름표가 가장 적절한 재무제표가 될 수 있다. 아무리 적자가 커도 현금이 많으면 부도는 나지 않는다. 아무리 흑자를 내더라도 현금이 없으면 부도가 난다.

◎ 영업보고서

영업보고서는 재무제표만으로는 알 수 없는 여러 질적 정보를 제공한다. 회사가 관여하고 있는 산업의 동향, 산업에서 회사가 차지하고 있는 위치, 앞으로의 계획과 전망 등에 대해 회사의 입장을 설명한다. 이러한 질적인 정보를 어떻게 해석하느냐는 각각 해석자의 역량과 판단에 따를 수밖에 없다. 영업보고서를 보고 해당 회사를 어떻게 판단하느냐는 각자 모두 다르다.

학습목표 3 분식회계에 대해 이해하고, 설명할 수 있다.

◎ 분식회계의 의의

분식회계는 '경영성과가 실제보다 좋아 보이도록 회계장부상 정보를 고의로 조작하는 행위'로 정의된다. 경영성과가 좋아 보이도록 조작하는 것인데, 경영성과는 보통 재무제표로 표시된다. 즉 분식회계는 재무제표를 조작하는 행위이다.

◎ 분식회계의 이유

① 부채조달 : 회사는 은행으로부터 계속해서 대출을 받아야 하는데, 재무제표상 적자가 되면 더 이상 대출을 받는 것이 불가능해진다. 계속 대출을 받을 수 있도록 하기 위해 재무제표를 흑자로 바꿀 유인을 가진다.

② 상장기업 유지 조건 : 주식시장에 계속해서 상장되기 위해서는 흑자를 내는 것이 필요하고, 따라서 분식회계를 하고자 하는 유인을 가진다.

③ 투자자 유인 : 주식시장에서도 흑자를 유지하고 또 흑자가 클 때 투자자가 주식을 더 구매하여 주가가 오를 수 있다.

◎ 분식회계와 회계제도

회계제도는 기본적으로 분식회계를 막기 위해 만들어졌다. 자본주의가 크게 발달한 1920년대만 하더라도 회계원칙이라 할 만한 것이 없었다. 회사들은 자체적으로 이익을 산정하고 외부에 발표를 했다. 외부의 채권자와 투자자는 회사가 자체적으로 만든 재무제표를 보고 돈을 빌려주고 투자를 했다.

1930년대, 기업 재무제표의 문제점이 부각되면서 증권법, 증권거래법이 만들어졌고, 이 법을 기반으로 미국공인회계사회는 일반적으로 인정된 회계원칙을 만든다. 일반적으로 인정된 회계원칙이 만들어졌지만, 그 틀 내에서 계속해서 분식회계가 이루어졌다. 커다란 분식회계 사고가 발생하면 그에 대응하여 새로운 회계원칙이 만들어지는 식으로 계속 회계원칙은 진화해가고 있다.

생각해 볼 문제

1 회계의 주요 개념, 이해관계자의 재산, 재산의 변동, 측정 등 개념에 대해 설명해 보시오.

2 우리나라 주요 기업들의 재무상태표, 손익계산서, 현금흐름표, 영업보고서를 분석해 보시오.

3 분식회계의 이유와 회계제도의 발전에 대해 이야기해 보시오.

4 분식회계 사례에 대해 조사해 보시오.

PART

IV

현대 경영의 주요 이슈

제12장 빅데이터와 경영

CHAPTER

12

빅데이터와 경영

빅데이터의 선구자, 아마존

아마존은 1990년대에 설립된 인터넷 쇼핑몰 회사이다. 당시 도서, 책에 대한 온라인 판매를 시작했다. 1990년대에 설립한 온라인 쇼핑 사이트들은 대부분이 2000년대 초반 인터넷 버블이 무너지면서 사라졌다. 하지만 아마존은 인터넷 버블을 넘기고 살아남았고, 현재 세계 최대의 인터넷 쇼핑몰 회사가 되었다. 아직까지 아마존은 매출, 이익 측면에서 연 20% 넘는 성장을 계속하고 있다.

아마존이 초기 인터넷 버블 붕괴에서 살아남고 현재 세계 최대 온라인 쇼핑몰이 된 주요한 요인이 데이터를 이용한 마케팅 경영이었다. 아마존은 고객이 책을 구입하면, 그 책을 구입한 다른 고객들이 구매했던 책, 좋아했던 책 등을 그 고객에게 소개하는 시스템을 구축했다. 고객이 책을 읽고 평점을 매기도록 했고, 그 평점에 따라 다른 고객들에게 책을 추천했다.

그래서 아마존은 고객마다 사이트 구성이 달랐다. 역사 서적을 좋아하는 고객에게는 역사 서적 위주의 홈페이지가 열리도록 했고, 소설을 좋아하는 고객에게는 소설 중심의 홈페이지가 구성되었다. 추천되는 상품도 달랐고 할인율도 달랐다. 지금은 일반적으로 사용되는 고객맞춤용 마케팅이 아마존에서 처음으로 본격적으로 시행되었다.

고객 평점 시스템에 초점을 맞춘 것도 아마존이 최초였다. 사이트에서 상품을 소개, 홍보하는 방법은 크게 두 가지가 있다. 하나는 해당 상품에 대한 광고이다. 상품의 좋은 점, 장점 등을 소개하는 광고로 해당 상품을 소개한다. 다른 하나는 고객들의 후기, 평점이다. 아마존은 소비자의 반응을 조사해서, 소비자들이 상품을 구매할 때 광고보다 평점에 크게 영향을 받는다는 것을 파악했다. 그래서 평점을 중시하는 정책을 시행한다. 고객들이 평점, 후기를 남기도록 독려하고 포인트 등을 지급했다.

이런 결정이 쉬운 것은 아니다. 상품에 대한 광고는 광고료를 받을 수 있다. 하지만 평점은 광고료 수입이 없고 오히려 비용이 더 크다. 당장 기업의 이익을 위해서는 평점 시스템을 구축하는 것보다 상품 광고 배너를 더 붙이는 것이 훨씬 이익이 크다. 하지만 아마존은 평점 시스템이 고객 구매에 더 중요하다는 것을 실제 수치로 알아내고, 상품 광고보다 평점에 주력한다. 고객 중심의 경영, 데이터 경영을 했기에 가능한 일이었다. 현재 평점이 더 중요하다는 것이 많이 알려진 상태에서도 한국의 쇼핑몰 사이트에서는 광고물을 더 많이 찾아볼 수 있다는 점에서 이 아마존의 정책이 절대 쉬운 것은 아니라는 것을 알 수 있다.

현재 우리들이 당연하게 받아들이는 고객에 대한 분석을 통한 고객 개인 맞춤 정보 제공, 그리고 고객 평점 중심의 홍보 시스템은 아마존에 의해서 시작된다. 수많은 고객정보를 이용해서 마케팅을 시행하는 빅데이터 경영의 시초이기도 하다.

제1절 빅데이터란 무엇인가

1 빅데이터의 개념

2010년대 말부터 4차 산업혁명이 주요한 시대의 화두가 되고 있다. 컴퓨터, 인터넷으로 대표되는 3차 산업혁명을 거쳐, 현재 4차 산업혁명의 시대가 올 것으로 본다. 4차 산업혁명에서는 전기자동차, 수소자동차, 공유경제, 인공지능 등 다양한 항목들이 논의되고 있는데, 4차 산업혁명에서 빠지지 않고 항상 거론되는 것 중 하나가 빅데이터이다. 빅데이터를 이용한 산업의 발전, 마케팅 부문에서의 혁신, 그리고 빅데이터와 연결된 인공지능의 발전과 활용이 4차 산업혁명에서 주요한 부분으로 대두되고 있다.

빅데이터(Big Data)는 말 그대로 자료가 많다는 것을 의미한다. 인터넷이 없던 시절에는 백화점이 고객관리를 한다고 할 때, 그 고객은 주로 백화점이 위치한 지역의 주민들을 의미했다. 서울의 백화점은 서울의 주민을 대상으로 했고, 부산의 백화점은 부산의 주민만을 대상으로 했다. 고객에 대한 정보를 모은다고 해도 자기 지역 고객의 정보만 구할 수 있었다. 그리고 그 고객정보도 주로 손으로 쓴 정보이다. 고객의 주소, 연락처, 주요 가족 사항 등은 파악할 수 있지만, 그 정보들을 다른 쪽으로 활용하는 것은 어려웠다.

인터넷 온라인 쇼핑몰이 발달하면서 고객수는 크게 증가한다. 일단 인터넷 쇼핑몰은 지역적 한계가 없다. 전국의 모든 사람들이 고객이 될 수 있다. 과거에는 서울 강남 지역의 주민들만 고객이었다고 하면, 이제는 전 국민, 나아가 해외의 외국인들도 모두 고객이 될 수 있다. 아마존, 구글 등은 전 세계에서 몇억, 몇십억의 고객을 대상으로 한다. 이 고객에 대한 정보가 모이게 되니, 과거와 비교할 수 없게 자료의 양이 많아진다. 그래서 빅데이터이다.

또 현재 고객에 대한 정보는 디지털화되어 있다. 디지털화되어 있기 때문에 필요한 정보를 쉽게 정리하고, 다른 정보와 연결시킬 수 있다. 과거 수작업으로 모은 정보와는 활용도가 다르다. 데이터의 양이 많고 쉽게 활용할 수 있는 것, 이것이 빅데이터의 주요한 특징이다.

2 빅데이터의 주요 특징

빅데이터는 자료의 수가 많은 것이다. 그런데 단순히 자료가 많다고 해서 빅데이터는 아니다. 4차 산업혁명 이전에도 데이터의 수 자체는 충분히 많을 수 있었다. 과거 백화점의 경우는 지역 고객에 대한 정보만 구할 수 있었다. 하지만 한국전력은 전국의 모든 소비자들을 대상으로 한다. 한국전력은 한국의 모든 가구에 대한 정보를 가지고 있었다. 한국의 가구수는 2,000만이니, 2,000만개의 가구와 전기 사용에 대한 자료를 보유하고 있다. 자료는 엄청나게 많지만, 이것을 가지고 빅데이터라 하지는 않는다. 의료보험의 경우, 5,000만명 전국민 모두에 대한 자료를 가지고 있다. 미국, 중국 등 인구가 많은 국가에서는 몇억의 자료를 가지고 있는 회사들도 많았다. 3차 산업혁명기에도 이렇게 자료가 많이 있는 경우는 적지 않게 있었지만, 이런 자료들을 가지고 빅데이터라 하지는 않는다. 빅데이터가 되기 위해서는 다른 조건들이 요구된다.

1) 전체 집단에 가까운 데이터

빅데이터의 첫 번째 특성은 전체 모집단에 대한 자료를 얻을 수 있다는 점이다. 과거에는 모집단 전체에 대한 자료를 파악하는 것은 불가능했다. 따라서 기본적으로 표본추출의 방법을 사용해서 모집단의 값을 추정했다.

한국인이 무엇을 좋아하는지에 대해서 알고자 한다면, 한국인 5,000만명 모두에 대해 조사를 하는 것이 가장 확실한 방법이다. 그러나 5,000만명 모두에 대해 조사를 하는 것은 불가능했다. 일단 조사비용이 막대하다. 그래서 1,000명 정도에 대해 조사를 하고, 이것을 한국인이 좋아하는 것으로 파악했다. 1,000명에 대한 조사를 기반으로, 전체 5,000만명에 대한 것을 알아내는 방법이다. 이 1,000명을 얼마나 잘 골라내느냐에 따라 5,000만명 전체의 생각을 잘 알아낼 수도 있고, 오류가 크게 발생할 수도 있다. 이 1,000명을 얼마나 잘 골라내느냐에 따라 조사의 질이 달라졌고, 이 1,000명을 어떻게 골라내느냐가 표본추출의 문제였다. 통계학은 이 표본추출을 얼마나 잘하느냐, 그리고 이 1,000명에 대한 정보를 바탕으로 5,000만명 전체의 값을 얼마나 잘 추정하느냐라는 문제를 풀기 위해 발전한 학문이다.

그런데 빅데이터에서는 이 모집단에 가까운 인원에 대한 자료가 수집된다. 5,000만명 전체는 아니더라도 몇천만명의 의견을 찾을 수 있다. 개인이 남기는 SNS 정보, 쇼핑 정보 등을 통해 어떤 생각인지 분석한다. 5,000만명 중 몇천만명에 대한 정보를 얻을 수 있으니 모집단에 가깝다. 이전에는 소수 몇 명의 생각으로 전체의 생각을 알아내려 했다면, 이제는 모집단 전체에 대해서 데이터 수집이 가능하다. 이전보다 훨씬 더 정확한 정보를 얻을 수 있다.

전체 모집단의 일부를 바탕으로 해서 모집단의 인식을 파악하는 것이 아니라, 모집단에 가까운 인원을 대상으로 인식을 파악한다. 따라서 모집단에 대한 정보를 더욱 정확하게 알 수 있다는 점이 빅데이터의 주요한 특성이다.

참고 아이폰이 만든 빅데이터 세상

현대 빅데이터 시대가 만들어지는 것에 결정적으로 기여하는 두 가지가 있다. 하나는 인터넷이다. 아마존, 구글 등 인터넷 회사는 고객들이 회원으로 가입한 후 홈페이지를 활용한다. 각 고객이 로그인을 한 후 구매를 하게 되는데, 따라서 각 고객의 구매기록, 사이트 방문기록 등이 모두 자료로 남는다. 인터넷이 없었을 때는 백화점이 고객이 어느 정도로 방문하는지, 백화점에 와서 무엇을 하고 어떤 것을 구매하는지에 대해 정확한 정보를 알 수 없었다. 이런 내용들을 파악하기 위해 백화점 등도 회원가입을 받고 구매시 포인트를 쌓고 했지만, 회원가입을 하지 않고 구매하는 사람들도 많고 회원가입을 했다 하더라도 간단한 품목은 포인트를 쌓지 않고 그냥 사가기도 했다. 또 무엇보다 이 경우 구매한 것만 알 수 있지, 구매하기까지 얼마나 어떻게 백화점 내를 돌아다녔는지는 파악할 수 없었다. 그런데 인터넷상에서는 그런 것이 모두 기록으로 남는다. 어떤 상품들을 검색했고, 어떤 상품을 장바구니에 넣었고, 그중에서 어떤 것을 구매했는지 등에 대한 정보가 쌓인다. 인터넷은 소비자에 대한 엄청난 정보를 생산해냈고, 이 정보의 양과 질에서 과거 인터넷이 없었을 때와 비교할 수 없는 수준이 되었다. 빅데이터가 형성되기 시작한 것이다.

빅데이터의 수준이 더 크게 증가하게 된 계기가 된 것은 2007년 아이폰의 등장, 그리고 이후에 펼쳐진 스마트폰 세상이다. 아이폰이 등장하기 전에는 인터넷 이용은 데스크톱을 통해서만 가능했다. PC 앞에 앉아 컴퓨터를 사용하는 것이고, 이때의 행위에 대한 정보만 수집이 가능했다. 하루 24시간 중에서 많아야 몇 시간에 대한 정보만 파악할 수 있는 것이었다.

아이폰은 개개인이 보유한 이동컴퓨터였다. 아침부터 밤까지, 심지어 잠자는 시간에도 옆에 항상 같이 있다. PC에서는 하루 몇 시간, 인터넷에 접속했을 때의 행태만 보여준다면, 아이폰, 스마트폰에서는 하루 24시간의 행태를 파악할 수 있다. 또 어떤 앱을 사용하고 얼마나 이용하는지 등에 대한 정보는 그 사람의 관심사에 대해 보다 확실히 알 수 있게 해준다.

스마트폰은 빅데이터의 보고이다. 모든 소비자들의 모든 행태에 대한 정보가 저장될 수 있다. 본격적인 빅데이터 시대가 스마트폰으로 열리게 된다.

2) 자료의 융합

빅데이터의 가장 큰 특징 중 하나는 자료의 융합이다. 한국전력의 경우 자료의 수가 많기는 한데, 전력 사용량에 대한 정보만 있다. 의료보험의 경우 전국민에 대한 자료들이 있기는 한데, 의료비 사용에 대한 정보만 있다. 이렇게 서로 분리되어 따로 존재하는 것은 빅데이터로 보지 않는다. 빅데이터는 자료들이 서로 융합되는 특징이 있다.

이전에는 각 분야마다 정보가 분리되었다. 게임회사는 고객들의 게임에 대한 정보만을 가지고 있고, 쇼핑회사는 고객들의 쇼핑에 대한 정보만을 가지고 있었다. 빅데이터에서는 이 정보들이 서로 융합한다. 게임회사의 경우 과거에는 고객이 게임을 얼마나 하고 있는가를 알 수 있었다면, 이제는 고객이 게임은 얼마나 하고, 쇼핑은 얼마나 하며, 여행은 얼마나 하는지, 그리고 건강상태는 어떤지도 알 수 있다는 뜻이다. 이런 식으로 정보가 융합되면 전체적인 모습, 현실을 훨씬 더 잘 파악할 수 있다. 각 분야마다 분리된 자료들이 서로 융합되어서 그동안 알 수 없었던 완전히 새로운 정보를 산출한다. 빅데이터가 기존에 자료가 많은 것과 차별화되는 점이다.

3) 딥러닝 방식

이전에 자료를 분석할 때에는 먼저 원인과 결과에 대한 이론이 필요했다. '공부시간이 증가하면 성적이 올라간다', '수면시간이 적정하면 성적이 올라간다', '교재가 좋으면 성적이 올라간다', '게임시간이 감소되면 성적이 올라간다' 등의 이론이 있다. 그러면 공부시간, 수면시간, 교재, 게임시간 등에 대한 자료를 모으고, 이 자료들을 분석하면 성적이 어떻게 나올지를 파악할 수 있다. 컴퓨터 분석을 할 때, 프로그래머는 분석을 위해서 어떤 자료가 필요한지, 어떤 식으로 분석할지를 지정해 준다.

그런데 빅데이터는 딥러닝 방식을 기본으로 한다. 딥러닝 방식은 사람이 어떤 자료를 이용해서 어떻게 분석하라는 것을 지정하지 않는다. 컴퓨터가 알아서 처리하고, 그냥 결과만 제시한다. 그 결과가 해당 분야 전문가들의 결정보다 더 낫다. 빅데이터를 활용한 인공지능이 인간의 의사결정을 대체할 수 있다고 본다.

참고 딥러닝 방식이란 무엇인가

인공지능 분야에서 LSVRC(Imagenet Large Scale Visual Recognition Challenge)라는 프로그램 경기가 있다. 이 시합에서는 어떤 이미지를 주고 그것이 트럭인지 상자인지, 개인지 고양이인지 등을 인공지능 프로그램이 맞히도록 했다. 이것을 얼마나 잘 맞히고 못 맞혔는지 오답률이 나오고, 이것으로 우승자를 가렸다. 사람들은 어떤 동물을 보면 이것이 고양이인지 개인지 호랑이인지를 판단하는 것이 그리 어렵지 않다. 하지만 컴퓨터 프로그램은 이런 판단이 어려웠다. 그래서 인공지능 프로그램이 이미지가 무엇을 나타내고 있는지 판단하는 것으로 인공지능의 성능을 구분했다.

인공지능 프로그램 개발자들은 계속해서 사물의 특징을 구분하는 기준을 알아내서 추가하는 방식으로 프로그램 성능을 발전시켰다. 고양이를 구분한다면, [고양이는 귀가 개보다 뾰족하다], [고양이 눈은 동그랗다], [고양이 털은 더 부드럽다] 식으로 고양이를 판단하는 기준들을 더 세밀하게 만드는 방식이다. 하지만 컴퓨터가 고양이를 구분하는 것은 쉽지 않았다. 2010년 우승 프로그램의 경우 옳게 판단하는 비율이 72%였고, 2011년 우승팀은 정답률이 74%였다. 보통 1년에 1~2%씩 판단율이 상승했다. 그것이 인공지능 프로그램의 수준이었다.

2012년의 우승자는 토론토 대학의 Supervision팀이었다. 그런데 Supervision팀의 우승은 인공지능 분야에서 상당히 놀라움을 불러일으킨다. 그동안은 우승팀이라 해도 1년에 1~2% 정도씩 판단율이 상승했을 뿐이다. 2011년 판단성공률은 74%였다. 2012년에는 75% 정도의 성공률로 우승할 것으로 예측했다. 그런데 Supervision팀의 판단성공률은 84%였다. 무려 10%가 상승했다. 세계적으로 10년 동안 노력해야 할 수준을 단지 1년 만에 끌어올렸다.

Supervision팀의 비법은 그동안 인공지능의 패러다임을 바꾸는 것이었다. 그동안은 계속해서 사람들이 판단기준을 컴퓨터에게 제공했다. [귀가 뾰족하다], [눈이 동그랗다], [더듬이의 모양이 어떻다]는 식으로 어떤 정보를 가지고 고양이 여부를 판단할지를 정해 주었다. 하지만 Supervision팀은 그런 식으로 프로그램을 만들지 않았다. 고양이, 개 등의 사진을 보여주고 컴퓨터가 알아서 판단하게 했다. 사람은 그 결과가 맞았는지 틀렸는지의 정보만 제공했다. 컴퓨터가 자기가 알아서 이 동물이 고양이인지 여부를 판단하게 했다. 수많은 고양이와 개 사진을 보고 컴퓨터는 스스로 이 동물이 고양이인지 개인지를 판단했다. 그런 식으로 했더니 판단성공률이 1년에 10%가 올라갔다. 인공지능의 혁명이었다. 이 프로그램 방식을 이후로 딥러닝이라고 부른다.

지금 인공지능은 이 딥러닝 기법을 기본으로 한다. 사람들은 수많은 정보를 던져준다. 그러면 컴퓨터가 알아서 학습을 하고 판단기준을 만든다. 사람이 먼저 어떤 정보가 필요하다, 어떻게 판단해야 한다는 것을 지정해 주지 않는다. 어떤 정보를 이용해서 어떻게 판단해야 한다고 미리 지정해 주는 것은 이전 방식이다. 딥러닝에서는 그런 기준을 제공하지 않는다.

딥러닝에서는 판단기준이 인공지능 자체적으로 만들어진다. 그래서 인공지능이 어떤 결과를 제시했을 때, 우리들은 왜 어떤 이유로 그런 결과를 도출하였는지 판단할 수 없다. 단지 이 인공지능이 이런 결과를 도출하였다는 것만 알 수 있을 뿐이다.

이전의 데이터와 4차 산업혁명에서의 빅데이터 차이 중 하나는 바로 이 점에 있다. 과거에도 빅데이터만큼 많은 자료 풀은 있었다. 하지만 그 자료를 분석하기 위해서는 먼저 그 원인이 무엇인지를 파악한다. [원인→결과]의 이론이 있고, 결과를 예측하기 위해서는 그 원인에 해당하는 자료를 구하고 분석해야 한다. 하지만 딥러닝을 이용해서 분석을 하기 위해서는 그냥 최대한의 정보를 집어넣는 수밖에 없다. 어떤 정보가 필요하고 어떤 정보가 소용이 없을지를 판단하지 말고 그냥 다 넣어야 한다. 빅데이터의 자료수집이 이전 자료수집과 다른 점이다.

제2절 빅데이터의 활용

1 시장조사

기업활동을 위해서는 시장조사가 필요하다. 시장에서 어떤 상품이 필요하고 어떤 상품이 부족한지, 그리고 소비자들이 어떻게 행동하고 무엇을 원하는지를 파악하는 것이 기업활동의 선결조건이다. 기업들은 소비자의 선호를 파악하고, 그 선호에 맞추어 제품, 서비스를 제공해야 생존, 성장할 수 있다. 그래서 기업은 일단 시장을 조사하는 것이 필요하다. 설문조사 방식의 조사를 하지는 않더라도, 어떤 식으로든 시장을 파악해야만 한다.

빅데이터는 시장의 현실을 그대로 보여줄 수 있다. 과거 시장조사 방식보다 훨씬 더 상세히 시장상황을 보여준다. 과거 시장조사는 표본조사를 통해 이루어졌다. 모든 사람들에 대한 조사가 불가능하기 때문에 일부에 대해서만 조사가 이루어졌고, 그 일부 조사가 전체에 해당되는 것으로 가정을 했다. 그러나 빅데이터는 그야말로 거의 모든 사람들을 조사대상으로 한다. 실제 사람들의 선호, 행태 등이 파악될 수 있다.

무엇보다 빅데이터가 시장상황을 잘 파악할 수 있게 하는 것은 자료의 융합을 통해서이다. 인터넷 쇼핑몰의 경우 기업은 고객들의 쇼핑에 대한 정보를 가지고 있다. 언제 어떤 상품을 얼마만큼 구입하는가 하는 정보들을 보유하고 있다. 인터넷 쇼핑몰은 소비자들이 자기 쇼핑몰에서 이용한 정보를 가지고 할인 쿠폰을 준다든지 하면서 마케팅 활동을 했다. 그런데 인터넷 쇼핑몰에서는 회원들이 다른 데서는 뭘 사고 어떻게 소비활동을 하는지 알 수 없다. 단지 자기 쇼핑몰에서의 구매행동만 알 뿐이다. 그런데 고객은 인터넷 쇼핑몰에서만 구매행위를 하는 것이 아니다. 백화점도 가고 할인점도 간다. 편의점도 가고 이케아 같은 전문점도 간다. 하지만 각 사업자들은 고객이 자기 업장에 와서 무엇을 샀느냐만 알 수 있었다. 백화점은 고객의 백화점에서의 구매행동만 알 수 있고, 할인점은 고객의 자기 할인점에서의 구매활동만 알 수 있다.

빅데이터에서는 이런 정보들이 모두 합쳐질 수 있다. 그동안은 인터넷 쇼핑몰, 백화점, 편의점, 할인점, 전문점 등의 정보가 각각 개별적으로 존재했다면, 빅데이터에서는 이 정보들이 모두 다 합쳐진다. 그러면 한 고객이 인터넷 쇼핑몰에서는 언제 무엇을 구매하고, 백화점에서는 무엇을 얼마나 구매하고, 편의점에서는 무엇을 사고, 할인점에서는 어떤 것을 사는지가 다 파악이 된다. 이렇게 되면 과거 인터넷 쇼핑몰에 대한 자료만 알고 있는 것보다 고객에 대해 파악할 수 있는 범위가 크게 증대된다. 고객이 정말로 원하는 것이 무엇인지를 파악할 수 있고, 고객에게 가장 맞는 쇼핑방법을 제시할 수도 있다.

또 쇼핑몰 고객의 게임 이용 정보에 대한 것도 서로 융합되면 다른 통찰을 얻을 수 있다. 고객들이 게임을 많이 하면 쇼핑몰 방문이 증가하는지 감소하는지, 게임을 많이 하면 어떤 품목을 더 구매하는지 등, 쇼핑몰 이외 분야에서의 행동과 쇼핑에서의 행동 간 연관성도 찾을 수 있다.

참고 빅데이터 분석은 얼마나 소비자를 파악할 수 있는가

빅데이터 분석이 소비자를 얼마나 잘 파악할 수 있는가로 가장 유명하고 대표적인 사례는 2002년 미국 유통회사 타깃(Target)의 사례이다.

타깃은 인터넷 홈쇼핑을 운영했다. 고객이 어떤 상품을 구입하거나 장바구니에 담으면 그에 대한 정보를 모아 해당 소비자의 성향을 분석했다. 이 당시에는 아직 빅데이터라는 개념이 없을 때였다. 홈페이지상에서 고객의 구매 정보, 관심 정보들을 바탕으로 타깃 자체적으로 고객이 어디에 관심을 가지고 있는지를 파악하는 알고리즘을 만들었다. 그리고 고객에게 적합한 상품을 구입할 수 있는 할인쿠폰 등을 발행해서 해당 고객에게 주었다. 판촉을 위한 마케팅이었다. 주방용품을 많이 구입한 고객에게는 아직 구입하지 않았지만 구입가능성이 높은 다른 주방용품에 대한 할인쿠폰을 주는 방식이었다.

미국의 어느 한 가정에 타깃의 할인쿠폰이 배달되었다. 당시는 아직 우편물로 배달되는 것이 일반적이었을 시기이다. 그런데 그 쿠폰은 아기옷, 아기침대 등을 구입할 수 있는 쿠폰이었다. 이 가정에는 고등학교에 다니는 딸이 있었다. 이 딸에게 아기옷, 아기침대를 싸게 구입하라는 쿠폰이 발급되었다. 딸의 아버지는 고등학생에게 이런 쿠폰이 발급된 것에 대해 화를 냈고, 지역 타깃 매장에 가서 항의를 했다.

며칠 후, 딸의 아버지는 타깃 매장을 다시 찾아 이전의 행위를 사과했다. 고등학생에게 아기용품에 대한 쿠폰이 배달된 것에 항의를 했었는데, 알고 보니 고등학생 딸이 임신을 한 상태였다. 이 학생에게 아기용품 쿠폰이 배달된 것은 잘못된 것이 아니었다.

이 사례는 미국의 주요 언론지인 뉴욕 타임스에 소개되면서 유명해졌다. 같은 집에 거주하는 가족은 아직 고교생 딸이 임신했다는 사실을 모르고 있었다. 그런데 타깃은 이 딸이 임신했다는 것을 알고 쿠폰까지 보냈다. 딸이 타깃 쇼핑몰에서 인터넷 검색을 한 내용을 보고 이 딸이 임신했다는 것을 파악하고, 임산부가 관심을 가질 품목에 대한 할인쿠폰을 보내준 것이었다. 데이터 분석이 가족도 모르는 사항을 말해줄 수 있다. 본인이 아무한테도 말하지 않고 비밀로 한 것을 유통회사는 알고 있다. 빅데이터 분석이 실제 상황을 그대로 보여줄 수 있다는 것, 같이 살고 있는 사람보다도 더 정확히 그 사람의 특성을 파악할 수 있다는 것을 말해 주었다.

이렇게 자료들이 서로 융합하면서 이전에는 불가능했던 소비자 행태 분석을 가능하게 만든다. 그동안은 자기 기업과 직접적으로 관련된 소비자 선호와 행태만 파악했다면, 이제는 소비자의 전반적인 선호와 행태를 파악하고, 그 속에서 자기 기업 제품의 위치를 포지셔닝할 수 있다. 빅데이터는 시장조사의 품질을 크게 증대시키는 효과가 있다.

2 마케팅

시장조사가 중요하기는 하지만 사실 시장조사는 기업의 매출, 이익과 직접적으로 연관되지는 않는다. 시장조사를 잘했더니 매출, 이익이 바로 증가하거나, 시장조사를 제대로 하지 않았다고 매출, 이익이 바로 하락하거나 하지는 않는다. 물론 시장조사는 굉장히 중요하다. 하지만 시장조사는 간접적으로 상품 매출, 이익에 영향을 미친다. 시장조사의 우수성만으로 기업이 빅데이터를 바로 받아들이고 실행하려 하지는 않는다.

빅데이터가 기업의 매출, 이익과 직접적으로 관련을 가지는 분야는 마케팅 분야이다. 특히 개인 맞춤형 마케팅에서 빅데이터는 큰 힘을 발휘한다. 마케팅은 고객들을 분리하는 것이 기본이다. 모든 사람들을 대상으로 하는 것이 아니라, 자기 제품을 소비할 가능성이 높은 고객들에 초점을 맞추어 광고, 홍보가 이루어져야 한다. 20대 여성을 대상으로 하는 제품, 40대 남성을 대상으로 하는 제품, 30대 고소득 여성을 대상으로 하는 제품 등 그 대상을 한정지을수록 마케팅의 효과가 높아진다.

과거 마케팅에서는 소비자를 분리한다고 해도 한계가 있었다. '대도시에 거주하는 30대 초반 고소득 여성을 대상으로 하는 화장품' 정도면 상당히 고객층을 분리한 것이다. 과거에는 이런 사람들이 주로 찾는 쇼핑몰, 잡지, 인터넷 사이트 등에 초점을 두고 광고를 했다.

빅데이터는 이 단계에서 훨씬 더 나아간다. 어떤 집단으로 고객을 나누는 것이 아니라 개개인별로 고객을 구분한다. '대도시에 거주하는 30대 초반 고소득 여성'을 대상으로 하는 화장품이 아니라, 여성 A 개인에게 맞는 화장품을 제공하는 것을 목적으로 한다. 빅데이터 분석을 통해서 여성 A에게 어떤 제품이 가장 잘 맞는가를 파악하고, 그 제품을 바로 그 여성에게 제공하고자 한다. 마케팅, 광고, 홍보가 개인 A에게 맞추어 제공된다. A는 '대도시 거주

고소득 여성'을 위한 제품보다는 자기 개인에게 맞는 제품일 경우에 더욱 반응하게 되고 구매도 쉽게 이루어진다. 기업의 매출, 이익도 따라서 증가할 수 있다.

현대 세계적 공룡기업으로 성장한 아마존, 구글, 페이스북, 넷플릭스 등은 이런 개개인 맞춤 광고, 마케팅 전략을 이용했다. 빅데이터의 효과를 가장 크게 본 기업이며, 빅데이터의 효과성을 입증한 사례들이기도 하다.

3 투자

최근 빅데이터가 각광을 받는 영역 중 하나는 투자 부분이다. 그동안은 증권회사나 투자회사에서 오랫동안 일을 해온 전문가들이 자신의 경험과 통찰력을 활용해서 투자상품을 소개했다. 그러나 사실 투자상품은 한 개인의 경험으로는 커버가 되지 않을 정도로 많다. 당장 한국의 주식시장에서 거래되는 상장종목만 1,275개나 있다. 한 사람의 능력으로 이 모든 종목을 파악하고 가장 수익률이 높을 것으로 예상되는 종목을 파악하는 것은 불가능하다. 사실 대부분의 사람들은 그중에서 자기가 관심을 가지는 몇십 개 종목만 보고 그중에서 투자대상을 선정한다. 투자의 전문가라 할 수 있는 애널리스트들도 2~3개 산업에 해당하는 종목만 분석하고 고려할 뿐, 전체 증권시장 상품을 대상으로 분석하지는 않는다.

빅데이터는 투자에서의 이런 한계를 극복하게 할 수 있다. 모든 주식시장의 정보를 집어넣고 그중에서 어떤 상품의 수익률이 높게 나올지를 예측할 수 있다. 물론 빅데이터라고 해서 미래 수익률을 완전히 예측하는 것은 불가능하지만, 최소한 몇십 개 종목만 대상으로 투자대상을 선정하는 것보다는 더 높은 수익률을 달성할 가능성이 커지게 된다.

4 생산관리

빅데이터는 생산관리 측면에서도 크게 기여한다. 제조 공장 등에서 빅데이터를 활용할 때, 공장은 4차 산업혁명의 스마트 공장이 될 수 있다. 스마트 공장은 공장 내에서의 모든 과정이 자동화된다. 2차, 3차 산업혁명의 공장은 사람이 제품을 만들고 포장하는 일에 많이 간여를 한다. 기계가 하는 일도 있지만, 사람의 작업이 필수적이다. 공장은 많은 사람들이 모여서 일을 하는 이미지이다. 하지만 4차 산업혁명에서의 스마트 공장은 공정의 모든 부분이 자동화된다. 그런데 공정이 자동화되었다고 해서 단순히 제조과정이 원활히 이루어지는 것에 그치는 것이 아니다. 스마트 공장에서는 공정 각 단계별로 계속해서 데이터가 생산되고 수집된다. 각 공정마다 데이터를 생성하고 이를 수집, 연결, 분석을 한다. 공장 내 모든 공정에서의 데이터를 빅데이터로 만들고, 이를 분석하면서 공장이 운영된다.

어느 공정에서 반제품 생산이 지체되면 그 정보가 바로 다른 부문으로 연계되고, 그에 따라 자동적으로 다른 모든 공정의 속도가 조절될 수 있다. 과거에는 사람이 직접 개입해서 판단하고 조치를 내려야 했던 사항들이 빅데이터를 바탕으로 서로 유기적으로 연결되어 최적의 생산체제를 만든다. 스마트 공장은 공장 관리, 공정에서 생산되는 모든 자료를 빅데이터로 구성하여, 모든 공정을 서로 연결하고 자동화한다. 스마트 공장과 빅데이터 활용은 서로 밀접한 연관성을 가진다.

5 의사결정

빅데이터는 의사결정 측면에서 경영자에게 크게 도움을 준다. 빅데이터는 수집된 많은 자료를 바탕으로 어떤 것이 좋은지에 대한 결과를 제시해 준다. 문제는 이 빅데이터가 제시한 의사결정이 더 우수한가, 아니면 많은 경험을 쌓고 오랫동안 경영 업무에 몸담아온 경영자의 의사결정이 더 우수한가이다. 전문가의 의사결정이 더 우수하다면 빅데이터가 의사결정 측면에서 도움이 될 수 없을 것이다. 하지만 만약 빅데이터의 의사결정이 전문가들의 의사결정보다 더 우수하다면 빅데이터는 사람들의 의사결정에 큰 영향을 미칠 것이다.

전문가보다 빅데이터의 의사결정이 더 뛰어나다는 것을 보여준 극적인 예가 2016년 인공지능 알파고와 이세돌 간의 바둑 대결이었다. 프로바둑기사는 보통 초등학교 저학년 때부터 바둑의 길에 들어선다. 그리고 그 이후 평생 동안 바둑만 두고 살아가는 전문가들이다. 특히 이세돌은 프로바둑계에서도 1인자의 위치에 있었다. 인간이 달성할 수 있는 최고의 전문가 수준이라 할 수 있다. 알파고는 바둑 기보 빅데이터를 보고 바둑 두는 법을 익혔다. 그런데 알파고는 인간 최고 수준이라 할 수 있는 이세돌을 이겼다. 어떤 수를 두어야 하는가의 판단에서 최고 전문가 이세돌보다 인공지능 알파고의 판단이 더 정확했다. 인공지능은 인간의 판단, 전문가의 판단보다 더 낫다.

처음에는 바둑에서 시작했지만, 빅데이터를 활용한 의사결정 범위는 점점 확대되고 있다. 의사들이 병을 진단할 때에도 빅데이터에 기반한 인공지능의 진단이 전문의 판단보다 못하지 않다. 재판에서의 판결 대응 논리, 판결 결과 예측에서도 인공지능이 유명 변호사보다 못하지 않다. 처음에 컴퓨터의 의사결정은 구조적인 의사결정, 반복적인 의사결정에서만 유효하고 경영과 같은 복잡하고 비구조적인 의사결정은 인간을 따라갈 수 없다고 보았다. 하지만 점차 이러한 영역에서도 빅데이터에 기반한 인공지능이 인간의 의사결정 능력을 따라잡고 있다.

경영과정에서는 수많은 의사결정이 이루어진다. 만약 빅데이터가 일부라도 그 의사결정을 대체한다면 현대 경영은 커다란 변혁을 겪을 것이다.

제3절 빅데이터 이용의 한계

1 목적인가 수단인가

빅데이터가 4차 산업혁명의 주요 대상으로 떠오르자 많은 기업들이 빅데이터를 주요 사업상 테마로 삼았다. 빅데이터를 모으고, 빅데이터를 이용해서 무언가를 하기 위해 노력하고 있다. 그런데 막상 빅데이터를 이용해서 무언가 성과가 발생한 사례는 현재까지 거의 나타나지 않고 있다.

빅데이터에 대해 접근할 때 가장 한계점은 빅데이터는 그 자체가 목적이 아니라 수단이라는 점이다. 수단은 그 자체적으로 가치를 가지고 있지 않다. 목적에 기여할 때 수단은 의미가 있는 것이며, 목적과 아무 상관없이 수단이 이용된다면 큰 의미가 없다. 빅데이터는 경영상의 목적이 있을 때 그것을 도와주는 도구일 뿐이다.

기업의 목적이 고객만족도를 높여서 재구매율을 증가시키는 것이라 하자.

그러면 어떤 경우에 고객만족도가 높아지는가, 고객만족도의 어떤 측면이 재구매율과 연결되느냐를 파악해야 한다. 이러한 정보를 제공하는 데 빅데이터는 유용하게 사용될 수 있다. 과거의 자료수집과 처리 방식에 비해, 빅데이터는 어떨 때 고객만족도가 높아지는지, 어떨 때 재구매율이 높아지는지에 대한 정보를 줄 수 있다.

그런데 대부분의 빅데이터 프로젝트에서는 이런 구체적인 목적이 없이 빅데이터 자체에 초점을 맞춘다. 많은 데이터를 모으고, 빅데이터 분석을 통해 무언가 기업활동에 유리한 어떤 것을 찾으려고 한다. '무엇인가를 찾기 위해서' 빅데이터를 이용하는 것이 아니라, '빅데이터를 이용해서' 무언가를 하는 것이 목적이다.

그러나 이런 경우 빅데이터를 아무리 수집하고 분석해도 기업에 도움이 되는 실질적인 정보는 도출되기 어렵다. 빅데이터는 기술, 수단이다. 빅데이터 자체에 매몰되어서는 곤란하다. 그러나 실제 많은 기업에서 현재 빅데이터는 이런 수단 중심 측면에서 접근되고 있다. 빅데이터 경영 그 자체에 중점을 두고 빅데이터에 접근한다. 이런 경우 실질적 효과를 내기 어렵다.

2 개인정보보호법

빅데이터를 위해서는 많은 자료수집이 필요하다. 그런데 한국에서는 개인에 대한 자료수집에 많은 한계가 있다. 개인 프라이버시 보호를 위한 개인정보보호법이 빅데이터와 서로 상충되는 측면이 존재한다. 빅데이터가 4차 산업혁명의 주요 부문으로 사회적 이슈가 된 지 수년이 되었지만, 한국에서 빅데이터가 크게 발전하지 못한 주요 이유 중 하나가 개인정보보호법상의 문제이다. 개인정보보호법상 빅데이터와 충돌하는 대표적인 사항들을 살펴본다.

1) 자료수집의 한계

앞에서 본 바와 같이, 빅데이터 수집과 활용을 위해서는 가능한 한 모든 자료들을 모아야 한다. 분석을 위해서는 어떤 변수가 필요할 것이라고 미리 예단하고 그 변수에 해당하는 자료만 모으면 안 된다. 그런 식의 자료수집으로는 빅데이터 활용이 잘 되지 않는다. 그런데 현재 한국에서는 가능한 한 모든 자료를 모으는 것이 불가능하다. 현재 한국의 개인정보보호법에서는 [수집 목적에 필요한 최소한의 개인정보]만 수집하도록 하고 있다.

> 개인정보보호법 제16조(개인정보의 수집 제한) ① 개인정보처리자는 … 개인정보를 수집하는 경우에는 그 목적에 필요한 최소한의 개인정보를 수집하여야 한다. 이 경우 최소한의 개인정보 수집이라는 입증책임은 개인정보처리자가 부담한다.

즉 개인정보는 왜 그 정보를 수집하는지, 그 정보를 수집해서 어디에 어떻게 사용할 것인지가 분명해야 한다. 어디에 어떻게 쓸지 모르는 정보를 그냥 모을 수는 없다. 이런 정보수집 방식은 과거의 통계분석 방식에서는 유효하다. 하지만 딥러닝 방식을 적용하는 것은 어렵다.

현재 미국은 빅데이터 관련 선진국이다. 그런데 미국이 이렇게 빅데이터에서 앞서나가는 이유 중 하나는 자료수집의 용이성 때문이다.

개인정보 수집 방식에는 옵트 인과 옵트 아웃 방식이 있다. 옵트 인은 미리 동의를 받은 사항에 대해서만 자료 이용이 가능하다. 옵트 아웃 방식은 각 개인이 명시적으로 거부의사를 밝힌 경우는 자료 이용이 안 되지만, 그 외의 경우는 자료 이용이 가능하다. 한국 개인정보보호법 조항은 기본적으로 개인정보를 옵트 인으로만 사용할 수 있다는 것을 규정한 것이다. 개인정보는 미리 동의를 받은 사항에 대해서만 이용할 수 있다. 그 외에 다른 용도로 사용하는 것은 불법이다.

한국이 옵트 인 방식인 데 비하여 미국은 개인정보 수집이 옵트 아웃 방식이다. 따라서 구글, 아마존, 페이스북 등 여러 기업들은 다양한 개인정보 수집이 가능하고, 또 수집한 자료는 거의 제한 없이 분석에 이용할 수 있다. 옵트 인 방식에서는 빅데이터 활용이 용이하지 않다.

2) 자료 융합의 한계

빅데이터가 되기 위해서는 서로 다른 경로로 모은 정보가 서로 합쳐져야 한다. 게임회사가 모은 A라는 사람의 게임 정보, 쇼핑회사가 모은 A라는 사람의 쇼핑 정보가 합쳐져야 한다. 그러려면 게임회사와 쇼핑회사가 서로 정보를 공유해야 한다. 그런데 한국에서는 이런 개인정보를 공유하는 것이 어렵다.

기업이 자신이 보유한 고객 개인정보를 다른 기업과 공유하기 위해서는 개인정보보호법상 다음의 조건을 만족해야 한다.

제17조(개인정보의 제공) ① 개인정보처리자는 다음 각 호의 어느 하나에 해당되는 경우에는 정보주체의 개인정보를 제3자에게 제공(공유를 포함한다. 이하 같다)할 수 있다.
1. 정보주체의 동의를 받은 경우

제18조(개인정보의 목적 외 이용·제공 제한) ① 개인정보처리자는 개인정보를 (원래 동의를 받은 목적의) 범위를 초과하여 이용하거나 (원래 동의를 받은) 범위를 초과하여 제3자에게 제공하여서는 아니 된다.

즉 한국에서는 다른 기업과 고객정보를 공유하기 위해서는 미리 고객으로부터 정보를 공유한다는 것을 동의받아야 한다. 그리고 그 동의받은 한도 내에서만 그 자료를 활용할 수 있다. 자료를 수집하기 전에 그 자료를 누구와 어떻게 공유할 것인지, 그리고 공유해서 어떻게 자료를 활용할 것인지가 미리 정해졌을 때 이런 동의를 받을 수 있다. 하지만 빅데이터의 성격상 이런 것을 미리 규정하는 것은 용이하지 않다.

정보 공유에는 이런 한계가 있기 때문에 현재 법제도에서는 비식별 정보의 경우에는 정보 공유가 가능하도록 예외조치를 두고 있다. 비식별 정보는 그 자료의 대상자가 누구인지를 추적할 수 없게 변형한 자료이다. '홍길동, 25세, A대학 재학'이란 정보는 '이춘향(가명), 20대, 모대학 재학' 등으로 변경하면 정보를 공유할 수 있다. 그런데 이런 정보로는 데이터 융합이 불가능하다. 게임회사의 홍길동 정보, 쇼핑회사의 홍길동 정보가 서로 융합했을 때 빅데이터가 된다. 이 둘이 동일인이라는 것을 알아야 융합이 되지, 이 두 명이 동일인이라는 것을 파악하지 못하면 빅데이터가 되지 못한다. 하지만 한국에서는 개인식별이 가능한 정보는 공유가 불가능하도록 규제하고 있고, 이런 한계로 인해 빅데이터가 제대로 발전하기 어려운 실정이다.

3) 자료 보관의 한계

현재 개인정보보호법에서는 인터넷상에서 회원으로 가입한 개인의 자료는 1년간 보관하게 되어 있다. 인터넷 사이트에서 계속 로그인을 하고 사용을 하였다면 장기간 고객자료가 보관될 수 있다. 그런데 인터넷 사이트, 앱 등을 사용하지 않은 기간이 1년이 경과하면, 그 고객에 대한 자료는 폐기하도록 하고 있다. 더 이상 해당 사이트를 이용하지 않는 휴면고객 정보를 보호하기 위한 조치이다. 그리고 개인정보가 장기간 동안 침해위험에 놓이는 것을 방지하기 위한 조치이기도 하다.

그런데 회원에 대한 정보를 1년 동안만 보관하고 이용할 수 있도록 하는 조치는 빅데이터 활용에서는 커다란 한계로 작용한다. 자료분석에서는 어떤 사람들이 해당 사이트를 보다 많이, 잘 이용하느냐에 대한 정보도 중요하지만, 어떤 사람들이 해당 사이트의 이용을 하지 않느냐도 중요한 정보이다. 고객의 유치 및 유지와 관련해서, 왜 고객들이 떠나느냐는 왜 고객이 오느냐만큼 중요한 가치를 지니고 있다. 그런데 고객정보 1년 보관조치는 이러한 분석을 제대로 수행하는 것을 어렵게 한다.

또한 불량고객, 위법고객에 대한 관리도 1년간 고객정보 보관의 경우에는 한계가 있다. 온라인 게임의 경우, 대리게임, 핵 프로그램 사용 등 불법 프로그램을 사용한 경우 계정정지, 회원탈퇴 등의 벌칙을 부과한다. 그런데 이런 계정정지, 회원탈퇴 등과 관련된 고객정보도 해당 고객이 1년 동안 그 게임을 사용하지 않으면 삭제된다. 1년이 지난 후에 새로 가입하면, 과거의 이력정보가 사라지기 때문에 아무 문제 없이 새로 계정을 받을 수 있다. 해당 사항은 개인 프라이버시 보호, 개인정보 관리 측면에서는 타당할 수 있지만, 기업운영 측면에서는 불리한 측면이 있다. 빅데이터와 개인정보보호는 현대 사회에서 계속 충돌하고 있는 중이다.

3 AI 기술과의 연계

빅데이터는 단순히 자료가 많이 있다는 것을 의미하는 것이 아니다. 이 자료들을 어떻게 분석하느냐도 빅데이터의 주요한 특징이다. 과거의 [원인 → 결과]의 이론을 바탕으로 하는 자료분석에서, 딥러닝 등 새로운 분석 방식을 사용하는 것이 빅데이터의 주요 특징이다. 딥러닝은 인공지능의 한 형태이다. 즉 빅데이터가 발전하기 위해서는 인공지능 AI에 대한 기술도 같이 발달해야 한다.

현재 한국에서는 빅데이터 자료의 수집에서도 한계가 있지만, 인공지능 AI 부분에 대한 경쟁력도 해외에 비해 상당히 떨어진다. 인공지능의 발달이 사회적으로 큰 이슈가 된 것은 구글의 인공지능 알파고가 한국의 프로바둑기사 이세돌을 이긴 사건이었다. 인공지능 선진국의 AI는 현재 프로바둑 선수와 대결해서 이기는 것이 더 이상 특별한 일이 아니다. 그런데 아직 한국에서는 프로바둑 선수를 이기는 바둑 프로그램을 만들어 내지 못한다. 인공지능 선진국의 AI와 한국의 AI가 서로 대결하면, 한국의 AI가 이기지 못한다는 것을 의미한다.

마찬가지로 미국 아마존의 도서 추천 시스템, 넷플릭스의 영화 추천 시스템은 고객들의 취향에 따라 추천 목록을 제대로 제시한다. 한국의 교보문고, 동영상 스트리밍 서비스 등에서도 이런 추천 시스템을 적용한다. 하지만 한국에서의 추천 시스템은 아마존 등의 추천에서처럼 고객들의 공감을 이끌어내지 못하고 있다.

빅데이터는 단순히 빅데이터만 발전시킨다고 되는 것이 아니다. 인공지능의 발달과 서로 맥을 같이한다. 인공지능의 경쟁력에 한계가 있는 한국에서는 빅데이터의 경쟁력도 선진국과 격차가 존재한다.

요약 •••

학습목표 1 빅데이터의 의의와 주요 특징에 대해 설명할 수 있다.

빅데이터의 개념은 무엇인가?

빅데이터(Big Data)는 말 그대로 자료가 많다는 것을 의미한다. 인터넷 온라인 쇼핑몰이 발달하면서 고객수는 크게 증가한다. 일단 인터넷 쇼핑몰은 지역적 한계가 없다. 전국, 더 나아가 전 세계의 사람들이 모두 고객이 될 수 있다. 이 고객에 대한 정보가 모이게 되니, 과거와 비교할 수 없게 자료의 양이 많아진다. 그래서 빅데이터이다.

또 현재 고객에 대한 정보는 디지털화되어 있다. 디지털화되어 있기 때문에 필요한 정보를 쉽게 정리하고, 다른 정보와 연결시킬 수 있다. 데이터의 양이 많고 쉽게 활용할 수 있는 것, 이것이 빅데이터의 주요한 특징이다.

빅데이터의 주요 특징은 무엇인가?

빅데이터는 자료의 수가 많은 것이다. 그런데 단순히 자료가 많다고 해서 빅데이터는 아니다. 빅데이터가 되기 위해서는 다른 조건들이 요구된다.

① 전체 집단에 가까운 데이터 : 모집단 전체에 가까운 데이터 수집이 가능하다. 이전보다 훨씬 더 정확한 정보를 얻을 수 있다.

② 자료의 융합 : 각 분야마다 분리된 자료들이 서로 융합되어서 그동안 알 수 없었던 완전히 새로운 정보를 산출한다.

③ 딥러닝 방식 : 딥러닝 방식은 사람이 어떤 자료를 이용해서 어떻게 분석하라는 것을 지정하지 않는다. 컴퓨터가 알아서 처리하고, 그냥 결과만 제시한다. 이러한 빅데이터를 활용한 인공지능이 인간의 의사결정을 대체할 수 있다고 본다.

학습목표 2 빅데이터의 활용에 대해 이해하고 설명할 수 있다.

시장조사

빅데이터는 시장의 현실을 그대로 보여줄 수 있다. 과거 시장조사 방식보다 훨씬 더 상세히 시장상황을 보여준다. 과거 시장조사는 표본조사를 통해 이루어졌다. 모든 사람들에 대한 조사가 불가능하기 때문에 일부에 대해서만 조사가 이루어졌고, 그 일부 조사가 전체에 해당되는 것으로 가정을 했다. 그러나 빅데이터는 그야말로 거의 모든 사람들을 조사대상으로 한다. 실제 사람들의 선호, 행태 등이 파악될 수 있다.

또한 자료들이 서로 융합하면서 이전에는 불가능했던 소비자 행태 분석을 가능하게 만든다. 그동안은 자기 기업과 직접적으로 관련된 소비자 선호와 행태만 파악했다면, 이제는 소비자의 전반적인 선호와 행태를 파악하고, 그 속에서 자기 기업 제품의 위치를 포지셔닝할 수 있다. 빅데이터는 시장조사의 품질을 크게 증대시키는 효과가 있다.

마케팅

빅데이터는 어떤 집단으로 고객을 나누는 것이 아니라 개개인별로 고객을 구분한다. '대도시에 거주하는 30대 초반 고소득 여성'을 대상으로 하는 화장품이 아니라, 여성 A 개인에게 맞는 화장품을 제공하는 것을 목적으로 한다. 빅데이터 분석을 통해서 여성 A에게 어떤 제품이 가장 잘 맞는가를 파악하고, 그 제품을 바로 그 여성에게 제공하고자 한다. 마케팅, 광고, 홍보가 개인 A에게 맞추어 제공된다. A는 '대도시 거주 고소득 여성'을 위한 제품보다는 자기 개인에게 맞는 제품일 경우에 더욱 반응하게 되고 구매도 쉽게 이루어진다. 기업의 매출, 이익도 따라서 증가할 수 있다.

투자

투자상품은 한 개인의 경험으로는 커버가 되지 않을 정도로 많다. 한 사람의 능력으로 모든 종목을 파악하고 가장 수익률이 높을 것으로 예상되는 종목을 파악하는 것은 불가능하다. 애널리스트들도 전체 증권시장 상품을 대상으로 분석하지는 않는다.

빅데이터는 투자에서의 이런 한계를 극복하게 할 수 있다. 모든 주식시장의 정보를 집어넣고 그중에서 어떤 상품의 수익률이 높게 나올지를 예측할 수 있다. 물론 빅데이터라고 해서 미래 수익률을 완전히 예측하는 것은 불가능하지만, 최소한 몇십 개 종목만 대상으로 투자대상을 선정하는 것보다는 더 높은 수익률을 달성할 가능성이 커지게 된다.

생산관리

제조공장 등에서 빅데이터를 활용할 때, 공장은 4차 산업혁명의 스마트 공장이 될 수 있다. 스마트 공장은 공장 내에서의 모든 과정이 자동화된다. 스마트 공장에서는 공정 각 단계별로 계속해서 데이터가 생산되고 수집된다. 각 공정마다 데이터를 생성하고 이를 수집, 연결, 분석을 한다. 공장 내 모든 공정에서의 데이터를 빅데이터로 만들고, 이를 분석하면서 공장이 운영된다.

이처럼 빅데이터를 바탕으로 서로 유기적으로 연결되어 최적의 생산체제를 만든다. 스마트 공장은 공장 관리, 공정에서 생산되는 모든 자료를 빅데이터로 구성하여, 모든 공정을 서로 연결하고 자동화한다. 스마트 공장과 빅데이터 활용은 서로 밀접한 연관성을 가진다.

의사결정

빅데이터는 의사결정 측면에서 경영자에게 크게 도움을 준다. 빅데이터는 수집된 많은 자료를 바탕으로 어떤 것이 좋은지에 대한 결과를 제시해 준다.

빅데이터를 활용한 의사결정 범위는 점점 확대되고 있다. 의사들이 병을 진단할 때도 빅데이터에 기반한 인공지능의 진단이 전문의 판단보다 못하지 않다. 재판에서의 판결 대응 논리, 판결 결과 예측에서도 인공지능이 유명 변호사보다 못하지 않다. 처음에 컴퓨터의 의사결정은 구조적인 의사결정, 반복적인 의사결정에서만 유효하고 경영과 같은 복잡하고 비구조적인 의사결정은 인간을 따라갈 수 없다고 보았다. 하지만 점차 이러한 영역에서도 빅데이터에 기반한 인공지능이 인간의 의사결정 능력을 따라잡고 있다.

학습목표 3 빅데이터의 한계에 대해 이해하고 설명할 수 있다.

목적 혹은 수단

빅데이터에 대해 접근할 때 가장 한계점은 빅데이터는 그 자체가 목적이 아니라 수단이라는 점이다. 수단은 그 자체적으로 가치를 가지고 있지 않다. 목적에 기여할 때 수단은 의미가 있는 것이며, 목적과 아무 상관없이 수단이 이용된다면 큰 의미가 없다. 빅데이터는 경영상의 목적이 있을 때 그것을 도와주는 도구일 뿐이다.

그런데 대부분의 빅데이터 프로젝트에서는 이런 구체적인 목적이 없이 빅데이터 자체에 초점을 맞춘다. 많은 데이터를 모으고, 빅데이터 분석을 통해 무언가 기업활동에 유리한 어떤 것을 찾으려고 한다. '무엇인가를 찾기 위해서' 빅데이터를 이용하는 것이 아니라, '빅데이터를 이용해서' 무언가를 하는 것이 목적이다.

그러나 이런 경우 빅데이터를 아무리 수집하고 분석해도 기업에 도움이 되는 실질적인 정보는 도출되기 어렵다. 빅데이터는 기술, 수단이다. 빅데이터 자체에 매몰되어서는 곤란하다.

개인정보보호법

빅데이터를 위해서는 많은 자료수집이 필요하다. 그런데 한국에서는 개인에 대한 자료수집에 많은 한계가 있다. 개인 프라이버시 보호를 위한 개인정보보호법이 빅데이터와 서로 상충되는 측면이 존재한다.

① 자료수집의 한계 : 현재 한국의 개인정보보호법에서는 왜 그 정보를 수집하는지, 그 정보를 수집해서 어디에 어떻게 사용할 것인지가 분명해야 한다. 이러한 방식에서는 딥러닝 방식 적용을 어렵게 한다.

② 자료 융합의 한계 : 한국에서는 다른 기업과 고객정보를 공유하기 위해서는 미리 고객으로부터 정보를 공유한다는 것을 동의받아야 한다. 그리고 그 동의받은 한도 내에서만 그 자료를 활용할 수 있다. 빅데이터의 성격상 이런 것을 미리 규정하는 것은 용이하지 않다.

③ 자료 보관의 한계 : 현재 개인정보보호법에서는 인터넷상에서 회원으로 가입한 개인의 자료는 1년간 보관하게 되어 있다. 인터넷 사이트, 앱 등을 사용하지 않은 기간이 1년이 경과하면, 그 고객에 대한 자료는 폐기하도록 하고 있다. 이는 빅데이터 활용에서는 커다란 한계로 작용한다.

AI 기술과의 연계

빅데이터는 단순히 자료가 많이 있다는 것을 의미하는 것이 아니다. 딥러닝 등 새로운 분석 방식을 사용하는 것이 빅데이터의 주요 특징이다. 딥러닝은 인공지능의 한 형태이다. 즉 빅데이터가 발전하기 위해서는 인공지능 AI에 대한 기술도 같이 발달해야 한다. 하지만 현재 한국에서는 빅데이터 자료의 수집에서도 한계가 있지만, 인공지능 AI 부분에 대한 경쟁력도 해외에 비해 상당히 떨어진다.

빅데이터는 단순히 빅데이터만 발전시킨다고 되는 것이 아니다. 인공지능의 발달과 서로 맥을 같이한다. 인공지능의 경쟁력에 한계가 있는 한국에서는 빅데이터의 경쟁력도 선진국과 격차가 존재한다.

생각해 볼 문제

1. 빅데이터의 의의와 주요 특징에 대해 설명해 보시오.
2. 빅데이터의 주요 활용에 대해 설명해 보시오.
3. 빅데이터를 활용한 대표기업들의 사례를 찾아보시오.
4. 빅데이터의 한계에 대해 설명해 보시오.

참고문헌

김귀곤 외(2018), 「경영학으로의 초대」, 박영사.
김동철 · 서영우(2008), 「경영전략 수립 방법론」, 시그마인사이트컴.
김명호(2018), 「사례중심의 경영학원론」, 도서출판 두남.
김문중 · 정승언 · 조형래(2012), 「경영학원론」, 형지사.
김신행(2016), 기업이란 무엇인가?, 「경제논집」, 55(2), 서울대학교 경제연구소.
김영재 외(2019), 「신인적자원관리」, 탑북스.
김정원 외(2013), 「경영조직론 : Organization Theory」, 경문사.
김종권(2018), 「정보경제학과 4차산업혁명」, 박영사.
김철성(2018), 「빅데이터를 활용한 창업과 경영의 리스크 줄이기」, 머니투데이.
다니엘 골먼 외 저/정욱 · 강혜영 역(2015), 「조직의 능력을 끌어올리는 인적자원관리」, 매경출판.
랄프 쇼이스 저/안성철 역(2010), 「전략 사전 : 세계 최고 이론가들의 220가지 생각 도구」, 옥당.
리드 호프만 외 저/정수진 역(2019), 「하버드 머스트 리드 : 인사 혁신 전략」, 매일경제신문사.
마이네트(MINET) 편(1995), 「마케팅 신조류」, 경문사.
마이클 포터 저/미래경제연구소 역(2018), 「마이클 포터의 경쟁전략 : 하버드 경영전략 교과서」, 프로제.
마이클 포터 외 저/오재현 외 역(2015), 「차별화로 핵심역량을 높이는 경영전략」, 매경출판.
미타치 다카시 저/보스턴컨설팅그룹 역(2005), 「BCG 전략 인사이트」, 영림카디널.
박계홍 · 박하진(2015), 「경영조직론」, 학현사.
박재린(1999), 「경영학원론」, 무역경영사.
박종오 · 권오영 · 편해수(2017), 「마케팅」, 제2판, 도서출판 북넷.
박하진 외(2020), 「인적자원관리」, 형설출판사.
방병권(2017), 「빅데이터 경영 4.0」, 라온북.
배정훈(2012), 「동기부여론 : 경영 및 인간관리 노하우」, 형설출판사.
백주현 외(2015), 「현대경영의 이해」, 도서출판 두남.
백태영(2017), 「관리회계」, 신영사.
백태영(2018), 「원가관리회계」, 신영사.
변상우(2016), 「리더십 : 글로벌 시대의 리더가 갖추어야 할 역량」, 청람.
브루스 그린왈드 · 주드 칸 저/홍유숙 역(2016), 「경쟁 우위 전략」, 처음북스.

서인석(2020), 「인적자원관리 이론과 실제」, 대경.

성수경 · 김준석(2010), 「지속적인 혁신과 동기부여를 위한 성과 평가와 보상」, 청문각(교문사).

손성규(2020), 「기업 경영에서의 회계의사결정」, 박영사.

송경모 외(2020), 「기술경영회계」, 탐진.

송병선 · 김종원(2017), 「경영전략과 기업혁신」, 청람.

신구범 · 권혁기 · 김경원(2014), 「경영과 리더십」, 청람.

신유근(2000), 「인간존중의 경영」, 다산출판사.

신재욱 · 김광우(2016), 「역할급 설계방법과 사례 : 공생을 위한 인적자원관리」, 피앤씨미디어.

안동규 · 신충호(2020), 「4차 산업혁명시대 혁신을 위한 경영학개론」, 정독.

양동훈 · 임효창 · 조영복(2011), 「경영학원론」, 시그마프레스.

윤대혁 · 최찬기(2017), 「경영조직론」, 탑북스.

이상호(2018), 「조직과 리더십」, 북넷.

이창원 · 최창현 · 최천근(2012), 「새 조직론」, 대영문화사.

이학종 외(2004), 「조직행동론」, 박영사.

임창희(2020), 「인적자원관리」, 비앤엠북스.

임창희 · 홍용기(2016), 「조직론 : 경영과 행정의 이론과 실제」, 비앤엠북스.

장영광 · 정기만(2011), 「생활속의 경영학」, 신영사.

전윤식(2003), 「알기 쉬운 경영회계」, 건설연구사.

정동섭 · 송경수 · 이희옥(2017), 「현대경영조직론」, 탑북스.

정재권 · 곽종민(2011), 「의사결정회계」, 무역경영사.

조동성(2010), 「21세기를 위한 경영학」, 서울경제경영.

조동성(2013), 「전략경영」, 서울경제경영.

지호준 · 이재범(2018), 「알기 쉽게 배우는 21세기 경영학」, 집현재.

찰스 힐 외 저/김지대 외 역(2015), 「경영전략」, 한티미디어.

천명섭 · 최병우(2011), 「경영조직론」, 무역경영사.

최성락(2018), 「경영학은 쉽다」, 페이퍼로드.

최성락(2018), 「대한민국 규제백과」, 페이퍼로드.

최종학(2009), 「서울대 최종학 교수의 숫자로 경영하라 1 : 회계로 경영을 말한다」, 원앤원북스.

최종학(2012), 「서울대 최종학 교수의 숫자로 경영하라 2 : 숫자경영, 최고의 경영 나침반이다」, 원앤원북스.

최종학(2014), 「서울대 최종학 교수의 숫자로 경영하라 3 : 측정할 수 없으면 개선할 수 없다」, 원앤원북스.

최종학(2018), 「서울대 최종학 교수의 숫자로 경영하라 4 : 숫자 뒤에 숨은 진실을 보는 눈」, 원앤원북스.

최종학 · 송혁준(2020), 「사례와 함께하는 회계원리」, 신영사.

한국경제, 「경제용어사전」.

함용석(2018), 「기업성과혁신을 위한 공급사슬관리」, 북넷.

함용석 · 김태영(2010), 「알기쉬운 생산운영관리」, 도서출판 두남.

함유근 · 채승병(2012), 「빅데이터 경영을 바꾸다」, 삼성경제연구소.

허갑수 · 변상우(2005), 「21세기 현대경영 조직론」, 형설출판사.

황규대(2007), 「전략적 인적자원관리」, 박영사.

황규진(2019), 「재무회계의 원리」, 신영사.

황규진 · 최성락(2014), 「재무관리의 이해」, 신영사.

Anne Bruce 외 저/윤대현 역(2003), 「동기부여의 기술」, 지식공작소.

Brian Tracy 저/황선영 역(2014), 「동기부여 불변의 법칙」, 시드페이퍼.

Courtland L. Bovée(1993), *Management*, New York : McGraw-Hill.

Dave Logan · John King · Halee Fischer-Wright 저/염철현 · 한선미 역(2015), 「부족 리더십 : 조직의 미래는 문화에 달려 있다」, 한울아카데미.

David J. Cherrington(1994), *Organizational Behavior : The Management of Individual and Organizational Performancem*, 2nd ed., Boston : Allyn and Bacon.

Debra L. Nelson · James C. Quick(2003), *Organizational Behavior : Foundations, Realities, and Challenges*, 4th ed., Cincinnati, Ohio : South-Western.

F. E. Fiedler(1976), *Improving Leadership Effectiveness*, New York : Wiley.

FMG 저/안광호 편(1996), 「13인의 전문교수가 처방한 경영정공법」, 한국언론자료간행회.

Fred E. Fiedle · Martin M. Chemers(1974), *Leadership, and Effective Management*, Glenview, Ill : Scott, Foresman, and Company.

Jeffrey A. Miles(2014), *Management and Organization Theory*, Jossey-Bass.

Lynne Pepall · Dan Richards · George Norman 저/박원규 · 이상규 역(2011), 「산업조직론 : 현대이론과 실증적 응용」, 아카데미프레스.

Mary Jo Hatch(2012), *Organization Theory*, Oxford University Press Academy.

Michael A. Hitt · J. Stewart Black · Lyman W. Porter(2005), *Management*, Prentice-Hall.

Michael E. Porter(1979), How Competitive Forces Shape Strategy, *Harvard Business Review*.

Nigel Nicholson 외 저/박세연 역(2009), 「동기부여의 기술」, 21세기북스.

Peter G. Northouse 저/김남현 역(2018), 「리더십 이론과 실제」, 경문사.

Philip Kotler · Gary Armstrong(2016), *Principles of Marketing*, 16th ed., Pearson.

pmg 지식엔진연구소, 「시사상식사전」.

R. R. Blake · J. S. Mouton · L. B. Barnes · L. E. Greiner(1964), Breakthrough in Organization Development, *Harvard Business Review*, November-December.

Raymond A. Noe 외 저/김용민 역(2020), 「인적자원관리」, 시대가치.

Richard Chase · Robert Jacobs(2011), *Operations and Supply Chain Management*, MaGraw-Hill/Irwin.

Richard L. Daft 저/정진철 · 최승준 역(2017), 「리더십 이론과 실무」, 한경사.

Robert N. Lussier · Christopher F. Achua 저/차동옥 외 역(2016), 「리더십」, 한경사.

Stephen A. Ross · Randolph W. Westerfield · Jeffrey Jaffe(2017), *Corporate Finance*, McGraw-Hill Education.

Tuomo Peltonen(2016), *Organization Theory : Critical and Philosophical Engagements*, Emerald Group Publishing.

W. G. Nickels · J. M. McHugh · S. M. McHugh(2008), *Understanding Business*, 9th ed., New York, NY. : McGraw-Hill Irwin.

찾아보기

저자소개

함용석

함용석 교수는 Accenture 및 SAP Korea에서 근무하며 삼성전자, 한국타이어 등 국내 유수 기업들의 경영컨설팅을 담당한 바 있다. 서강대학교에서 경영학 학사, 석사, 박사 학위를 취득하고 University of Missouri-Columbia의 객원교수로서 연구활동을 수행하였다. 또한 미국 APICS 공인 생산/물류관리사(CPIM) 자격증을 보유하고 있으며, 독일 SAP사의 ERP 관련 생산관리, 영업/유통, 자재모듈에 대한 공인자격증을 가지고 있다. 『무한세계 SAP ERP여행』(도서출판 두남), 『빅 아이디어』(21세기북스), 『공급사슬관리』(북넷) 등의 주요 저서가 있다.

권오영

권오영 교수는 서강대학교 경영학과를 졸업하였고, 동 대학원에서 마케팅 전공으로 석사, 박사 학위를 취득하였다. 현재 동양미래대학교 경영학부 교수로 재직중이며, 경영학부장을 역임하였다. 실무경력으로는 현대경제연구원과 포스코경영연구원, 기업은행 컨설팅센터에서 근무하며 대기업과 중소기업, 공공기관에 대한 경영컨설팅 및 기업경영 연구를 수행하였다. 학회활동으로 한국경영교육학회 편집위원을 역임하고 현재 상임이사로 활동하고 있으며, 여러 학회지에 다수의 논문을 게재하였고, 브랜드 마케팅, 소비자행동, 마케팅전략 분야에 관심을 갖고 연구활동을 하고 있다.

황규진

황규진 교수는 서강대학교 경영학과를 졸업하였고, 동 대학원에서 경영학석사(회계학전공)와 경영학박사(회계학전공) 학위를 취득하였으며, University of Houston의 객원교수로 연구활동을 수행하였다. 실무경력으로는 한국장기신용은행 계열 (주)장은경제연구소 애널리스트(선임연구원)로 재직하며 증권시황분석 및 산업분석, 상장기업분석 등의 연구업무를 수행한 바 있다. 현재 동양미래대학교 경영학부 교수로 재직하면서 회계원리, 중급회계, 고급회계, 연결재무제표론, 재무관리 등의 과목을 담당하고 있다.

이성구 이성구 교수는 LG유플러스에서 근무하였고, 서강대학교에서 경영학 학사, 석사, 박사 학위를 취득하였다. 또한 세무사 자격증을 보유하고 있으며, 『조세법입문』(법지사), 『법인세 세무조정의 이해』(법지사), 『실무세법강의』(법지사), 『핵심 부가가치세 연습』(도서출판 어울림) 등의 주요 저서가 있다.

이윤숙 이윤숙 교수는 고려대 언어과학과를 졸업하였고, 동 대학원에서 석박사통합과정으로 경영학박사(생산관리전공) 학위를 취득하였다. 서강대 기술경영대학원 기술경영연구소와 한양대 글로벌기업가센터에서 연구교수로 재직한 바 있다. 실무경력으로는 LG 계열사인 LX판토스(구 범한종합물류)의 수입팀에 근무하며 LG디스플레이 및 LG전자 물류컨설팅을 담당한 바 있다. 현재 동양미래대학교 경영학부에서 경영학원론, 유통관리, 마케팅조사실무 및 공급사슬관리 등을 강의하고 있다.

강동창 강동창 교수는 서울대학교 경영학과를 졸업하였고, 동 대학원에서 경영학석사(회계학전공) 학위를 취득하였다. 실무경력으로는 삼일회계법인, 한국신용평가에서 회계사 및 애널리스트로 근무한 바 있다. 현재 동양미래대학교 경영학부에서 원가회계 및 관리회계를 강의하고 있다.

기업경영의 이해

2022년 1월 15일 제 1 판 1쇄 발행
2025년 2월 10일 제 1 판 2쇄 발행

저　　자 함용석 · 권오영 · 황규진
이성구 · 이윤숙 · 강동창
발 행 인 권　영　섭
발 행 처 (주)신　영　사

저자와의 협의하에 인지생략

경기도 파주시 심학산로 12(출판문화단지)
등　　록 : 1988. 5. 2 / 제406-1988-000020호
전　　화 : 031-946-2894(代)
F A X : 031-946-0799
e - mail : sys28945@naver.com
홈페이지 : http://www.shinyoungsa.co.kr

정가 24,000원　　ISBN 978-89-5501-779-3